Hermann Fischer (Hrsg.)

Paul Tillich

Paul Tillich

Studien
zu einer Theologie der Moderne

Herausgegeben
von Hermann Fischer

athenäum

CIP-Titelaufnahme der Deutschen Bibliothek

Paul Tillich: Studien zu einer Theologie der Moderne / hrsg.
von Hermann Fischer. – Frankfurt am Main: Athenäum, 1989
    ISBN 3-610-08520-7
NE: Fischer, Hermann [Hrsg.]

© 1989 Athenäum Verlag GmbH, Frankfurt am Main
Umschlaggestaltung: Karl Gerstner, Basel
Umschlagmotiv: Paul Tillich, Süddeutscher Verlag, Bilderdienst
Satz: Computersatz Bonn GmbH, Bonn
Druck und Bindung: Bercker, Graphischer Betrieb GmbH, Kevelaer
Printed in West Germany
ISBN 3-610-08520-7

Inhalt

Vorwort

Vorwort

Paul Tillich zählt zu den überragenden Figuren der evangelischen Theologie im 20. Jahrhundert. Sein von Anfang an universal ausgerichtetes philosophisches und theologisches Werk bietet Untersuchungen und Studien zu nahezu allen Bereichen des geistig-kulturellen Wissens, die überdies noch in einer Wissenschaftstheorie zu einer systematischen Einheit zusammengeschlossen werden (Das System der Wissenschaften nach Gegenständen und Methoden, 1923). Mittels einer genial konzipierten Methode, in die die Weisheit der philosophischen und theologischen Tradition eingeflossen ist, vermag er die christliche Wahrheit in ihrer universalen Dimension zur Geltung zu bringen. Das macht die Faszination seiner Theologie aus.

Im Unterschied zu der anderen großen Figur evangelischer Theologie im 20. Jahrhundert, Karl Barth, der der Dogmatik durch klare Grenzziehungen theologisches Profil verliehen hatte, zeichnet sich Tillichs philosophische Theologie durch Offenheit aus. Er gibt sich nicht mit der Selbstgenügsamkeit einer Theologie zufrieden, die ihre Aussagen behauptend vorträgt, sondern entwickelt eine »antwortende« Theologie. Die Interpretation und Entfaltung der Wahrheit des christlichen Glaubens nimmt die Erfahrung der eigenen Endlichkeit und Geschichtlichkeit in den theologischen Reflexionsprozeß mit hinein und deckt die inneren Korrespondenzen auf. Unter den Bedingungen des neuzeitlichen Bewußtseins und der ihm entsprechenden kritischen Rationalität ist es nach Tillich unmöglich geworden, sich umstandslos auf Autorität und Tradition zu berufen und im Gestus der Behauptungen zu verharren. Vielmehr unterliegt auch die Theologie der Nötigung, ihre Einsichten so zu formulieren, daß sie sich als Antworten der christlichen Offenbarung auf die in der Ungesichertheit menschlicher Existenz liegenden Fragen lesen und verstehen lassen. Mag das systematische Gefüge dieser antwortenden Theologie, die Tillich mit einem mißverständlichen Ausdruck auch als »apologetische« Theologie bezeichnet, im einzelnen auch Risse oder gar Brüche aufweisen, so hat sein theologischer Entwurf nach Ansatz und Problemstellung seine Zeit aller

Voraussicht nach noch vor sich. Denn mit ihm bietet er einen Interpretationsrahmen für die Wirklichkeit, der der Mensch ausgesetzt ist und die ihm gleichwohl keine Antworten auf seine Bedrängnisse und Fragen zu geben vermag. Daß die Wahrnehmung dieser Wirklichkeit selbst eine theologische Aufgabe darstellt, das ist die Einsicht, die Tillich begründet, praktiziert und der Theologie des 20. Jahrhunderts eingeschärft hat.

Der vorliegende Band verdankt sich einer öffentlichen Ringvorlesung, die aus Anlaß des 100. Geburtstages Paul Tillichs am 20. August 1986 im Wintersemester 1986/87 an der Universität Hamburg gehalten worden ist. Hier hatte Tillich nach dem Zweiten Weltkrieg mehrfach (1956, 1958 und 1961) eine Gastprofessur wahrgenommen. Insofern bestand für die Universität Hamburg ein besonderer Anlaß, diesen weltweit berühmten akademischen Forscher und Lehrer zu ehren, und dies im Medium kritischer Vergegenwärtigung seines Erbes.

Die einzelnen Beiträge sind für diesen Band leicht, manche auch stärker überarbeitet worden. Ihr Ziel ist durchweg ein doppeltes: in das Werk Tillichs einzuführen und es zugleich kritisch zu erschließen. Die Abfolge der Beiträge dokumentiert eine sachliche Sequenz. Nach einer Orientierung (I) über die wesentlichen Themen und Fragestellungen der Theologie Tillichs, die aus der Zeitsituation, der sie entwächst, ihre Verdeutlichung erfährt, wird zunächst (II) die geistige Herkunftsgeschichte Tillichs am Beispiel zweier markanter Figuren ausgeleuchtet. Zu den prägenden Einflüssen Tillichs gehören die Philosophie Schellings, der sowohl seine philosophische als auch die theologische Dissertation gewidmet waren, und die Theologie Martin Kählers, bei dem er in Halle studiert hatte. Von der Herkunftsgeschichte wird übergeleitet zur Zeitgenossenschaft (III). Tillich war ein allseits interessierter und wacher Zeitgenosse, er hat sich konstruktiv und kritisch auf die jeweiligen substantiellen Gehalte der geschichtlichen Entwicklung eingelassen. Besonders hervorzuheben sind seine theoretische Begründung des Religiösen Sozialismus und seine fortlaufende Auseinandersetzung mit der Dialektischen Theologie. Tillichs eigene Theologie gipfelt in den drei Bänden seiner »Systematischen Theologie«, denen er dann noch drei Bände »Religiöse Reden« zur Seite gestellt hat. Sie bilden die Summe seiner Theologie, die – nach zentralen

Themen und Gegenständen geordnet – in einem weiteren Abschnitt (IV) zur Darstellung kommt. Abschließend (V) werden kritische Anfragen an das Werk Tillichs verschärft, zugleich aber auch Möglichkeiten einer produktiven Weiterentwicklung seiner Gedanken ausgelotet. So ergibt sich insgesamt ein facettenreicher Überblick über eine wirkungskräftige Konzeption von Theologie unter den Bedingungen der Neuzeit.

Es bleibt noch nachzutragen, daß John Clayton, Lancaster, der an der Hamburger Ringvorlesung mit einem Vortrag über den neuprotestantischen Horizont der Theologie Tillichs beteiligt war, seinen Beitrag inzwischen unter dem Titel »Paul Tillich – ein ›verjüngter Troeltsch‹ oder noch ›ein Apfel vom Baume Kierkegaards‹« in Band 4 der Troeltsch-Studien (Umstrittene Moderne. Die Zukunft der Neuzeit im Urteil der Epoche Ernst Troeltschs, hg. von Horst Renz und Friedrich Wilhelm Graf), Gütersloh 1987, 259–284, veröffentlicht hat.

Ein herzlicher Dank gilt der Johanna und Fritz Buch-Gedächtnisstiftung in Hamburg sowie der Universität Hamburg, die das Erscheinen des Bandes durch einen namhaften Druckkostenzuschuß gefördert haben.

Hamburg,
im Februar 1989   Hermann Fischer

ERSTER TEIL

Zur Einführung

HEINZ ZAHRNT

Tillich als Gestalt des 20. Jahrhunderts

Die gegenwärtige religiöse Situation ist durch den gleichzeitigen Höhepunkt zweier Ereignisse bestimmt: Zum einen hat in unseren Tagen die neuzeitliche Aufklärung den christlichen Glauben endgültig erreicht; zugleich aber hat auch die Aufklärung selbst ihren ursprünglichen hoffnungsvollen Schwung verloren und ist für viele Zeitgenossen unglaubwürdig geworden. Der Zusammenfall dieser beiden Ereignisse bestimmt alle theologische und philosophische Arbeit im 20. Jahrhundert.

Angesichts des scheinbar unaufhaltsamen Schwunds einer lebendigen Gottesgewißheit geht es heute nicht mehr um Detailfragen des christlichen Glaubens – um Jungfrauengeburt, Gottessohnschaft, leeres Grab, Höllen- und Himmelfahrt –, sondern um das Ganze des christlichen Glaubens. Es geht um den Glauben an Gott: Wer ist das eigentlich, von dem die Christen reden, wenn sie von Gott sprechen? Wie erfahren sie ihn? Und wenn sie ihn erfahren haben, können sie dann auch anderen sagen, wie sie ihn erfahren können? Das ist die entscheidende theologische Frage, um die es heute geht. Sie lautet nicht zuerst: Gibt es Gott?, nicht einmal: Wer ist Gott?, sondern: *Wo* ist Gott? Wo bleibt er? Wo kommt er in der Welt, in der wir leben, zum Vorschein? Dann werden wir ja sehen, wer Gott ist und wie er ist und ob er überhaupt ist, und welchen Sinn es demnach hat, von »Gott« zu reden. Die Vergegenwärtigung Gottes ist das A und O aller Theologie.

Dies ist der Hintergrund und der Inhalt der lebenslangen theologischen und philosophischen Arbeit Paul Tillichs.

I.

Als Paul Tillich 1933 als erster nichtjüdischer deutscher Hochschullehrer abgesetzt wurde und nach Amerika emigrierte, hat er sich dort bei seinen neuen Hörern und Lesern mit einer autobiographischen Skizze eingeführt. Dieser Skizze hat er den Titel »Auf der Grenze« gegeben und damit den Standort seines Lebens und Denkens bestimmt. Die Grenze gilt Tillich allgemein als der »eigentlich fruchtbare

Ort der Erkenntnis«. Aber was allgemein gilt, scheint ihm auf sein eigenes Leben noch in besonderer Weise zuzutreffen. Und so schreibt er im Vorwort zu jener autobiographischen Skizze:

»Als ich die Aufforderung erhielt, die Entwicklung meiner Gedanken aus meinem Leben heraus darzustellen, entdeckte ich, daß der Begriff der Grenze geeignet ist, Symbol für meine ganze persönliche und geistige Entwicklung zu sein. Fast auf jedem Gebiet war es mein Schicksal, zwischen zwei Möglichkeiten der Existenz zu stehen, in keiner ganz zu Hause zu sein, gegen keine eine endgültige Entscheidung zu treffen.«[1]

Dem gedanklichen Stehen auf der Grenze entsprach Tillichs berufliches Schicksal. Er stammte aus einem lutherischen Pfarrhaus in der Lausitz, und wie vielen Pastorensöhnen fiel es auch ihm schwer, den Vater auf der Kanzel und den von diesem verkündigten Vater im Himmel auseinanderzuhalten bzw. in Einklang miteinander zu bringen. Dennoch – oder vielleicht gerade deswegen – war er schon früh entschlossen, Theologie und Philosophie zu studieren. Er tat dies in Berlin, Tübingen und Halle. Sein wichtigster theologischer Lehrer wurde ihm Martin Kähler; ihm verdankte er die Einsicht in den alles beherrschenden Charakter der paulinisch-lutherischen Rechtfertigungslehre.

1909 legte Tillich seine theologischen Examina ab und promovierte kurz nacheinander zum Doktor der Philosophie und zum Lizentiaten der Theologie, beide Male mit einer Arbeit über Schelling. Am Ersten Weltkrieg nahm er als Feldgeistlicher teil und habilitierte sich nach dem Krieg als Privatdozent für Theologie in Berlin. 1924 wurde er außerordentlicher Professor für systematische Theologie und Religionsphilosophie in Marburg, 1925 Professor der Religionswissenschaften an der Technischen Hochschule in Dresden und wiederum gleichzeitig Honorarprofessor für Theologie in Leipzig. 1929 übernahm er als Nachfolger Max Schelers den Lehrstuhl für Philosophie und Soziologie in Frankfurt am Main.

Bereits 1933 wegen seiner Zugehörigkeit zu den »Religiösen Sozialisten« und wegen seines Eintretens für die jüdischen Studenten gegen den Terror des Nationalsozialistischen Studentenbundes vom Amt suspendiert, wurde er durch Vermittlung Reinhold Niebuhrs Professor am Union Theological Seminary in New York; daneben hielt er wiederum philosophische Vorlesungen an der Columbia University. Nach seiner Pensionierung im Jahre 1955 verlieh ihm die Harvard University in Cambridge/Mass. die höchste akademische Würde, die Amerika zu vergeben hat und die bisher nur ganz wenigen zuteil geworden war: Als »University Professor of Harvard« erhielt Tillich die Befugnis zu lesen, worüber und wann er wollte. Während der letzten Jahre seines Lebens lehrte er an der Universität in Chicago und hielt Gastvorlesungen in Europa. Für Ende Februar 1966 hatte er noch einmal, mit fast 80 Jahren, eine Reihe von Vorlesungen an der New School of Social Research in New York geplant; in seiner ersten Vorlesung dort wollte er über »Die religiöse Dimension der politischen Ideen« sprechen. Sein Tod am 22. Oktober 1965 ist dem zuvorgekommen.

Also ein ständiger Wechsel zwischen den Fakultäten, zwischen den Kulturen, zwischen der Alten und Neuen Welt – aber kein Wechsel in der Sache: Als Theologe versuchte Tillich Philosoph zu bleiben und als Philosoph Theologe: »Der ungewöhnliche Name für den Lehrstuhl, den ich vertrete, ist ›philosophische Theologie‹. Für mich paßt diese Bezeichnung besser als jede andere, da die Grenzlinie zwischen Philosophie und Theologie das Zentrum meines Denkens und Arbeitens ist.«[2] »Gegen Pascal sage ich: Der Gott Abrahams, Isaaks und Jakobs und der Gott der Philosophen ist der gleiche Gott.«[3]

Was Tillich gleichermaßen als Theologe und Philosoph geprägt hat, ist die intensive Erfahrung einer der gewaltigsten und furchtbarsten Perioden der Weltgeschichte. Tillich wurde im Jahre 1886 geboren. In demselben Jahr starb Leopold von Ranke, wurden Karl Barth, Oskar Kokoschka und Gottfried Benn geboren, ein Jahr zuvor Niels Bohr, drei Jahre zuvor Karl Jaspers und Walter Gropius, fünf Jahre zuvor Béla Bartók. Alle diese Namen wirken wie Zeichen; jeder von ihnen bedeutet für sich ein Ende und einen Anfang. Miteinander repräsentieren sie den Übergang, mehr noch den Bruch der Zeiten, der unser Zeitalter charakterisiert. Und eben dieses Gefühl, in einem weltweiten Bruch und Übergang zu leben, hat auch Tillichs Denken und Arbeiten sein Leben lang bestimmt: »Wir stehen in der Mitte einer Weltrevolution, die jeden Bereich der menschlichen Existenz ergreift und uns eine neue Deutung des Lebens und der Welt aufdrängt.«[4] – »Das einzige, was wir für uns hoffen können, ist, eine Brücke zwischen den Zeiten zu sein.«[5]

Dieses Gefühl, am Ende eines Alten und am Anfang eines Neuen zu stehen, verbindet Paul Tillich mit Karl Barth, Emil Brunner, Karl Jaspers und vielen anderen seiner Generation. Es ist für ihn das Bewußtsein des Beginns des »20. Jahrhunderts«. Für Europa datiert Tillich diesen Beginn auf den August 1914 mit dem Ausbruch des Ersten Weltkriegs, für Amerika ein halbes Menschenalter später auf den November 1929 mit dem Ausbruch der Weltwirtschaftskrise.[6] Im Blick auf die Menschheit insgesamt aber bilden für ihn die beiden Weltkriege den »radikalen Wendepunkt zwischen zwei Geschichtsperioden«. So führt sich das 20. Jahrhundert zunächst als das »Zeitalter der Weltkriege« ein. Die Weltkriege sind ein Teil, ja die Spitze der Weltrevolution, die alle Gebiete des menschlichen Lebens in allen Teilen der Welt erfaßt hat. Diese »Stürme unserer Zeit« sind keine Zufälligkeit, verursacht von einigen bösen Menschen, sondern sie sind eine »strukturelle Notwendigkeit«, hervorgebracht durch die Strukturen und Tendenzen der bürgerlichen Gesellschaft des 19. und 20. Jahrhunderts.[7]

Was Tillich im Ersten Weltkrieg – vier Jahre als Militärpfarrer an der Westfront – erlebt hat, ist der Zusammenbruch der bürgerlichen Kultur und des Lebensstils des 19. Jahrhunderts und mit ihm das Ende der idealistischen Philosophie und der liberalen Theologie: »Das vierjährige Erleben des Krieges riß den Abgrund für mich und meine ganze Generation so auf, daß er sich nie mehr schließen konnte.«[8] Tillich meint für dieses Erleben sogar ein genaues Datum angeben zu können. Er erinnert sich an eine Nacht vor Verdun, in der er im Trommelfeuer zwischen den Sterbenden umherirrte und schließlich erschöpft zwischen den Toten einschlief. »Als ich erwachte, sagte ich mir: ›Das ist das Ende der idealistischen Seite meines Denkens!‹ In dieser Stunde begriff ich, daß der Idealismus zerbrochen war.«[9] An die Stelle des idealistischen Strebens des 19. Jahrhunderts ist im 20. Jahrhundert die Existenz in Verzweiflung und Angst getreten, an die Stelle des Bewußtseins eines ständigen Fortschritts das Gefühl einer permanenten Krise.

Damit war Tillich das lebenslang anhaltende Thema seines Nachdenkens gegeben: Die Geschichte wird für ihn zum »Zentralproblem« seiner Theologie und Philosophie, und zwar nicht nur in der Enge der historisch-kritischen Fragestellung, sondern in der ganzen Weite der Frage nach dem Wesen und Sinn aller geschichtlichen Wirklichkeit überhaupt. Die geschichtliche Situation forderte gleichzeitig »Deutung und Gestaltung« – wobei die Deutung bei Tillich freilich stets überwog. Er gesteht selbst, daß er seiner ganzen Anlage nach mehr zur Theorie als zur Praxis bestimmt war.

II.

Was Tillich zum unablässigen bohrenden Denken antreibt, ist einmal der »Eros«, die Liebe zur Wahrheit, die sich immer neu in der Zeit zu verwirklichen trachtet; zum anderen ist es die Liebe zum Menschen, der gleichfalls immer nur als »Zeitgenosse« existiert.

Trotz der beherrschenden Rolle, die die Ontologie, die Lehre vom Sein, bei ihm spielt, ist Tillichs Weltauffassung, seine Anschauung von der Natur und dem menschlichen Leben, durch und durch geschichtlich. Seine Ontologie ist nicht statisch, sondern existential-dynamisch: Alles Wesen will zur Existenz kommen, will eingehen in Zeit und Schicksal. Damit hält Tillich sich bewußt in der Tradition der biblischen Religion.

Anders als bei Plato steht die Wahrheit nicht als ein ewiger unwandelbarer Ideenhimmel über uns, sondern sie geht in die Existenz ein. Auch die Wahrheit steht, wie die Existenz, im Schicksal; darum kann die Wahrheit auch nur erkennen, wer selbst im Schicksal steht. Es gibt den Logos immer nur im Kairos, im erfüllten geschichtlichen Augenblick. Alles Erkennen der Wahrheit trägt daher Geschichts- und Entscheidungscharakter; jeder Erkenntnisakt ist eine geschichtliche Tat. Weil aber die Wahrheit in der Geschichte geschieht, ist sie nie ein für allemal da, nie endgültig, nie fertig, nie allgemein. Sie bleibt immer offen, treibt immer über sich selbst hinaus zu neuer Verwirklichung, fordert immer neues Wagnis unter dem Gebot und der Verheißung des jeweiligen geschichtlichen Augenblicks. Anders enthüllt sich dem Menschen als endlichem, geschichtlich bedingtem, an die Erde gebundenem Wesen *keine* Wahrheit.

Das gilt nicht nur für die Philosophie, sondern auch für die Theologie. Auch die Wahrheit der Theologie steht im Schicksal, auch die christliche Wahrheit ist gültig immer nur als geschichtliche Wahrheit. Während Karl Barth in die Höhe empor zum Himmel schaut und dem ewigen Spiel der Trinität lauscht, blickt Paul Tillich hinab in die Tiefe der

Wirklichkeit und wird gefangengenommen von dem ständigen Wechselspiel der Geschichte. Und während Barth sich zeit seines Lebens bemüht hat, die Identität, die Reinheit und Unveränderlichkeit der christlichen Botschaft zu bewahren, richtet sich Tillichs Streben von Anfang an auf die Variabilität – darauf, diese Botschaft nun zwar nicht zu verändern, sie aber neu zu deuten und in die veränderte Situation von Zeit und Welt zu übersetzen.

Tillich zeichnet das Bild des »Menschen des 20. Jahrhunderts« so:

»Er hat nicht nur eine Reihe schwerer Katastrophen hinter sich, er lebt auch weiterhin in einer Situation, die mit möglichen Katastrophen geladen ist. Statt von Fortschritt spricht er von Krise . . . Er hat das Nichtsein erlebt, das wie ein drohender Ozean alles Seiende umspült. Er hat sein Schicksal erlebt mit seinen plötzlichen, unberechenbaren Einbrüchen in alles, was sicher schien, in seinem Leben und in dem Leben der Völker. Er hat den Tod erlebt als das Sterben Unzähliger, denen die Natur ein volles Leben versprochen hatte, und er hat den Tod erlebt als stündliche Bedrohung seines eigenen Seins. Er hat Schuld erlebt, unvorstellbar in ihren Ausmaßen für menschliche Phantasie, und er hat erlebt, daß er unentschuldbar ist, wenn er auch nur durch Schweigen schuldig geworden ist . . . Er hat gelernt zu zweifeln, auch an dem, was ihm selbst das Sicherste war. Da ist keine Festung des Glaubens geblieben, in die nicht Elemente des Zweifels eingedrungen sind. Und wenn die Frage in ihm auftaucht, welches der Sinn seines Seins ist, dann tut sich ein Abgrund vor ihm auf, in den zu blicken nur der Mutigste wagt, der Abgrund der Sinnlosigkeit.«[10]

Damit sieht sich die Verkündigung der christlichen Wahrheit heute einem »Zeitgenossen« gegenüber, der zwar autonom, aber in seiner Autonomie unsicher geworden ist, der die Dimension der Tiefe und damit des Unbedingten, Religiösen verloren hat, der nur noch produziert, weil Produktion möglich ist, und nicht mehr nach dem Sinn fragt, der nur noch Restbestände einer Weltanschauung oder überhaupt keine mehr besitzt, der keinen Mut zum Sein mehr hat und zu verzweifeln droht, falls er sich nicht wieder einer fremden Autorität unterwirft oder aber gegenüber der Wahrheitsfrage völlig indifferent bleibt. »Es ist nicht das Bild des Menschen ohne Gott . . . Aber es ist das Bild eines Menschen, der nicht mehr weiß, daß und wie er in der Hand Gottes ist.«[11]

Diesem »modernen« Menschen gilt Tillichs liebevolles

Bemühen. Ihn sucht er mit dem Wort der christlichen Wahrheit zu erreichen. Ihm möchte er wieder Mut machen zum Glauben, indem er ihn von der in ihm selbst verborgenen Macht des Glaubens überzeugt, um ihn wieder zu versöhnen mit Gott, mit sich selbst, mit der Welt. »Heilung« ist daher für Tillich das Wort, das die wichtigste Seite der christlichen Erlösungsbotschaft für unsere Zeit ausdrückt, und »Heiland« für ihn daher der zeitgemäßeste Titel für Jesus Christus. Tillich versteht sich selbst in seiner theologischen und philosophischen Arbeit als ein »Therapeut«.

Die entscheidende Frage, die sich für den Menschen aus dieser Situation ergibt, ist nicht die Frage nach der Endlichkeit und dem Tod wie in der alten griechischen Kirche, auch nicht die Frage nach dem gnädigen Gott und der Vergebung der Sünden wie in der Reformation, auch nicht die Frage nach dem persönlichen religiösen Leben wie im Pietismus oder nach der Verchristlichung der Gesellschaft und Kultur wie in der Neuzeit – »Es ist die Frage nach einer Wirklichkeit, in der die Selbstentfremdung unserer Existenz überwunden wird, nach einer Wirklichkeit der Versöhnung und Wiedervereinigung, nach schöpferischer Kraft, Sinnhaftigkeit und Hoffnung.«[12]

Wie zu allen Zeiten geht es auch heute um die Wiedervereinigung des Menschen mit Gott. Sie bildet wie eh und je das Herzstück aller echten Religion. Aber diese Wiedervereinigung darf, wenn sie wirklich eine Antwort auf die existentielle Frage des modernen Menschen sein soll, nicht nur als Antwort auf die enge Frage nach dem ewigen Seelenheil des einzelnen, sondern muß als Antwort auf die viel umfassendere, geradezu kosmische Frage nach einer neuen Schöpfung, einer neuen Wirklichkeit, einem neuen Sein erscheinen.

Daß die Kirche dies alles in ihrer landläufigen Verkündigung nicht selbstlos und wahrhaftig genug tut, sondern im selbstsicheren Besitz ihrer ererbten Wahrheit alte Begriffe und Formeln rezitiert und so den Menschen unserer Tage zwingt, sich immer erst ins 16. Jahrhundert oder in die Jahre 1–30 n. Chr. zurückzuversetzen, das ist ein Vorwurf, der in Tillichs Büchern, Schriften und Reden immer wieder auftaucht. Daher hat das Problem der Sprache für ihn zeit seines Lebens eine große Rolle gespielt.

III.

Der Wert jeglicher Theologie entscheidet sich für Tillich daran, was sie für die Predigt leistet. Die Testfrage muß in jedem Falle sein, ob uns ein überlieferter religiöser Begriff noch etwas zu sagen hat oder nicht. Angesichts der fast völligen Sinnentleerung vieler überlieferter Worte und Begriffe hat Tillich einmal den Vorschlag gemacht, die Kirche möge ein 30jähriges Schweigegebot über alle religiösen Urworte verhängen. Aber dieser Vorschlag war, wie er selbst sagt, mehr symbolisch als wörtlich gemeint.

In der Praxis wird der Theologie nichts anderes übrigbleiben, als die überkommenen biblischen Worte und Begriffe jeweils so verständlich wie möglich zu interpretieren und, wo dies gar nicht mehr geht, sie durch andere zu ersetzen. Dazu muß sie eine neue Sprache ausbilden und sich ein neues begriffliches Werkzeug schaffen, nicht um die religiöse Ursprache der Bibel und der Liturgie durch eine moderne zu ersetzen – solche Versuche sind immer noch kläglich gescheitert –, sondern um sie gerade auf diese Weise zurückzuerobern und ihre alten Worte und Symbole neu verständlich zu machen. Und so hat Tillich die Devise ausgegeben: »Begriffe mußt du retten, ehe du Seelen retten kannst.«[13]

Worum es Tillich bei seinem ständigen Bemühen um eine neue theologische Sprache und Begrifflichkeit geht, hat er einmal in einem Gespräch mit seinem Freunde Fedor Stepun auf charmante Weise zum Ausdruck gebracht. »Von den Engländern hat man gesagt«, so meinte Stepun, »daß, wenn sie ›Gott‹ sagen, sie ›Kattun‹ meinen. Von Ihnen, Herr Tillich, möchte man behaupten, daß, wenn Sie Kattun sagen, Sie ›Gott‹ meinen. Warum sagen Sie nicht lieber gleich ›Gott‹?« Tillich gab darauf zur Antwort: »Solange die Menschen das Wort Gott nicht mehr verstehen, werde ich Kattun sagen, vorausgesetzt, sie verstehen, daß ich ihnen etwas von Gott sagen will.«[14]

Weil die Wahrheit immer in der Zeit geschieht und der Logos niemals ohne einen entsprechenden Kairos ist, befindet sich die Theologie ständig in der Spannung zwischen zwei Polen: zwischen der ewigen Wahrheit auf der einen Seite und der jeweiligen Zeitsituation auf der anderen. Eine sachgemäße Theologie muß daher immer zwei Grundbedingungen erfüllen: Sie muß der Wahrheit der christlichen

Botschaft Ausdruck verleihen, und dieser Ausdruck muß der jeweiligen Situation angemessen sein. Zur Situation rechnet Tillich das Ganze des schöpferischen Selbstverständnisses des Menschen in einer bestimmten Zeit, die Summe der wissenschaftlichen, künstlerischen, wirtschaftlichen, politischen, sozialen, sittlichen Formen, in denen das Selbstverständnis einer Generation seinen Ausdruck findet.

Bei der Herausarbeitung der existentiellen Fragen kann der Theologie heute der Existentialismus eine besondere Hilfe leisten. Tillich hält ihn für einen »natürlichen Bundesgenossen des Christentums«[15]. Wie Kant einmal gesagt hat, daß die Mathematik ein Glücksfall der menschlichen Vernunft sei, so möchte Tillich den Existentialismus einen »Glücksfall der christlichen Theologie« nennen.[16] Er hat die wahre Situation des Menschen sowohl in der gegenwärtigen Periode wie in der Geschichte überhaupt enthüllt. Damit half er zugleich – trotz seines weithin atheistischen Charakters –, »die klassische christliche Interpretation der menschlichen Existenz wiederzuentdecken«[17]. Er drückt in Begriffen das aus, was einst der Mythos über die Situation des Menschen in religiöser Form ausgesagt hat, und kann so dazu beitragen, daß die religiösen Mythen und Symbole, in denen eine Antwort auf die Frage nach der menschlichen Situation gegeben wird, wieder neu verstanden werden. Wir müssen die Bibel »mit den Augen lesen, die durch die existentialistischen Analysen geöffnet sind«[18]. Der Existentialismus stellt in neuer und radikaler Weise die Fragen, deren Antworten für den Glauben in der Theologie gegeben sind.

Nicht nur der Hilfe der Theoretiker, auch der Praktiker der Existenzforschung muß sich der Theologe bedienen, der Geistlichen, der Erzieher, der Psychoanalytiker und psychologischen Berater. Im Lichte des von ihnen dargebotenen Materials muß er die traditionellen religiösen Symbole und theologischen Begriffe neu interpretieren. So gleicht die Arbeit der Theologie einer Ellipse mit zwei Brennpunkten: der eine Brennpunkt stellt die existentielle Frage dar, der andere die theologische Antwort.

Wegen dieser Wechselbeziehung zwischen Frage und Antwort nennt Tillich seine Theologie »apologetische Theologie«. Das ist nicht in jenem schwächlichen Sinn gemeint, daß die Theologie die Existenz Gottes mit unredlichen Mitteln zu beweisen trachtet und dabei ständig atemlos hinter der

Zeit herkeucht, ohne sie jemals einzuholen. Die Apologetik ist nicht eine besondere Abteilung der Theologie, sondern ein »allgegenwärtiges Element« in ihr. Apologetische Theologie heißt: antwortende Theologie. Sie antwortet auf die Fragen, die die Situation stellt, in der Vollmacht der ewigen Botschaft und in den Begriffen, die eben diese Situation liefert.

Und so kann Paul Tillich die Theologie auch als »Mittlerdienst« bezeichnen:

»Mittlerdienst zwischen dem ewigen Kriterium der Wahrheit, wie sie im Bilde Jesu als des Christus anschaubar ist, und der wechselnden Erfahrungen von Individuen und Gruppen, ihrer sich ändernden Fragestellungen und ihrer Kategorien zur Wahrnehmung der Wirklichkeit. Wird die Mittleraufgabe der Theologie abgelehnt, wird die Theologie selber abgelehnt. Denn das Wort Theo-logie schließt als solches die Vermittlung ein, nämlich zwischen dem Mysterium, welches theos ist, und dem Verstehen, welches logos ist«.[19]

Damit bringt Tillich den Ausdruck »Vermittlungstheologie«, der seit Barths scharfem Nein gegen jedes vermittelnde »Und« fast ein Scheltwort geworden war, wieder zu Ehren und bezieht ihn bewußt auf sich selbst. Sein ganzes Wirken ist in besonderer Weise auf Vermittlung, Versöhnung, Wiedervereinigung und Heilung gerichtet – darum nicht analytisch, sondern synthetisch, nicht polemisch, sondern apologetisch, nicht dem Einzelnen zugewandt, sondern dem Ganzen, immer darauf bedacht, die singuläre Erscheinung mit Hilfe des Begriffs in eine systematische Ordnung zu fügen. Tillich gehört zu den großen spekulativen Geistern, die eben darum auch große Versöhner sind, zu den Systembauern, denen alle Dinge zum Besten ihres Denkens dienen müssen, für die auch das Negative nur von dem Positiven lebt, dessen Negation es ist.

Während die beiden anderen Säulen der protestantischen Theologie im 20. Jahrhundert, Karl Barth und Rudolf Bultmann, auf eine scharfe Grenzziehung bedacht sind, sucht Tillich wieder zusammenzufügen, was die theologische Mode Jahrzehnte hindurch streng geteilt hatte. Schleiermacher hatte einst die besorgte Frage gestellt: »Soll der Knoten der Geschichte so auseinandergehn, das Christentum mit der Barbarei und die Wissenschaft mit dem Unglauben?«[20] Leider ist der Knoten der Geschichte so auseinandergegangen, wie Schleiermacher es befürchtet hatte. Die Wissenschaft ist weithin mit dem Unglauben gegangen, aber das Christentum auch mit der Barbarei. Während die dialektische Theologie in einer unüberbrückbaren Diastase Gott und die Welt so weit auseinanderspannte, daß kaum noch ein Berührungspunkt zwischen beiden zu erkennen war, strebte die liberale Theologie, umgekehrt, eine unerlaubte Synthese zwischen Gott und der Welt an und drohte die Grenze zwischen beiden fast völlig zu verwischen. Tillichs Standort liegt genau zwischen diesen beiden Lösungen: »Meine Theologie kann verstanden werden als ein Versuch, den Konflikt zwischen diesen beiden Typen der Theologie zu überwinden. Sie will aufzeigen, daß die in diesen Bezeichnungen ausgedrückte Alternative nicht gültig ist.«[21] Das Falsche an ihnen abweisend und das Richtige aufnehmend, geht Tillich einen neuen, wie er selbst sagt, den »dritten Weg«.

Dieser »dritte Weg« führt hindurch zwischen Supranaturalismus und Naturalismus, zwischen Heteronomie und Autonomie.

Weder vollzieht Tillich, wie der Supranaturalismus, eine Trennung zwischen Gott und Sein noch, wie der Naturalismus, eine Gleichung, sondern er setzt beide zueinander in Beziehung. Gott wäre für ihn nicht Gott, wenn er nicht der schöpferische Grund von allem Sein wäre, die unendliche und unbedingte Macht des Seins, das Sein – Selbst; er ist weder neben noch über dem Seienden, sondern er ist jedem Seienden näher als dieses sich selbst. Wiederum ist Gott ganz und gar anders als alles Seiende, in unendlichem Abstand von ihm, aber nicht als ein anderes, höchstes, überweltliches Sein, sondern als der Grund und Sinn in allem Sein. Tillich beruft sich hierfür zu Recht auf Luther, der stets mit großer Intensität die Allgegenwart Gottes in allen Lebensprozessen und dabei gleichzeitig seine totale Jenseitigkeit betont hat: Gott ist »zugleich in einem jeden Körnlein ganz und gar und dennoch in allen und über allen und außer allen Kreaturen«. Tillich drückt dasselbe in seiner philosophischen Sprache so aus: »Gott ist, symbolisch gesprochen, die Dimension des Unbedingten in Sein und Sinn, gegenwärtig in allem, was ist, und entfernt von allem, was ist.«[22]

Tillichs drittem Weg zwischen Supranaturalismus und Naturalismus entspricht sein dritter Weg zwischen Heteronomie und Autonomie, wobei freilich sofort hinzuzufügen ist, daß sein Herz der Autonomie sehr viel näher steht. Wogegen er sich wendet, ist nur die »reine«, »leere«, »formale« Autonomie, die die Frage nach dem letzten, unbedingten Sinn des Lebens und der Kultur vergessen hat und darüber säkular und arrogant geworden ist. Die »freischweifende Intelligenz« ist ihm zeit seines Lebens verdächtig gewesen. Tillichs ganze Leidenschaft aber richtet sich gegen den »Großinquisitor« in der Kirche, gegen die Heteronomie, die der Welt Gott wie ein fremdes Joch auferlegt und sie so von außen und oben her vergewaltigt, die das Ansehen der Wahrheit befleckt und die sittliche Würde des Menschen zerstört. Ihr theologischer Ausdruck ist der Supranaturalismus, ihre Folge der religiöse oder kirchliche Terror.

Seinen eigenen Standpunkt zwischen Heteronomie und Autonomie bezeichnet Tillich als »Theonomie«. Der Ausdruck soll besagen, daß Gott zwar das Gesetz und die Macht allen Lebens ist, aber nicht von außen oder oben, sondern von innen her, im Sein selbst waltend, als sein letzter Grund und Sinn wirkt. Er unterwirft den Menschen nicht einem fremden Gesetz, sondern begegnet ihm als das, was ihn unbedingt angeht, und bringt ihn zur Erfüllung seiner selbst.

Paul Tillich läßt ebenso den strengen Offenbarungspositivismus der dialektischen Theologie wie den fröhlichen Geschichtsoptimismus der liberalen Theologie hinter sich. Sein »dritter Weg« – die Synthese seiner philosophischen Theologie – lautet »gläubiger Realismus«. Dieser Begriff bietet Tillichs bündigste Antwort auf die heute gestellte Frage nach der Beziehung zwischen der Wirklichkeit Gottes und der Wirklichkeit der Welt: In ihm sind Gott und Welt beisammen.

Das Wort »Realismus« soll besagen, daß es in der Religion nicht um eine Sonder- oder Überwirklichkeit geht, sondern um diese Wirklichkeit, die uns umgibt und in der wir leben. Das Wort »gläubig« soll das Verhältnis zu dieser Wirklichkeit beschreiben: daß es darauf ankommt, nicht an der Oberfläche der Wirklichkeit haften zu bleiben, sondern in ihre Tiefe einzudringen und in ihr den göttlichen Grund und Sinn zu ergreifen, richtiger, sich von ihm ergreifen zu lassen. Der gläubige Realismus identifiziert nicht das Göttliche mit der endlichen Wirklichkeit, aber er zeigt, wie das Göttliche an der endlichen Wirklichkeit aufscheint, als ihr transzendenter Grund und Sinn:

»Es ist wie ein Aufreißen der Finsternis, wenn der Blitz eine blendende Helle über alle Dinge wirft, um sie im nächsten Augenblick in tiefster Dunkelheit zurückzulassen ... Wir werden in der Glaubenserfahrung durch das Unzugänglich-Heilige ergriffen, das ... in unsere Existenz einbricht und uns richtet und heilt. Das ist Krisis und Gnade zugleich«.[23]

Mit dem gläubigen Realismus verbindet sich eine Erkenntnishaltung gegenüber der Wirklichkeit, in der die Subjekt-Objekt-Spaltung zwischen Mensch und Wirklichkeit aufgehoben ist. Das Erkennen der Wirklichkeit bedeutet nicht Herrschaft, sondern Einung; es geschieht nicht in der Haltung des Abstands, sondern der Teilhabe; es verlangt nicht nach Aufgliederung in Einzelheiten, sondern Sich-Erfassen-Lassen vom Ganzen. Das Erkennen ist vom Erleben nicht zu trennen. Nur auf dem Weg der Intuition erreicht man jene Tiefe der Wirklichkeit oder, richtiger, wird man von jener Tiefe der Wirklichkeit ergriffen, in der ihr göttlicher Grund und Sinn sichtbar wird.

Damit richtet Tillich sich gegen das bloße technische Herrschaftswissen der Neuzeit, das sich die Dinge zu unterwerfen trachtet und dadurch die ganze Wirklichkeit zum Objekt erniedrigt, mit der Folge, daß der Mensch selbst darüber zum Objekt wird. Gleichzeitig wendet sich Tillich damit gegen die einseitige Intellektualisierung des geistigen Lebens, die die »Seele«, den vitalen und emotionalen Grund, aus dem der Mensch lebt, verdrängt hat, mit der Folge, daß der Mensch nun aufgeteilt ist in einen blutlosen Intellekt und eine Vitalität ohne Geist und Sinn. An dieser Fehlentwicklung hat auch der christliche Glaube teilgenommen.

Im Gegenschlag dazu betont Tillich wieder kräftig den ekstatischen Zug in allem Glauben. Daß Glaube »Ekstase« ist, bedeutet nicht, daß im Glauben Sinnloses geschieht, sondern daß in ihm der tiefste Sinn der Wirklichkeit den Menschen ergreift. Das kann nie vom Menschen aus geschehen, sondern ist immer nur als ein Akt der Gnade möglich und bedeutet daher auf seiten des Menschen »Annehmen«, »Empfangen«, »Widerfahrnis«, »Ergriffenwerden«, »Erschütterung«. Der Glaube ist ein »zentraler Akt«, der den ganzen Menschen erfaßt, nicht nur seinen Kopf, sondern auch sein Herz, nicht nur seine bewußten, sondern auch seine unbewußten Schichten. Und wo immer die Gegenwart Gottes in der Welt und seine Nähe zum Menschen so ernst genommen wird wie bei Tillich, dort wird es nie ohne einen Anflug von Mystik oder Pantheismus abgehen.

V.

Im Grunde ist Tillichs gesamte Theologie nichts anderes als eine Ausführung des Pauluswortes, das er sich einst als Text für seine Examenspredigt gewählt hatte: »Alles ist euer, ihr aber seid Christi, Christus aber ist Gottes.«

»Die ganze Welt ist euer, sagt Paulus, das ganze Leben, das gegenwärtige und das zukünftige, nicht nur Teile davon. Diese bedeutsamen Worte sprechen von wissenschaftlicher Erkenntnis und ihrer Leidenschaft, von künstlerischer Schönheit und ihrer erregenden Kraft, von der Politik und ihrem Machtgebrauch, vom Essen und Trinken und von der Freude, die wir daran haben, von geschlechtlicher Liebe und ihrer Ekstase, vom Familienleben und seiner Wärme, von der Freundschaft und ihrer Innigkeit, von der Gerechtigkeit und ihrer Klarheit, von der Natur und ihrer Macht und Ruhe, von der durch den Menschen geschaffenen Welt, die die Natur umformt und sie verwandelt in technische Gestalten mit ihrer Faszination, von der Philosophie und ihrer Tiefe, in der sie die Frage nach dem Unbedingten zu stellen wagt. In all dem ist Weisheit und Macht dieser Welt, und all das ist unser. Es gehört uns und wir gehören ihm, wir schaffen es und es erfüllt uns.«[24]

Das Recht, einen solchen weiten Kreis zu beschreiben und »alles«, die Wirklichkeit der ganzen Welt, in den christlichen Glauben und die christliche Theologie einzubeziehen, ergibt sich für Tillich allein aus dem Fortgang jenes Pauluswortes: »Ihr aber seid Christi.«

In Jesus Christus ist das Neue Sein erschienen. Christus hat unter den Bedingungen der Existenz, der Entfremdung zwischen Gott und Mensch, die Einheit mit Gott als dem Sinn und Grund allen Seins durchgehalten. Damit ist die Kluft zwischen Essenz und Existenz, zwischen wahrem und wirklichem Sein, »im Prinzip« überwunden. Prinzip heißt »Anfang« und »Wesen«, das bedeutet, daß von diesem Punkt, an dem die Kluft zwischen Essenz und Existenz überwunden ist, ein Prozeß der Heilung seinen Anfang genommen hat, der als erlösende Kraft in alle Existenz hineinwirkt. Der unheilvolle Riß, der sich durch alles Sein zieht und Leben von Leben, Mensch von Mensch, Ich von Ich trennt, ist geheilt und die Einheit wiederhergestellt. Und eben dies geheilte alte Sein ist das Neue Sein.

Daß in Jesus Christus das Neue Sein erschienen ist, gibt Tillich die Vollmacht zu seiner philosophischen Theologie. Es bildet die stille, oft unausgesprochene Voraussetzung für alles, was er über Gott und die Welt sagt, und verleiht seiner Theologie ihre christologische Einheit und ihre kosmische Universalität.

VI.

Tillichs Nachdenken über die Zukunft des Christentums im 20. Jahrhundert hat sich, die Grenzen des bloß Theologischen und Kirchlichen hinter sich lassend, immer mehr zu einer Deutung der geistigen und religiösen Situation der Menschheit im 20. Jahrhundert ausgeweitet. Immer stärker ist Tillich zu einem protestantischen Geschichtsdenker und prophetischen Deuter der Zeit geworden. Dabei wird sein Urteil immer dunkler, kritischer und tiefer, seine Hoffnung zugleich aber immer universaler und radikaler, vielleicht kann man auch sagen, verzweifelter.

Was sich Tillich nach dem Zweiten Weltkrieg überall aufdrängt, ist die Erfahrung des Endes und der Leere, ein Mangel an Letztgültigkeit und Unbedingtheit in allen Bereichen der menschlichen Existenz. Den Grund für diese Erfahrung sieht Tillich in dem »Verlust der Dimension der Tiefe«.

Aber gerade damit scheint für Tillich die Möglichkeit eines neuen Kairos gekommen zu sein. Gerade das Ende kann in einen neuen Anfang umschlagen, gerade in der Leere kann eine neue Verheißung liegen. Die Leere kann zur »heiligen Leere« werden, zu einem Vakuum, aus dem heraus, wie einst aus dem Nichts, eine neue Schöpfung möglich wird. Die Einsicht, daß wir die Dimension der Tiefe verloren haben, kann bereits eine Wende zu ihr hin bedeuten. Wenn es heute überhaupt die Möglichkeit eines Kairos gibt, dann liegt sie in der Anerkennung des Endes oder der Leere.

In diesem Sinne hat Tillich während seiner letzten Gastprofessur im Sommersemester 1961 in Hamburg über die »Abwesenheit Gottes« in unserer Zeit gepredigt: »Wir leben in einer Periode, in der Gott für uns der abwesende Gott ist.« Was ist der Grund dafür? Zunächst zählt Tillich die altbekannten Gründe für die Abwesenheit Gottes auf: unser Widerstand, unsere Gleichgültigkeit, unser Mangel an Ernst, unser echter oder zynischer Zweifel. Aber die letzte gültige Antwort auf die Frage, warum Gott abwesend ist, lautet anders: »Der Grund der Abwesenheit Gottes liegt in Gott selbst. Es ist das Werk des göttlichen Geistes selbst, daß uns Gott unserer Sicht entrückt wird, nicht nur einzelnen, sondern auch ganzen Zeiten ... Der Geist Gottes verbirgt Gott unserem Blick«. Aber eben darin, daß Gott sich vor uns verbirgt, kann die Möglichkeit für eine Peripetie und damit für einen neuen Kairos liegen:

»Wenn wir Gott als den Abwesenden erfahren, *wissen* wir um ihn; wir erleben sein Nicht–bei–uns–sein als eine leere Stelle, wie sie bleibt, wenn jemand oder etwas, das zu uns gehörte, uns verlassen hat ... Und dann mag wohl der Abwesende zurückkehren und den Platz einnehmen, der ihm gehört, und die Gegenwärtigkeit des göttlichen Geistes mag wieder in unser Bewußtsein einbrechen, uns aufweckend zur Erkenntnis dessen, was wir sind, uns erschütternd und verwandelnd.«[25]

Diese Erfahrung der Abwesenheit Gottes muß heute der Kirche bei ihrem Verkündigen und Handeln gegenwärtig sein und sie an ihr Thema erinnern. Jede Religion hat zwei Richtungen: die Vertikale und die Horizontale; sie soll den ewigen Sinn verkündigen und seine zeitliche Verwirklichung. Lange Zeit hat die Religion ihre Kraft vornehmlich der Horizontalen gewidmet und die Vertikale darüber nahezu vergessen, und sie tut es bis auf diesen Tag. Sie gibt politische, ökonomische, soziale und kulturelle Ratschläge, aber sie droht darüber zu sehr ihre eigene Botschaft zu vergessen, das Eine, das allein not ist: das Neue Sein, das Ewige und Unbedingte. Wohl soll die Religion in unsere gegenwärtige Situation hineinsprechen, aber was sie sagt, soll eine fremde Botschaft sein; wichtiger als die Horizontale ist heute die Vertikale:

»Wenn ... die Religion ... nur in der Weise zu uns spräche – wie jede Zeitung, jedes Radio, jeder Redner – wenn sie sich nur in den üblichen Gleisen der öffentlichen Meinung bewegte, würde es ... nicht verlohnen, ihr zuzuhören. Wenn die Religion nur eine Zutat zu allem wäre, schwärmerische Begeisterung, etwas größere Sicherheit oder würdevolle Verbrämung von etwas, was auch sonst, mit oder ohne Religion, getan wird, dann würde sie überhaupt keine Bedeutung mehr haben, weder für die Gegenwart noch für irgendeine Zeit. Wenn die Religion aufhörte, das geistige Schwert zu sein, das alle menschliche Begeisterung, Sicherheit und Würde durchschlägt und richtet, wandelt und über sie hinausgreift, dann würde sie durch die fortschreitende Zivilisation hinweggefegt werden und sollte so bald als möglich als ein nutzloser und schädlicher Ballast verschwinden.«[26]

Die Frage, die heute gewöhnlich gestellt wird, lautet: »Was sollen wir tun?« Aber diese gewöhnliche Frage muß mit der ungewöhnlichen Frage beantwortet werden: »Von wo empfangen wir etwas?« Die Menschen müssen wieder verstehen lernen, daß man nichts tun und geben kann, wenn man nichts empfangen hat. Und auch die Kirche muß dies wieder lernen, wenn sie eine Botschaft für den Menschen der Gegenwart verkündigen will: »Die Religion ist in erster Linie eine geöffnete Hand, eine Gabe entgegenzunehmen, und erst in zweiter Linie eine tätige Hand, Gaben auszuteilen.«[27]

VII.

In Tillichs Theologie steckt ein starker, ja gefährlicher Impuls, den Abstand zwischen Gott und Welt zu verwischen und damit die Kluft zwischen Religion und Kultur, Tempel und Rathaus, Gebet und Arbeit, Meditation und Forschung zwar nicht zu schließen, aber sie nach Möglichkeit zu füllen. Sein gläubiger Realismus drängt auf Einheit, fast auf einen christlichen Monismus hin. Tillich leidet an der Zertrennung und Entfremdung in der Welt und ist von einer unstillbaren Sehnsucht nach der Wiedergewinnung ihrer verlorenen Einheit erfüllt. Er möchte verbinden, vereinigen, heilen, versöhnen. Er hungert und dürstet nach dem einheitlichen Sinn der Welt. Er sucht nach ihm, und er findet ihn auch stets – und sei es auch in der Sinnlosigkeit selbst.

Aber gerade damit droht der Theologie Tillichs nun auch eine Gefahr: daß er die christliche Offenbarung allenthalben in der Welt findet und auf diese Weise ihre Besonderheit einebnet. Eben das ist denn auch Karl Barths lebenslang anhaltender Vorwurf gegen Paul Tillich gewesen. Schon in einer 1923 mit Tillich geführten Auseinandersetzung wirft er diesem ein allzu »großzügig geübtes Generalisieren«, einen »allzu billigen Universalismus« vor. Wenn er Tillichs Schriften lese, sehe er immer eine »breite Glaubens- und Offenbarungswalze« über alles dahingehen, über Häuser, Menschen und Tiere, als ob es sich von selbst verstünde, daß überall

Gericht und Gnade waltet, als ob alles einfach einbezogen ist in die Paradoxie der Christusoffenbarung. So kann man nach Barths Meinung nicht von der Offenbarung Gottes reden! In ihr geht es nicht um ein allgemeines »Es ist« und »Es gibt«, sondern um ein einmaliges Ereignis und Geschehen, um Mitteilung und Gabe. Mit einer solchen »Theologie des babylonischen Turmbaus« will der junge Barth nichts zu tun haben, und noch der alte will es nicht.[28]

In seiner letzten in Basel gehaltenen Vorlesung kommt Barth noch einmal ausdrücklich auf Tillich zu sprechen. Er hält seine Idee einer philosophischen Theologie oder einer theologischen Philosophie für einen »reinen Wunschtraum, zu schön, um wahr zu sein«. Zwar ließe sich nach Barths Ansicht bei einiger denkerischer Begabung und Lust eine solche Synthese verhältnismäßig einfach vollziehen, aber es würde damit vereinerlei und gegenseitig zum Verschwinden gebracht, was in dieser Welt nun einmal de jure oder doch de facto zweierlei ist. Und so kann Barth nur ausrufen: »Welche Lösungen! Welche Aspekte! Eia, wär'n wir da!«[29]

Denselben Vorwurf wie der Theologe Karl Barth erhebt auch der Philosoph Wilhelm Weischedel. In seinem »ehrerbietigen Widerspruch« richtet er an Tillich die gleiche Frage wie Barth: »Verschwimmt damit nicht alles ins ungeschiedene Einerlei?«[30]

In der Tat liegt etwas Unentschiedenes, Unbestimmtes, Schwebendes in Tillichs Theologie und Religiosität. Die Grenzen der Wirklichkeit Gottes und der Wirklichkeit der Welt drohen sich zu verwischen. Gott scheint so weltlich und die Welt so göttlich zu werden, daß beide ihre Konturen zu verlieren beginnen, Gott sein Gottsein und die Welt ihr Weltsein. So war es möglich, daß bei der jährlichen Versammlung der American Philosophical Association im Mai 1960 in Chicago drei prominente Philosophen in einem Symposion allen Ernstes über die Frage diskutieren konnten »Ist Tillich ein Atheist?« Zu diesem Gespräch schrieb damals die Zeitschrift »Christian Century«:

»Das Problem, das in einer solchen provozierenden Weise vorgestellt wurde, war nicht nur, ob Amerikas hervorragendster Theologe tatsächlich dem Atheismus das Wort rede, sondern ob seine Aussagen über Gott die Realität eines Wesens bestätigten, das es wert ist, zum Gegenstand religiöser Verehrung gemacht zu werden oder nicht.«[31]

Tillichs Verlangen, Gott in die Welt hineinzuziehen und alles Getrennte zu versöhnen, führt dazu, daß Gott sein Personsein zu verlieren droht und die konkreten Züge seines Gesichts zu verschwimmen beginnen. Nicht zufällig bevorzugt Tillich, wenn er von Gott redet, das Neutrum. Er sagt: »das Sein«, »das Göttliche«, »das Unbedingte«.

Aber die drohende Verwischung der Distanzen und die drohende Auflösung der Konturen sind nur die Schattenseite eines hellen Lichtes. Dies helle Licht in Tillichs Theologie ist ein fast liebevoll seelsorgerliches Bemühen, dem Zeitgenossen dazu zu verhelfen, daß er Gott nicht in einem Jenseits seiner Geschichte, nicht über oder außerhalb der Welt, auch nicht in irgendeinem fernen, fremden Land oder in irgendeiner fernen, fremden Zeit sucht, sondern in der Wirklichkeit der Welt und seines Lebens, als ihre letzte wahre Wirklichkeit.

Damit hilft Tillich uns, unsere religiöse Situation besser zu verstehen und die Frontlinien anders zu ziehen, als die kirchliche Konvention dies fordert. Die entscheidende religiöse Trennungslinie läuft heute nicht zwischen den Christen und den Nichtchristen, sondern zwischen den Selbstsicheren und den Unruhig-Gewordenen, zwischen den Gleichgültigen und den Wartenden, zwischen den Zufriedenen und den Zweifelnden, zwischen denen, die fragen, und denen, die nicht mehr fragen. Dabei kann es durchaus geschehen, daß Christen und Nichtchristen miteinander auf dieselbe Seite zu stehen kommen. Es gibt Christen und Nichtchristen, die noch keineswegs fertig sind mit Gott, die unruhig geworden sind, ob das, was sie gestern über Gott vernommen haben, auch heute noch die Wahrheit über Gott ist, die suchen und forschen, ob es sich denn nun mit Gott so verhalte, wie sie bisher geglaubt bzw. nicht geglaubt haben, die sich in ihrem Glauben ständig vom Unglauben und in ihrem Unglauben ständig vom Glauben bedroht fühlen und die gerade durch die Intensität ihres Fragens und Zweifelns die Lebendigkeit Gottes bezeugen.

VIII.

Tillich ist zwar zeit seines Lebens ein Grenzgänger gewesen, und dies nicht nur zwischen Theologie und Philosophie, sondern auch zwischen der Theologie und allen anderen Lebensgebieten – aber er ist niemals ein Überläufer geworden, weder nach der einen noch nach der anderen Seite. Er verbindet die gläubige und die denkende Existenz in Personalunion und hält die Spannung zwischen beiden aus. Er war, was heute so selten geworden ist, ganz einfach ein frommer Denker. Er war kein Schulhaupt – wie Barth und Bultmann –, aber ein großer Lehrer. Viele Menschen hat er mit seinen Gedanken getröstet. Er war ein Seelsorger mittels des Gedankens.

Als Paul Tillich nach dem Zweiten Weltkrieg zu Gastvorlesungen nach Deutschland zurückkehrte, meinte ein Theologe nach einem Gespräch über ihn, seine Theologie sei eine Spätfrucht des abendländischen Geistes. Ein Jahr später rief ein anderer Theologe in derselben Stadt anläßlich eines Vortrags Tillichs emphatisch aus: »Dieser Mann ist hundert Jahre zu früh geboren!« Was ist nun richtig? Beides trifft auf Tillich zu. Er hat in seiner Theologie die Ernte des antiken und des christlichen Geistes eingebracht. Aber er hat sie nicht eingeschlossen und aufbewahrt, sondern verarbeitet und in Brot verwandelt für den Menschen heute und morgen.

Und was ist übermorgen? Nun – auch Tillichs Synthese wird »aufgehoben« werden und eine neue Antithese erzeugen. Aber durch These, Antithese und Synthese bahnt sich – in einer unauflöslichen Verflechtung von göttlicher Reflektion und menschlicher Projektion – Gottes Lebenslauf in der Weltgeschichte und will in dem Glauben von Menschen ans Licht kommen.

Anmerkungen

1 GW XII, 13.
2 GW V, 110.
3 GW V, 184.
4 GW III, 70.
5 GW X, 221.
6 GW III, 182.
7 GW X, 222.
8 GW XII, 34.
9 Vgl. H. Zahrnt, Die Sache mit Gott, München 1966, 488, Anm. 3 und GW XII, 34.
10 GW III, 182 f.
11 GW III, 193.
12 STh I, 61.

13 Zitiert bei W. W. Bartley, Flucht ins Engagement, München 1962, 82.

14 Vgl. H. Thielicke, Paul Tillich, Wanderer zwischen zwei Welten, in: Der Spannungsbogen. Festgabe für Paul Tillich zum 75. Geburtstag, Stuttgart 1961, 20.

15 STh II, 33.

16 Ebd.

17 Ebd.

18 STh II, 34.

19 GW VII, 13.

20 F. Schleiermacher, Sämtliche Werke, I. Abt., Bd. II, 614 (Zweites Sendschreiben an Dr. Lücke).

21 GW VII, 26.

22 GW IV, 126; vgl. auch STh II, 11 ff; GW V, 38 f, 182 f; GW VII, 177 ff.

23 GW IV, 101 f; vgl. auch GW IV, 88 ff, bes. 96 ff, 99 ff; GW VII, 54 ff, 64 ff.

24 P. Tillich, Das Neue Sein. Religiöse Reden, 2. Folge, Stuttgart 1959, [3]1963, 108.

25 P. Tillich, Auf der Grenze. Aus dem Lebenswerk Paul Tillichs, Stuttgart 1962, 75 f; vgl. auch P. Tillich, Das Ewige im Jetzt, Religiöse Reden III, Stuttgart 1964, 87 f.

26 GW X, 213.

27 GW X, 216 f.

28 GW VII, 234, 239.

29 K. Barth, Einführung in die evangelische Theologie, Zürich [2]1963, 125.

30 W. Weischedel, Paul Tillichs philosophische Theologie. Ein ehrerbietiger Widerspruch; in: Der Spannungsbogen, a. a. O., 32 f.

31 Paul Tillichs Werk im Spiegel der Reden und Artikel zu seinem 75. Geburtstag am 20. August 1961. Mit Aphorismen Paul Tillichs zum Thema »Spannungsbogen«, Stuttgart 1961/62, 44.

ZWEITER TEIL

Tillichs philosophische und theologische Herkunft

PETER STEINACKER

Die Bedeutung der Philosophie Schellings für die Theologie Paul Tillichs

I.

Das Thema impliziert zwei Unterstellungen, die, wenn man sie problematisiert, sogleich in die zu verhandelnde Sache führen. Es unterstellt, daß Schelling wirklich Philosoph und Tillich wirklich Theologe gewesen ist. Zweifellos stimmt das zunächst für Schellings Selbstverständnis. Er hat sich zeitlebens für einen Philosophen gehalten, auch dann noch, als man ihn für nichts anderes hielt als einen merkwürdigen Apologeten der verwickelten christlichen Dogmengeschichte, der einmal Philosoph gewesen war. Jacob Burckhardt hielt ihn für einen »Gnostiker«, Kierkegaard, neugieriger Hörer der Berliner Vorlesung, hat sich bald enttäuscht abgewandt: »Schelling faselt unerträglich . . .«, schrieb er am 27. 2. 1842 an Boesen.[1] Heinrich Heine bezeichnet Schellings Versuch, durch eine Art mystischer Intuition zur Anschauung des Absoluten zu gelangen, als Ende der Philosophie: »Die Poesie, ich will sagen die Narrheit, beginnt«[2]. Arnold Ruge bescheinigt ihm »den eklatantesten Abfall von der Philosophie überhaupt«[3]. Und Nietzsche spricht, darin Schopenhauer ähnlich, lapidar vom »Schelling-Schwindel«[4]. So ein umstrittener Mann »auf der Grenze« mußte für Tillich nicht nur intellektuell, sondern auch existentiell bedeutsam sein, weil die Grenze der Ort war, an dem Tillich mit Vorliebe sein eigenes Werk angesiedelt hat. Aber auch er hat Schelling vorgeworfen, »aus existentialen Analysen existenzielle Antworten abzuleiten« versucht und eine philosophische Theologie geschaffen zu haben, »die weder echte Theologie, noch echte Philosophie war«[5].

Ihm selbst fiel es, anders als Schelling, immer schwer, in seinem Werk Philosophie und Theologie zu unterscheiden, auch wenn er in besagter Schelling-Kritik so tut, als sei ihm die Unterscheidung sonnenklar und gelungen.[6] Gegen eine *Dialektische Theologie,* die nach seinem Verständnis alles andere als dialektisch war und die alle philosophische Anstrengung des Begriffs als verwerflichen Anknüpfungspunkt an Kultur aus der Theologie ausgrenzen wollte, hielt Tillich an der Religionsphilosophie als der theologischen Methode fest. Die Religionsphilosophie erfüllt sogar einen theologischen Zweck: sie sichert die Theologie davor, sich *unmittelbar* auf das Wirken Gottes als Akt seiner Selbstpräsenz in Geschichte oder Wort oder Evangelium zu beziehen. Das ist ein Schellingsches Motiv, denn für den späten Schelling gibt sich das Unbedingte dem Bedingten niemals ohne Vermittlung. Unmittelbarkeit im Sinne der Dialektischen Theologie widerspricht, nach Tillich, der Gottheit Gottes, zu der es kein unmittelbares Verhältnis geben kann. Gegen eine *Philosophie,* die meint, mit den Mitteln kategorialen und diskursiven Denkens sich einen Zugang zum Unbedingten erdenken zu können – und nur die um ein Unbedingtes kreisende Philosophie ist für Tillich interessant –, verweist er auf die von Kant gezogenen Grenzen und die gescheiterten idealistischen Versuche, aus dem transzendentalen Ich das Absolute zu erreichen. Die Vernunft, die sich ganz auf sich selbst stellte und das Prinzip der Autonomie verabsolutierte, mündete in die schrecklichen Katastrophen des 20. Jahrhunderts.[7] Dies ist die innere Dialektik der Aufklärung, deren Schicksal es ist, zum Pragmatismus und Positivismus, zur nur noch technischen Vernunft zu verkommen oder in »metaphysischer Trauer« (Max Horkheimer) sich selbst zu reflektieren. Aber: »Man kann die göttliche Selbstmanifestation nicht aus der menschlichen Situation ableiten«[8], auch wenn die Möglichkeit einer Religionsphilosophie an der Anerkennung eines unbedingten Elementes in der Struktur von Vernunft und Wirklichkeit hängt: »Eine Religionsphilosophie, die nicht mit etwas Unbedingtem beginnt, wird Gott nie erreichen«[9].

So hat Tillich Theologie und Philosophie in jedem Stadium seines Lebensweges neu aufeinander bezogen und alle früheren Lösungen im Neuansatz anscheinend vergessen. Einprägsam erhält sich das Motiv, daß das Wissen vom Unbedingten sich in der Frage nach ihm philosophische Gestalt wählt, auf die dann die Theologie mit der Substanz der christlichen Botschaft antwortet[10] – ein ferner, allerdings bloß formaler Reflex auf Schellings Unterscheidung von »negativer« und »positiver« Philosophie. Aber auch diese Unterscheidung wirkt bei Tillich künstlich, und er hat sie im 2. Band der »Systematischen Theologie« sogleich auch wieder aufgegeben, insofern er hier die Ausarbeitung der existentiellen Fragen eindeutig der Theologie zuweist.[11]

Tillich selbst berichtet, er habe immer versucht, »Philosoph zu bleiben und als Philosoph Theologe. Das Verlassen der Grenze, die Entscheidung für das Eine oder das Andere, wäre leichter gewesen. Aber sie war mir innerlich unmöglich, und der inneren Notwendigkeit folgte das äußere Schicksal in merkwürdiger Übereinstimmung«[12].

Es war, trotz gegenteiliger Versicherung, die *Verschlingung* von Theologie und Philosophie, die Schelling für Tillich so bedeutsam werden ließ. Die wenigstens versuchte Versöhnung von Glauben und Denken ohne Verwischung ihrer Differenzen faszinierte ihn, und er hat sie in der Erneuerung der Apologetik selber zu seinem Lebensthema gemacht. Apologetik heißt für ihn nicht mehr einfach Verteidigung des Glaubens vor dem Forum der Vernunft. Sondern in der Apologetik zeigt die philosophische Theologie ihre Fähigkeit, die mit der existentiellen Situation des Menschen gestellte Frage auf das Unbedingte hin auszuarbeiten und die Offenbarung auf diese Situation hin verstehbar auszulegen. Darum ist Tillich als Theologe dauernd mit der Welt und ihren Fraglichkeiten, mit den Zweideutigkeiten des Lebens befaßt, denn diese zersprungene Welt ist zugleich voller Gott. Die Vernunft hat dies entweder vergessen oder sich maßlos überschätzt und ist dabei – so Schellings Kritik an Hegel – in sinnlose Abstraktionen abgeirrt, die von der Wirklichkeit der Welt und ihrer Gebrochenheit auf Erlösung hin nichts mehr wahrnahmen. Tillich hat sich dem universalen Logos immer wieder zugewandt in der Gewißheit, daß »keine Philosophie, die dem universalen Logos gehorsam ist, ... im Widerspruch zu dem konkreten Logos stehen (kann), dem Logos, der ›Fleisch‹ geworden ist«[13]. Dies aber war Schellings Anliegen, und so hat ihm Tillich seine beiden ersten großen akademischen Arbeiten gewidmet.[14]

Dabei geht die innere Affinität der beiden Denker so weit, daß beide trotz größter Anstrengung kein wirkliches System zustande gebracht haben, sehen wir einmal davon ab, ob ein solches System überhaupt sinnvoll und möglich erscheinen will. Schelling bleibt in Entwürfen stecken und deutet dies zur Methode um. Dies ist nicht wenig überheblich, aber als Abwehr gegen die übermächtige Gewalt Hegels, der einmal als sein Schüler galt, obwohl er fünf Jahre älter war, verständlich. In Wahrheit wollte auch Schelling die große Idee eines Systems der Wissenschaften verwirklichen, und er sah in seiner Philosophie den Zeitpunkt herannahen, »wo die innere Identität aller Wissenschaften sich enthüllt«[15]. Im Alter kokettiert er dann allerdings damit, gerade nicht für ein einziges philosophisches System werben zu wollen.[16]

Tillichs Werk besteht, mit Ausnahme der Systematischen Theologie, die aber auch kein System im klassischen Sinn ist, aus Abhandlungen, Vorträgen, Aufsätzen und Gelegenheitsschriften, die alle einen konkreten Anlaß haben und sich mit diesen Bezugspunkten wandeln. Solche Wandlungen sind sachgemäß, sofern (in Schellings Begriffen) »Geist« sich aus der Vermittlung von Wille und Verstand bildet, also auf einer stets wechselnden produktiven Basis ruht. Darum muß alles Begreifen sich auf die unabgeschlossene Wirklichkeit beziehen, das System muß die Probe des Lebens bestehen.

II.

Nun ist es relativ leicht, im Rahmen einer begriffsgeschichtlichen Analyse die Spuren Schellings in Tillichs Werk zu verfolgen. Es liegt am Tage und ist gut erforscht, daß zentrale Begriffe Tillichs von Schelling stammen oder über Schelling vermittelt sind: das Unbedingte im Gegenüber zum Bedingten, die Trias Sein-Nichts-Übersein, Essentifikation im Zusammenhang mit dem Todesproblem, der Übergang von Essenz in Existenz als schuldhafter Akt, der Begriff des Lebens als Übergang von potentia in actus, die Theorie des Geistes als Gestaltungswille, die ontologische Bedeutung der Angst, die Entdeckung des Unbewußten als unaufgebbare Basis des Bewußtseins und anderes.

C. H. Ratschow verweist darauf, daß Tillichs späte Ontologie auf der genannten Trias ruht und daß der frühe Tillich vor seiner Wendung zur sozialistischen Entscheidung Schelling vor allem in drei Grundgedanken rezipiert hat: 1. im Postulat der Identitätsphilosophie, demgemäß Denken und Sein identisch sind, 2. im prozeßhaften Verständnis des Absoluten als actus purus und 3. in der Ausrichtung auf die Formulierung einer Wissenschaftstheorie.[17] *Reinhard Mokrosch*[18] hat gezeigt, wie Tillich die Zuordnung von Metaphysik und Ethik beerbt und nach seiner Meinung durch ein Mißverständnis verdirbt. Schellings Ethisierung der Metaphysik verwandle sich bei Tillich wieder in eine Metaphysierung der Ethik, und damit falle Tillich hinter Schelling zurück. *Gunther Wenz*[19] hat Tillichs Schellingrezeption vor allem in den korrespondierenden Begriffen Freiheit und Subjektivität nachgezeichnet. Wenz meint, Tillich wende sich nach breiter Zustimmung an der Stelle ab, wo Schelling versucht, aus der Analyse der Subjektivität die Seinsmacht erreichen zu können. So habe Schelling im Urteil Tillichs sein Vorhaben, die Überwindung des idealistischen Subjektivismus, nicht verwirklicht. Die Bedeutung Schellings für Tillich liege nun aber darin, daß er sich von dessen *Intention* zur Überwindung der transzendentalen Bedeutung der mit sich selbst identischen Subjektivität bleibend angeregt wußte, obwohl er gegen ihn die These vertreten habe, die Bewegung über das Subjekt hinaus sei keine Leistung des Subjekts selbst. *Adrian Thatcher* hat in seiner Dissertation auf mannigfache Beziehungen der Ontologie und Gotteslehre Tillichs zu Schelling hingewiesen, die sich zum Beispiel in den Begriffen »Grund und Abgrund (Ungrund)« niederschlagen.[20]

So könnte im Verfolg einer begriffsgeschichtlichen Studie die Bedeutung Schellings für Tillich nachgezeichnet werden. Ich möchte aber einen anderen Weg einschlagen. Es scheint mir sinnvoller zu sein, die *Intention* aufzuspüren, die Schelling zu seiner Philosophie getrieben hat, in der Hoffnung und der Vermutung, daß sich eine analoge *Intention* bei Tillich finden läßt. Dann wäre eine Vergleichsebene erreicht, die tiefer liegt als die nur begriffsgeschichtliche Kausalität, die selbstverständliche Voraussetzung dieses Versuchs weiterhin bleibt. Solche Analogie der Intentionen stammt, wie die Phänomenologie gezeigt hat, ja nicht nur aus der rational-logischen Sphäre menschlichen Daseins, sondern greift umfassender auf die Persönlichkeit und die Konstitution von Welt zurück. Dies darf man nicht psychologisch verengen, weil dann wieder nur ein Aspekt, nämlich der seelische, das Ganze tragen würde. Intentionen sind immer gegenstandsbezogen und verbinden die Erkenntnis mit dem zu Erkennenden. Dies Verfahren scheint mir angemessen zu sein, sofern, nach einem Wort von Karl Jaspers, noch an Schellings Versagen aufleuchtet, daß »Philosophie des inneren Dabeiseins (bedarf), nicht bloß des Bewußtseins überhaupt oder des Verstandes, sondern der möglichen Existenz und des Umgreifenden des Daseins und des Geistes, das durch mögliche Existenz beseelt Sprache gewinnt, aber nur für den, der aus verwandtem Ursprung dabei ist«.[21]

Daß dies ein verheißungsvoller Weg sein kann, spürt man der Gedenkrede ab, die Tillich aus jahrelangem Abstand und verpflanzt in eine ganz andere Kultur zum 100. Todestag Schellings am 26. September 1954 gehalten hat. In dieser Rede schöpft er aus der »Struktur des Bildes« Schellings, das sich ihm eingeprägt hat, und bekennt: »Niemals in der Entwicklung meines eigenen Denkens habe ich die Abhängigkeit von Schelling vergessen«[22]. Schelling ist für ihn »Initiator und Patron des existentialistischen Protestes«[23], der vor Kierkegaard dessen Problemfeld betritt und darum geschichtlich nicht zwischen Kant und Hegel angesiedelt werden kann.

Schelling verläßt den »Essentialismus«, eine »Philosophie, die auf das Wesen der Dinge, ihr ›Was‹, platonisch gesprochen auf ihr eidos, ihr ewiges Bild, christlich gesprochen auf ihre schöpfungsmäßige Natur gerichtet ist«[24]. Er setzt empirisch bei der Existenz, der menschlichen Subjektivität und ihren Dunkelheiten, ihrem eigentümlichen Ineinander von Unbewußtem Bewußtem, dem Bewegten und Beharrend-Nichtenden, dem Zusammenhang von Freiheit und Schuld, von Rationalität und Irrationalität an, der das Leben ausmacht. Seine Philosophie ist im Sinne Tillichs »Existentialismus«, eine »Philosophie, die auf die Existenz der Dinge, sofern sie im Widerspruch zu ihrem Wesen stehen, platonisch und christlich gesprochen, auf die Dinge in ihrem Abfall von sich selbst gerichtet ist«[25]. Existenz in all ihrer Zerrissenheit, die Schelling wie Tillich erlebten und bis in die letzten Fasern ihres Seins und Denkens verfolgten, der eine in seiner schicksalhaften Begegnung mit Caroline Schlegel, der andere in der Berliner Bohème und eigentlich sein Leben lang in innerem und äußerem Schicksal, Existenz in diesem Sinn ist einem System unerreichbar, das, wie das Hegelsche, das Wirkliche nur auf eine logische Formel bringt und mit dem Vernünftigen identifiziert. Existenz ruht auf einem dämonischen Untergrund, es gibt im Sein ein »alogisches Element«[26], und dieser Schellingsche Blickwinkel hat Tillich niemals losgelassen.

Schelling selbst hat sich diesen Blickwinkel auf dem Weg von der Naturphilosophie über den transzendentalen Idealismus, der ihm zerbrach und sich zur Freiheitsphilosophie wandelte und schließlich in die Spätphilosophie brach, mit immer zunehmender Klarheit erkämpft. Von Fichte begeistert, hatte er in seiner frühen Philosophie versucht, alles, was ist, aus dem einen vorgegebenen Prinzip, dem »Ich«, abzuleiten. Aber schon bald bemerkte er, daß das Fichtesche »Nicht-Ich« weder die Natur angemessen beschreibt, noch auf diese Weise menschliche Freiheit gedacht werden kann. Auch in der Natur gibt es selbständige Prozesse, und jedes Ich, sofern ihm nicht nur transzendentale Realität zukommt, hat eine naturgeschichtliche Basis. Das eint die Natur und den Menschen. Bekanntlich hat Schelling unter der Voraussetzung der absoluten Identität zwischen Natur und Vernunft eine Stufenfolge des Seienden entworfen, in deren Verlauf sich die Naturgeschichte in die menschliche Geschichte fortentwickelt. In den Aphorismen über die Naturphilosophie von 1806 findet sich der zentrale Satz:

»Die gänzliche Einheit und Unteilbarkeit alles Seins wird eben durch jenen Wechsel der Formen offenbar. Wie alle Dinge zuletzt aufgelöst sind in die Existenz der einen Substanz, zu welcher alles gehört: so nimmt das Höhere das Niedere in sich auf als ein zu seiner Existenz Gehöriges. Erde, Luft, Wasser werden in die Pflanze, die Pflanze in das Tier, das niedere Tier in das höhere, alles zuletzt in das Gestirn, das Gestirn selbst in das All, das All in die ewige Substanz aufgenommen. Jedes Niedere gehört also zur Existenz eines Höheren, alles zuletzt zur Existenz des ewig Einen und unendlich-Vollen, aber eben darum wird es nicht von ihm hervorgebracht, sondern ist mit ihm zumal!«[27]

Freiheit hingegen löst sich auf, wenn sie das Element der Willkür und auch die Möglichkeit zum Selbstwiderspruch verliert. Bei Fichte vollzieht das Ich in seiner Freiheit die Selbstverwirklichung des Absoluten. Schelling erklärt nun dieses Selbstsetzen des Individuums zum Prinzip des Sündenfalls. »Das widerspruchsvolle Bewußtsein des Menschen, notwendig und doch mit Schuld das zu tun, was er ist, beweist die Richtigkeit dieser Lehre vom transzendenten Sündenfall«, urteilt Tillich.[28] Der Abfall vom Absoluten und also auch die tiefe Zerrissenheit der Welt und der menschlichen Geschichte sind nur dann als Freiheit anzusprechen, wenn das Ich sich von seinem Wesen entfernen kann. Nur da ist Existenz, nur da Geschichte.[29] So ist das seiner selbst bewußte Ich niemals der Anfang, sondern immer das Ende einer Entwicklung. Daraus folgt, daß der Begriff der Existenz mit dem der Schuld verknüpft werden muß, wenn er auf das bedingt Seiende angewandt werden soll. Er ist frei von Schuld zu denken, wenn er auf das Absolute angewandt wird.

Aber wie wird sich das Ich in seiner Freiheit von und Bindung an das Absolute, an die Substanz inne? Das Ich ist doch eine sich selbst entfremdete Wirklichkeit, und jeder Versuch, es zu einem Objekt der Erkenntnis zu machen, muß es in seiner Freiheit verfehlen. Schelling entwickelt in der Übergangsphase zu seiner Spätphilosophie die Lehre von der »intellektuellen Anschauung«, um die Probleme zu lösen, die die Naturphilosophie aufgab. Der Begriff stammt in der Neuzeit von Kant, wird von Fichte aufgenommen, und Schelling verwendet ihn, um auf der Basis der Beziehung von Unbedingtem und Bedingtem die Erfahrung dieser Beziehung denkbar zu machen. Die »intellektuelle Anschauung« führt über das Bewußtsein hinaus in eine neue Form des Wissens, die das reflektierende Ich und seine kategoriale Bedingtheit auflöst und dennoch empirisch bleibt.[30] Es liegt nahe, hierbei an die mystischen Erfahrungen der Einheit mit dem All zu denken, und Schellings Formulierungen deuten das auch an.[31]

Nun hat die »intellektuelle Anschauung« als Bedingung der Möglichkeit der Darstellung des Absoluten einen entscheidenden Nachteil, der Schelling immer deutlicher wird und durch den sich deshalb in einem erneuten Anlauf seine Identitätsphilosophie zur Spätphilosophie verändert. Der Nachteil ist: Diese Form der Anschauung kann als Tätigkeit des Geistes keine Methode werden, aus deren Vollzug die Selbstvergewisserung des Subjekts als mit dem Absoluten identisch geleistet werden könnte. Insofern fällt sie hinter die wirkliche Mystik zurück, die ja auf höchster Stufe der Rationalität Weg und Ziel in der »unio mystica« miteinander vermittelte. Die »intellektuelle Anschauung« kann die Aufgabe, die unmittelbare Begegnung des Absoluten mit dem Bedingten dem philosophischen Wissen zuzuführen und damit vermittelt kommunikabel zu machen, nicht erfüllen. Sie hat »Sprachprobleme«, wie Hartmut Rosenau treffend formuliert, und daran erweist sich die »soteriologische Ohnmacht der Vernunft«[32], weil sie entweder in die Sprache des Begriffs sich fassen muß, dann aber nicht mehr unmittelbar redet, oder sich ins Kunstwerk gestaltet, dann aber stumm wird.

Schelling ersetzt nun den Begriff der »intellektuellen An-

schauung« durch den Terminus »Ekstase«, um auszudrük-
ken, daß es der Vernunft ohne Selbstaufgabe nicht mehr
möglich ist, die Kluft zwischen dem Bedingten und dem
Unbedingten zu schließen. Damit ist ein entscheidender
Wandel eingetreten. Schelling gibt jeden Versuch auf, durch
immanente Anstrengung der Vernunft zum Absoluten vorzudringen: »Vielmehr bedarf es einer Ekstasis, ein Scheiden
des Menschen von sich selbst, die ihn außer sich setzt und
dem verzweifelten Umtrieb, dem Unwesen menschlicher
Natur ein Ende bereitet. Erst dann kann das eigentliche
Selbst konstituiert werden«[33]. Das heißt: 1. Schelling gibt
mit der »intellektuellen Anschauung« den Versuch auf, den-
kerisch, vom Subjekt her, zum Absoluten vorzudringen.
Der Weg Descartes' wird nicht fortgesetzt. 2. Die Versöhnung zwischen Endlichem und Unendlichem ist von nun an
christologisch vermittelt. 3. Die Versöhnung ereignet sich in
der Geschichte als religionsgeschichtliche Entwicklung vom
Mythos zur Offenbarung.

Damit ist Schellings Spätphilosophie vorbereitet, die die
berühmte Unterscheidung zwischen »negativer« und »positiver« Philosophie vornimmt und den Zorn seiner anfangs
zitierten Kritiker erregt. Negativ nennt Schelling das diskur-
sive, apriorisch konstruierende Denken, weil es von der
konkreten Situation abstrahiert und das positiv Gegebene
mit den Mitteln der Logik auf sein Wesen hin durchstößt.
Dies Denken beschreibt, was ist, wenn überhaupt etwas ist.
Aber es steigt dabei auf in das Reich der Idee und denkt das,
was ist, begreifend als das Mögliche. Das macht die »negative« Philosophie unentbehrlich. Aber sie hat bezüglich des
Absoluten die Aufgabe, sich durch Erfahrung kontrollieren
zu lassen:

»Die Vernunft gibt dem Inhalt nach alles, was in der Erfahrung
vorkommt, sie begreift das Wirkliche, aber darum nicht die Wirklichkeit. Denn dies ist ein großer Unterschied. Das wirkliche
Existieren der Natur und ihrer einzelnen Formen gewährt die
Vernunftwissenschaft nicht; insofern ist die Erfahrung, durch die
wir eben das wirkliche Existieren wissen, eine von der Vernunft
unabhängige Quelle, und geht also neben ihr her, und ist hier eben
der Punkt, wo sich das Verhältnis der Vernunftwissenschaft zu der
Erfahrung positiv bestimmen läßt. Die Vernunftwissenschaft nämlich, weit entfernt, die Erfahrung auszuschließen, fordert diese
vielmehr selbst. Denn eben weil es das Seyende ist, was die Vernunftwissenschaft apriori begreift oder construiert, muß ihr daran

45

gelegen seyn, eine Controle zu haben, durch welche sie dartut, daß das, was sie apriori gefunden, nicht eine Chimäre ist. Diese Controle ist die Erfahrung«.[34]

Die Macht der Vernunft wird in bezug auf die Wirklichkeit und in bezug auf Gott destruiert. Nun scheidet aber die Erfahrung als Kontrollinstanz genau da aus, wo die »negative« Philosophie sich zu ihrer Höhe aufschwingt: Das notwendige Ende ihres Denkprozesses ist Gott als actus purus, das »seiner Natur nach actus Seyende«[35], das undefinierbar und ohne jede konkrete Bestimmung bleiben muß. So aber läßt sich Gott als Urheber der Welt und der Offenbarung, die freie Persönlichkeit, die die Welt aus Willkür und nicht aus Notwendigkeit setzt, nicht denken. So geht die »positive« Philosophie auf eine Umwendung, einen *Sprung* der Vernunft zurück, die nun im Zentrum, im Gottesbegriff, nicht von Erfahrung, sondern vom »schlechterdings transcendenten Seyn« ausgeht[36], das mittels der Erfahrung sich *erweist*.[37]

Die Wirklichkeit der Welt wird also nur unter der Voraussetzung Gottes und seiner freien Tat erkannt. Aber gerade dies ist nun für Schelling keine nur tröstliche Erkenntnis, sondern eröffnet den Abgrund und die tiefe Zweideutigkeit allen geschöpflichen Seins. Waren Freiheit und Tat die göttliche Bedingung von Geschichte, so ist die menschliche Geschichte gefallene Schöpfung. Zur Auslegung dieses Weltgeschehens schafft sich Schelling das methodische Instrument der Potenzenlehre, in der die Strukturen des Seins erfaßt werden können.[38] Sie beschreibt das Sein als dynamischen Prozeß von Nichtidentitäten, die sich spannungsvoll aufeinander beziehen und sich produktiv vermitteln. Anwendbar ist sie auf alles Seiende, und sie besteht aus einem Dreischritt: 1. Das unmittelbar Seinkönnende, das übergeht in 2. das Seinmüssende. Aus dem Streit der beiden erwächst als dritte Seinsmacht 3. das Seinsollende. Das Reale geht über in das Ideale, und als Vermittlung beider erscheint der Geist. Oder ontologisch: Das Sein geht über in das Nichtsein und vermittelt sich in das Übersein als dritte Potenz. Oder anthropologisch: Die erste Potenz ist der Wille, dynamisch, aber blind. Er wird begrenzt durch 2. den Verstand. Dieser bringt das richtungslos Gärende des Willens zum Stand, gibt ihm eine Form. Er ist dabei selbst nichts, stofferzeugend bleibt der Wille. Gehen die beiden

Potenzen aber eine Vermittlung ein, entsteht nun 3. der Geist als das Seinsollende.

Damit schafft sich Schelling die methodische Grundlage dafür, die ontologische Erfahrung des Nichts in das Sein, ja bis hinauf (oder hinunter) in die Gottheit selbst zu verfolgen. Bejahung und Verneinung, Sein und Nichtsein sind Urgegensätze, und nur weil sie in dynamischer Beziehung stehen, ist überhaupt etwas und nicht vielmehr nichts. Schelling nennt die Bewegung in Gott, seine ewige Geschichte, sein ewiges Werden das göttliche Leben, »eine ewige Freude des Findens und Gefundenwerdens«[39]. Nun haben die Potenzen in sich das innere Gesetz der Notwendigkeit. Ist Gott aber der wahrhaft Freie und verdankt sich die Welt keiner Notwendigkeit, dann muß eine vierte Potenz hinzutreten: die ewige, unergründliche Freiheit, die aus einem unergründlichen, irrationalen Grund aus sich herausgeht und, seine unergründliche Einheit wollend, in freiem Entschluß aufgibt, die Welt als Gestalt endlicher Freiheit schafft und sich der gefallenen Welt erbarmt, indem sie ihre Schöpfer- und Erlösermacht im Sohn der Welt zugute sein läßt. Dies Wissen ergreift die »positive« Philosophie als Akt der Gnade. Und so kann Schelling die beiden Philosophien soteriologisch zuordnen wie Gesetz und Evangelium, und am Ende leuchtet von Ferne die Rechtfertigung sola fide et gratia, das lutherische Erbe dieses sich über Böhme vermittelnden mystischen Impulses.

Welche Intention drückt sich nun in dieser Philosophie aus? Es ist die Intention, die Zerrissenheit der eigenen Existenz und der Welt überhaupt in ihrem dämonischen Grund anerkennen zu können, ohne sie zu verewigen und in vitalistische Geistfeindschaft umzusetzen. Es ist die Intention, das Vorhandene zugleich erlösbar und voller Gott denken zu können. Es ist die Intention, das Ganze des Seienden mit aller Höhe und Tiefe, mit aller Würde und Schande, Freiheit und Schuld, Bewußtsein und Unbewußtem mit dem in vernünftige (das heißt nicht nur logische) Beziehung zu setzen, was die Welt gründet und zielrichtet und ihr Sinn gibt: mit dem erbarmenden, heilenden Gott, der gleichwohl auch und gerade als der heilende seine Abgrundseiten nicht verliert und in seinem An-sich-Sein unerkennbar bleibt. Diese Intention schafft sich Ausdruck im Bewußtsein und seinen Formen, weil im Bewußtsein das Sein-Selbst sich als Gott erweist. Sie greift aber über das Bewußtsein auf eine allem

Sein zugrunde liegende Tendenz zurück, die in dem göttlichen Heilswillen als höhere Einheit der Wirklichkeit, die »höhere Geschichte«, aufgehoben wird.

IV.

Diese Intention läßt sich in Tillichs philosophischer Theologie sogar bis dahin verfolgen, wo er die Terminologie Schellings schließlich preisgibt. Ich will dies an einigen zentralen Punkten zeigen.

1. Tillich versucht in allen Phasen seines Wirkens, die Wirklichkeit gelebten Lebens zum Ausgangspunkt seines Denkens zu machen. Diese Wirklichkeit ist tiefe Zweideutigkeit, durchzogen von Entfremdung und gleichwohl gehalten von den Manifestationen des Seins-Selbst. Die Zweideutigkeit findet ihren Ausdruck im Getrenntsein von Essenz und Existenz. Der entfremdeten Existenz zerfallen die Polaritäten des Seins: Freiheit und Schicksal, Dynamik und Form, Individuation und Partizipation. Der Übergang selbst von Essenz in Existenz ist schuldhafter Übergang. Aber gerade die Differenz von Essenz und Existenz ist in ihrer Zweideutigkeit auch Grund der Freiheit. Wäre der Mensch nur der einfache Vollzug eines ihm vorausgesetzten Wesens, dann wäre der Mensch weder geschichtlich noch frei. Der Mensch ist frei, sich selbst und der eigenen Essenz zu widersprechen:

»Gerade diese Freiheit ist es, die den Menschen zum Menschen macht und die die Voraussetzung seiner Geschichte ist. Die menschliche Existenz ist nicht bestimmt von der menschlichen Essenz... Weil die Freiheit die spezifische Eigenschaft der menschlichen Natur ist, kann der Mensch eine Existenz schaffen, die über seine Essenz hinausgeht: er kann Geschichte schaffen«[40].

Wie für Schelling ist auch für Tillich alle Geschichte freie Tat und zugleich notwendig von Schuld durchdrungen. Nun erfährt sich der Mensch aber im Vollzug seiner Freiheit als »endliche Freiheit«[41]. Er erlebt in seiner eigenen Existenz den ontologischen Schock, daß seine Existenz vom Nichtsein bedroht ist, das heißt im weiteren, daß der Sinn seines Seins ihm verborgen ist. Und so fragt er, von sich herkommend und über sich hinaus, nach dem Sinn von Sein überhaupt. In solchem Fragen erfährt der Mensch seine und der Welt Vernünftigkeit, die die Frage expliziert, die in allem Sein beschlossen ist, nämlich die Frage, die von Leibniz über Schelling bis Heidegger die Philosophie bewegt hat: Warum ist überhaupt etwas und nicht vielmehr nichts? Der Mensch verwirklicht sich in dieser Frage. Die Frage ist also nichts, was man auch lassen kann, die Frage nach dem Sinn von Sein *hat* man nicht, der Mensch *ist* diese Frage.[42]

Eine Frage kann aber nur gestellt werden, wenn eine Antwort zumindest möglich ist. Die Frage erzeugt nicht die Antwort, aber sie korreliert ihr: »Die in der menschlichen Endlichkeit enthaltene Frage ist schon ausgerichtet auf die Antwort: das Ewige. Die in der menschlichen Entfremdung enthaltene Frage ist schon ausgerichtet auf die Antwort: Vergebung«, schreibt Tillich im zweiten Band der »Systematischen Theologie« und fährt dann fort:

»Die Frage nach der Erlösung kann nur gestellt werden, wenn Erlösung – und sei sie noch so fragmentarisch – bereits am Werk ist. Reine Verzweiflung – der Zustand ohne Hoffnung – kann nicht nach etwas suchen, das über ihn hinausgeht. Die Frage nach dem Neuen Sein setzt die Gegenwart des Neuen Seins voraus, ebenso wie die Frage nach Wahrheit die Gegenwart der Wahrheit voraussetzt«.[43]

Wie Schellings Ansatz bei der Erfahrung der tragisch in sich verstrickten Welt, »der Melancholie allen Lebens«, ihn zur Radikalität der Frage nach dem Grund und Sinn der Existenz und des Seins überhaupt drängte und er dabei die Vernunft ekstatisch über sich hinaustrieb – so fragt auch bei Tillich der Mensch aus der angstvollen Verborgenheit dieses Sinns und kommt durch diese Frage auf noch zu klärende Weise in Beziehung zur Erlösung. Zwar mischen sich hier, typisch für Tillich, ontologische Elemente aus Schellings Philosophie mit Kählers Rechtfertigungslehre und dem Motiv Augustins, das den Zweifler immer noch bei der Wahrheit hält. Aber der Hintergrund Schellings ist dennoch dominierend. Diese Beziehung zur Erlösung kann der Mensch allerdings nicht selber handelnd, schon gar nicht denkend herstellen. Das Neue Sein ist die Voraussetzung für neues Handeln. Dieses Neue Sein muß aus einer göttlichen Bewegung hervorgehen und unter der Bedingung der Endlichkeit die Entfremdung überwinden. Bei Schelling geschieht das in der kenotischen Inkarnation des Sohnes, bei Tillich im Paradox des Jesus als des Christus. Beiden gemeinsam ist die Intention der wirklichen, ontologisch beschreibbaren Veränderung der Welt durch das heilende Eingehen des Unbedingten ins Bedingte, der Versuch, die Erlösbarkeit der Welt und die göttliche Ökonomie denken zu können.

2. In der menschlichen Existenz ist die Korrelation von Frage und Antwort gegeben. Über diese Korrelation verschließt sich die Vermittlung des Unbegreifbaren mit dem Begreifbaren als Problemhorizont aller Theologie und Philosophie. Die Vermittlung kann nicht auf diese Weise geschehen, wie *Descartes, Fichte* und *Hegel* dies versucht haben. Schelling und Tillich sind in der Ablehnung dieser Denkprojekte geeint. Descartes hat zwar richtig erkannt, daß die Vernunft im Erkenntnisakt auf eine Subjekt-Objekt-Struktur angewiesen ist. Aber er hat nicht berücksichtigt, daß alle Subjekt-Objekt-Struktur von der prinzipiellen Selbst-Welt-Struktur des Seins unterfangen ist. So folgt aus seinem erkenntnistheoretischen Ansatz bei der leeren cogitatio die Zerreißung des Seins in Geist und Körper. Geist kann so nicht mehr als die Kraft des Lebens gedacht werden.[44]

Fichtes subjektiver Idealismus kann die Welt der Inhalte nicht mehr erreichen, ohne das Ich zu einem irrationalen Sprung in sein Gegenteil, das Nicht-Ich, zu zwingen. Auch damit wird die Polarität von Selbst und Welt zerstört, denn die gilt für alles Sein mit Ausnahme Gottes. Darum vermeidet es Tillich, diese Struktur vom Ich her aufzubauen. Denn im Gegensatz zum Ich umfaßt das Selbst sowohl das rationale Element des cogito als auch das Un- und Unterbewußte als dessen Basis. Daher gilt dieses Selbst nicht nur vom menschlichen, sondern auch vom anorganischen Sein, wenn auch nur »in gewissem Maße«: »Wo immer die Reaktion auf einen Reiz abhängig von einem Strukturganzen ist, kann man sowohl bei Atomen als auch bei Tieren von Selbstzentriertheit sprechen. Der Mensch ist das vollentwickelte und völlig zentrierte Selbst. Er ›besitzt‹ sich in der Form des Selbstbewußtseins«[45]. *Hegel* schließlich gilt Tillich als der große »essentialische Philosoph«, der sich einseitig der logischen Struktur der Wirklichkeit zuwandte und damit das Irrationale, Unvernünftige, Schuldhafte aus der Wirklichkeit, die eben das Leben ist, ausblenden mußte.

Deutlich regieren Schellingsche Intentionen Tillichs philosophiegeschichtliche Urteile. Daß eine Vernunft, die das

Unbedingte und das Bedingte vermitteln will, das Subjekt nicht als Objekt preisgeben darf, aber auch umgekehrt das Objekt nicht verdinglichen darf, weil es auch ein Selbst ist, ist ein Grundsatz aus Schellings Naturphilosophie. Er prägt Tillichs Formulierung der ontologischen Grundstruktur. Die Freiheitsschrift von 1809, die Tillich als bewußte Wendung zum existentiellen Denken in der Nachwirkung des Todes von Caroline interpretiert, bewahrt diese zentrale Intention auf: »Daß alles Wirkliche (die Natur, die Welt der Dinge) Thätigkeit, Leben und Freiheit zum Grund habe, oder im Fichteschen Ausdruck, daß nicht allein die Ichheit alles, sondern auch umgekehrt alles Ichheit sei«[46]. Indem Tillich im Begriff des Selbst auch das Unbewußte als Basis der Ratio begreift, hält er bis in die späte Ontologie an dem Schellingschen Grundsatz – auch aus der Freiheitsschrift – fest: »Alle Persönlichkeit ruht auf einem dunklen Grunde, der allerdings auch Grund der Erkenntnis ist«[47]. Dieser dunkle Grund bleibt die Basis, gewinnt aber im Geist die versöhnte Gestalt, die als Wirklichkeit die Gestalt der Gnade ist.

3. Das methodische Instrument für Tillich, Bedingtes und Unbedingtes aufeinander zu beziehen und die Subjekt-Objekt-Struktur zu unterlaufen, ist seine Lehre von der Analogie bzw. seine Symboltheorie, die auf der Korrelation zwischen Gott und Mensch basieren. »Ontologische Begriffe haben die Funktion, auf Charakteristika des Seins-Selbst hinzuweisen«[48], d. h. sie beschreiben nicht einfach die subjektive oder objektive Seite unserer Erfahrung, obwohl sie daraus ihr Material ziehen. Sie gelten dem Sein-Selbst, das über der Spaltung von Subjekt und Objekt, auf der unsere Begriffe basieren, liegt. Die ontologischen Begriffe reden nicht *über* das Sein-Selbst, sie *sind* es auch nicht, aber sie *verweisen* auf es. Die Analogien haben Anteil an der die Subjekt-Objekt-Spaltung transzendierenden Macht des Seins-Selbst. Sie sind keine Begriffe im eigentlichen Sinn. Andererseits sind sie nicht identisch mit dem, worauf sie hinweisen. Insofern verdecken sie das Sein-Selbst, sie verweisen auf es, indem sie es verhüllen.[49]

Insofern bilden sie in ihrer formalen Struktur das im Sein-Selbst beschlossene Dunkel, das Nichts, ab, ohne das das Sein nicht gedacht werden kann: »Nichtsein gehört zum Sein, es kann nicht von ihm getrennt werden. Wir können Sein nicht denken, ohne eine doppelte Negation: Sein muß als Negation der Negation des Seins gedacht werden«[50]. Wo Nichtsein ist, »gibt es Endlichkeit und Angst. Wenn wir sagen, daß Nichtsein zum Sein-Selbst gehört, sagen wir, daß Endlichkeit und Angst zum Sein-Selbst gehören«[51]. Nur weil es das Nichtsein in Gott gibt, hat die Rede vom lebendigen Gott überhaupt einen Sinn, kann von Gott als dem Sein-Selbst als Grund von endlichem Seienden, also von Schöpfung und Offenbarung und Erlösung geredet werden. Zum Ausdruck der Integration des Nichts ins Sein verwendet Tillich nun die Metapher »Seinsmächtigkeit« und versteht darunter die »Möglichkeit eines Seienden, sich gegen den Widerstand anderer Seiender und gegen sein eigenes, teilweises Nichtsein zu realisieren. Wenn wir nun – symbolisch – von der Macht des Sein-Selbst reden, so sagen wir damit, daß das Sein-Selbst sich gegen und durch das Nichtsein bejaht«, insofern »erschließt das Nichtsein das Sein«[52].

Tillichs Lehre von der Analogie hüllt also das Sein-Selbst einerseits in ein unerkennbares Dunkel. Es gibt kein unmittelbares Verhältnis zwischen endlichem und unendlichem Sein, insofern das Sein-Selbst alles endliche Sein unendlich transzendiert. Andererseits verweisen die Analogien darauf, daß alles endliche Sein sich dem Sein-Selbst verdankt, weil die Macht über Sein und Nichtsein im Akt der Schöpfung Anteil an ihrer Seinsmacht gegeben hat. Durch diese Partizipation allein ist überhaupt etwas und nicht vielmehr nichts. Nur Kraft dieser Partizipation kann das Endliche der Drohung des Nichtseins widerstehen. Partizipiert aber alles, was ist, am in sich prozeßhaften Sein-Selbst, dann gibt es in Gott nicht nur die dunkle, abgründige Seite, sondern auch eine klare, faßbare, geformte Seite, weil alles, was ist, auch Form ist. Dieses Element nennt Tillich den göttlichen Logos, dem die Welt und der Mensch den gemeinsamen Logos verdanken. Der Logos schafft die objektive Vernunft, die Struktur der Wirklichkeit und die subjektive Vernunft, die Struktur des menschlichen Geistes. Daher gibt es neben dem unendlichen Abstand des Sein-Selbst zu dem endlichen Sein auch eine Verbindung, die von der innergöttlichen Dynamik begründet, von der Analogie erfaßt wird, die auf das Sein-Selbst verweist. So können die polaren Elemente des Seins und die Kategorien analog zur Beschreibung des Wesens Gottes und seiner Korrelation zur Wirklichkeit angewandt werden.[53] Die Grenze der Analogie liegt bei der Rede vom

Sein von Selbst und Welt. Diese ontologische Grundstruktur kann nicht von Gott ausgesagt werden, weil Gott als die ungetrennte Seinsmacht alles umfaßt. Und auf Gott kann die Unterscheidung von Essenz und Existenz nicht angewandt werden, weil in Gott Potentialität und Aktualität deckungsgleich sind.

Es ist nun deutlich, daß sich hinter Tillichs Lehre von der Analogie die Schellingsche Unterscheidung der Philosophie in »negative« und »positive« verbirgt, die sich schon in der problematischen Zuordnung von Philosophie und Theologie als Frage und Antwort gefunden hat. Besser: In der Lehre von der Analogie erhält sich methodisch die Intention, nämlich Gott und Welt, das Unbedingte und Bedingte, aufeinander zu beziehen, ohne die Freiheit Gottes anzutasten und ihn als Teil der Welt zu depotenzieren, aber auch ohne Welt und Geschichte von Gott als ihrem Grund und Abgrund zu lösen. Auch die Analogie wahrt die Unerkennbarkeit der Wirklichkeit Gottes, insofern sie als Teil der vernünftigen Reflexion an der Ausarbeitung der Frage nach dem Sein-Selbst beteiligt ist, die in allem strukturierten Sein beschlossen liegt. Diese Intention durchzog ja die Naturphilosophie, den transzendenten Idealismus, die Freiheits- und Spätphilosophie, und fand in der Potenzenlehre ihre Methode. Die Lehre von der Analogie erfüllt bei Tillich die Funktion der Potenzenlehre bei Schelling.[54] Aber die Analogie bringt als Verweisungsaussage, die keine rein methodische, sondern eine Sachaussage ist, das Sein-Selbst in der nötigen Verhüllung zur Anschauung. Insofern bildet die Analogie die philosophische Brücke zur symbolischen Rede der Religion, die, von der Erfahrung Gottes im Offenbarungsgeschehen herkommend, von Gottes Wirklichkeit redet, die uns unbedingt angeht.[55] Damit wird sie Teil desjenigen Denkzusammenhangs, den Schelling »positive Philosophie« genannt hat.

Die Analogie bewahrt, so sagte ich, neben der Beziehung zwischen dem Sein-Selbst und dem Seienden auch deren unaufhebbare Differenz. Gott bewahrt, auch in seiner Offenbarung, seinen letzten Geheimnischarakter. Die lebendige Seite in Gott, die die Grundlage dafür ist, daß das Nichts das Sein erschließen kann und der Mensch Mut zum Sein haben kann, gründet auf dem »Mysterium«: »Das Geheimnis des Seins jenseits von Essenz und Existenz ist verborgen im Geheimnis der Schöpfermacht göttlichen Lebens«[56]. Das

Sein Gottes jenseits der weltzugewandten Seite bleibt schlechthin verhüllt. Es ist, mit Schellings vierter Potenz ausgedrückt, das Potenzlose, »nicht wollender Wille«[57]. Im gemeinsamen Erbe Jakob Böhmes und der negativen Theologie erweisen sich Schelling und Tillich als Interpreten des biblischen Offenbarungsverständnisses, demzufolge Gott auch in seiner Offenbarung in seinem An-sich-Sein verborgen bleibt, obwohl er die in sich verlorene Welt aus freiem Entschluß rechtfertigt und rettet.

V.

Nun zieht Tillich aber aus der Lehre von der Analogie auf dem Hintergrund der Korrelationsmethode einen Schluß, der ihn von Schelling unterscheidet, obwohl die Intention der Versöhnung mit dem Ganzen des Seins auch hier erhalten bleibt. Indem von Gott analog geredet werden kann, wird das Sein-Selbst ausgesagt, indem es verdeckt wird. In der Erfahrung des Nichtigen kann das Sein erschlossen werden. Dahinter steckt bei Tillich nun doch noch etwas anderes als die soteriologische Ohnmacht der Vernunft, nämlich die für Schelling schlechthin unvorstellbare Katastrophe aller Vernunft und Kultur, aller menschlichen Sinngebungen und Zwecksetzungen durch die Erfahrung des Abgrundes in den Schlachtfeldern der Weltkriege und den sozialen Krisen, die durch die kapitalistisch vermarktete instrumentelle Vernunft provoziert sind. Dahinter lauert die absolute Sinnlosigkeit, der totale Zusammenbruch alles Selbstbewußtseins. Ontologie, die wirklich der Inbegriff des Existentialen sein will, muß diese radikale Abwesenheit von Sinn in sich aufnehmen, will sie bei der Wirklichkeit bleiben und nicht ins Ideale verdampfen. Darum fühlt sich Tillich nicht nur dazu gedrängt, den Theismus zu überschreiten, in dem der Existenzbegriff durch Anthropologisierung von Gott nicht mehr aussagbar wird. Radikaler noch: Von Gott kann nur noch geredet werden als demjenigen, der erscheint, wenn alles, was von ihm gewußt, erfahren, geglaubt wurde, untergegangen ist: »Der Mut zum Sein gründet in dem Gott, der erscheint, wenn Gott in der Angst des Zweifels untergegangen ist«.[58] Noch immer ist Schellings triadische Struktur erkennbar: Das Nichtsein erschließt das Sein als Übersein. Aber das Übersein wird nicht mehr zur Persönlichkeit geformt, die Jesus von Nazareth, der Sohn als die zweite Potenz in Gott, der Geschichte erlösend vermittelte und der auf dem »Grund« seiner Existenz existiert.[59] Für Schelling ist der Existenzbegriff noch nicht anthropologisch verengt, und er ist weit davon entfernt, wie der moderne Theismus Gott als wesenloses Wesen zu verstehen. Tillichs absoluter Glaube weiß sich erlöst, obwohl es keine bestimmte Macht gibt, die die Schuld des Existierens überwindet: »er ist einfach Glaube – absoluter Glaube. Er ist undefinierbar, da alles Definierte durch Zweifel und Sinnlosigkeit aufgelöst ist«[60]. »Er ist das Bejahen des Bejahtseins ohne jemanden oder etwas, das uns bejaht. Es ist die Macht des Seins-Selbst, die bejaht und den Mut zum Sein verleiht«[61]. Der vitale, inhaltslose Akt des Mutes ruht auf der unpersönlich-überpersönlichen Macht des Seins.

So endet der Schellingianer Tillich auf dem höchsten Punkt seiner Analyse menschlicher Existenz und des Seins-Selbst – bei dessen Antipoden Fichte, um die Intention seines Lehrers zu wahren und den Gedanken der unbegründbaren Rechtfertigung des gefallenen Seins festzuhalten. Ist das seine Tragik – oder seine Größe?

Anmerkungen

1 Zitiert bei W. Lowrie, Das Leben S. Kierkegaards, 1955, 128. Zur Wirkung Schellings insgesamt vgl. A. Pieper, Schellings Wirkung im Überblick, in: Schelling. Einführung in seine Philosophie, hg. v. M. Baumgartner, 1975 (im folgenden: Einführung), 139–150.
Philosophiegeschichtlich gilt noch immer Überwegs Urteil, Schellings Spätphilosophie habe keine philosophischen Nachfolger von Rang gefunden; vgl. Geschichte der Philosophie Bd. IV, 12 (völlig neu bearbeitete Aufl. v. T. K. Österreich, 1923, 56 f). Anerkennung findet im allgemeinen seine Naturphilosophie, während seine Spätphilosophie, auf die sich die folgenden Urteile beziehen, meist nur Kopfschütteln erregte. Varnhagen von Ense notierte nach Schellings Tod in sein Tagebuch: »Er hat sich überlebt«. X. Tilliette, Schellings Wiederkehr?, in: Einführung, a. a. O., 169: ». . . stirbt Schelling ohne philosophische Nachkommenschaft; es gab keinen echten Schellingianismus, es wird keinen geben – abgesehen von einer kurzen Periode der slawischen Philosophie«. Ebenso gibt es keine theologischen Nachfolger Tillichs, die seine Theologie weiterentwickelt haben.
2 Zur Geschichte der Religion und Philosophie in Deutschland

(1835), III. Buch, Werke in 5 Bänden, Berlin und Weimar 1974, Bd. 5, 140. Über Schellings Sprache hatte sich Heine kurz zuvor lustig gemacht: »Herr Schelling ist eines von jenen Geschöpfen, denen die Natur mehr Neigung zur Poesie als poetische Potenz verliehen hat . . . Die Poesie ist Herrn Schellings Force und Schwäche . . . er schnappt gern über in die Blumentäler der Symbolik« (a. a. O., 136). Das ist natürlich insofern ein vernichtendes Urteil, als Schelling im »Ältesten Systemprogramm« von 1796/97 von der neuen Mythologie erwartete, daß sie die Poesie als Lehrerin der Menschheit einsetzt.

3 Brief an Moritz Carrière vom Febr. 1841, zit. nach Kirchhoff, Schelling in Selbstzeugnissen und Bilddokumenten, Reinbek 1982, 56.

4 Aus dem Nachlaß 1884, in: Sämtliche Werke, Bd. 11, Berlin 1980, 273.

5 GW IV, 44. Zur Metapher der Grenze bei Tillich vgl. P. Steinacker, Der Mut zum Sein, in: Grundprobleme der großen Philosophie, Philosophie der Gegenwart Bd. VI, hg. v. J. Speck, 1984, 157–188.

6 Vgl. J. C. Henel, Philosophie und Theologie im Werk Paul Tillichs, 1981.

7 Vgl. STh I, 105. Die Nähe zur »Dialektik der Aufklärung« Horkheimers und Adornos ist eher gespürt als gedanklich entwickelt. Daß Tillich den Zusammenhang tiefer gedacht haben soll als seine Frankfurter Schüler und Freunde, kann ich so nicht sehen; gegen C. H. Ratschow, Paul Tillich, in: Gestalten der Kirchengeschichte, hg. v. M. Greschat, Bd. 10/2, 1986, 127. Immerhin gibt es Verbindungen zwischen Schelling und den Frankfurtern, die vor allem bei J. Habermas zu finden sind; vgl. dazu W. Marx, Grundbegriffe der Geschichtsauffassung bei Schelling und Habermas, in: PhJ 81, 1974, 50 ff, und J. Jantzen, Schelling in der Perspektive materialistischer Theorie, in: Einführung, a. a. O., 151 ff.

8 STh II, 19.

9 STh I, 242. Für Tillich ist Schellings Geschichtsphilosophie Religionsphilosophie; vgl. seine Lizentiatendissertation: Mystik und Schuldbewußtsein in Schellings philosophischer Entwicklung, 1912, GW I, 124.

10 Vgl. z. B. GW V, 120.

11 Vgl. STh II, 19.

12 GW XII, 37.

13 STh I, 37.

14 Vor der schon erwähnten Lizentiatendissertation die philosophische Dissertation von 1910 mit dem Thema: »Die religionsgeschichtliche Konstruktion in Schellings positiver Philosophie, ihre Voraussetzungen und Prinzipien«, Breslau 1910.

15 WW IX, 362. Schelling wird zitiert nach der von K. F. A. Schelling besorgten Ausgabe der sämtlichen Werke (Bd. I–XIV), Stuttgart-Augsburg 1856–1861.

16 Vgl. WW XIII, 16.

17 Paul Tillich. Ein biographisches Bild seiner Gedanken. Einführung zur Tillich-Auswahl, hg. v. M. Baumotte, 1980, 25 ff. Ratschow macht die Beachtung der biographischen Entstehungsbedingungen der Werke zur Interpretationsmethode.

18 Tillich und Schelling. Zum Verhältnis von Metaphysik und Ethik, insbesondere zum Begriff der Freiheit in der Philosophie Schellings und in den Anfängen Paul Tillichs, Diss. Tübingen 1972, besonders 109: »Während Schelling Metaphysik und Ethik derart zusammendachte, daß sich die apriori unartikulierbare Metaphysik nur aposteriori als Ethik entfalte, zugleich aber der transzendentale Garant aller ethischen Handlungen bleibe, trennte Tillich Metaphysik und Ethik, indem er zunächst die metaphysischen Bestimmungen der Ethik bestimmte, die er dann ihrerseits mit den ethischen Handlungen verschmelzen und in ihnen real werden ließ«.

19 Subjekt und Sein. Die Entwicklung der Theologie Paul Tillichs, 1979. Vgl. jetzt auch: Geschichte der Versöhnungslehre in der evangelischen Theologie der Neuzeit, Bd. 1, 1984; Bd. 2, 1986.

20 The Ontology of Paul Tillich, Oxford University Press 1978. Vgl. insgesamt den Forschungsbericht von Chr. Schwöbel, Tendenzen der Tillichforschung (1967–1983), in: ThR 51, 1986, 166 ff.

21 Schelling. Größe und Verhängnis, 1955 (Neuausg. 1986), 85.

22 GW IV, 133.

23 O. Marquardt, Schelling als Zeitgenosse incognito, in: Einführung, a. a. O., 9.

24 GW IV, 134.

25 GW IV, 134 ff.

26 Vgl. E. Bloch, Subjekt-Objekt. Erläuterungen zu Hegel, GA Bd. 8, Frankfurt 1962, 396: »Daß etwas ist, . . ., dies einzelne und nützliche Dasein ist aus Denken und Vernunft nicht ableitbar. Die Vernunft mit ihren notwendigen Wahrheiten erfaßt nur das Quid, das Was, das Wesen, den essentiellen Begriff einer Sache, doch nie ihr Quod, ihr Daß, ihr reelles Existieren«.

27 WW VII, 211.

28 GW I, 93.

29 GW IV, 137.

30 Der Begriff der »intellektuellen Anschauung« hat seine Vorstufen in der »visio intellectualis« bei Nikolaus von Kues und im »intuitus gnosticus« bei Joh. Scotus Eriugena. Damit wird das Wissen Gottes beschrieben. Jeder Mensch strebt danach als

sein höchstes Glück. Für den frühen Kant gibt es »intellektuelle Anschauung« nur für das göttliche Urwesen. Die menschliche Anschauung ist kategorial bedingt. Daher ist für den Kant der Kritiken die »intellektuelle Anschauung« kein Vermögen des menschlichen Verstandes in seiner Diskursivität, vgl. U. Dierse/R. Kuhlen, HWP I, 349 f.

31 Vgl. zum Beispiel: »Uns allen wohnt ein geheimes, wunderbares Vermögen bei, uns aus dem Wechsel der Zeit in unser innerstes, von allem, was von außen her hinzukam, entkleidetes Selbst zurückzuziehen, und da unter der Form der Unwandelbarkeit das Ewige in uns anzuschauen. Diese Anschauung ist die innerste, eigenste Erfahrung, von welcher allein alles abhängt, was wir von einer übersinnlichen Welt wissen und glauben« (WW I, 318 f). Der höchste Moment des Seins ist »für uns der Übergang zum Nichtsein, Moment der Vernichtung ... Wir erwachen aus der intellektuellen Anschauung, wie aus dem Zustand des Todes ... Würde ich die intellektuelle Anschauung fortsetzen, so würde ich aufhören zu leben. Ich ginge aus der Zeit in die Ewigkeit« (ebd., 324). »Das Erkennende und das Erkannte ist dasselbe in der Vernunft, und das, was diese Einheit erkennt ist wiederum dasselbe« (WW VII, 247 f.).
Bei Schelling ist um 1800 (System des transzendentalen Idealismus) die ästhetische Anschauung »als die objectiv gewordene transcendentale« die Bedingung der Möglichkeit für die Darstellung des Absoluten in der Kunst. Weil die intellektuelle Anschauung »unmittelbar anschauende Erkenntnis« ist, ist sie für Schellings Identitätsphilosophie die einzig zureichende Erkenntnisart (WW VI, 23 u.29). Damit erneuert Schelling den alten contemplatio-Begriff, insofern jede unmittelbare Erkenntnis Anschauung und insofern auch contemplatio ist; vgl. WW VI, 153. Zum Ganzen: HWP, a. a. O., 350.

32 Die Differenz im christologischen Denken Schellings, 1985, 83 ff. Vgl. auch Rosenaus Aufsatz, Philosophie und Christologie, in: NZSTh 29, 1987, 39–55, in dem am Vergleich von Anselms und Schellings Christologie dargelegt wird, inwiefern Schellings Spätphilosophie ein Versuch ist, eine begrifflich notwendige Beziehung zwischen Philosophie und Christologie zu entwickeln. Schellings »positive« Philosophie ist dann »nichts anderes als Christologie« (51).

33 Ders., a. a. O., 98. Rosenau schließt sich M. Darners These an, Schellings Ersetzung der »intellektuellen Anschauung« durch den Begriff der Ekstase sei kein bloß didaktisch motivierter Wechsel der Terminologie, was Schelling allerdings behauptet (WW IX, 229 ff), sondern impliziere einen erheblichen Bedeutungswandel; vgl. R. Darner, Wissen und Geschichte bei Schelling, 1979, 81. Dies ist in der Tat der Fall.

34 WW XIII, 61 f. Vgl. zum Verhältnis von »negativer« und
»positiver« Philosophie grundlegend W. Schulz, Die Vollendung des Deutschen Idealismus in der Spätphilosophie Schellings, 1955, 83 ff. In der »negativen« Philosophie vollendet sich
der Idealismus in der radikalen Selbstnegation der Vernunft, die
weder durch Erfahrung noch in ihrer Reinheit das Urständliche
denken kann: »Wie und warum Gott sich zur Welt herabge-
setzt hat, ist unvordenklich. Aber mit dem kritischen Grundsatz, die reine Selbstvermittlung Gottes sei ihr unverfügbarer
Anfang und Grund, gewinnt die Vernunft das Vermögen, die
Welt und ihre Geschichte zu konstruieren, zurück. Die positive Philosophie entfaltet sich als erinnernder Nachvollzug des
unvordenklichen Geschehens, in welchem sich das Transzendente immanent gemacht hat« (W. Jahnke, Art. Idealismus, in:
TRE XVI, 1987, 16).

35 WW XIII, 104.

36 Dieser Sprung der Vernunft kann auch als Ekstase der Vernunft
verstanden werden: »die Vernunft . . . außer sich gesetzt, absolut ekstatisch« (WW XII, 163). Daraus ergibt sich, daß die
»negative« Vernunft nicht mehr für sich bleiben kann. Sie begründet auch nicht die »positive«. Schelling sagt allerdings: »in
der positiven Philosophie triumphiert daher die negative als die
Wissenschaft« (WW XIII, 153). Er sagt aber auch, daß die
»negative« Philosophie eben noch nicht Philosophie ist, sondern dies erst in der Beziehung zur »positiven« Philosophie ist
(a. a. O., 151). Durch den »Sprung« und die »positive« Philosophie wird die Philosophie als Philosophie in ihr Recht
gesetzt (WW XIII, 171). Vgl. dazu R. Ohashi, Ekstase und
Gelassenheit. Zu Schelling und Heidegger, 1975, 82 ff. Ob
Schelling allerdings den Begriff der Ekstase dadurch verdirbt,
daß er ihn zum Außen des Systems verwendet, also zur Restitu-
tion der Metaphysik (ders., a. a. O., 156 ff), ist mir fraglich.
Der Sprung der Vernunft ist nötig, weil anders der Übergang
des Absoluten zur Wirklichkeit nicht gedacht werden kann;
vgl. WW VI, 38: »vom Absoluten zum Wirklichen gibt es
keinen stetigen Übergang, der Ursprung der Sinnenwelt ist nur
als vollkommenes Abbrechen von der Absolutheit, durch einen
Sprung, denkbar«. Damit hört, nach E. Bloch, die Verwirklichung auf, »eine bloße Manifestierungs-Funktion des Objek-
tiv-logischen zu sein« (Prinzip Hoffnung, Frankfurt 1959,
Bd. 1, 220). Diese Entwicklung verwischt Tillich, wenn er
seinen Offenbarungsbegriff durch den Begriff der »Manifestation« ersetzt.

37 WW XIII, 129. Vgl. Rosenau, a. a. O., 113: Das *a* posteriori ist
hier als *per* zu verstehen.

38 Die Potenzenlehre ist auf allgemeines Unverständnis gestoßen,
und mit ihr hat sich Schelling den meisten Spott eingehandelt.

Kierkegaard ließ sich das naheliegende und anzügliche Wortspiel nicht entgehen: Schellings »ganze Lehre über Potenzen verrät die äußerste Impotenz« (S. Kierkegaard, dargestellt von P. R. Rohde, 1959, 74). Die völlig wirre Darstellung der Lehre bei K. Jaspers, a. a. O., 131 ff zeigt Jaspers' Abneigung! Die Potenzenlehre wird in ihrer Entwicklung nachgezeichnet von J. Schwarz, Die Lehre von den Potenzen in Schellings Altersphilosophie, KantSt 40, 1935, 118 ff, und bei K. Hemmerle, Gott und das Denken nach Schellings Spätphilosophie, 1968, 156 ff. Zur Einführung auch W. Schulz, Philosophie in der veränderten Welt, ²1974, 377 ff. Schelling ist in seiner Hegelkritik immer stärker zur Überzeugung gelangt, daß die Wirklichkeit der Welt nur angemessen beschrieben werden kann, wenn der Gott, in dem sie gründet, als Zueinander von ratio und irratio, von Geist und Regellosem, verstanden wird. Darin ist er zweifellos Erbe von Böhmes protestantischer Mystik, vgl. H. Fuhrmans, Schellings Lehre vom Sündenfall als der »Urtatsache« der Geschichte, in: L. Hasler (Hg.), Schelling. Referate und Kolloquien der Internationalen Schelling-Tagung Zürich 1979, 1981, 227 ff; E. Benz, Schellings theologische Geistesahnen, 1955. Zu Böhmes Gottesbegriff: P. Steinacker, Gott, der Grund und Ungrund der Welt, NZSTh 25, 1983, 95 ff.

39 WW VIII, 263.
40 GW VIII, 54.
41 GW VI, 158.
42 Vgl. STh II, 20.
43 A. a. O., 22 bzw. 89.
44 Vgl. STh I, 202 ff, STh III, 32 f.
45 STh I, 201.
46 WW I/7, 351. Vgl Tillich, GW IV, 136.
47 WW I/7, 413.
48 GW XI, 29.
49 Vgl. C. H. Ratschow, a. a. O., vgl. Anm. 7, 145.
50 GW XI, 132.
51 A. a. O., 133.
52 A. a. O., 132.
53 Vgl. J. Track, Analogie, in: TRE II, 1978, 643.
54 Es sei auch an Tillichs Formel von der »ekstatischen Vernunft« erinnert, die eine erfüllte und keine zerbrochene ist.
55 STh I, 247.
56 STh I, 294.
57 WW XIII, 213.
58 GW XI, 139. M. Repp hat in einem Vergleich von Schelling und Tillich gezeigt, daß Schelling mindestens in seiner Spätphilosophie einen streng theologischen Persönlichkeitsbegriff hat, während Tillich durch den Einfluß Kählers zumal für die

Christologie einen anthropologischen Personbegriff verwendet; vgl.: Die Transzendierung des Theismus in der Religionsphilosophie Paul Tillichs, 1986, 137 ff.

59 Vgl. WW XIII, 129.
60 GW XI, 130.
61 GW XI, 136 f.

Die reformatorische Perspektive: Der Einfluß Martin Kählers auf Tillich

I.

> »Abstraktion und Absolutes,
> Vampir alles Lebensblutes,
> wo der wohlgeschulte Knecht
> sich erschleicht das Herrscherrecht.
> Gott, der Feind des Absoluten,
> läßt um uns die Liebe fluten,
> setzt in Lebensrelation
> Menschheit, Menschen und Nation,
> rafft die Abstraktionsgedichte
> fort in strömender Geschichte,
> setzt lebendige Person
> selbst zu Ostern auf den Thron.«

Es mag verwundern, wenn ein Beitrag zum Denken eines Theologen, der stets Wert darauf legte, gegen Pascal zu betonen, der »Gott Abrahams, Isaaks und Jakobs und der Gott der Philosophen sei der gleiche Gott«[1], mit einem Abgesang auf das Absolute eingeleitet wird. Indes sprechen – vom (freilich begrenzten) lyrischen Unterhaltungswert einmal abgesehen – zumindest theologiegeschichtliche Gründe dafür, den Aphorismus zu zitieren. Es handelt sich bei dem Sinnspruch nämlich um einen in Reime gepreßten »Span von der theologischen Hobelbank« Martin Kählers (1835–1912), unter dieser Klassifikation nachzulesen in dessen 1926 herausgegebenen Erinnerungen und Bekenntnissen.[2]

Daß gerade jene Nebenprodukte, die bei des Meisters theologischer Schnitzarbeit abfielen, es waren, welche die zu Füßen seiner akademischen Hobelbank Sitzenden am meisten ergötzten, hat Paul Tillich – vom Wintersemester 1905/06 bis zum Sommersemester 1907 als Student in Halle[3] begeisterter Hörer Kählers – ausdrücklich hervorgehoben. In einem Brief an Thomas Mann, der ihn während seiner Vorstudien zu ›Doktor Faustus‹ um Informationen über den üblichen Werdegang eines deutschen Theologen um die

Jahrhundertwende gebeten hatte, schreibt Tillich am 23. Mai 1943 in Erinnerung an Kähler: »Wir gingen in seine Kollegs nicht wegen der etwas trockenen und nach einem gedruckten Lehrbuch vorgetragenen Systematik, sondern wegen dessen, was wir als Studenten ›Ex-Pauken‹ nannten, seine Reden außer dem Zusammenhang, von denen wir alle bis in unsere reifen Jahre auf das Tiefste beeinflußt wurden.«[4] Nur nebenbei sei vermerkt, daß Tillichs brieflicher Bericht im XII. Kapitel des Mannschen Faustbuches in teilweise wörtlicher Aufnahme verarbeitet worden ist. Sowenig indes Tillich selbst in der Gestalt des Hallenser Theologiestudenten und deutschen Tonsetzers Adrian Leverkühn sich wiederzuentdecken vermochte, sowenig dürfte die dem Tillichschen Kähler-Porträt nachempfundene Kunstfigur des Ehrenfried Kumpf mit ihrem geschichtlichen Vorbild gemein haben. Jedenfalls ist historisch nichts davon bekannt, daß Kähler bei studentischen Visiten im trauten Familienkreis in Lutherimitation und unter gitarrebegleitetem Absingen altdeutschen Liedgutes Semmel nach den Mächten der Finsternis schleuderte, wie das Ehrenfried Kumpf zu tun pflegte. Dagegen befindet sich der Dichter in weitgehender Übereinstimmung mit den historischen Realitäten, wenn er im Anschluß an Tillich Kumpf alias Kähler als einen herausragenden Repräsentanten eines »Vermittlungs-Konservativismus mit kritisch-liberalen Einschlägen« schildert und – mit leicht ironisierenden Zwischentönen – hinzufügt:

»In seiner Jugend war er, wie er uns in seinen peripatetischen Extempores erzählte, ein hellicht begeisterter Student unserer klassischen Dichtung und Philosophie gewesen und rühmte sich, alle ›wichtigeren‹ Werke Schillers und Goethes auswendig gewußt zu haben. Dann aber war etwas über ihn gekommen, was mit der Erweckungsbewegung der Mitte des vorigen Jahrhunderts zusammenhing, und die Paulinische Botschaft von Sünde und Rechtfertigung hatte ihn dem ästhetischen Humanismus abwendig gemacht. Man muß zum Theologen geboren sein, um solche geistigen Schicksale und Damaskus-Erlebnisse recht würdigen zu können. Kumpf (alias Kähler) hatte sich überzeugt, daß auch unser Denken gebrochen ist und der Rechtfertigung bedarf, und eben hierauf beruhte sein Liberalismus, denn es führte ihn dazu, im Dogmatismus die intellektuelle Form des Pharisäertums zu sehen.«[5]

Diese Charakteristik trifft für den historischen Kähler im

großen und ganzen ebenso zu, wie ihn mit Kumpf die gewaltige, alles in seinen Bann ziehende Kraft des persönlichen Eindrucks verbindet. Um es mit Tillich zu sagen: »Gegenüber der Wucht dieses Mannes erschienen uns alle andern klein.«[6] Dieses Urteil bezieht sich zunächst wohl auf die Hallenser Zeit, wo Tillich neben Kähler bei Bornhäuser, Haupt, Kattenbusch, Kautzsch, Loofs, Lütgert sowie bei dem Privatdozenten der Philosophie Medicus (in ihrer Disziplin Koryphäen allesamt) hörte[7]; es läßt sich darüber hinaus aber auf Tillichs gesamte Studienjahre ausdehnen: Martin Kähler ist ohne Zweifel ihre prägende und beherrschende Gestalt. Im Bewußtsein Tillichs lebt Kähler fort als ein Mann »von überwältigender sittlich-religiöser Kraft und geistiger Konzentration, als Lehrer und Schriftsteller schwer verständlich, der tiefste und in vieler Beziehung modernste Vertreter der Vermittlungstheologie des 19. Jahrhunderts, Gegner Albrecht Ritschls, Verkünder der theologischen Rechtfertigungslehre, Kritiker von Idealismus und Humanismus, aus denen er selbst kam«[8]. Wenn Tillich von Kähler spricht, dann stets mit einer Tendenz zur Emphase, jedenfalls nie ohne persönliche Note und aufrichtige Achtung.

Daß sich Theologie vor allem über den Eindruck einer Persönlichkeit vermittelt, hatte in Halle seit langem Tradition und ist charakteristisch für die gesamte Erweckungsbewegung, durch die auch Kähler nachhaltig geprägt war. Das Beispiel seines Lehrers und Vorgängers, des legendären ›Studentenprofessors‹ F. A. G. Tholuck (1799–1877), der das vom Rationalismus eines Wegscheiders und Gesenius beherrschte Halle zu einer Hochburg der Erweckungsbewegung gemacht und für nahezu zwei Menschenalter geprägt hatte[9], bestätigt dies in besonders eindrucksvoller Weise. Bewußt ist Tholucks Hauptwerk, mit dem er in jungen Jahren weit über den universitären Raum hinaus bekannt geworden war, als persönliches Wort und Lebenszeugnis konzipiert, das von Herzen kommt und zu Herzen gehen soll. Der 1823 erstmals erschienene, noch zu Lebzeiten des Autors insgesamt achtmal neu aufgelegte, dazu in mehrere Sprachen übersetzte erweckungstheologische Standardtraktat über die ›Lehre von der Sünde und vom Versöhner, oder: die wahre Weihe des Zweiflers‹ ist bestimmt von der Devise, daß nur die schmerzlich-schonungslose Anerkenntnis eigener Sündenverfallenheit den reinen Genuß der Gotteserkenntnis ermögliche. »Willst du die Höllenfahrt in's eigne

Herz nicht wagen,/Wird dich kein Himmelsflug an's Herz der Gottheit tragen!«[10]

In der Entfaltung dieses Wahlspruches, der durchaus auch ins Poesiealbum Kählers passen würde, wird die unmittelbare Lebenserfahrung des einzelnen dem wissenschaftlichen Allgemeininteresse der philosophischen Spekulation kontrastiert. Die Sünde, so Tholuck, sprengt notwendig den Rahmen gelehrter Untersuchung, weil sie ein für die Vernunft Unausdenkliches ist, von dessen Tatsächlichkeit man sich keinen Begriff machen kann, obwohl sie lebensgeschichtlich unleugbar ist. Folgerichtig ist Tholucks erwecklicher Traktat wie sein Werk und Wirken insgesamt biographisch bzw. autobiographisch ausgerichtet. Theologische Beschäftigung ist bei ihm, wie Karl Barth zu Recht konstatiert hat, »in der drastischsten Weise Beschäftigung mit sich selbst, theologische Darbietung durchaus Selbstdarbietung«. Wer sich mit Tholuck beschäftigen will, muß sich insofern »notgedrungen vor allem mit ihm selbst befassen«[11]. Ganz verstehen wird ihn der Nachgeborene freilich nicht mehr können, denn dazu habe man ihn, wie die hinterbliebenen Freunde sich gegenseitig bestätigen, persönlich kennen müssen in der ihm eigenen Faszination, die weniger von dem akademischen Lehrer als vielmehr von dem erbaulichen Prediger und Genie christlicher Freundschaft ausgegangen sei. Bei Tholuck (typisch für einen Erweckungstheologen) genügte es nicht, seine Gedanken nachzudenken, man mußte ihn – den »Mann des Lebens«, wie ihn sein Biograph nennt[12] – erlebt haben.

Entsprechendes gilt, wenn vielleicht auch in abgemilderter Form, für Kähler, der in Halle die erweckungstheologische, von Tholuck ererbte Tradition bis ins Alter hochzuhalten sich berufen wußte. Als Tillich 1905 in Halle zu studieren beginnt, ist Kähler sein eigenes Denkmal bereits, ein hochgeachteter Mann, (ich zitiere einen Augenzeugen)

»dessen scharfgeschnittenen Gelehrtenkopf, umrahmt von der ehrwürdigen weißen, auf die Schultern herabwallenden Künstlermähne niemand vergaß, der ihn einmal gesehen hatte. Und wenn er seine Dogmatik und wohl noch mehr seine Ethik las, dann wuchs bisweilen das Katheder zur Kanzel empor, von dem aus ein mit ganz seltener Vollmacht ausgestatteter Professor und Prediger den atemlos lauschenden Theologen und Nichttheologen tiefe Blicke in die rätselvollen Geheimnisse des Lebens tun ließ und manchem jungen Menschen Wegweiser und väterlicher Führer wurde.«[13]

Für den knapp 20jährigen Paul Tillich, dessen persönliche Ausstrahlung und Genie der Freundschaft man später ebenfalls als unvergleichlich rühmen wird, ist das zweifellos der Fall, der Fall vor allem deshalb, weil er sich vom warmen Gefühl lebendiger Frömmigkeit umgeben zugleich in seinen Glaubenszweifeln ernstgenommen wußte.

»Als Martin Kähler im Alter von siebzig Jahren«, schreibt Tillich in seiner Theologiegeschichtsvorlesung, »über das Prinzip der Rechtfertigung durch die Gnade im Glauben las, sagte er zu uns: Glaubt nicht, daß man in meinem Alter ein gelassener, reifer, gläubiger und bekehrter Mensch wird; der innere Kampf geht weiter, wie alt man auch wird.«[14]

Das war ein Wort in Tillichs Ohr.

II.

Nun erschöpft sich der Eindruck Kählers auf Tillich indes keineswegs in persönlicher Faszination, sosehr diese zunächst im Vordergrund stehen mochte; er ist durchaus im Sachlichen begründet. Folgt man Tillichs eigenen Zeugnissen, so bezieht sich die von Kähler empfangene Prägung in der Sache zunächst und insbesondere auf das reformatorische Erbe, wie es in der Lehre von der Rechtfertigung des Sünders aus Gnade um Christi willen durch Glauben bündig formuliert ist.

»Ich verdanke«, bekennt Tillich in seinen autobiographischen Notizen ›Auf der Grenze‹, »seinem [sc. Kählers] Einfluß vor allem die Einsicht in den alles beherrschenden Charakter des Paulinisch-Lutherischen Rechtfertigungsgedankens, durch den jeder menschliche Anspruch vor Gott und jede auch verhüllte Identifizierung von Gott und Mensch zerbrochen wird; der aber zugleich in der Paradoxie des Urteils, das den Sünder gerecht spricht, einen Punkt zeigt, von dem aus der Zerfall der menschlichen Existenz in Schuld und Verzweiflung überwunden werden kann. Die Interpretation des Kreuzes Christi als der anschauliche Ort dieses Nein und Ja über die Welt wurde und blieb der Inhalt meiner Christologie und Dogmatik im engeren Sinne. Von da aus war es mir leicht, die Verbindung zur Barthschen Theologie und zur Kierkegaard-Heideggerschen Analyse der menschlichen Existenz zu finden. Schwer dagegen, ja unauffindbar blieb mir der Zugang zur liberalen Dogmatik, für die an die Stelle des gekreuzigten Christus der historische Jesus tritt und die Paradoxie der Rechtfertigung durch moralische Kategorien aufgelöst wird.«[15]

Dem »protestantische(n) Prinzip der *sola gratia, sola fide,* das Kähler gegen alle Versuche verteidigte, den Glauben auf Moral oder historische Wissenschaft zu gründen«[16], verdankte Tillich nach eigenem Bekunden schließlich die Einsicht, »daß auch unser Denken gebrochen ist und der ›Rechtfertigung‹ bedarf, und daß darum Dogmatismus die intellektuelle Form des Pharisäismus ist«[17]. Die programmatische These von der ›Rechtfertigung des Zweiflers‹[18] meint genau dies. In der Einleitung zu dem Werk ›The Protestant Era‹ ist hierzu unter ausdrücklicher Berufung auf Kähler[19] folgendes zu lesen:

»Nicht nur der, der in der Sünde ist, sondern auch der, der im Zweifel ist, wird durch den Glauben gerechtfertigt. Die Situation des Zweifelns, selbst des Zweifelns an Gott, braucht uns nicht von Gott zu trennen. In jedem tiefen Zweifel liegt ein Glaube, nämlich der Glaube an die Wahrheit als solche, sogar dann, wenn die einzige Wahrheit, die wir ausdrücken können, unser Mangel an Wahrheit ist. Aber wird dies in seiner Tiefe und als etwas, das uns unbedingt angeht, erlebt, dann ist das Göttliche gegenwärtig; und der, der in solch einer Haltung zweifelt, wird in seinem Denken ›gerechtfertigt‹. So ergriff mich das Paradox, daß der, der Gott ernstlich leugnet, ihn bejaht. Ohne dies hätte ich nicht Theologe bleiben können.«[20]

Um den theologischen Gehalt dieser Selbstzeugnisse recht zu verstehen, ist es nötig, sich zunächst eine etwas genauere Vorstellung von der entwickelten Gestalt des Kählerschen Denkens zu verschaffen und diese sodann zu beziehen auf Tillichs eigene frühe Entwicklungsgeschichte. Was Kähler betrifft, so hat Chr. Seiler[21] überzeugend erwiesen, daß die im Dezember 1869 geschriebene (allerdings erst Jahre später erschienene) programmatische ›Einleitung zu einer Darstellung der Lehre von der Versöhnung‹[22] Höhepunkt und Abschluß von dessen theologischer Genese darstellt. Auf diese Studie werde ich mich deshalb im folgenden vor allem beziehen. Daß sein Aufsatz von 1869 bereits »die theologische Denkweise zusammenfassend ausspricht«[23], der seine ausgearbeitete Dogmatik ›Die Wissenschaft der christlichen Lehre‹[24] entstammt, hat Kähler übrigens selbst bekannt und betont, die damals ergriffenen Ausgangspunkte hätten sich ihm auch weiterhin bewährt. Die kurze Schrift setzt ein mit einer kritischen Distanznahme von jenen zeitgenössischen theologischen Konzeptionen, deren christologische Konzentration Kähler zwar durchaus zu teilen gedenkt, um doch zugleich ihre ›theanthropologische‹ Fragestellung rundweg abzulehnen. Das Zentralproblem der besagten Positionen lautet: Wie lassen sich Gott und Mensch im Gottmenschen zusammendenken?[25] Diesem nach seinem Dafürhalten unangemessenen spekulativen Ansatz tritt Kähler mit der Devise entgegen: »Das neue Testament kennt keine Christologie, sondern nur eine Soteriologie, welche christologische Voraussetzungen mit sich führt.«[26] Theologisch entscheidend sei deshalb nicht die Frage: »Was dünket euch um Christus, wes Sohn ist er?«, sondern die andere: »Bedürfen wir eines Versöhners und haben wir ihn?«[27]

Die neugewonnene Einsicht versucht Kähler anhand einer eingehenden Reflexion dogmatischer Kompositionsprobleme im Anschluß an die reformatorische Tradition zu sichern mit dem erklärten Ziel, die Versöhnungslehre als das tragende Fundament des gesamten Dogmengebäudes zu erweisen. Die reformatorische ›Glaubenslehre‹[28] hatte die Lehre von der Rechtfertigung allein durch den Glauben an Christus zum Materialprinzip, die Lehre von dem alleinigen Ansehen der heiligen Schrift zum Formalprinzip ihrer Dogmatik erklärt. Diese Distinktion greift Kähler auf, um zunächst am ersten Prinzip das Recht jenes »evangelischen Subjectivismus«[29] zu erweisen, welcher darin bestehe, »daß ihm nichts äußerlich Gegebenes Wert hat, auch das Göttliche, auch Gottes Offenbarung nicht, wenn er es nicht aneignen, wenn er nicht durch innerste Berührung dazu in Verhältnis kommen kann«[30]. Gleichwohl habe er »sein gesundes Maß darin, daß er von dem tiefsten Zuge nach dem Objectiven bewegt ist«[31]. Der Grundbegriff reformatorischen Christentums, die fiducia, sei demnach nur als nomen relativum recht zu verstehen, das nicht ein religiöses Bewußtsein bezeichne, »welches nur der Bekanntschaft mit sich selbst oder etwa der Anregung oder Förderung von außen bedarf; vielmehr ein solches, welches durch den Gegenstand erst *wird*«[32]. Glaube sei mithin nichts anderes als fides apprehensiva, »lebendige Empfänglichkeit für Gottes Gabe«[33]. Die reformatorische Auffassung unterscheide sich sonach nicht allein von römischer Äußerlichkeit, sondern ebensosehr von der verstiegenen Selbstgewißheit des modernen Protestantismus, welcher sich zutraue, »seinen Gegenstand selbst schaffen zu können«[34]. Nicht die Selbsterfahrung des Menschen sei das Medium, durch welches sich der Glaube, wie die Reformatoren ihn verstanden, vermittle, sondern das zuvorkommende Verheißungswort Gottes. Dem Materialprinzip reformatorischer Lehre korrespondiere deshalb notwendig ein Formalprinzip, welches den Rechtfertigungsglauben bleibend auf das Schriftwort verweise. Freilich kommt Kähler alles darauf an,

»festzuhalten, daß das formale und das materiale Princip nicht äußerlich neben einander stehen, auch nicht irgendwie das eine sich unter das andre unterordnen lasse, sondern daß sie einander fordern und nur in ihrer Zusammengehörigkeit den ursprünglichen Protestantismus bezeichnen und begründender Ausgangspunkt aller Glaubenserkenntnis sein können«[35].

Die Heilige Schrift dürfe deshalb nicht auf ein principium cognoscendi christlicher Lehre restringiert werden, wie das in der späteren lutherischen Dogmatik tendenziell der Fall gewesen sei.

Vergegenwärtigt man sich in diesem Zusammenhang die übliche Doppelstellung der Schriftlehre, die in der klassischen Dogmatik sowohl in den Prolegomena als auch in der Lehre von den media salutis verhandelt wird, so zeigt sich rasch, daß Kähler die Stellung der Schriftlehre in den Prolegomena als bloße Exposition versteht, um so den soteriologischen Charakter auch des Lehrstücks ›De sacra scriptura‹ herausstellen zu können. Das auf das geängstigte Gewissen zielende Evangelium, welches die Vergebung der Sünden verspreche, sei das Wesentliche in der Offenbarung Gottes, wie die Schrift sie bezeuge; nicht buchstabengläubiger Biblizismus könne deshalb den Gehalt der Schrift erfassen, sondern nur die fides iustificans, welche sich auf die promissio des Heils verlasse. Mithin steht die Sache nach Kähler so, »daß das Evangelium, als Gottes ureignes Wort angenommen, den rechtfertigenden Glauben erzeugt, in diesem Glauben selbst aber erst seine volle Bezeugung als Gottes Wort empfängt und besitzt«[36]. Kurz gesagt: »Glauben gibt es nur, wo Gott zu uns redet, und daß er redet, das beweist eben die Kraft des Glaubens selbst.«[37] Ob »dieser Cirkel allzeit nur dann Bedenkliches (hat), wenn man den Satz der Reformatoren von der *fiducia* als *nomen relativum* nicht ganz verstanden hat«[38], wie Kähler dies behauptet, wird uns noch zu beschäftigen haben.

Zu vergegenwärtigen hat man sich vorerst einmal das argumentative Interesse Kählers, die Wahrheit von Versöhnung und Rechtfertigung auf einen subjektiven Selbstvollzug zu beziehen, ohne sie doch in einem Bewußtseinsvorgang aufgehen zu lassen, wie er das bei Ritschl und den Seinen für gegeben erachtete. Der Gegensatz zum ›Ritschlianismus‹ zeigt sich bereits an der unterschiedlichen Verhältnisbestimmung der systematischen Fundamentalbegriffe. Spricht der Titel von Ritschls Hauptwerk von ›Rechtfertigung und Versöhnung‹, so legt Kähler entschiedenen Wert auf die umgekehrte Reihenfolge. Es steht viel für die Annahme, daß es Kähler als seine vorrangige theologiegeschichtliche Mission empfunden hat, die objektive Basis des Glaubensbewußtseins angesichts allgemeiner ›Ritschlei‹, wie er sagt, zu ›überwintern‹. Wie frostig das Klima zwischen Kähler und Ritschl gewesen ist, mag der Kalauer dokumentieren, mit dem Ritschl in gewohnt sarkastischer Manier die nach seinem Fortgang erfolgte Berufung Kählers nach Bonn kommentierte: »Daß es nach meinem Weggang von Bonn«, sagt Ritschl, »kahl würde, ahnte ich; daß es Kähler würde, nicht.«[39] Zurück zur Sache: Kählers primäres Interesse ist es offenkundig, den Vorgang der Versöhnung nicht als eine bloße Veränderung der Art, wie man über die eigene Stellung zu Gott denkt, sondern als eine Veränderung dieses Verhältnisses selbst zu deuten. Das reformatorische extra nos ist nämlich nach seiner Auffassung nur dann festgehalten, wenn das Heilswerk nicht nur eine Veränderung der Sachlage innerhalb, sondern auch außerhalb des Christen herbeigeführt hat. Gleichwohl sucht Kähler nach einem subjektiven Anknüpfungspunkt für die Objektivität des Versöhnungsgeschehens. Worin findet er ihn?

Er findet ihn mitnichten in einer positiven Grundausstattung des menschlichen Subjekts, welche durch die Offenbarungsbotschaft ergänzt oder überhöht würde, aber auch nicht in der vollendeten Selbstgewißheit des christlichen Subjekts. Er findet ihn vielmehr in der negativen Evidenz faktischer Sündenerfahrung, im Schuldbewußtsein des Menschen.[40] Die Unheilsgewißheit stellt den Bezugs- und Anknüpfungspunkt des Evangeliums dar. Es ist in diesem Zusammenhang lehrreich, sich zu verdeutlichen, wie Kähler in seiner ›Geschichte der protestantischen Dogmatik im 19. Jahrhundert‹ die Theologie seines Freundes und Gesinnungsgenossen Hermann Cremer beurteilt.[41] Kähler räumt unumwunden ein, daß Cremer – »dieser angeblich frei positivistische Biblizist«[42] – in seiner Theologie subjektiv einsetze. Gleichwohl unterscheide er sich grundlegend etwa vom Subjektivismus eines Frank. Erkläre dieser die Gewißheit eines neuen Ich zur Basis christlicher Wahrheit, so antworte Cremer: »Nichts ist mir ungewisser als mein eigenes christliches Ich.«[43] »Es ist doch das, was unsererseits die Gewißheit begründet, eben nur das Gericht, nur das Negative. Das Positive ist in dem geschichtlichen Christentum, dessen Zentrum das Kreuz ist, gegeben.«[44] Allein in ihrem (ständigen) Scheitern bildet die Subjektivität des Menschen den Anknüpfungspunkt der Wahrheit des Christentums.

In ihrer Gestalt als Unheilsgewißheit kommt der Subjektivität dann allerdings eine elementare Basis- und Beweisfunktion für die christliche Wahrheit zu. Das Faktum des Sünden- und Schuldbewußtseins wird durchaus als Ausgangspunkt der Relation von Kerygma und Glaube in Anspruch genommen. Denn dies jedenfalls scheint Kähler als selbstverständlich vorauszusetzen, daß der Schuldspruch schlechten Gewissens, die Unheilsgewißheit menschlicher Subjektivität unmittelbar evident und keiner vorgängigen Vermittlungen bedürftig sei. Der Einsicht in die eigene Unmöglichkeit, wie sie im Sündenbewußtsein manifest ist, kann daher die argumentative Funktion zugedacht werden, ›überführend‹ (also im Sinne des usus elenchticus legis) die eigentliche theologische Thematik einzuleiten. Sosehr sich Kähler dagegen verwahrt, den Versöhnungsvorgang auf ein Selbstverhältnis des Menschen zu reduzieren und in einem Bewußtseinsvollzug aufgehen zu lassen, sosehr bildet die Sünden- und Schulderfahrung, deren Evidenz und Durchsetzungsvermögen er für ausgemacht hält, den Ausgangsort der theologischen Gedankenentwicklung. Die menschliche Subjektivität bleibt somit in Kählers Theologie auch im äußersten ihrer Depotenzierung noch insofern grundlegend, als ihre Unheilsgewißheit den vorgegebenen Bezugspunkt der theologischen Inhalte darstellt. Freilich handelt es sich dabei um einen Punkt, auf dem zu verweilen, um sich ihrer Selbständigkeit zu versichern, für die menschliche Subjektivität keine Möglichkeit darstellt; nur in der Permanenz des Scheiterns ihres Eigenvermögens, wie gesagt, bildet sie den – dann freilich notwendigen – Anknüpfungspunkt der Theologie.

Die von Kähler entwickelte Argumentationsfigur ist im übrigen keineswegs originell, sondern charakteristisch für die gesamte erweckungstheologische Tradition, und noch in den theologischen Debatten unseres Jahrhunderts läßt sie sich vielfältig identifizieren. Zugleich zeigt sich in ihr eine signifikante, neuzeitspezifische Modifikation vergleichbarer Argumentationen der Reformatoren. Daß sich die vivificatio allein im Durchgang durch die mortificatio vollzieht, ist zweifellos genuines Erbe reformatorischer Theologie. Indes vermittelt sich nicht nur die Geburt des neuen Menschen, sondern auch der Tod des alten Adam nach Auffassung der Reformatoren nicht durch eine rein anthropologisch faßbare Selbstbeziehung des Menschen, sondern allein durch den pneumatologisch vermittelten, exzentrischen Glauben an die geschichtliche Heilstat Gottes im auferstandenen Gekreuzigten, deren Objektivität von subjektiven Voraussetzungen zunächst gänzlich unabhängig gedacht wird. Bei Kähler und in der erweckungstheologischen Tradition hingegen gewinnt man gelegentlich den Eindruck, als werde die Selbsterkenntnis des Sünders nicht nur zum unabdingbaren Moment, sondern darüber hinaus auch zum Fundament der Gotteserkenntnis erklärt. Die Selbsterfahrung des sündigen Menschen hätte sonach nicht als bloßes Medium, persönliche Schuld wahrzunehmen, zu gelten, sondern zugleich als Mittel ihrer Überwindung. Präziser ausgedrückt: die im Akt der Sündenerkenntnis sich vollziehende Negation des auf sich selbst gestellten Menschen bliebe auf dessen selbstbestimmende Subjektivität indirekt bezogen.

Ich will nicht behaupten, daß diese Interpretation dem Selbstverständnis Kählers und seiner theologischen Tradition entspricht. Faktum allerdings ist, daß in seiner Theologie die Möglichkeit, den Glauben in subjektiver Selbsterfahrung aufgehen zu lassen, von der Struktur seiner Argumentation her ebenso angelegt ist wie die Möglichkeit, alles an die positive Autorität der Offenbarung zu binden, wie sie sich in dem durch das kirchliche Bekenntnis authentisch ausgelegten Schriftwort manifestiert. Diese Ambivalenz erklärt es, warum sich Karl Barth trotz grundsätzlicher Hochachtung Kählers und seines Versuchs, »die evangelische Dogmatik nun wirklich vom Zentrum der Rechtfertigungslehre her zu entwerfen und zu organisieren«[45], in bezug auf dessen ›Wissenschaft der christlichen Lehre‹ zu fragen veranlaßt sah: »Wird hier wirklich von Gottes Offenbarung in Jesus Christus her und nicht plötzlich doch wieder vom wiedergeborenen und damit letztlich vom Menschen überhaupt her gefragt und geantwortet?« Barth gelangt zwar zu keinem eindeutigen Urteil, hält indes nicht mit der Bemerkung zurück:

»Aber das Zwielicht, das hier herrscht, hat es jedenfalls auch diesem sehr ernst zu nehmenden Werk nicht erlaubt, sich in der theologischen Entwicklung so durchzusetzen, wie es das nach seinen letzten, dem Verfasser vielleicht selbst nicht ganz deutlichen Intentionen, möglicherweise verdient hätte.«[46]

Was dem Barthschen Interesse, um der unbedingten Souveränität und Subjektivität Gottes willen auch den letzten, nur noch negativ verfaßten anthropologischen Anknüpfungspunkt der Theologie zu tilgen, als ein Mangel der Kählerschen Konzeption galt, mußte in der Perspektive einer Korrelationstheologie, wie sie bereits dem jungen Tillich vorschwebte, als ein nicht geringer Vorzug erscheinen. In der Tat hat Tillich Kähler, wie sich vielfach belegen ließe, gerade als Vermittlungstheologen geschätzt, um dessentwillen also, weshalb er von Barth kritisiert wurde. Die Affinität, mit welcher Tillich Kähler zeitlebens zugetan war, dürfte im übrigen nicht zuletzt darin ihren Grund haben, daß Tillich argumentative Grundstrukturen der Kählerschen Systematik bei seinem wichtigsten philosophischen Gewährsmann bestätigt fand: beim späten Schelling. Daß Tillich sich der Funktionsanalogie zwischen einer im Kählerschen Sinne konzipierten Sündenlehre und der vom späten Schelling sogenannten negativen Philosophie bewußt war, ist anhand der beiden Schelling-Dissertationen eindeutig zu beweisen.[47]

In der Tat war es die Hamartiologie, die für den späten Schelling zum Sprengsatz einer in sich geschlossenen Subjektivitätstheorie wurde. Darauf hat Odo Marquard unlängst mit Recht hingewiesen.[48] Ohne die Sünde manichäisch zu einem transzendenten Urgrund zu hypostasieren, betont die ›Philosophie der Mythologie und Offenbarung‹[49] gleichwohl in entschiedener Abkehr und Gegnerschaft zum Hegelschen System, daß die Intransigenz der Sünde sich im Zusammenhang eines selbstbewußtseinstheoretischen Identitätsmodells nicht fassen oder gar auflösen läßt. Von der Abgründigkeit des Bösen und dem Unwesen der Sünde in der Welt kann man sich keinen sinnvollen Begriff machen; denn es ist das an sich Sinn- und Begrifflose. Mit Tillichs Worten: »Ist die Sünde potenzierter Widerspruch, so ist sie zugleich das potenzierte Irrationale, das sich als solches setzende Irrationale.«[50] Entsprechend bestimmt Schelling den Sündenfall als eine »Urdezision, die ›das reine Daß‹ und ein ›durch sich selbst Zufälliges‹ ist: Schelling akzentuiert die pure, ›unvordenkliche‹ und unhintergehbare *Faktizität* des Falls.«[51] Wie Kähler und die gesamte erweckungstheologische Tradition (Tholuck, J. Müller) verbindet er mit dieser Argumentation ein Plädoyer für die philosophisch unaufhebbare Eigenart von Religion und Theologie. Der Fall der Sünde in seiner unvordenklichen Faktizität zeigt an,

»daß seine Heilung nicht als notwendiges Resultat eines geschichtlichen Fortschritts durch eine bloß menschliche Macht herbeigeplant werden kann; vielmehr: Die Erlösung ist Gnade des wirklich Allmächtigen, also Gottes, und darum selber unerzwingbare Faktizität. Die unvordenkliche Faktizität des Falls kann nur durch unvordenkliche Faktizität besiegt werden: durch ›Gott selbst‹, ›der der Herr seines Seins ist‹ und ›als ein selbst Thatsächlicher dem Thatsächlichen des Abfalls entgegentreten kann‹.«[52]

Die Hamartiologie hat also für den späten Schelling wie für Kähler die Funktion, den Menschen dergestalt seiner Sünde zu überführen, daß er nichts mehr vom eigenen Vermögen, sondern alles von den Möglichkeiten Gottes erwartet, um auf diese Weise von der konstitutiven Bedeutung der göttlichen Offenbarung für das Selbstverständnis des Menschen überzeugt zu werden.

Indes beschränkt Schelling das in der Hamartiologie Thematisierte nicht auf die Sphäre des Moralischen, welche Beschränkung durch die erweckungstheologische Tradition zunächst nahegelegt, wenngleich von Männern wie Kähler zumindest partiell auch überwunden wurde; das in der Hamartiologie strukturell Erfaßte wird vielmehr auf alle Dimensionen menschlichen Daseins, auf den Bereich praktischer *und* theoretischer Vernunft ausgedehnt und fungiert als Organisationsgesetz der gesamten negativen Philosophie, deren Argumente allesamt auf die Einsicht zielen, daß das menschliche Subjekt zur Selbstkonstitution nicht in der Lage ist und im faktischen Versuch solcher Selbstbegründung seiner göttlichen Bestimmung verlustig geht, die es nur wahrzunehmen vermag, wenn es sich im unvordenklichen Sein Gottes gegründet weiß, welches die positive Philosophie im Nachdenken der Offenbarung zu thematisieren hat.

Eben diese, bei Kähler in Ansätzen vorhandene, beim späten Schelling konsequent durchgeführte strukturelle Ausweitung des hamartiologischen Themas dürfte der Grund dafür sein, daß Tillich nun auch das Rechtfertigungsthema nicht allein auf das Sündenproblem im engeren Sinne beschränkte (Rechtfertigung des Sünders), sondern auch von einer Rechtfertigung des Zweiflers oder genauer: des an sich selbst verzweifelten Denkens reden konnte, mit der Folge, daß die Rechtfertigungslehre schließlich überhaupt von ihrer traditionellen Terminologie losgelöst und zur regulativen Idee des Gesamtsystems erklärt werden konnte. Als Inbegriff und Organisationszentrum aller Einzelerwägungen läßt sich dabei die Einsicht erfassen: Während der Versuch, sich selbst zu konstituieren, im Selbstverlust endet, vermag das Subjekt sich wahrhaft zu realisieren nur im Bewußtsein seines Sich-Gegebenseins, will heißen: im Bewußtsein seiner Fundierung in einem für menschliche Subjektivität zwar aufgeschlossenen, aber gleichwohl aus ihr nicht apriorisch deduzierbaren göttlichen Grund, wie er in der Person Jesu Christi geschichtlich-aposteriorisch manifest ist.

III.

Vermochten Rationalismus und spekulativer Idealismus in der Person Jesu Christi und seiner biblischen Geschichte nichts anderes zu sehen als vorstellungshafte Einkleidungen von ewigen Wahrheiten einer autonom mit und durch sich selbst vermittelten Vernunft, gelangte Schellings negative Philosophie durch Aufweis der Selbstbegründungsaporien von Vernunft und Subjektivität zur Annahme einer konstitutiven Funktion der Christologie für das Denken, welche positive Philosophie in der Konsequenz faktischer Geschichtsoffenbarung zu entfalten hat. Das Verhältnis von negativer und positiver Philosophie gleicht demnach beim späten Schelling – er hat dies selbst ausdrücklich bestätigt – dem Verhältnis von Gesetz und Evangelium. Wie Schelling dieses Verhältnis aufbaut und insbesondere wie er den Übergang von negativer zu positiver Philosophie näher bestimmt, kann uns hier nicht im einzelnen beschäftigen, zumal da dieses Problem in der Schellingforschung bis heute umstritten ist.[53] Es ließe sich indes unschwer zeigen, daß die durch die Verhältnisbestimmung von negativer und positiver Philosophie aufgegebenen Probleme strukturanalog sowohl in Kählers Dogmatik als auch in der Korrelationsmethode Tillichscher Systematik auftreten. Die entscheidende Frage ist dabei stets, wie der Übergang von Negation zur Position, von Schuldbewußtsein zur Erlösungserfahrung, von existentieller Frage zur essentiellen Antwort eigentlich vermittelt ist. Kann dieser Übergang durch selbstinitiierte Selbstnegation des Subjekts hergestellt werden, oder bedarf es dazu – um es mit Tillichs Worten zu sagen – eines Geschehens, »wo eine schlechthin neue Wirklichkeit zugleich gesetzt und als niemals setzbar verheißen wird«[54]?

Schellings Behandlung dieser Frage kann hier nicht nachgegangen werden; hingegen soll unter exemplarischem Bezug auf ihre ausgearbeitete Christologie verhandelt werden, wie Kähler und Tillich sie zu beantworten suchten. Dabei wird sich zeigen, daß der Einfluß Kählers auf Tillich nicht nur in dem Anliegen, an Offenbarung in ihrer objektiven Tatsächlichkeit festzuhalten, seinen Niederschlag findet; augenscheinlicher noch wird er an der Art und Weise sichtbar werden, wie beide dieses Anliegen zu bewerkstelligen suchen. Ich gehe erneut aus von einigen Selbstzeugnissen Tillichs. Wie für Kähler so ist auch für Tillich im Rahmen der Christologie die Frage des Zusammenhangs von historischem Jesus und Christus des Glaubens von zentraler Wichtigkeit.

»Was ist die Beziehung zwischen beiden? Können sie voneinander getrennt werden? Müssen wir uns mit dem Gedanken zufriedengeben, daß wir Christus nicht anders als durch den Glauben erreichen können? Gibt es eine Möglichkeit, die Zweifel über die biblischen Schriften, die die historische Forschung hervorgerufen hat, zu beschwichtigen? Kähler selbst war nicht der Meinung, daß der Christus des Glaubens und der Jesus der Geschichte voneinander getrennt werden müßten. Der Jesus der Geschichte ist für ihn zugleich der Christus des Glaubens, und die Gewißheit über letzteren ist nicht abhängig von den Ergebnissen der historisch-kritischen Erforschung des Neuen Testaments. Der Glaube verbürgt, was die historische Forschung niemals erreichen kann. Wie ist das möglich? Was kann der Glaube verbürgen? Diese Fragen zeigen das Problem auf, vor dem wir heute noch stehen und das inzwischen durch Männer wie Bultmann und seine Schule noch verschärft worden ist.«[55]

So zu lesen im zweiten Teil von Tillichs Abhandlungen über die Geschichte des christlichen Denkens, wie er sie im Frühjahr 1963 in Chicago gehalten hat. Nach Tillichs Urteil war Kähler einer der ersten, der das durch die historische Kritik gestellte christologische Problem in seiner ganzen Radikalität erkannt hat. Gleichwohl vermißt Tillich selbst bei ihm noch eine letzte Konsequenz wissenschaftlicher Ehrlichkeit und konstatiert eine latente Tendenz, die kritische Methode profaner Geschichtswissenschaft biblizistisch zu unterminieren. In der historischen Jesusfrage empfand Tillich die wissenschaftliche Überlegenheit eines Ritschl, Harnack und Troeltsch deshalb als unbestreitbar, wenngleich es ihm und seinen Freunden unmöglich war, die theologische Position der Liberalen zu übernehmen, da man fand, »die konservative Tradition (habe) mehr von einem wahren Verständnis der menschlichen Natur und der Tragik der Existenz bewahrt ... als die liberale fortschrittlich-bürgerlich Ideologie«[56]. Nach eigenem Bekunden machte Tillichs theologische Entwicklung infolgedessen eine Krise durch, als – noch einmal sei die Theologiegeschichtsvorlesung zitiert – »ich die Universität Halle, auf der der Biblizismus herrschte, verließ und mich dem Studium der Bibelkritik zuwandte. Besonders Albert Schweitzers ›Geschichte der Leben-Jesu-Forschung‹ (1906) überzeugte mich von der Unzulänglichkeit eines Biblizismus, der die historischen Fragen nicht ernst nimmt.«[57] Daneben war es »die Wellhausensche, dann die Gunkelsche, im engeren Sinne religionsgeschichtliche Interpretation des Alten Testaments«[58], die Tillich faszinierte und ihm die theologische Unabweisbarkeit der historisch-kritischen Methode bewies. An diesem Punkte trennte er sich deshalb, wie er sagt, »sehr bald von den Hallensern«, um sich endgültig »von allen vermittlungstheologischen und apologetischen Resten«[59] zu befreien.

Ein früher Reflex dieser Krise sind die 128 Thesen zum Thema ›Die christliche Gewißheit und der historische Jesus‹, die Tillich 1911 auf einer von Hermann Schafft (»Er vermittelte mir den Geist Martin Kählers vielleicht mehr, als dessen Vorlesungen es taten.«[60]) arrangierten Konferenz junger, von Kähler beeinflußter Theologen auf der Kasseler Wilhelmshöhe vortrug und in denen er »die Frage stellte und zu beantworten suchte, wie die christliche Lehre zu verstehen wäre, wenn die Nichtexistenz des historischen Jesus historisch wahrscheinlich würde«[61]. In seiner Antwort begnügte sich Tillich nicht mit der Feststellung der tatsächlich vorherrschenden Ungewißheit über den historischen Jesus,

die zu beheben weder ein historischer[62] noch ein dogmatischer[63] Beweis in der Lage sei, er bemühte sich vielmehr
zugleich, deren »prinzipielle Notwendigkeit«[64] aufzuzeigen. Den Beleg erbringen vor allem erkenntnistheoretische
Gründe: Gewißheit über das Einzelne kann es nur geben,
»insofern es in Identität mit dem Wesen steht, nicht aber,
insofern es Einzelnes ist, d. h. aus der Identität herausgetreten ist«[65]. Anders und prägnanter gesagt: »Gewußt wird
nur, was die Gewißheit des Satzes ›Ich bin Ich‹ hat.«[66]
Wenngleich Tillich an späterer Stelle klarlegt, daß die Einheit
des Selbstbewußtseins nicht als unmittelbare, sondern als
Differenz und Anderssein integrierende Synthesis aufzufassen sei, bleibt doch bestehen, daß er Identität als Erstes und
Äußerstes denkt. Das differente Einzelne, das sich nicht in
die Identität des Selbstbewußtseins überführen läßt, muß
mithin als Gegenstand gewisser Wahrheit ausgeschlossen
werden. Das Ergebnis der Thesenreihe lautet nicht mehr
nur: es gibt keine Gewißheit über den historischen Jesus,
sondern: es kann eine derartige Gewißheit nicht geben.

Nun legt sich die Vermutung nahe, daß die Absage des
frühen Tillich an das Historisch-Faktische im Christentum
veranlaßt ist durch seine damals noch ungebrochene Abhängigkeit von der Philosophie des transzendentalen Idealismus, die sich bereits in den Schriften zur Philosophie
Schellings zu lockern scheint. Bemerkenswert am späten
Schelling war für Tillich ja nicht zuletzt, daß dieser im Ver-
laufe seiner immer deutlicheren Abkehr vom ursprünglichen
Ausgangspunkt seines eigenen Denkens zur Würdigung des
Äußerlich-Geschichtlichen im Christentum sich veranlaßt
sah und von der Kritik des Empirischen als inadäquater
Einkleidung ewiger Vernunftwahrheiten mehr und mehr
Abstand nahm. Wer in Tillichs ›Systematischer Theologie‹
die Bestätigung dieser Interpretationstendenz sucht, sieht
sich indes enttäuscht und auf die Argumentationslage der
Thesenreihe zurückversetzt. Daß »der Versuch der historischen Forschung, das Fundament für den christlichen
Glauben und der Theologie zu finden, ein Fehlschlag
war«[67], steht für Tillich nach wie vor fest. Man müsse sich
unverhohlen eingestehen, daß man vom geschichtlichen Jesus keine zureichende Kenntnis besitze. Das Scheitern der
Leben-Jesu-Forschung sei in dieser Hinsicht definitiv. Tillich beschränkt sich auch jetzt nicht darauf, die vermeintliche
Tatsächlichkeit des Scheiterns der historisch-kritischen Je-

susforschung zu konstatieren; vielmehr bemüht er sich erneut um den Aufweis der Notwendigkeit dieses Scheiterns. Wieder stehen am Gewißheitsproblem orientierte erkenntnistheoretische Argumentationen im Vordergrund: Die strukturelle Bedingung allen menschlichen Erkennens sei – entsprechend der grundlegenden ontologischen Polarität von Selbst und Welt – durch die Elemente von Einung und Trennung charakterisiert. Obgleich Tillich zugesteht, daß es kein Erkennen ohne Trennung gebe, hindert ihn diese Einsicht doch nicht, das einende Erkennen zu dem göttlicher Wirklichkeit allein entsprechenden Erkenntnismodus zu erklären. Indem die Offenbarungserkenntnis dezidiert vom ›vergegenständlichenden‹ Welt-Erkennen abgehoben wird, erscheint sie erneut als eine Weise von Selbst-Erkenntnis. An Tillichs Glaubensbegriff und an seinen einleitenden Bemerkungen zu Wesen und Methode systematischer Theologie ließe sich gleichermaßen zeigen, daß sein Interesse darauf gerichtet ist, die im Erkenntnisakt mitgesetzte Differenz ins erkennende Subjekt zurückzunehmen. Die Identität des Selbstbewußtseins bleibt mithin erkenntnistheoretischer Grundsatz, und gewisse Wahrheit kann es zuletzt nur als Selbstgewißheit geben. Die Defizienz der historischen Forschung ist damit, jedenfalls sofern sie auf das differente Einzelne gerichtet ist, vorweg ausgemacht. Ihre Ergebnisse können Tillich deshalb »weder trösten noch verwirren«[68]. Denn sowohl der Glaube als auch die Theologie sind von historischen Einsichten völlig unabhängig.

Um den Verdacht ihrer Selbstbegründung auszuräumen, sieht sich Tillich dann allerdings doch veranlaßt, den faktischen Charakter des Christusereignisses zu betonen. Zwar bleibe in Geltung, daß der Glaube »keine Gewißheit über Fragen der historischen Forschung«[69] einschließe, dennoch habe er an sich selbst das sichere Bewußtsein der Faktizität seines Grundes. Nichts anderes als dies hatte auch Kähler behauptet, dessen Christologie Tillich unbeschadet besagter Unterschiede in der Bewertung historisch-kritischer Methodik im Sachlichen aufs engste verbunden blieb. In seiner programmatischen Studie zur Versöhnungslehre von 1869[70] sagt Kähler: Wie der Rechtfertigungsglaube seinen Grund nicht unmittelbar in sich, sondern in der zuvorkommenden Zusage des Schriftworts habe, so verweise auch das Zeugnis des Evangeliums den Glauben nicht auf die Schrift selbst, sondern auf die Geschichte Jesu Christi, in welcher Schrift und Glaube gleichermaßen gründeten und beschlossen seien. Weder sei also der Glaube in der subjektiven Gewißheit seiner selbst begründet, wie das Kähler später insbesondere am Erlanger Frank kritisiert, noch treffe die Auffassung eines Biblizisten wie Beck zu, der statt der Geschichte Jesu Christi unmittelbar das Bibelwort selbst zum Gegenstand und Grund des Glaubens erklärte. Kähler insistiert also offenbar in zweifacher Hinsicht auf einer Differenz, indem er die Geschichte Jesu Christi sowohl dem Glauben als auch dem Schriftwort voraussetzt. Das prinzipielle Recht einer Rückfrage sowohl hinter den Glauben als auch hinter das Schriftwort ist, so scheint es, damit zugestanden. Der wiederholt und mit Nachdruck vorgetragene Hinweis Kählers, daß der Inbegriff der Geschichte Jesu Christi nicht etwa die Summe bloß äußerlich feststellbarer bruta facta, sondern das personhaft wirksame Leben des Versöhners selbst sei, braucht dem jedenfalls solange nicht zu widersprechen, als das personhafte Leben Jesu Christi als die manifeste Einheit von Person und Werk, mithin in der Einheit seiner Tatsächlichkeit und seiner Bedeutung aufgefaßt wird. Genau diesen Zusammenhang löst nun aber Kähler in einseitigem Interesse am effectus historiae Jesu Christi tendenziell auf mit dem Erfolg, daß die eingeführten Differenzierungen zuletzt doch zugunsten einer unmittelbaren Einheit eingezogen werden. Als eigentlicher ›Wert‹ der Geschichte Jesu Christi soll nicht schon das gelten, was an ihrer ›Tatsächlichkeit‹ und einmaligen Besonderheit selbst erhoben werden kann, sondern das, was sich dem um Aneignung bemühten Subjekt als bedeutsam empfiehlt. Damit erscheint die Bedeutsamkeit Jesu Christi potentiell loslösbar von der Faktizität seiner Geschichte, deren Vergangenheit derart vergleichzeitigt wird, daß sie in Gefahr steht, unterschiedslos im gegenwärtigen Bewußtsein des Glaubens aufzugehen.

Absicht und Problematik des Kählerschen Versuchs, das einmalig Geschichtliche und das bleibend Allgemeingültige in einem wirksam Gegenwärtigen zusammenzudenken, ließe sich im einzelnen an der ausgearbeiteten Konzeption nachweisen, so etwa an dem grundlegenden Begriff des ›Übergeschichtlichen‹ oder an seiner berühmten Unterscheidung zwischen einem sogenannten historischen Jesus und dem wahrhaft biblischen, gepredigten Christus. Das einheitliche Fundament bildet stets jene wirkungsgeschichtliche Konstruktion, die bereits im Aufsatz von 1869 festzustellen ist. Dabei erweist sich die unterstellte Einheit von geschichtlicher Tatsächlichkeit und Wirkung als eine bloß scheinbare, da sie nur am Ort der Wirkung und nicht ebenso am Ort der Faktizität, an der Eigenart des historisch Tatsächlichen festgemacht wird, womit allein die kritische Funktion der Geschichte als eines Prüfmittels der Gemäßheit des Glaubens gewährleistet werden könnte. So unzweifelhaft dies in Kählers Absicht gelegen hat, so bestimmte ihn doch ein einseitiges Interesse an der Unmittelbarkeit des Glaubens und seiner Gewißheit dazu, das Realprinzip der Dogmatik, die lebendige Person Jesu Christi, durch eine Art von Rückschluß vom Rechtfertigungsglauben auf die in ihm sich auswirkende Ursache zu erreichen.

Ein völlig analoges Verfahren befolgt auch die – dezidiert als Soteriologie konzipierte (»Christologie ist eine Funktion der Soteriologie.«[71]) – Christologie Paul Tillichs. Auch er versucht, aus der Wirklichkeit des Glaubens der objektiven Faktizität des Glaubensgrundes gewiß zu werden. Der Glaube, heißt es mit Kähler, hat an sich selbst das sichere Bewußtsein der Faktizität seines Grundes. Das bleibende Problem indes ist folgendes: Wenn die Faktizität des Glaubensgrundes, obgleich vom Glauben als ihm zuvorkommend erachtet, als Faktizität nur dem Glauben zugänglich, ja allererst durch ihn garantiert ist, dann ist die behauptete Differenz von Glaube und Glaubensgrund nur eine scheinbare. Denn der Voraussetzungscharakter des Glaubensgrundes hängt an der Voraussetzung des Glaubens. Damit aber wird der Glaube zum Grund seines Grundes.[72]

IV.

Ich setze hier eine Zäsur und komme zum Schluß noch einmal auf Kählers eingangs zitierten Abgesang auf Abstraktion und Absolutes zu sprechen. Tillich – soviel ist klar – stimmt in ihn insofern ein, als auch er die Begründung des theologischen Fundaments christlichen Glaubens nicht mehr von identitätsphilosophischer Spekulation, nicht mehr vom Vollzug eines unmittelbar mit sich selbst beginnenden Denkens reiner Vernunftimmanenz erwartet. In diesem Sinne schreibt Tillich unter ausdrücklicher Kritik früherer Tendenzen seiner eigenen Denkgeschichte im Dezember 1917 an Emanuel Hirsch: »Ich akzeptiere den Kählerschen Satz: ›das Absolute ist ein Götze‹, dann nämlich, wenn die religiöse Funktion auf die Vollendung des theoretischen Gottesbegriffs fundiert werden soll.«[73] Wie Kähler und der späte Schelling, deren geistesgeschichtliches Verhältnis einer detaillierten Untersuchung wert wäre, hält der reife Tillich die soteriologische Macht der Vernunft für beschränkt. Die Vernunft bedarf, weniger wegen ihrer faktischen Grenzen im Umgang mit empirischer Kontingenz, als vielmehr wegen ihrer prinzipiell unaufhebbaren Ohnmacht bezüglich ihrer Selbstbegründung, geschichtlich-offenbarer Vermittlung, um in ein rechtes Verhältnis zu Gott und zu sich selbst zu gelangen. Dementsprechend bestätigen die Konzeptionen des späten Schelling, Kählers und auch Tillichs je auf ihre Weise die Devise: »Die Gegenmacht gegen den Anspruch der Vernunft, sich selbst durch sich selbst auf sich hin befreien zu können, ist die Geschichte.«[74]

Inwieweit über diese Grundannahmen hinaus in den Werken der Genannten auch eine Übereinstimmung im Verständnis der von Kählers Sinnspruch apostrophierten Geschichtsgrößen ›Menschheit, Menschen und Nation‹ vorliegt, kann hier nicht erörtert werden, wenngleich auch in diesem Zusammenhang bei allem Wandel der historischen Situation und Perspektive gewisse Kontinuitäten der soziokulturellen Analyse und politischen Option durchaus sich vermuten lassen. Zu fragen wäre insbesondere, wie die von Kähler im Kontext der Organismusmetaphorik propagierte Abkehr von dem für Aufklärungstradition und westliche Individualitätskultur angeblich charakteristischen »Atomismus der Personenwelt«, welcher »die Person zum Zähler (Wähler) herab(würdigt) und . . . die Mechanik der Zählung an die Stelle des lebensvollen gegliederten Ganzen (setzt)«[75], sich verhält zu Tillichs Demokratieverständnis und seiner Idee eines international ausgerichteten religiösen Sozialismus. Da diese Thematik nicht eigens behandelt werden kann, muß die Feststellung genügen, daß Tillich und Kähler (wie übrigens auch der späte Schelling) in der Überzeugung übereinstimmen, daß Geschichte ihre konstitutive und normative Mitte hat in der lebendigen Person dessen, den Gott – um es in Anklang an Kählers Gedicht zu sagen – zu Ostern selbst auf den Thron gesetzt, will heißen: zum königlichen Herrn der Welt erklärt hat.

Weder als Urbild einer Gott wohlgefälligen Menschheit, wie bei Kant, noch als die zu unmittelbarem Selbstbewußtsein gewordene absolute Vernunft, wie bei Fichte, noch auch als vorstellungshafte Gestalt reiner Idee, wie bei Hegel, ist die lebendige Person des auferstandenen Gekreuzigten angemessen zu erfassen. Denn Jesus Christus soll nach Kähler und Tillich nicht bloßes Exempel praktischer und theoretischer Vernunft, sondern deren geschichtliches Konstituens insofern sein, als eine mit sich allein gelassene Vernunft in der Vergeblichkeit ihrer Selbstkonstitutionsversuche stets an sich selbst scheitern und in leerem Kreisen um sich zugrunde gehen muß, während sie wahrhaft zu sich kommt nur in dem von Jesus Christus bereiteten Neuen Sein. In der Organisation der theologischen Themenbestände bestätigt sich die konstitutive Funktion der Christologie bereits äußerlich daran, daß sie bei Kähler wie bei Tillich die Mitte des Systems darstellt.[76] Der innere Gang des Gedankens ratifiziert diese Zentralstellung.

Über die Christologie gewinnen Kähler und Tillich zugleich Anschluß an das Erbe der Reformatoren, deren ursprüngliche Einsicht in der Rechtfertigungslehre im Sinne einer regulativen Idee aller Themenbestände der Dogmatik sich ausspricht. Dabei fällt zugleich auf, daß das reformatorische Erbe von Kähler in eindeutig erweckungstheologischer Perspektive rezipiert und weitergegeben wurde. Modern und neuzeitspezifisch ist diese Perspektive insofern, als in ihr die menschliche Selbsterfahrung Bezugspunkt und in bestimmter Weise auch Verifikationsinstanz der dogmatischen Argumentation darstellt. Wie schon der ältere Pietismus, so bestätigt die Erweckungsbewegung des 19. Jahrhunderts noch einmal, daß es auch theologiegeschichtlich seine Richtigkeit hat, Subjektivität zum Epochenindex der Neuzeit zu erklären. Freilich scheint der Leitbegriff der Moderne im Laufe der Zeiten viel von seinem ursprünglichen Glanze verloren zu haben. In der Erweckungstheologie und bei Kähler fungiert er fast ausschließlich als Indiz eines Krisenphänomens; Bezugspunkt der Dogmatik ist Subjektivität nur mehr im Modus ihres Scheiterns, welches Scheitern im Schuldbewußtsein des Sünders am offenkundigsten manifest sein soll. Tillich teilt im grundsätzlichen diese Diagnose, wenngleich er sich die von der Erweckungstheologie favorisierte hamartiologische Konzentration der Perspektive nicht aneignet, weil er – veranlaßt vor allem wohl durch den späten Schelling – in der Aporetik der Subjektivität nicht nur ein Phänomen praktischer, sondern mindestens ebensosehr ein Phänomen theoretischer

Vernunft sieht. Die Sündenproblematik wird entsprechend bei ihm im umfassenderen Rahmen der Entfremdungsthematik behandelt, die ihrerseits aus der Fraglichkeit menschlicher Existenz überhaupt hervorgeht.

Die Fraglichkeit menschlicher Existenz als elementares Indiz der Subjektivitätskrise bildet nun allerdings – wie die Korrelationsmethode beweist – den durchgängigen Bezugspunkt der dogmatischen Argumentation Tillichs, ohne welchen deren Antworten unverständlich bleiben müßten. Kählers dogmatisches Verfahren verhält sich dazu ganz strukturanalog, indem die Lösung des Schuldbewußtseins zum Kriterium sachgemäßer Wahrnehmung religiös-theologischer Gehalte erklärt wird. Auch in der Krise erweist sich Subjektivität mithin noch als unentbehrlicher Koordinationspunkt religiöser Wahrnehmung und theologischer Argumentation. Denn alle von Religion und Theologie indizierten Veränderungen der Verfaßtheit des Subjekts werden, wie sehr man sie auch hervorhebt, noch der Bedingung unterstellt, von diesem nämlichen Subjekt als an ihm selbst statthabende Veränderungen gewußt zu werden. Die Selbstwahrnehmung des Subjekts fungiert nach wie vor, wenn auch nicht als Prinzip der Theoriebildung, so doch als deren unhintergehbare Bedingung. An der Durchführung der Christologie zeigte sich das beispielhaft. Deren objektiver Gehalt wurde bei Kähler ebenso wie bei Tillich rückgebunden an das subjektive Glaubensbewußtsein bzw. von diesem her allererst erschlossen. Exemplarisch dargestellt wurde dies am Umgang mit den Ergebnissen historisch-kritischer Methodik. Indes liegt das eigentliche Problem tiefer, nämlich in der Frage begründet, ob sich die Wirklichkeit des in Jesus Christus offenbarten Gottes überhaupt unmittelbar an sich selbst, also direkt explizieren, oder nur am Ort menschlichen Bestimmtseins, also indirekt und ›anthropologisch‹ zur Geltung bringen läßt. An dieser Frage haben sich, wenn ich recht sehe, in der Theologiegeschichte des 20. Jahrhunderts keineswegs nur außerhalb, sondern auch und gerade innerhalb der Dialektischen Theologie, der in unterirdischer Arbeitsgemeinschaft bekanntlich auch Tillich sich verbunden wußte, die Geister geschieden. Denn die Voraussetzung der einen Seite, der unbeschadet aller Unterschiede im Detail neben Tillich etwa auch der Kähler-Schüler Rudolf Bultmann zuzurechnen ist, daß nämlich die christologisch-soteriologische Entwicklung trotz ihrer anthropologisch fundamentalen Änderungen immer noch und nur im Rahmen kontinuierlicher Einheit eines Selbstbewußtseins und Selbstverständnisses plausibel zu machen ist, wurde von der anderen Seite, die ihren vielleicht einzig wirklich konsequenten Vertreter in Karl Barth hatte, ausdrücklich bestritten. Wie man sich angesichts eines virulenten Streits zwischen Neuzeit und Postmoderne zu dieser Alternative verhalten soll, dürfte eine der entscheidenden Fragen gegenwärtiger theologischer Existenz sein.[77]

Anmerkungen

1 GW V, 184.

2 M. Kähler, Theologe und Christ. Erinnerungen und Bekenntnisse von Martin Kähler, hg. v. A. Kähler, Berlin 1926, 309.

3 Vgl. GW XIII, 19.

4 GW XIII, 24.

5 Th. Mann, Doktor Faustus. Das Leben des deutschen Tonsetzers Adrian Leverkühn erzählt von einem Freunde, XII. Kapitel; vgl. auch: ders., Die Entstehung des Doktor Faustus. – Einen synoptischen Vergleich der einschlägigen Passage im Doktor Faustus mit Tillichs Brief bietet G. Bergsten, Thomas Manns Doktor Faustus. Untersuchungen zu den Quellen und zur Struktur des Romans (Studia Litterarum Upsaliensia), Kopenhagen/Oslo/Bergen/Stockholm/Göteborg 1963, 42 ff.

6 GW XIII, 24.

7 Vgl. GW XIII, 19.

8 GW XII, 31 f.

9 Vgl. M. Kähler, Art. Tholuck, F. A. G., in: RE[3] XIX, 695–702; ferner: L. Witte, Das Leben D. Friedrich August Gotttreu Tholuck's, 2 Bde., Bielefeld und Leipzig 1884/86; G. Wenz, Geschichte der Versöhnungslehre in der evangelischen Theologie der Neuzeit, Bd. 1, München 1984, 396 ff.

10 F. A. G. Tholuck, Gespräche über die vornehmsten Glaubensfragen der Zeit, zunächst für nachdenkende Laien, welche Verständigung suchen (1846), Gotha[2] 1865, 171.

11 K. Barth, Die protestantische Theologie im 19. Jahrhundert. Ihre Vorgeschichte und ihre Geschichte, Bd. 2: Geschichte, Hamburg 1975, 436.

12 L. Witte, a. a. O., 1. Bd., VI.

13 EW V, 32.

14 EW II, 127.

15 GW XII, 32.

16 GW XIII, 28.

17 GW XIII, 24.

18 Vgl. bes. GW VIII, 85–100.

19 Vgl. auch EW II, 127.

20 GW VII, 14.

21 Chr. Seiler, Die theologische Entwicklung Martin Kählers bis 1869, Gütersloh 1966; ferner: G. Wenz, Geschichte der Versöhnungslehre in der evangelischen Theologie der Neuzeit, Bd. 2, München 1986, 132 ff.

22 M. Kähler, Zur Lehre von der Versöhnung, Gütersloh 1937 (Nachdruck der 2., unveränderten Auflage des im Jahre 1898 erschienenen 2. Heftes der ›Dogmatischen Zeitfragen. Alte und neue Ausführungen zur Wissenschaft der christlichen Lehre‹), 39–62.

23 A. a. O., 39 Anm. 1.

24 M. Kähler, Die Wissenschaft der christlichen Lehre von dem evangelischen Grundartikel aus im Abrisse dargestellt, Leipzig 1883, ²1893, ³1905.

25 Vgl. Chr. Seiler, a. a. O., 114.

26 M. Kähler, Lehre von der Versöhnung, a. a. O., 40.

27 A. a. O., 41.

28 Vgl. a. a. O., 42.

29 A. a. O., 43.

30 Ebd.

31 A. a. O., 44.

32 Ebd.

33 Ebd.

34 Ebd.

35 A. a. O., 47.

36 A. a. O., 48 f.

37 A. a. O., 49.

38 Ebd.

39 Zitiert nach H.-G. Link, Geschichte Jesu und Bild Christi. Die Entwicklung der Christologie Martin Kählers in Auseinandersetzung mit der Leben-Jesu-Theologie und der Ritschl-Schule, Neukirchen 1975, 335 Anm. 263.

40 Vgl. insgesamt G. Wenz, Vom Unwesen der Sünde. Subjektivitätstheoretische Grundprobleme neuzeitlicher Hamartiologie dargestellt unter besonderer Berücksichtigung der Sündenlehre von Julius Müller, in: KuD 30 (1984), 298–329.

41 Vgl. M. Kähler, Geschichte der protestantischen Dogmatik im 19. Jahrhundert, hg. v. E. Kähler, München 1962, 277–282.

42 A. a. O., 278.

43 Ebd.

44 A. a. O., 279.

45 KD IV/1, 582.

46 KD I/2, 880.

47 P. Tillich, Die religionsgeschichtliche Konstruktion in Schel-

lings positiver Philosophie, ihre Voraussetzungen und Prinzipien, Breslau 1910 (Philosophische Dissertation); ders., Mystik und Schuldbewußtsein in Schellings philosophischer Entwicklung, Gütersloh 1912 (Lizentiaten-Dissertation), in: GW I, 11–108, sowie in: Paul Tillich, Main Works/Hauptwerke (hg. v. C. H. Ratschow), Bd. 1: Philosophical Writings/Philosophische Schriften (hg. v. G. Wenz), Berlin/New York 1989, 25–111 (21–24 finden sich Hinweise zur Entstehungsgeschichte, welche die Angaben in Anm. 77 ergänzen).

48 O. Marquard, Felix culpa? – Bemerkungen zu einem Applikationsschicksal von Genesis 3, in: Text und Applikation. Theologie, Jurisprudenz und Literaturwissenschaft im hermeneutischen Gespräch, hg. v. M. Fuhrmann, H. R. Jauß und W. Pannenberg, München 1981 (Poetik und Hermeneutik IX) 53–71.

49 F. W. J. Schelling, Philosophie der Mythologie, 2 Bde., Darmstadt 1973 (unveränderter Nachdruck der aus dem handschriftl. Nachlaß hg. Ausgabe von 1856/57); ders., Philosophie der Offenbarung, 2 Bde., Darmstadt 1974 (unveränderter Nachdruck der aus dem handschriftl. Nachlaß hg. Ausgabe von 1858).

50 GW I, 89.

51 O. Marquard, a. a. O., 63 f.

52 A. a. O., 64 mit entsprechenden Belegstellen.

53 Vgl. bes. H. Fuhrmans, Schellings letzte Philosophie, Berlin 1940; W. Schulz, Die Vollendung des deutschen Idealismus in der Spätphilosophie Schellings, Stuttgart 1955; W. Kasper, Das Absolute in der Geschichte. Philosophie und Theologie der Geschichte in der Spätphilosophie Schellings, Mainz 1965; K. Hemmerle, Gott und das Denken nach Schellings Spätphilosophie, Freiburg u. a. 1968; D. Korsch, Der Grund der Freiheit. Eine Untersuchung zur Problemgeschichte der positiven Philosophie und zur Systemfunktion des Christentums im Spätwerk F. W. J. Schellings, München 1980; H. Rosenau, Die Differenz im christologischen Denken Schellings, Frankfurt/M. 1985 u. a.

54 GW IX, 41.

55 EW II, 176.

56 GW XIII, 24.

57 EW II, 185 f.

58 GW XII, 32.

59 Ebd.

60 EW V, 28.

61 GW XII, 32; die Thesenreihe ist abgedruckt in: EW VI, 31 ff.

62 Vgl. Thesen 9–28.

63 Vgl. Thesen 29–80.

64 These 81.
65 These 90.
66 These 88.
67 STh II, 118.
68 STh I, 156.
69 STh II, 119.
70 Vgl. Anm. 22.
71 STh II, 163.
72 Vgl. im einzelnen: G. Wenz, Subjekt und Sein. Die Entwicklung der Theologie Paul Tillichs, München 1979, 24 ff, 190 ff, 270 ff.
73 EW VI, 99. Vgl. auch den in EW VI, 304 ff. abgedruckten Brief an Kurt Leese vom 7. Juni 1938, wo Tillich unter Bezug auf die Studie ›Rechtfertigung und Zweifel‹ Aufschlußreiches zu seiner durch Kähler mitveranlaßten »Rezeption des Relativismus in das absolute Gottesverhältnis« (305) äußert.
74 G. Rohrmoser, Emanzipation und Freiheit, München 1970, 31.
75 M. Kähler, Dogmatische Zeitfragen. Alte und neue Ausführungen zur Wissenschaft der christlichen Lehre. 2. Heft: Zur Lehre von der Versöhnung, Leipzig 1898, 389.
76 Bildet in Kählers ›Wissenschaft der christlichen Lehre‹ die ›von dem Gegenstande des Rechtfertigungsglaubens‹ handelnde ›Evangelische Dogmatik‹ (2. Lehrkreis) das Mittelstück des dogmatischen Ganzen, welches von der die ›Voraussetzungen des Rechtfertigungsglaubens‹ thematisierenden ›christliche(n) Apologetik‹ (1. Lehrkreis) und der die ›Betätigung des Rechtfertigungsglaubens‹ entfaltenden ›theologische(n) Ethik‹ (3. Lehrkreis) umrahmt wird, so hat sie ihrerseits ihr Zentrum in der Lehre von der ›Versöhnung der Welt mit Gott in Christo‹ (2. Hauptstück des 2. Teiles des 2. Lehrkreises), welche mithin die innerste Mitte des systematischen Organisationszusammenhanges bildet. Zur Organisationsstruktur der Tillichschen ›Systematische(n) Theologie‹ vgl. u. a. STh II, 7 ff.
77 Der Enkel Martin Kählers, der Kirchenhistoriker Herr Prof. (em.) D. Ernst Kähler aus Greifswald, hat mich nach Abschluß des Manuskripts dankenswerterweise auf die Mitwirkung seines Großvaters an der Promotion Paul Tillichs zum lic. theol. hingewiesen und mir Einsicht in eine in seinen Händen befindliche Abschrift der Promotionsakte gewährt. In seiner Stellungnahme zu Tillichs Lizentiatendissertation (vgl. Anm. 47) vom 3. 12. 1911 hebt Martin Kähler lobend dessen Gewandtheit im Umgang mit den Schellingschen Gedankengängen hervor, deren Erneuerung er längst erwartet habe, wenngleich er darin, wie er schreibt, nicht die fördernde Zukunft sehe. Ernst Kähler vermutet, die Promotion Tillichs sei überhaupt das letzte derartige Verfahren gewesen, an dem Mar-

tin Kähler sich beteiligt habe. Referent der Arbeit war Lütgert, dessen Bedeutung für seine theologische Bildung Tillich in einem beigefügten Lebenslauf nachdrücklich hervorhebt, Korreferent Kattenbusch. – Die Hallenser Exmatrikulationsbescheinigung Tillichs (immatrikuliert am 19. 10. 1905; exmatrikuliert am 2. 8. 1907), die mir Prof. E. Kähler ebenfalls zur Kenntnis gab, bestätigt den Besuch folgender Lehrveranstaltungen Martin Kählers: SS 1906 – Dogmatik I (Apologetik); Geschichte der Dogmatik im 19. Jahrhundert; SS 1907 – Ethik. Tillich hat von seinem dritten bis zu seinem siebten Semester in Halle studiert.

Von großem Interesse war für mich des weiteren, was E. Kähler in einem Leserbrief an die Ostberliner Wochenschrift ›Die Weltbühne‹ 78 (1983), 1435, über die Thomas Mannsche Kähler-Kumpf-Geschichte schreibt. Mit Recht erklärt er es darin für unseriös, »ohne Kenntnis des Tillich-Briefes und der wörtlichen Übernahmen daraus im ›Faustus‹ das so montierte Bild in angeblich historische Wahrheit zurückzuverwandeln«. Er fügt hinzu: »Die Erscheinung Kählers war nach allem, was wir wissen, das genaue Gegenteil der Person, die Thomas Mann unter dem Namen des Rothenburger Bürgermeisters der Reformationszeit Ehrenfried Kumpf vorführt.« – Bedenkenswert erscheint mir schließlich E. Kählers brieflich geäußerte Auffassung, die autobiographischen Bemerkungen Tillichs über den angeblich in der Tendenz unkritischen Biblizismus seiner Hallenser Lehrer (vgl. oben Anm. 57) seien fragwürdig und bewiesen real nur, daß ihn – Tillich – historische Kritik erst in Berlin interessiert habe. Auch für diesen Hinweis und eine Reihe weiterer wertvoller Anregungen danke ich Herrn Prof. (em.) D. Ernst Kähler sehr.

DRITTER TEIL

Die Zeitgenossenschaft Tillichs

Paul Tillich als Religiöser Sozialist

I. Einleitung und Dank

Paul Tillich, der in früheren Jahren wesentlich, in späteren Jahren auch Religiöser Sozialist, doch stets weit mehr als dies im üblichen Sinn war; der durch das Eindringende und Umfassende seiner Wahrnehmung in einer Theologie der ganzen Kultur den Sozialismus über seine Beschränkungen hinauszuführen trachtete und der doch alle wahrgenommenen Facetten unserer Welt in seiner sozialistischen Verantwortung und Lebensentscheidung wie in einem Brennspiegel zusammenzufassen suchte – er ist einer der ganz wenigen Theologen dieses Jahrhunderts, vor dem ich mich überzeugt und dankbar verneige. Es gibt wahrlich auch kritische Punkte in aller Freundschaft mit ihm zu besprechen, speziell im Blick auf sein Überziehen und Überschätzen begrifflicher Denkkategorien, so daß man manchmal nur noch einem Glasperlenspiel zuzuschauen meint (den tiefen, immer noch spürbaren Ernst auch in diesen Passagen einmal nicht gerechnet). Doch ich werde nur am Rande vom Kritikmöglichen sprechen, weil ich mich dessen freue, einmal so viel und so von Herzen zustimmen zu können – einem Manne, der wahrlich, wie Adorno, sein ehemaliger Assistent, es in einem Nachruf sagt, ein wandelndes System von Antennen war und ein seltenes Gespür für Wirklichkeiten hatte[1] und der trotz der oft künstlerischen und manchmal geradezu bohèmehaften Geistigkeit seines Lebensstils sein Denken und sein Werk nicht ästhetisierte, sondern dem bürgerlichen Geist auch noch bis zuletzt die Verantwortung einbrannte:

»Im Menschen ist völlige Zentriertheit zwar essentiell gegeben, sie ist aber nicht aktuell, solange der Mensch sie nicht in Freiheit und Schicksal verwirklicht. Der Akt, in dem der Mensch seine essentielle Zentriertheit verwirklicht, ist der moralische Akt. Moralität ist die Funktion des Lebens, durch die der Bereich des Geistes konstituiert wird«[2].

Schon dies war damals eine geistige Tat: dem bürgerlichen Geist, den Tillich in seiner Tradition und in seinen Abgründen ganz ernst nahm, die ethische Verpflichtung als Bedingung echten Geistes vorzustellen.

Vieles von dem, was heute – etwa an seinem von frühester Zeit an klaren über-theistischen Verständnis des Göttlichen oder »Gottes«[3] – theologisch-fachlich an Tillich kritisiert, als ungenau oder fehlend, weil vom üblichen Sinne klassischer Theologie abweichend kritisiert wird (womit man ihn ja in die Welt theologischer Raster und kirchlicher Kategorien zurückholen möchte, aus der er ausbrach bzw. in die er gar nicht erst einkehrte!) – eben das war sein Stil, sein Stolz, seine Freiheit, ich denke auch: seine Wahrheit, sein freies Leben auf der Grenze der Kirche und der Theologie. Denn hier gibt es einen kirchlich und theologisch ganz unkonventionellen Reichtum und eine Theologie für Nicht-Kirchliche, für Ungläubige und Irrreligiöse kennenzulernen – ein seltenes Angebot an ihr unentdecktes Selbstverständnis, das den Rahmen klassischer Theologie durchaus sinnvoll überschreitet. Darum wird auch dem spekulativen und ästhetischen Reichtum seines Systems nur gerecht, wer sich nicht darauf beschränkt, es als eines unter vielen vergleichend noch einmal historisch einzuordnen oder – womöglich unter Absehen vom Religiösen Sozialismus – begrifflich hin- und herzuwenden, sondern wer den in ihm enthaltenen Ruf und Hinweis vernimmt.

Tillichs Werk ist in unvergleichlicher Weise Eröffnung und Entschlüsselung der verlorenen religiösen Tiefe jenseits der Kirche und eine Aufforderung, heute im Blick auf die in unserer Gesellschaft waltenden Dämonien weiterzudenken: Erst wenn man das Böse und Dämonische auch öffentlich denkt, beginnt man klarer zu werden und dagegenzuleben. Nehme ich schließlich die lebenslange Lebendigkeit hinzu, mit der Tillich noch nach Abschluß der großen »Systematischen Theologie« zu neuen Ufern der religionsgeschichtlichen Verarbeitung aufbrach (seine Reisen und die Seminare mit Eliade) und seine »Systematische Theologie« nun wieder neu schreiben zu müssen meinte[3a] – dann ist diese Einleitung mein Dank an einen der vitalsten und weitschauendsten Menschen und Theologen, den ich je erlebt, ohne ihm begegnet zu sein.

Ich entnahm diese Karte dem Buch:

_____

_____

Hier ist Platz für Mitteilungen und
Anregungen:

_____

_____

_____

_____

Antwortkarte

athenäum
Savignystraße 53

D-6000 Frankfurt am Main 1

Herzlichen Dank

für Ihr Interesse an diesem Athenäum-Buch. Gerne informieren wir Sie über unser weiteres Programm. Bitte geben Sie Ihre Wünsche an:

Politik/Zeitgeschichte/ Sozialwissenschaften	Geschichte/Kultur- geschichte/Ethnologie	Musik/Theater/ Literatur
4	1	8

Kunst/ Architektur	Theologie/ Judaica	Philosophie
8	7	6

Psychologie/ Pädagogik	Literatur- und Sprachwissenschaft	Altertums- wissenschaft
3	2	9

Name, Vorname

Straße, PLZ/Ort

Beruf   Datum

(Bitte in Druckbuchstaben schreiben!)

II. Die Anfänge und der kulturtheologische Rahmen

Der Religiöse Sozialist Paul Tillich steht im Jahre 1919 fast plötzlich vor uns. Die Jahre davor zeigen einen durchaus unpolitischen Tillich, als den er sich später auch selbst beschreibt, obwohl er schon während des Krieges von der Zersplitterung der Nation in Klassen spricht[4]:

»Wie die meisten deutschen Intellektuellen vor dem Krieg stand ich der Politik im wesentlichen indifferent gegenüber. Auch das immer vorhandene soziale Schuldbewußtsein konkretisierte sich nicht in einem politischen Willen. Erst im letzten Kriegsjahr und in den Monaten des Zusammenbruchs und der Revolution wurden mir die politischen Hintergründe des Weltkrieges, der Zusammenhang zwischen Kapitalismus und Imperialismus, die Krisis der bürgerlichen Gesellschaft, die Tatsache der Klassenspaltung usw. sichtbar ... Als darum kurz nach der Revolution der Ruf nach religiös-sozialistischer Gestaltung ertönte, konnte und wollte ich mich ihm nicht entziehen«[5].

Wir finden Tillich im Mai 1919 mit einer Rede in Kreisen der USP, und es ist bezeugt, daß er damals »in dem föderalistischen Anarchismus nach Landauerschem Programm das alleinige Heil« sah.[6] Über jenen Vortrag wurde er, da er in diesem Jahr als Vikar auf einer quasi-Sinekure im kirchlichen Dienst stand, vom brandenburgischen Konsistorium zur Rede gestellt, und seine Rechtfertigung hierüber ist der erste bezügliche Text, den wir von ihm haben. Er zeigt Tillich noch deutlich in den Denkbahnen der alten Evangelisch-Sozialen: Christen sollen in die soziale Bewegung eintreten, um einer neuen Verbindung von Christentum und Sozialismus den Weg zu bereiten.[7] Sowohl im Kolleg wie in den »offenen Abenden« in seiner Privatwohnung standen »Probleme aus dem Bereich sozialistischer Weltanschauung« im Vordergrund, weil Tillich »viel von der existentiellen Not und Angst des Proletariats« sprach, wobei schon jetzt der Akzent nicht so sehr auf der Politik, sondern auf dem »menschlichen Untergrund« der politischen Vorgänge lag.[8] Doch schon im November 1919 hält Tillich im Kreis der Berliner Freunde – noch im Hause Rittelmeyers; der später sogenannte Kairos-Kreis hatte sich noch nicht verselbständigt – als Reaktion auf Folgen und Unklarheiten des berühmten Tambacher Treffens, an dem er selber nicht teilgenommen hatte, einen Vortrag »Die prinzipiellen Grundlagen und die nächsten Aufgaben unserer Bewegung«[9]. Im nächsten Jahr spricht er dann bereits mit Dehn und Mennicke für die jüngere Generation auf dem Jahrestreffen des ESK und vertritt in mutiger Kontroverse mit Harnack das neue Verständnis der religiösen Frage für die proletarischen Massen gegen den bürgerlichen Persönlichkeitsgedanken – und seither denkt, schreibt und publiziert Tillich zu diesem Focus aller seiner Gedanken fast jährlich, bis in die 30er Jahre hinein, als längst der Kampf gegen den Nationalsozialismus begonnen hatte; Tillich hat auch diesen Kampf – typisch für ihn – als »Sozialistische Entscheidung« verstanden und geführt. Auch in Amerika hat Tillich lebenslang diese Einsicht und Einstellung festgehalten. Die Schwankungen und Wandlungen Tillichs auf dieser Linie werden wir zu betrachten haben.

Die frühe sozialistische Identifikation Tillichs seit 1918/19 ist um so beachtlicher, als Tillich aus ganz anders ausgerichteten familiären und studentischen Kreisen kam; speziell die starke Beziehung zu seinem hochkonservativen Vater hatte ihm dies nicht nahegelegt.[10] Auch bildungsmäßig schlug sein Herz durchaus auf der Linie bürgerlicher Traditionen, zu denen für ihn zentral Böhme, Schelling und Nietzsche gehörten. Aber mit all diesen Hintergründen wurden die sozialistische Bewegung und ihr Träger, die proletarische Masse, für ihn, den bürgerlich Gebildeten, der das liberale Erbe – gebrochen und erweitert durch den Paradox- und Gerichtsgedanken und durch die Überwindung der liberalen (geistigen wie wirtschaftstheoretischen) Harmonievorstellung – aufnahm und fortführte, zum *Brennpunkt* geistiger, politischer und eben vorrangig auch religiöser und theologischer Wahrnehmung und Gestaltung.

Um nun zunächst den Umfang der geistigen Welt und das Format des Religiösen Sozialismus Paul Tillichs verstehen zu können, muß man sich folgendes klarmachen: Tillich wollte nicht nur und nicht speziell eine Theologie des Religiösen Sozialismus entwerfen, vielmehr entwickelte er erst einmal grundlegend die Idee einer *Theologie der Kultur*, die *alle* Phänomene geistigen und kulturellen Lebens – darum also *auch* der sozialistischen Bewegung – als Ort und Medium, als Ausdruck und Erscheinung des religiösen und göttlichen Grundes aufzufassen anleitete und somit eine etwa bibel- oder kirchenzentrierte Hermeneutik in eine beglückende und befreiende Weite hinein überschritt: »Dem Wesen nach sind Kirche und Gesellschaft eins; denn der tragende Gehalt der Kultur ist die Religion, und die notwendige Form der Religion ist die Kultur«[11].

Hier, in der Erweiterung und Verallgemeinerung des Offenbarungsbegriffes, liegt der Grund für die bleibende Kontinuität Tillichs zur liberalen und idealistischen Theologie hin, welche er sonst unter zentralen Gesichtspunkten, speziell auch im Religionsbegriff, gemeinsam mit der frühen Dialektischen Theologie zu überwinden trachtete.[12] Alles konnte für Tillich zur Erfahrung des Unbedingten werden.[13] So wurde und blieb sein Denken für alle Phänomene direkter und indirekter religiöser Erfahrung offen: ob es der Tanz oder ein (thematisch ganz unreligiöses) Bild wie der »Turm der blauen Pferde«, ob es Literatur oder eine altgriechische Plastik, ob es Ethik oder Mystik, ob Politik und Sozialismus, ob es das Blatt eines Baumes oder das Wasser war – alles konnte von der Heiligkeit des Seins zeugen und zum unbedingt Angehenden bzw. zum Ort seiner Entscheidung werden. Während er mit Verve Religiöser Sozialist war, konnte er Mitglied und Mitarbeiter des Berneuchener Kreises für liturgische Erneuerung sein[14] und seinen grundlegenden Vortrag über »Natur und Sakrament« halten, weil er von Anfang an die Natur – neben der Geschichte – als Ort religiöser Erfahrung ganz einbezogen hatte[15], was uns heute bedrängend selbstverständlich geworden ist, aber damals, als die Konzentration auf Geist und Geschichte vorherrschte, durchaus ungewöhnlich war – von wenigen Einzelgängern wie Heim, Otto, Titius einmal abgesehen. Auf dem Höhepunkt der Nazi-Kämpfe, in denen er sich lebensgefährlich geäußert hatte, konnte er für den Sommer 1933 die Arbeit an einer Metaphysik planen[16], weil sie die »Darstellung einer ursprünglichen Schau des Seins-Grundes und -Abgrundes in rationalen Symbolen« darstellt[17], was für das Begreifen der faschistischen Abgründe durchaus relevant erschien. Er ließ sich die berühmte Alternative »Gott Abrahams, Isaacs und Jacobs« *oder* »Gott der Philosophen« nicht stellen[18], sondern hielt an der Einheit der Realität fest. Und hier, in dieser Einheit der Welt, sah er auch die Mächte des Abgrundes der Welt, die er von Böhme und Schelling als »Potenzen« zu denken gelernt hatte, so lebendig und lebte so sehr ihrem Bewußtsein, daß sie ihn noch in der Todesstunde ängstigen konnten.[19] Das alles war seine Welt.

In diesen Rahmen und vor diesen Hintergrund zeichnete Tillich nun – das muß man sich für die Tiefe und Weite des von ihm intendierten Religiösen Sozialismus klarmachen – den Religiösen Sozialismus als Integral und Focus (sachlich also nicht sekundär!) ein. Er nannte ihn später den »Kristallisationspunkt meines gesamten Denkens«[20], und von ihm sagte er schon 1922:

»In der praktischen Sphäre des Kulturlebens ist es der Ruf nach Erlösung der Seele von der Knechtschaft des Wirtschaftlichen und Technischen, die ungeheure Sehnsucht nach einer neuen Gemeinschaft über den Gegensätzen der Nation, der Konfession und der Bildung, deren gewaltigster, wenn auch vielfach verzerrter Ausdruck der Sozialismus ist, – worin der Wille zur Gegenwärtigkeit des Unbedingten sich darstellt. Hier liegt mehr als in allem andern das Zeit-Schicksal beschlossen, und hier muß es sich vor allem entscheiden, ob das Bedingte siegen wird oder das Unbedingte, die Kultur oder Gott. Die religiös-soziale Bewegung in ihren mancherlei Formen beginnt immer stärker diese Alternative zu sehen und auf die Entscheidung für das Unbedingte hin zu drängen«[21].

Man erkennt die Verbindungslinien zwischen dem religiös-sozialen Kristallisationspunkt und Tillichs Verständnis von allgemeiner Kultur und religiöser Tiefe noch deutlicher, wenn man sich klarmacht, daß der zentrale und berühmte Begriff aus Tillichs Religiösem Sozialismus, nämlich der Begriff des Kairos, von ihm 1922 als geschichtsphilosophische Kategorie vorgestellt wurde. (Entsprechend sind die Kairos-Texte in GW VI über Geschichtsphilosophie, nicht in GW II über Sozialistische Gestaltung abgedruckt.) Bezeichnend ist dabei, daß schon dieser erste Kairos-Text von Tillich für den engagierten Kampf, nicht für verantwortungs-lose Betrachtung in Anspruch genommen wurde: Geschichtsphilosophie beginnt hier mit dem parsistischen Dualismus, mit dem Kampf zwischen Licht und Finsternis, und sie endet bei den gegenwärtigen Aufgaben des Religiösen Sozialismus.[22] Bis in die Erkenntnistheorie hinein verfolgt Tillich sein sozialistisches Anliegen – als Element der kulturtheologischen Arbeit[23], bis in die Ontologie (1926 in der beeindruckenden Arbeit über Kairos und Logos, fortgesetzt in Philosophie und Schicksal, als Frankfurter Antrittsvorlesung 1929) und bis in den Versuch der Metaphysik, mit der Tillich seine »Sozialistische Entscheidung« gegen den Faschismus zu bedenken sucht. Bis in Problemfelder hinein, in die ihm Freunde und Genossen nicht mehr recht folgen wollten und in denen sie ihn nicht verstanden und er einsam wurde[24], verfolgte er die ihm notwendig erscheinende Theorie der zu bejahenden Macht, in der er Nietzsches, seines prophetischen Helden, »Willen zur Macht« durcharbeitet[25], so daß er also geradezu antisozialistische Gedanken aufnahm, um alles, was nun einmal wahr und notwendig ist, dem Sozialismus, der zentralen gesellschaftlichen Lebensfigur, einzuverleiben. Freilich konnte nur ein Sozialismus, der diese Dimensionen der wahren Menschlichkeit und Weltsicht in sich aufnahm, der also nicht einfach materialistisch-mechanistisch oder technikgläubig dachte, eine Überwindung des Kapitalismus werden; sonst blieb er nur dessen spiegelverkehrte Rückseite. Die religiöse und philosophische Weiterbildung des Sozialismus war daher von Anfang an das Thema Tillichs.[26]

Vergegenwärtigt man sich diesen Gesamtzusammenhang des Tillichschen Entwurfs, so ist deutlich: Wir stehen bei der religiös-sozialistischen Herausforderung nach Tillichs Urteil an der entscheidenden Schaltstelle, an der sich auch theologisch die Rezeption wie die Korrektur und Umformung der theologischen Traditionen – der reformatorisch-konfessionellen, der liberalen und dialektischen wie der katholischen – entscheidet. Auch später, als Tillich seine sozialistische Einsicht nicht mehr an das Proletariat gebunden sah, hat er an diesem Zusammenhang der Theologie mit gesellschaftlichen Fragestellungen stets festgehalten; denn er machte die Erkenntnis der marxistisch-ökonomischen Dialektik und die moralische Forderung zum Kriterium geistiger Einsicht und religiöser Erfahrung. Es ist also ganz unmöglich, Tillichs Werk und Theologie ohne grundlegende Rücksicht auf seine gesellschaftliche und sozialistische Einsicht darzustellen, wie es immer wieder versucht wird – auch dies ein Versuch, ihn in die bürgerlich-kirchliche Welt zurückzuholen.

Wie sieht nun für die damalige Situation der frühen Weimarer Jahre der Religiöse Sozialismus Tillichs aus? Ich gebe zunächst nur einige grundlegende Stichworte.

III. Der frühe Religiöse Sozialismus Paul Tillichs

Tillich erkennt die Grundlagen der materialistischen Dialektik auch als die für Geist, Mensch und Religion entscheidenden gesellschaftlichen und ökonomischen Voraussetzungen an[27] – was damals ungewöhnlicher und mutiger war, als es heute scheinen mag! Im Lichte dieser anthropologischen Voraussetzung ist der Spätkapitalismus eine menschlich destruktive Wirtschaftsordnung des Egoismus, die es zu erkennen und zu überwinden gilt, weil sie den Einzelmenschen wie die Gemeinschaft zerstört. Sie stumpft die Seelen ab und macht die Leiber zu Maschinenteilen.[28] Schon seit den frühen 20er Jahren – steigend seit dem WS 1921/22 – benennt Tillich diese destruktive Struktur der kapitalistischen Gesellschaft mit dem von ihm selbst in den Mittelpunkt gerückten Symbolwort »Dämonie« (dies ist das erste der drei grundlegenden Kennworte jener frühen Zeit), womit er – im Unterschied zur rein negativen und bösen Form des Satanischen – die zugleich zerstörerische und erhaltende Struktur des Kapitalismus meint. Das Dämonische ist nicht Aufhebung, sondern Verzerrung des Lebens, weil die Menschen zugleich von den Maschinen und dem Produktionssystem des Kapitalismus leben, welches sie doch entfremdet:

»In jeder konkreten Realität ist das Negative vom Positiven getragen. Das Negative hat Realität nur als die Verzerrung des Positiven. Wir haben niemals eine Klasse oder ein politisches System oder eine soziale Funktion als rein negativ beurteilt. Wir wußten, daß es dann kein Sein haben könnte«, sagte er später.[29]

Dieser Begriff des Dämonischen ist auch in Tillichs persönlichem Leben und Selbstverständnis zentral. Tillich hat in ihm später eine seiner wenigen wirklich originalen Leistungen gesehen.[30] Tillich will mit diesem Begriff über eine nur materialistische Problembeschreibung des Kapitalismus, wie sie im damals weithin mechanisch-dialektischen Sozialismus verbreitet war – es ist die Zeit vor der Entdeckung des jungen Marx, vor der Frankfurter Schule und dem Neomarxismus![31] –, die er bejaht und einschließt, hinausführen. Die menschliche Aussichtslosigkeit und die Verzweiflung des Proletariers sind ihm das Entscheidende, und erst unter dieser Voraussetzung spielen für ihn dann Lohnfragen, politische Taktik und anderes eine wichtige Rolle, die sich sonst – obwohl sie nur Mittel sind – allzuleicht an die Stelle der eigentlichen Ziele setzen und Kopf und Herz erfüllen.[32] Daher haben für Tillich notwendigerweise die menschlichen und religiösen Grundlagenprobleme, weniger die parteipolitischen und taktischen Aussichten eine Rolle gespielt[33]:

»Weitaus die größte Gefahr scheint mir für die Bewegung da vorzuliegen, wo die ›Religion‹ benutzt wird um der Taktik willen … Eine ›Freundschaft‹ des gegenwärtigen Sozialismus mit den gegenwärtigen Kirchen hemmt das Kommen des Kairos, indem sie wechselseitig diejenigen Elemente stärkt, die ausgeschieden werden müssen. Der religiöse Sozialismus darf zur Zeit weder eine kirchenpolitische noch eine parteipolitische Bewegung werden, weil er dadurch die rücksichtslose Energie verliert, Kirchen und Parteien vor das Gericht des Unbedingten zu stellen«[34].

Diese Auffassung mußte gegenüber allen, die meist in diesem Punkt anders eingestellt waren, zu Fremdheit und Distanz führen. In den späteren Weimarer Jahren hat Tillich dann die angedeutete Diagnose – deutlich mit marxistischer Hilfe – so differenziert, daß er das Proletariat als den Inbegriff und die Offenbarung der tiefsten heutigen Sinnlosigkeit verstand.[35] Der Arbeiter leidet unter der Gestaltlosigkeit seiner Existenz[36]; die soziale Wesenswidrigkeit, die er erleidet, wird für Tillich zum gesellschaftlichen Ausdruck dessen, was man in der Theologie »Erbsünde« nennt[37]: sie hat die dreifache Gestalt der Ausgestoßenheit, der Hoffnungslosigkeit und der Sinnlosigkeit, die sich hier – stellvertretend auch für das unbewußte bürgerliche Wissen – offenbart.[38] Nur wenn man dies erkennt, sagt Tillich, nimmt man die religiöse Herausforderung der Masse, an der – wie an *allen* Lebenserscheinungen – das Unbedingte erscheinen kann, ernst. Es geht um die Überwindung der Dämonie, d. h. der Verzweiflung und der religiösen Situation des heutigen Menschen, die an ihr klar wird – erst dann und insofern auch um pragmatische Lohn- und Taktikfragen. Indem Tillich auch das Proletariat als von Dämonie bestimmt kennzeichnet, will er die Einsicht von der strukturellen unausweichlichen Macht des Zerstörerischen beschreiben.[39] Darum lehnt Tillich einerseits eine reformistische Variante, welche Einzelheiten »therapieren« und Einzellösungen erkämpfen will, ab; hier werde der Sozialismus nur zum Konkurrenten, nicht zum Gegner des Kapitals.[40]

Andererseits kritisiert er mit ebenso viel Nachdruck den Versuch einer sozusagen bürgerlichen Heilung der »bedauerlichen« Vermassung, welche möglichst viele proletarische Einzelmenschen in den Genuß und Horizont bürgerlicher oder kirchlicher Individuationskultur hinüberretten möchte: Vielmehr muß es eine religiöse Erhellung und eine kulturelle Gestaltung des Neuen auf dem Boden des Sozialismus und der Masse selber in einer proletarischen Kultur geben, denn die Masse bedeutet den Durchbruch durch die subjektiv-bürgerliche Formenwelt.[41] So wie Luther gegen den damals als Dämonie erkannten Papst, so müssen die Kirchen heute mit dem als Dämonie erkannten Kapitalismus streiten[42], und sie sollten von der entscheidenden außerkirchlichen Prophetie, die diesen Dämon entlarvt hat, vom Marxismus, in diesem entscheidenden Punkt lernen. So müssen sie – das ist für Tillich ein zentraler Gesichtspunkt – auch das Recht und die Notwendigkeit des Klassenkampfes wie der Revolution anerkennen.[43] Tillich bejaht beide als Voraussetzung wahrer Erkenntnis und als Akt notwendiger Solidarität, um dann freilich zu zeigen, wie auch der Klassenkampf von Dämonie gekennzeichnet ist und wie er gestaltet werden muß.

Tillich meint nun in den Erschütterungen und dem Elend des Zusammenbruchs nach 1918 die Verkrustungen aufbrechen zu sehen; daß ein tieferes Bewußtsein aufzuleuchten beginnt und ein Neues in all den geschilderten Vorgängen und Erfahrungen begriffen wird: das Unbedingte bricht herein. 1922, in der Urfassung des Kairos-Textes, nennt er noch die beiden Haupterscheinungen, an die er dabei denkt: Sozialismus und Jugendbewegung.[44] »Wir sind der Überzeugung, daß gegenwärtig ein Kairos, ein epochaler Geschichtsmoment, sichtbar ist«[45]. Damit ist der zweite der frühen Grundbegriffe Tillichs genannt – auch ihn benutzt er seit dem WS 1921/22[46] und dem ersten Kairos-Text von 1922. In allen Bereichen des politischen, sozialen und kulturellen Lebens meint Tillich mit vielen anderen damals eine neue Offenheit und Bewegtheit zu spüren, die er in diesem geschichtsphilosophischen Begriff zusammenfaßt. Daß der Kairos geschichtlich ist, heißt, daß er auch vertan werden kann – sowenig das Proletariat immer und notwendig Träger der Bewegung und der Hoffnung sein wird (GW II, 174).

Das schließlich, was in dieser erfüllten Zeit des Kairos

geschieht und offenbar wird, nennt Tillich mit einem aus der kulturtheologischen Tradition übernommenen Begriff »Theonomie«[47] – dies ist sein dritter Leitbegriff der frühen Jahre. Mit ihm wird beschrieben, daß alle sozialen und kulturellen Erscheinungen vom göttlichen oder religiösen Grunde durchwaltet werden; alle Lebensformen können auf den unbedingten Lebenssinn hinweisen.[48] Ein späterer Text (von 1959) faßt die begrifflichen Implikationen gut zusammen:

»Damit haben wir einen Begriff der Theonomie, der das Notwendige der Autonomie und das Berechtigte der Heteronomie in sich vereinigt. Das Wort Theonomie = Gottesgesetzlichkeit ist nicht ganz ungefährlich, da es leicht heteronom verstanden wird. Aber es ist gerechtfertigt, wenn man Gott nicht als ein Wesen neben anderen, sondern als Grund und das innere Ziel aller Wesen [auch also der Autonomie] versteht«[49].

Man beachte die bei Tillich durchgängige non-theistische Implikation des berühmten Theonomie-Begriffs! Das macht seine Theologie von der Bindung an die religiösen Vorstellungsformen der Kirche frei. Insofern kann Tillich sagen, die mit der Theonomie gemeinte Erfahrung des Göttlichen habe nichts mit Verkirchlichung oder Verchristlichung zu tun; Theonomie könne allenthalben und hier speziell an der unbürgerlichen Masse erscheinen und erfahren werden. Es geht also wieder für den Religiösen Sozialismus nicht um eine Freundschaft zwischen Kirche und Sozialismus, wie die notwendige Bejahung des Klassenkampfes es schon zeigte.[50] Der Durchbruch der Theonomie, des Unbedingten und Heiligen in der Profanität bedeutet vielmehr, daß der Sozialismus und die Proletarier *in ihrer Welt* das Aufblitzen dieser unbedingten Qualität erfahren können und sollen – wenn der Sozialismus nur begriffe, wer er selber ist! Er weiß sich mit Recht als große geschichtliche Bewegung, als ein Stück Krise, Gericht, Prophetie, aber er begreift nicht, daß die zentrale Frage der neuen Menschlichkeit ihn selber über seinen teilweise berechtigten antiidealistischen und antibürgerlichen Materialismus hinausführen muß. Dabei ist er nicht einfach Vollzug der Utopie und des Reiches Gottes, denn das Reich Gottes ist immer nur »nahe« herbeigekommen, es ist nie ganz gekommen, denn das Heilige kann in dieser Geschichte immer nur in Andeutungen und gebrochen erscheinen; es gibt keine unzweideutigen Realisierungen des Heiligen.[51] Der Sozialismus müsse lernen, sich als Teilverwirklichung, die er ist, auszuhalten. Mit seiner Hoffnung auf Verwirklichung der klassenlosen Gesellschaft produziere er sonst ständig metaphysische Enttäuschung. Im Kairos aber gelingt die Überwindung und Gestaltung des Dämonischen, ohne daß es ganz besiegt und vertrieben würde. 1958 formuliert Tillich:

»Auf der entgegengesetzten Seite stand die machtvolle sozialistische Bewegung, die glaubte, daß der große Kairos immanent und das Reich Gottes in Form der klassenlosen Gesellschaft nahe sei. Kairos wurde als der Anfang der letzten Erfüllung der Geschichte *in* der Geschichte verstanden. Im Gegensatz zu dem geschichtlichen Pessimismus des Luthertums ist für die Geschichtsauffassung der sozialistischen Bewegung der utopische Optimismus bestimmend. Das Resultat der optimistischen Erwartung war eine tiefe Enttäuschung, die schließlich zu Gleichgültigkeit und dem Zynismus oder auch Fanatismus bei den Massen führte. Im Versuch, diese Alternative zu überwinden, wandte der Religiöse Sozialismus den Begriff des Kairos auf die gegebene Situation an. Er sah in der Zeit nach dem ersten Weltkrieg einen partikularen Kairos und sah in ihm schöpferische Möglichkeiten für eine neue soziale Ordnung (wie auch für die Verwirklichung der Einzelpersönlichkeit in ihr). Aber der Religiöse Sozialismus glaubte nicht, daß ein zentraler Kairos kommen und das Reich Gottes innergeschichtlich zur Erfüllung kommen würde. Er wußte sehr wohl, daß die dämonischen Mächte in der Geschichte (die Strukturen der Destruktion) zwar bekämpft und teilweise besiegt, aber niemals vollständig ausgemerzt werden können ... Aber Geschichte kann nicht innerhalb der Geschichte zur Erfüllung kommen. Das Ewige kann in das Zeitliche einbrechen, und wo sich das ereignet, ist ein Kairos. Aber das Ewige hebt das Zeitliche nicht auf«[52].

Für Tillich ist daher der Doppelcharakter des Sozialismus theologisch wie politisch grundlegend: er ist beginnende Realität, anfangende Erfüllung, eine Gnade, die man nicht herbeizwingen kann – Tillich spricht hier von der Erfahrung des Getragenseins –, *und* er ist Forderung, Gericht, Unrealisiertes und Ausstehendes. Wäre er nur Forderung und nicht auch Realität, nur das große Nein und nicht auch das noch größere Ja, so wäre er eine neue Gesetzlichkeit. Er ist aber auch Gnade und Getragensein. Man darf ihn daher nicht gesetzlich oder allein moralisch als bloßes Soll begründen.[53]

Mit alledem hatte Tillich das Bewußtsein und die

Gewißheit, getragen vom Kairos an einem Kampf gegen die Dämonien zwischen den verschiedenen Gruppierungen und Fronten teilzunehmen. Denn aus dem Gesagten ergaben sich kritische Fronten sowohl zum Sozialsozialismus wie zur Kirche und zu bestimmten Formen des Religiösen Sozialismus selber hin. Nicht nur im Kapitalismus und im eindimensionalen Sozialismus, sondern auch in den Kirchen herrschen Dämonien. Dies gilt für Tillich ausdrücklich auch von der Dialektischen Theologie (einschließlich der Karl Barths), weil diese nicht wie alle echte Prophetie die Dämonien im Kapitalismus anerkennt und bekämpft und so das Bestehende kampflos unterstützt.[54] Es war und blieb ein Kampf um Einsicht und Bewußtsein, um Theorie, der damals und bis heute von vielen als zu theoretisch und unpolitisch empfunden wurde, der aber in Tillichs Wahrnehmung genau der entscheidenden Ebene entsprach. Tillich wollte dem bitter notwendigen Kampf die »philosophische und theologische Grundlage« geben[55], ohne die er nur eine spiegelverkehrte Wiederholung kapitalistischer Dämonien blieb: Der Religiöse Sozialismus »will auch dem notwendigen politischen Kampf der sozialistischen Parteien die einzige unbedingt sieghafte Kraft erschließen . . .«[56].

Er hielt die hier notwendige Theorie und Erkenntnis, die Schau der Tiefenschicht der Zeitprobleme, als die er die Metaphysik verstand, für die entscheidend notwendige Tat. Er wollte in diesem Kampf keiner speziellen Partei, Konfession oder Gruppierung zugehören, blieb aber immer bezogen auf den konkreten Kampf, speziell in der späten Weimarer Zeit (in den »Neuen Blättern für Sozialismus«), und trat daher 1929 – mit Zögern – der SPD bei. Später hat Tillich die historische Begrenztheit dieser Versuche gesehen. Stellen wir die beiden Einschränkungen, die seine spätere Erkenntnis ins Auge faßt, gleich hierher:

»Wir hielten es für möglich, diese Kluft [zwischen der kirchlichen Welt und der autonomen kulturellen Revolution] zu schließen, teils durch Bewegungen wie den religiösen Sozialismus, teils durch eine neue Interpretation der gegenseitigen Immanenz von Religion und Kultur. Indessen hat die Geschichte gezeigt, daß es für einen solchen Versuch zu spät war, als daß er zu jener Zeit noch erfolgreich hätte sein können. Es erwies sich als unmöglich, den ideologischen Säkularismus und den mechanistischen (nicht marxistischen) Materialismus der Arbeiterparteien zu zerbrechen. Die alte Garde siegte über uns und über die Jugend ihrer eigenen

Bewegungen. Im religiösen Bereich steinigten uns nicht nur die konservativen Vertreter des ›Christentums der herrschenden Klasse‹ – wir wurden auch durch jene dynamische Theologie angegriffen, die hier [in den USA] ›Neo-Orthodoxie‹ genannt wird und die prophetische Kräfte mit einer unprophetischen Loslösung von der Kultur verbindet – auf diese Weise die Kluft bejahend und vertiefend. Unser Versuch wurde vereitelt, aber wir haben die Niederlage nicht anerkannt und werden sie nicht anerkennen, soweit die Wahrheit unserer Konzeption in Frage steht. Denn den Gedanken, den ein konsequenter Pragmatismus schwer vermeiden kann – daß der Sieg als Wahrheitsbeweis genommen wird –, lehnen wir ab.«

»Wir vergegenwärtigten uns nicht den Preis, den die Menschheit für das Kommen einer neuen Theonomie zu bezahlen hat, wir glaubten noch an Übergänge ohne Katastrophen. Wir sahen nicht die Möglichkeit von Endkatastrophen, wie die wahren Propheten, die Unheilspropheten, sie ankündigten. Deshalb hatte unsere theonome Deutung der Geschichte einen leichten Anflug von Romantik, wenn sie auch jeden Utopismus zu vermeiden suchte. Sie ging zu Ende, weil das Ende selbst wie ein Blitzschlag vor unseren Augen erschien, und nicht nur unter den Ruinen von Mittel- und Osteuropa, sondern auch im Überfluß dieses Landes [in den USA] wurde es gesehen«[57].

IV. Kritische Zwischenreflexionen und Vergleich mit anderen religiös-sozialistischen Gruppen

Einmal abgesehen davon, daß im Vorigen nur einige dürre und daher kritikanfällige, wenngleich zentrale Bruchstücke der frühen Theorie Tillichs vorgestellt wurden – es wäre gewiß nicht schwer, Bedenken und berechtigte Kritik an manchem, was hier ungelungen, überzogen oder widersprüchlich ist, anzuführen. Doch ich gestehe, daß gerade die Schrift aus diesem Zeitraum, die sich am meisten in unrealisierbare und sozialpsychologisch unglaubwürdige Überkonstruktionen verliert, nämlich die Schrift über »Masse und Geist« von 1922 (1920), in ihren notwendigen und berechtigten Motiven, die sich damals schwerlich ganz konsistent durcharbeiten ließen, mich besonders beeindruckt. Denn die Aporien des bürgerlichen Individualismus – den wir alle (ich schließe mich selber ein) meist mit seinen kulturellen Gestaltungen in Kunst, Literatur, Religion und Lebensform lieben[58] – und sein Mangel an Gemeinschafts- und Politikfähigkeit sind evident; was Tillich in späteren

Jahren den Mut zum Man- und Teil-Sein, den wir vom Sozialismus noch immer zu lernen hätten, genannt hat, das hat er damals in dieser Schrift zentral eingeklagt. Nicht die Frage, ob alles begrifflich und theoretisch so zu denken und genauso durchzuhalten ist, scheint mir die angemessene Frage, sondern daß die großen Motive seiner Wahrnehmung und seiner Entscheidung genau in die religiösen, politischen und kulturellen Akkupunkturpunkte unserer gesellschaftlichen Psychosomatik getroffen haben, ganz wie Tillich es später in allen Wandlungen seiner Vorstellung festhielt – das, scheint mir, ist zu betonen und anzuerkennen. Er hat die religiöse und theologische Bedeutung der destruktiven Macht eines Wirtschaftssystems zu erkennen und von seiner geistigen Wurzel her zu bekämpfen angeleitet. Eben dies mußte für ihn auch Theologie und Kirche verändern.

Doch vor diesen bleibend wichtigen Motiven stechen zwei eher problematische Elemente der Tillichschen Theorie hervor:

a) Das Ideal der Theonomie – auch in der Tönung, die Tillich ihm gab – entstammt bei Tillich explizit einer »mittelalterlichen« Denkform, das heißt einer damals verbreiteten Sehnsucht nach Einheit von Person und Gemeinschaft/Gesellschaft, wie man sie zu seiner Zeit vielfach im Mittelalter als ideal voraussetzte: »Dem Wesen nach sind Kirche und Gesellschaft eins«[59]. Solche theonomen Zeiten, meinte Tillich, kommen in der Geschichte immer wieder.[60] Diese Hoffnung auf eine Kultur, in der der Unterschied zwischen Kultur und Religion, zwischen profaner Lebenswelt/Gesellschaft und Kirche hinfällig und ihre Einheit wieder sichtbar wird, ist als Sehnsucht in unseren Trennungs- und Schizoidierungsprozessen wohl begreiflich, doch dürfte sie schwerlich ohne einen Rückfall hinter die neuzeitliche Emanzipation und Religionsfreiheit, die immer Unterscheidungs- und Trennungsanstrengungen impliziert, zu denken sein. Hier einer prinzipiellen Polarität standzuhalten (was Tillichs eigenem Anliegen in anderen Zusammenhängen ganz entgegenkommt), dürfte eine nicht zu unterschreitende Voraussetzung in aller Zukunft bleiben, auch wenn das Recht des Zentralmotivs unberührt bleibt, das Unbedingte an Kultur und Politik – noch am Gegensatz also und in der Ambivalenz – zu erfahren. Als Symbol der Einheit genommen dürfte »Theonomie« zu Kurzschlüssen verleiten.

b) Wenn die Entfremdung unserer Gesellschaft in alle absehbare Zukunft nicht in einer großen Wende aufgehoben, sondern nur in pragmatischen und graduellen Wandlungen vermindert wird, müssen neben den alternativen Leitbegriffen, aus denen Tillichs

Religiöser Sozialismus besteht, stärker pragmatische und graduelle Kategorien berücksichtigt und komplementär anerkannt werden, gegen die Tillich sich doch immer wieder vehement gewandt hat. Die Hoffnung auf eine große Wende in Tillichs früher Theorie dürfte, wie er später ja selber einsah[61], für uns eine Irreführung bleiben. Das verlangt eine Neubesinnung der Zielbegriffe.

Diese beiden Punkte differenzieren vielleicht die »romantisierenden« Züge, die der späte Tillich in seinem Frühwerk erkannte.[62]

Dies ist die Stelle, an der ein vergleichender Blick auf die anderen Gruppierungen im Religiösen Sozialismus der Weimarer Zeit das Profil der Auffassung Tillichs und seiner Berliner Freunde genauer hervortreten läßt. Wie ist dieser kleine, später sogenannte Kairos-Kreis, der nach außen hin von 1920–1927 durch die »Blätter für den Sozialismus« und von 1930–1933, als die meisten Mitglieder schon gar nicht mehr in Berlin wohnten, durch die »Neuen Blätter für den Sozialismus« gekennzeichnet war, mit seiner in sich durchaus uneinheitlichen Leitungs-Trias Heimann, Mennicke, Tillich von außen gesehen worden? Und wie hat er sich selbst zu den anderen Gruppierungen ins Verhältnis gesetzt?[63]

Die Berliner Gruppe hat bei einigen sporadischen Beziehungsversuchen zu anderen Gruppen doch überwiegend ihren eigenen Weg verfolgt. Wohl hat Mennicke, der Herausgeber der »Blätter«, durch Besuche anderer Tagungen den Kontakt vielfach hergestellt, auch hat Heimann oft auf Tagungen anderer Gruppen Vorträge gehalten. Doch haben sie schließlich im Bewußtsein ihres ganz anderen Weges die Kontaktversuche zurückgestellt und keinen Anschluß an den seit 1926 entstandenen Bund der Religiösen Sozialisten mehr gesucht. Wohl tauchen sie 1924 im Barchem/Holland und 1928 in Heppenheim auf, und speziell zur Neuwerk-Bewegung gab es (durch Hermann Schafft) kontinuierliche Kontakte. Aber sonst blieben sie abseits. Warum?

Die Problemauffassung der älteren Generation, des Evangelisch-Sozialen Kongresses, stellte für die Berliner keine ernsthafte Herausforderung dar; sie ist zu bürgerlich identifiziert, ohne prophetische Kraft[64], und bejaht die bürgerliche Gesellschaft zu fraglos.[65]

Gegenüber der einen Hauptlinie des Religiösen Sozialismus in der Weimarer Zeit, die durch (Blumhardt und) Ragaz repräsentiert wurde, hat man in Berlin schon sehr früh erkannt, daß die Hauptdifferenz im Gottesverständnis liegt: Man kann, so meinte man hier, nicht einfach von Gottes Handeln im oder durch den Sozialismus sprechen, da eben das Verständnis dieses Wortes und dieser Voraussetzung »Gott« das Fragliche war, was in der neuen Gestaltwerdung des Kairos auf dem Boden des Proletariates – ohne kirchliche Bindungen und ohne klassisch-theologische Vorstellungen – erst neu zu finden und zu verstehen war. Ein Mann wie Tillich, der aus seiner Böhme-Schelling-Beziehung heraus schon im Dezember 1917 das notwendige Paradox vom »Glauben ohne [theistischen] Gott« zu denken unternahm und daher mit Recht den Versuch, die Arbeiterschaft für die gegenwärtigen Kirchen zu gewinnen, als den theologisch illegitimen Versuch bezeichnete, nach Analogie von Galater 2 den Sozialisten das alte Gesetz der bürgerlichen Lebensform und ihrer Theologie aufzuerlegen[66], – ein solcher Mann muß eben im Herzen seiner Theologie – dem Lebensgesetz des Proletariats in seiner geistigen und religiösen Struktur entsprechend – neue Wege gehen und auf dem Boden der Profanität selber, nicht aber aus der Kirche, das Unbedingte hören und sprechen lernen.[67] Ragaz spricht demnach zu kirchlich und zu bürgerlich christlich. – Freilich muß man sagen, daß Tillich in der Frühzeit zu diesem Mißverständnis selber durchaus beigetragen hat, indem er die religiöse Problemlösung, den Durchbruch des Unbedingten im Kairos, als Theonomie, also im Anklang unvermeidlich theistisch, bezeichnet hat. Seit Mitte der 20er Jahre hat er, ohne freilich damit etwas sachlich anderes ausdrücken zu wollen und ohne den Begriff der Theonomie ganz aufzugeben (er findet sich weiterhin sporadisch, häufiger erst nach dem Kriege, als Tillich kirchlicher wurde), den Begriff des »Gläubigen Realismus« an dessen Stelle gesetzt; dieser ist nunmehr für ihn Antwort und Lösung des Klassenkampfproblems.[68]

Die zweite entscheidende Front innerhalb der Religiösen Sozialisten wurde von den Berlinern gegenüber dem Bund der Religiösen Sozialisten mit seinem aktivistischen und kämpferischen Lösungsdruck für die sozialen und politischen Probleme gesehen. Obwohl der Bund in sich keineswegs einheitlich war, stand er doch für den Versuch, die Kirche sozialistisch umzuformen und zu gewinnen. Gegenüber dieser Gruppierung kritisierten die Berliner eine Naivität im Ethischen, als könne man die anzustrebende

Gestaltung durch Aktivität herbeizwingen (ähnliches hat Tillich gegenüber der amerikanischen social-gospel-Bewegung formuliert[69]; so wird ihm das Verhältnis von Kirche und Sozialismus zu oberflächlich organisatorisch gesehen.[70] Dieser Einwand wird besonders gegenüber Eckert, dem damaligen Leiter des Bundes der Religiösen Sozialisten gemacht, der eine deutlich marxistische Klassenkampf-Linie mit wenig ausgeprägtem theologischem Hintergrund vertrat und auf dieser Linie im Rahmen der Kirche scheiterte.[71] Gleichwohl hat Tillich Eckert, als dieser kirchlich zum ersten Mal verurteilt wurde, öffentlich verteidigt und die Verurteilung ein schlimmes Symptom für das kirchliche Verhalten zum Sozialismus genannt.[72] Das Ziel des Kairos-Kreises, oder genauer: speziell Tillichs war es eben, Gläubigkeit und Verständnis für die Hintergründe und Abgründe der eigenen Bewegung im Sozialismus selber zu wecken, ihm zu helfen, die Eierschalen der antichristlichen Opposition abzustoßen und ihm so zu einer neuen Synthese jenseits der Kirche zu verhelfen. Die unmittelbare Ethisierung und aktionsorientierte Politisierung der Eckertschen Linie verdeckte für Tillich das grundliegende religiöse Anliegen, ohne das der Sozialismus keine sinnerfüllte Gesellschaft schaffen konnte.[73]

Um den Zweideutigkeiten in dem Begriff »Religiöser Sozialismus« – als ginge es um Verhältnisbestimmung der festen Größe Religion/Kirche zur festen Größe Sozialismus – zu entgehen, hat die Berliner Gruppe ihre Zeitschrift mit dem für sie eher hinderlich gewordenen Titel »Blätter für den Religiösen Sozialismus« eingehen[74] und bald darauf in neuer Form als »Neue Blätter für den Sozialismus« wiedererstehen lassen: nur auf dem Boden des Sozialismus sollten die neuen religiösen Evidenzen erwachsen.[75]

So kritisch wie die Berliner sich gegenüber den anderen Gruppierungen zeigten, so distanziert wurden sie selber gesehen. Für den Bund der Religiösen Sozialisten waren die Berliner eine abseits vom praktisch-proletarischen Kampf stehende, rein theoretisch »dialektisierende« Gruppe; Eckert selber grenzte den Bund scharf von den Berlinern ab.[76] Für Wünsch, den Herausgeber einer für den Bund offiziellen »Zeitschrift für Religion und Sozialismus«, war die Arbeit der Berliner zunächst reiner Formalismus; eine lose intellektuelle und problematische Vereinigung, resigniert, mit halber Gläubigkeit und geringer Freudigkeit, mit kaum

Christlichkeit, kein Weg mithin zur Überwindung des Klassenkampfes – so hebt er sie von allen anderen Gruppierungen in den 20er Jahren ab; entsprechend findet sich in den ersten beiden Jahrgängen der Zeitschrift (1929 und 1930) faktisch keinerlei Berücksichtigung des Berliner Kreises. Dann jedoch scheint sich Wünschs Meinung geändert zu haben. Im dritten Jahrgang (1931, S. 96) findet sich die Mitteilung, daß Tillich und Heimann an der Zeitschrift von Wünsch mitarbeiten werden: beide Blätter seien keine Konkurrenz, sondern hätten nur verschiedene Ziele.[77]

An der anderen Abgrenzungsfront hat Ragaz die Berliner auf den beiden Treffen in Barchem 1924 und Heppenheim 1928 schließlich mit ihrem »hochmütigen Selbstkultus«, der lächelnd jede spezifische deutsche Kriegsschuld ablehne, nur in unangenehmer Erinnerung behalten. Möglicherweise sind sie es, denen gegenüber er auf dem »ganzen Christentum, ohne irgend welchen Abzug« (einschließlich der athanasianischen Begriffe) bestanden hat.[78] – Nimmt man schließlich noch hinzu, daß für einen theologisch so geistverwandten Mann wie Martin Buber der Religiöse Sozialismus damals nur in der »Konkretheit des persönlichen Lebens« bestand, so daß er Tillich auch später nur als einen marxistischen Denker bezeichnen konnte, während er sich mit Ragaz im Glauben an das kommende Reich Gottes sein Leben lang einig wußte[79], dann erkennt man, wie schmerzhaft isoliert im Kreise der Religiösen Sozialisten die Berliner, speziell auch Paul Tillich, waren. Selten sind freundliche Worte und persönliche Beziehungen festzustellen, wie wir sie von Emil Fuchs, der in den »Blättern« mitschrieb, in seinen Erinnerungen finden: Tillichs Arbeiten und Schriften hätten dem Berliner Kreis eine immer größere Bedeutung »weit über unseren Kreis hinaus« gesichert, doch habe er, Fuchs, nur persönliche Verbindungen zu diesem Kreis gehabt, der sich »abseits von unserer populären Bewegung, die von ihnen z. T. nicht verstanden wurde und die z. T. auch sie nicht verstand«, befand. »Ich persönlich bin in meiner Entwicklung durch diesen Kreis sehr entscheidend beeinflußt.«[80] – Offen war natürlich auch die Beziehung zum Neuwerk, speziell durch H. Schafft, wo man noch 1927 versuchte, eine Vermittlung zwischen dem Bund und den Berlinern zu schaffen, was jedoch mißlang, und wo Tillich noch 1932/33 auftrat[80a].

Trotz der so beschriebenen Abseitsstellung des Berliner

Kreises und speziell Tillichs gehörten die Berliner natürlich zur Gesamterscheinung des Religiösen Sozialismus jener Jahre. Für Tillich selber ist aufschlußreich, daß er trotz aller Distanzierungen sich doch auch in jenen Jahren stets zur »Bewegung« der Religiösen Sozialisten gerechnet hat[81], auch daß er besonders in der Spätzeit sich stets im Zusammenhang dieser Bewegung darstellt und dabei – speziell für Europa-unkundige Amerikaner – den Eindruck erweckt, es handle sich um eine bedeutende Bewegung, in deren Mitte er gestanden habe; stets schildert er sie ganz auf der Linie seiner eigenen theologischen Anschauungen; die Perspektive des Rückblicks hat ihn hier in der späten Zeit den Zusammenhang der Bewegung, der in der Tat im Vertrauen auf den Sozialismus und in der Fremdheit gegenüber der bürgerlichen Welt gegeben war, stärker hervorkehren und zum Teil überstilisieren lassen. Aber das Bewußtsein, daß mit dem Sozialismus eine »Bewegung« durch die Welt und unsere Gesellschaften gehe und daß wir in einer erfüllten Zeit des Durchbruchs der göttlichen Kräfte leben – genau das also, was Tillich unter Kairos versteht –, war ein gemeinsames und immer wieder ausgesprochenes Motiv auch bei Blumhardt und bei Ragaz.[82] Tillich hat daher in seiner Systematik des Religiösen Sozialismus Blumhardt seinem eigenen »dynamischen« und »dialektischen« Typus zugeordnet[83], und noch in den USA betonte er, speziell unter dem Gesichtspunkt des gemeinsamen Kairos-Empfindens, die Verbundenheit mit dieser Richtung.[84] Doch die allzu selbstverständliche Christlichkeit, die die Berliner eben auch als Bürgerlichkeit empfanden, trennte sie damals – innerhalb der gegebenen Gemeinsamkeiten! Tillich gibt seinem eigenen Konzept und Religiösen Sozialismus diese Selbsteinordnung: »Ein Versuch, die Radikalität und Transzendenz des Religiösen zu vereinigen mit der Konkretheit eines immanenten Gestaltungswillens«[85].

Aufs Ganze gesehen muß man also wohl urteilen, daß in der ohnehin kleinen Schar der Religiösen Sozialisten der Berliner Kreis eine relativ isolierte Splittergruppe war und daß speziell Tillichs Theoreme im großen und ganzen ohne Erfolg blieben. Allerdings lassen sich Belege dafür sammeln, daß Tillich bei gebildeten Bürgerlichen, die zur sozialen und sozialistischen Frage hin offen waren und eine Beziehung suchten, eine hilfreiche und vergleichsweise größere Wirkung hatte. Doch in der proletarischen Welt blieben sie, blieb er, soweit erkennbar, erfolglos – doch darum nicht unwahr, wie Tillich hinzufügen würde.

Kann man für das Scheitern des Religiösen Sozialismus im allgemeinen die Gründe, die Tillich selber später dafür anführte, also die kulturelle und wirtschaftliche Dominanz des Bürgertums und die überwiegende Identifikation der Kirche mit ihm, auch akzeptieren, so tritt doch für die Erfolglosigkeit der Tillichschen Intentionen meines Erachtens ein weiterer Grund hinzu. Offensichtlich kann neues kulturell-religiöses Bewußtsein nicht so unmittelbar und spontan, ohne Stützung und Deckung durch Tradition und Institution (Kirche), wie Tillich es damals gehofft hatte, in der proletarischen und atheistischen Landschaft frei entstehen. Er hat mit seinen Freunden – wie sonst kein anderer Kreis – die theonome Erneuerung jenseits der Kirche gewollt. Sosehr er mit all seinen theologischen und religiösen Motiven recht hatte, die institutionelle und soziologische Ortlosigkeit seines Versuchs hat ihn wohl abstrakt bleiben lassen, nachdem die Kirche damals kein möglicher Ort für ihn war. Tillich hat dies, seit durch den Kirchenkampf die Kirche für ihn eine bis dahin undenkbare Bedeutung bekam, selber eingesehen: »Ob ein Gott oder ein Dämon, das entscheidet sich in seinem [des totalen Staates] Verhältnis zur christlichen Kirche«[86]. Daher rührt die relativ kirchlichere bzw. kirchennähere Theologie des späten Tillich.

So möchte ich urteilen, daß die historisch recht abseitige Stellung des Tillichschen Versuches sachlich doch überwiegend ihre Berechtigung hat, weil theologisches Denken und religiöse Evidenz auch jenseits der Kirche gesucht werden müssen, und weiter trägt als die meisten anderen Konzeptionen, ohne einstweilen ihren institutionellen Ort gefunden zu haben – es sei denn in der Diffusität der kirchlich Distanzierten und bei einigen versprengten Linken, die einstweilen seine – sozialistisch fast wirkungslose – Heimat sind.

V. Die späte Weimarer Zeit und der Nationalsozialismus

Tillich hat mit all seiner gedanklichen Arbeit am öffentlichen Kampf teilzunehmen und dem Kairos, seiner tragenden Kraft wie seiner Forderung, zu entsprechen gemeint. Dann

aber setzt ziemlich genau seit 1925 ein von ihm selbst be-
schriebener deutlicher Wandel ein, über den er im Jahre 1930
folgendes schreibt:

»Das war die Geisteslage in den fünf Jahren nach der Revolution,
voll Leidenschaft und Kraft, voll Verzweiflung und Todesbewußt-
sein, voll Gerichtsstimmung und Sehnsucht. Wir spüren sie noch
im Blut, aber wir wissen auch, daß etwas anders geworden ist
seitdem. Eine merkwürdige Überraschung erlebten alle, die in
jenen Jahren mitabgebrochen und neugebaut hatten: Das, was sie
neu schufen, glich bei genauer Betrachtung oft sehr dem, was sie
zerstört hatten. Die Macht des Alten erwies sich stärker, als die fünf
Jahre der Krise es hatten ahnen lassen. Überall trat der Rückschlag
ein.
    Zunächst im Gesellschaftlichen. Die Versuche eines Neubaus
der Gesellschaft stießen auf die unerschütterlichen Gesetze des
bestehenden wirtschaftlichen Systems. Selbst auf russischem Boden geschah das; selbst hier mußten Zugeständnisse an die Freiheit
der Wirtschaft, an den bürgerlichen Geist und seine Formen gemacht werden. Und noch vielmehr in Mitteleuropa, das so
eingewoben ist in den Teppich der Weltwirtschaft, daß es nicht aus
ihm gelöst werden kann, ohne zu zerfallen. Alle Annäherungen an
den Westen, dessen bürgerliche Gesellschaft noch in fast ungebro-
chener Kraft steht, alle Bestrebungen, deren Sinnbild und Schlag-
wort der Geist von Locarno geworden ist, bedeuten Rückwen-
dungen zum 19. Jahrhundert, auch zum Geist des 19. Jahrhunderts. Sie bedeuten Wiedereinsetzung der Wirtschaft in die
oberste Gewalt, sie bedeuten Versuche, die Welt wieder vom Menschen her zu gestalten und ihr dazu den Frieden zu geben. Sie
bedeuten Ringen um einen Weltwirtschaftsfrieden als Grundlage
eines ungestörten und ungehemmten Wirtschaftsregiments . . .
    Die äußere Entscheidung bedeutet zugleich die innere. Das Bür-
gertum, in den ersten fünf Jahren in die Verteidigung gedrängt,
gewann Schritt für Schritt an Boden. Die Beteiligung des Proletariats an der politischen Herrschaft änderte daran nichts. Denn die
wirkliche Macht liegt in der Wirtschaft und ihren Gesetzen, gegen
die auch kein Politiker auf die Dauer ankämpfen kann. Und darum, obgleich die bürgerliche Gesellschaft in ihrer politischen
Vertretung schwach war – ihr Geist errang Sieg auf Sieg. Er drang
ein in die konservativen Gruppen und stellte sie in ihren Dienst. Er
drang ein in das Proletariat und nahm ihm die Stoßkraft . . .
    Und in der Kunst hört auf der expressionistische Rausch der
Kriegs- und Nachkriegszeit. Der Vulkan ist zur Ruhe gekommen.
Die Formen der Dinge gewinnen wieder ihr Recht. Man spricht
von neuer Sachlichkeit, und es scheint fast, als ob die bürgerliche
Sachlichkeit des 19. Jahrhunderts wieder zur Herrschaft gekommen ist. Die Salons stellen Impressionisten aus, und vor ihnen

findet man keine kämpfende Gruppen mehr, sondern nur kultiviertes, kunstgenießendes Bürgertum . . .

Und nicht nur negative Zeichen liegen vor, auch positive. Was in der Kunst als neue Sachlichkeit den reinen Ausdruckswillen der ersten Jahre abgelöst hat, das ist in Wahrheit nicht Rückkehr zur bürgerlich-wirtschaftlichen Sachlichkeit. Es ist etwas Neues darin . . . In der Stille aber ist der Versuch gemacht worden und wird gemacht und muß fortan gemacht werden, ein neues Fundament zu legen. Fundamente können nicht gelegt werden, solange die Erde noch bebt. Darum dürfen wir es den letzten fünf Jahren danken, daß sie uns Ruhe gegeben haben, mit dem Legen der Fundamente zu beginnen. So mächtig auch die Wirtschaft, so mächtig auch der von ihr gestützte bürgerlich-humanistische Geist in allen Lagern und allen Formen des Geisteslebens ist, seiner Macht wird widersprochen. Und nicht mehr nur mit Rausch und revolutionärem Schwung, sondern in ruhiger, nüchterner Sachlichkeit. Mit dem rauschhaften Ansturm konnte das Regiment der Wirtschaft noch einmal fertig werden, vor der nüchternen Sachhingabe muß es zurückweichen, Schritt für Schritt«[87].

Die Erfahrungen, die Tillich hier beschreibt und die er allzu optimistisch deutet, bedingen, daß in der zweiten Hälfte der 20er Jahre eine deutliche Verschiebung im Grundgefühl und im Verständnis des Kairos eingetreten ist. Tillich hat den Begriff und das Bewußtsein eines Kairos wohl festgehalten, auch 1933 noch[88], aber das Gefühl der Dringlichkeit und der Unmittelbarkeit läßt nach, und der Begriff wird spürbar seltener benutzt; er wird allmählich, wenngleich nicht ausschließlich, zu einer eher allgemeinen, geschichtsphilosophischen, weniger drängenden Kategorie.[89] Was vorher nicht ausgeschlossen war, scheint jetzt doch mehr betont, daß nämlich jede Zeit ihren Kairos habe: Kairos, das ist das Stehen in einem Schicksal und in einer Zeit, in der Geschichte – gegenüber dem zeitlosen Logos der griechischen Wahrheit, die Tillich nun mit dem Kairos in Beziehung zu setzen sucht (Logos und Kairos, 1926; Philosophie und Schicksal, 1928). So nehmen auch die kämpferischen Töne in Tillichs Texten ab, und die dem Kairos entsprechende notwendige Entscheidung, die freilich weiterhin genannt wird, bekommt einen eher existentialistischen Unterton. Statt um den Sieg des Sozialismus geht es mehr um das Bewußtsein des Sozialismus.[90] Täusche ich mich nicht, so wird aus der eher politisch-öffentlichen Ekstase des politischen rauschhaften Erlebens, von dem Tillich oft aus den ersten Jahren berichtet hat[91], nunmehr eher eine individuelle Ekstase als

Erfüllungsform des Ergriffenwerdens vom Unbedingten.[92] Ausgelöst und vorbereitet wurde dieser Umschwung vielleicht durch die künstlerischen Erfahrungen der Dresdener Zeit, obwohl die Kategorie der künstlerisch-religiösen Ekstase, die jetzt in der politischen Rezession betont wird, eine ganz früh erworbene Einsicht Tillichs von 1921 ist.[93]

Nichts Prinzipielles hat sich in der Theorie Tillichs in den späten Weimarer Jahren geändert, er schreibt weiterhin Texte zum Religiösen Sozialismus bis tief in die 30er Jahre hinein, und er hält an der Theorie des Kairos fest.[94] Er kämpft 1934 gegen Emanuel Hirsch um diesen Begriff bzw. gegen seinen Mißbrauch, aber die Fanfare wird in der zweiten Hälfte der 20er Jahre leise, sie klingt eher wie eine Querflöte oder Klarinette zum Ausdruckstanz der Mary Wigmann oder der Gertrud Steinweg. So wie »Kairos« weniger ein Kampf- als ein geschichtsphilosophischer Begriff wird, so wird auch die Verhältnisbestimmung von Marxismus und Christentum eher unter dem Gesichtspunkt von Strukturverwandtschaft und -differenz behandelt als unter dem einer kämpferischen Auseinandersetzung.[95]

Entsprechend tritt statt des bisherigen Grundwortes »Theonomie« das neue Stichwort »gläubiger Realismus« als Tillichs Lösungswort in den Vordergrund – als religiöses Symbolwort abgeleitet von der »Neuen Sachlichkeit« des Bauhauses, vom »Neuen Realismus«.[96] Er wird die Antwort von Tillichs Religiösem Sozialismus auf das Kapitalismusproblem.[97] Der Begriff der Theonomie verschwindet in jenen Jahren dabei nicht gänzlich, er tritt nur zurück, um nach dem Kriege wieder ein Zentralbegriff zu werden. – In diesen Jahren gaben die ehemaligen Berliner Freunde die neue Zeitschrift »Neue Blätter für den Sozialismus«, zahlenmäßig recht erfolgreich, heraus. Es ist eine niveau- und substanzvolle Zeitschrift, voller Material und vielseitiger Analysen – besonders in den Jahren 1932 und 1933 aufregend dicht. Die Zahl der ökonomischen und politischen Artikel nimmt – wie schon in den alten »Blättern« – ständig zu, religiöse und theologische Fragen treten relativ in den Hintergrund. Es ist nirgends zu erkennen, wie hier das Unbedingte in der sozialistischen Kultur wachsen und aufwachen soll und auch nur annähernd, geschweige denn hervortretend, ein Thema der proletarischen Welt werden könnte!

Während der Kampf in jenen späten Jahren der Weimarer

Zeit also etwas zurückzutreten beginnt, bricht eine neue Dämonie auf: der Faschismus, auf den Tillich prägnant mit seiner »Sozialistischen Entscheidung« antwortet. Wir können uns dabei relativ kurz fassen, da Tillich in diesem neuen und nun wieder wirklichen Kampf, aus dem er durch Suspendierung (April 1933) und Ausreise in die USA (Ende Oktober 1933) freilich bald wieder herausgerissen wurde, das bisher bereits geschilderte Instrumentarium glänzend und nach meinem Urteil in der damaligen Szene wirklich einzigartig bewährt und durch Anwendung erweitert hat. Er begann mit einigen Thesen zum Nationalsozialismus sowie einem Text zur politischen Romantik (beide 1932); die »Sozialistische Entscheidung« vom Ende des Jahres 1932 war der Höhepunkt, die Bestreitung der Ursurpation »seines« Kairos-Begriffes für den Aufbruch des Nationalsozialismus und die Einforderung der prophetischen Kritik gegenüber Emanuel Hirsch – in zwei offenen Briefen aus den USA – sind bereits das Nachspiel. Wir sehen Tillich von Anfang an gedanklich völlig klar gegenüber dem Nationalsozialismus, aber unrealistisch, wie viele damals, im Blick auf die Möglichkeiten seiner Steuerung und seiner unmittelbaren Gefährlichkeit.[98]

Tillich sieht, daß es Mächte des »Ursprungs« gibt, aus denen wir biologisch, blutsmäßig und also auch geistig stammen, Mächte der Erde und der Natur, die uns gezeugt hat (im Sinne des heutigen Sprachgebrauchs würde man am ehesten hier an die matriarchalischen Fundamente unseres Herkommens, religionsgeschichtlich an den Kult der Erdmutter Gaia denken), und daß die klassischen und bäuerlichen Konservativen es sind, die diese Kräfte erkennen und verehren, jetzt aber überschätzen und vergötzen. So neu in jenen Jahren der Begriff des »Ursprungs« war – das mit diesem Begriff Gemeinte hat Tillich schon in früher Zeit immer wieder als wesentlich beschrieben, weil er die theologische Bedeutung der Natur von früh an gesehen hat.[99] Als Adorno ihm in einem Streitgespräch jener Jahre die Realität der Ursprungsmächte rundweg bestritt, hielt Tillich an seiner Auffassung fest.[100] Die Beziehung auf die religiöse Mächtigkeit der Natur war also für Tillich keine neue Entdeckung. Diese Mächte der Natur und des Ursprungs waren es, die im faschistischen Götzendienst aufstiegen, dominant wurden und denen nun Menschen geopfert wurden (ganz ähnlich wie auch C. G. Jung schon 1918 vorausgesagt hatte,

117

daß die dunklen Mächte »Wotans« uns überfallen würden, wenn wir sie nicht sehen und integrieren):

> »Es sind eine Reihe eng verknüpfter mythischer Ideen, die sich hier Geltung verschafft haben: eine nationale Mythologie, deren Kern der Mythos des Blutes, des Bodens, der Rasse, des Staates, des Führertums usw. ist. Mythos und Mythologie bedeuten hier wie in den anderen Fällen nicht willkürliche Erdichtung, sondern Erhebung realer, aber bedingter Mächte zum Range der Unbedingtheit und Heiligkeit. Es ist im Mythos also Realität, aber es ist in ihm auch Übersteigen der Realität, Enthusiasmus und Mystik«[101].

1932 hat Tillich in einer öffentlichen Diskussion mit Radbruch und de Man, die die Ursprungsmächte als reaktionären Irrationalismus verstanden, dies noch deutlicher formuliert:

> »Hat wirklich der Sozialismus mit Begriffen wie Blut, Rasse, Führer (man könnte sie noch reichlich vermehren) *gar* nichts zu tun? Freilich gegen die Art, wie diese Begriffe heute geistig verzerrt und politisch mißbraucht werden, kann es nur eine entschlossene Abwehr geben. Aber nichts kann mißbraucht werden, was nicht ursprünglich sinnvoll gewesen wäre. So auch jene Begriffe. Und der Sozialismus würde sich ihre Ablehnung zu leicht machen, wenn er sich damit begnügen würde, sie als bloße Ideologien mittelständischer, vom proletarischen Schicksal bedrohter Gruppen zu enthüllen. Das ist richtig und notwendig, aber es ist nicht ausreichend. Denn in diesen Worten ist die Frage gestellt, auch an den Sozialismus gestellt, was eigentlich Leben ist, die Frage, ob nicht die Auffassung des Lebens, wie sie der Sozialismus von der bürgerlichen Denkweise übernommen hat, eine Verkürzung, ja Zerstörung des Lebendigen bedeutet«[102].

Außer den Kräften des Ursprungs gibt es aber jene anderen Kräfte, die nicht aus der Vergangenheit, aus der wir kommen, sondern aus der Zukunft, aus der wir leben, weil wir in sie gehen, stammen. Es sind – in Tillichs späterer Sprache (GW VI) – nicht die Ursprungskräfte des Raumes, sondern die prophetischen Kräfte der Zeit. Sie sind die Kräfte des Gerichts und der Kritik, die die Forderung der Gerechtigkeit darstellen. Erst beide zusammen machen das Ensemble der Kräfte und Dimensionen aus, mit denen wir leben und die wir sehen und gestalten müssen, wenn wir die heutigen Krisen überleben wollen. Die sozialistische Entscheidung, die lebensnotwendig und fällig ist, besteht nun nach Tillich darin, daß die entscheidende Lebenslinie sozialistischer Erkenntnis und sozialistischer Bewegung endlich durch die bloße Vordergründigkeit ihrer bisherigen Wahrnehmungen hindurchstoßen muß, um so die Kraft zu gewinnen, die Vergötzung der nur einen Seite, der Ursprungsmächte, zu überstehen. Sie muß *nach unten* – noch unter die ökonomische Basis – hindurchstoßen und die letzte Basis »in den biologischen Grundtrieben, in dem unmittelbaren Lebenswillen, der immer zugleich Wille zur Macht und Wille zur Hingabe ist«, erkennen, weil wir aus »diesem Mutterboden des Unergründlichen« leben. Und sie muß *nach oben* über sich hinaus wachsen und die Symbole der Höhe begreifen.[103] Sieht und kennt der Sozialismus diese Mächte nicht, so bleibt er unerfahren und inkompetent in der Überwindung der faschistischen Mächte. – Von diesem zentralen Gesichtspunkt her kritisiert Tillich dann im einzelnen die Verkürzungen der Humanität im damaligen Sozialismus: den platten Mechanismus und Determinismus des verdinglichten Menschen, die platte Triebpsychologie, den ungenügenden Staatsgedanken im Verständnis von Macht und anderes mehr.

Es scheint mir das wahrhaft Große und Singuläre an Tillichs Denken, daß er in jenen Jahren den Mut und die Kraft zur Dialektik besaß, um die seinsmächtigen Wahrheiten und großen Realitäten auf beiden Seiten zu sehen und zu begreifen. Er wußte und anerkannte in der NS-Ideologie die teil-wahren Mächte der politischen Romantik. In dieser Einsicht stand er einigen damals verdächtigen konservativen Theologen und Traditionen durchaus nahe; er hatte den Mut, zu dieser scheinbar kompromittierenden Erkenntnis zu stehen, und man kann verstehen, daß Tillich seinerseits von gewissen Kurzsichtigen vorgeworfen wurde, er habe sich nicht klar gegen den Nationalsozialismus gewandt. Er bestritt nicht, daß hier anzuerkennende Realität und Wahrheit lebte (die wir heute im Themenbereich »Theologie und Natur« und in der Erkenntnis finden, daß Natur mehr als technisch verwertbare Natur, daß sie eine eigene Sphäre von Lebendigkeit und religiöser Erkenntnis ist), aber er hatte gleichzeitig die Kraft, die zweite Wahrheit, die Stimme der prophetischen Kritik, zur Geltung zu bringen – darin sonnenklar und vergleichbar vor allem der eindrucksvollen und immer zu respektierenden Eindeutigkeit Karl Barths in jenem Juni 1933. Aber Barth hatte theologisch wie hermeneutisch, auch wenn seine Opposition dankenswert bleibt, nicht recht; er konnte leicht oder leichter »dagegen« sein, weil er das theologische Recht jener anderen Seite auf Grund seines offenbarungstheologischen Ansatzes nicht ernst nahm und daher auf Grund seiner Ausblendungen das Verhältnis von Gesetz und Evangelium umkehrte. Tillich aber, ein Lutheraner »auf der Grenze«, dessen lutherische Profile freilich blaß bleiben, weil er diese Tradition nur in erwecklicher Fassung bei Kähler kennengelernt hatte, kannte den hermeneutischen Vorrang des »Gesetzes«, d. h. die Notwendigkeit, von der Erfahrung der Zeit auszugehen und den theologischen Sinn jener biologistisch vergötzten Ursprungsmächte zu erarbeiten, sie nicht einfach zu bestreiten. In diesem Problemumfang blieb er einzigartig, und zu ihm forderte er den Sozialismus als einzig denkbare Überwindungskraft heraus. Nicht die Kirche, sondern der Sozialismus als Lebensmacht, wenn er sich nur selber endlich begriffe, war seine Hoffnung. Hier zeigt sich noch einmal, daß Tillichs große Weite, die nichts aus der Erfahrung des Göttlichen und des mit ihm unlöslich verbundenen Dämonischen ausschloß, den Rahmen und die Stärke seiner Theologie ausmacht und daß er diese Weite dem Verständnis des Sozialismus zugute kommen ließ, weil er für ihn die Hoffnung und die Notwendigkeit war und blieb. Doch das half damals nicht. Tillich wurde bald, schon im April 1933, beurlaubt, das Buch gelangte nur in wenigen Exemplaren ins Publikum, der Rest wurde (vermutlich nicht aus politischen Gründen!) eingestampft. Horkheimer mußte ihn erst auf einige Stellen in seinem eigenen Buch aufmerksam machen, die eine schleunige Ausreise nahelegten, was Tillich zunächst nicht recht begriff.[104] Doch im Oktober schiffte er sich in Hamburg in die USA ein.

VI. Die Nachkriegszeit

Die Entwicklung dieser Zeit läßt sich, da sie gut, auch mit Selbstzeugnissen, dokumentiert ist, leicht nachvollziehen. Die mittleren 30er Jahre zeigen, obwohl Tillich am Kairos-Begriff locker festhält, schon einen deutlichen Hoffnungseinbruch. 1936, nach einer Europareise, schreibt er:

»Die allgemeine Deutung der europäischen Situation, die zunehmend meinen Geist beschäftigte, mehr unbewußt als bewußt, gipfelt in der folgenden Diagnose: Europa hat seine Sternstunde verpaßt, seinen ›Kairos‹ (den richtigen Augenblick angesichts der Ewigkeit), und es sucht vergeblich, den zerstörerischen Folgen seines Scheiterns zu entrinnen«[105].

Entsprechend gebrochen ist die Diagnose in seinem Papier auf der ökumenischen Konferenz in Oxford 1937. Tillich spricht weiterhin – eher theoretisch – vom Kairos und von den Möglichkeiten, das heißt von der Frage nach dem möglichen positiven Sinn, »also dem der Gegenwart immanenten Kairos«, angesichts der Radikalität der gegenwärtigen geschichtlichen Selbstzerstörung:

»Die Gewißheit, daß erfüllt wird, was als Forderung und Verheißung in einem Kairos liegt, bezieht sich auf die übergeschichtliche Einheit der immer nur fragmentarischen geschichtlichen Verwirklichung ... Darum kann geschichtliches Handeln seiner selbst gewiß bleiben und religiöse Geschichtsdeutung ihr Recht verteidigen auch angesichts der Enttäuschung, die unerfüllte Erwartung und zweideutige Verwirklichung bereiten«[106].

In dieser Zeit und in dieser Stimmung gewinnt Tillich den Eindruck, das »Ende der protestantischen Ära« sei gekommen, und er beginnt darüber nachzusinnen, wie kleinere Gruppen in der Form von Orden oder geschlossenen Bewegungen eine Pionierfunktion übernehmen könnten.[107]

Die nun folgenden Kriegsjahre haben dann paradoxerweise bei Tillich – trotz allen menschlichen Leids – die Hoffnung auf eine Weltumgestaltung, auf eine echte Wiedergeburt der (westlichen) Welt durch die Einsichten und Folgen, die der Krieg erzwingen könnte, aufwachen lassen.[108] Erst wenn man diese Hoffnung bedenkt, die Tillich in den wöchentlichen Radioansprachen »An meine deutschen Freunde« über die »Stimme Amerikas« (März 1942 bis Mai 1944) immer wieder, gegen Ende der Reihe freilich kaum mehr explizit, anspricht, versteht man den dann nach Kriegsende folgenden Einbruch seiner Hoffnungen. Der Kairos-Begriff hat freilich in diesen Reden keine Rolle gespielt (was im literarischen Genus der Reden auch kaum möglich war), obwohl Tillich sich in dieser Zeit weiterhin im Zusammenhang des Religiösen Sozialismus sieht.[109]

In den Radioreden entwickelt Tillich die Perspektive, der Krieg werde den Zusammenbruch des nationalstaatlichen Gegeneinander der europäischen Staaten wie der Weltmächte bringen, er werde die Einheit der Menschheit und daher

eine Föderation der Staaten ermöglichen.[110] Der Geist des
Sozialismus werde aufleben und nach dem Krieg Gestalt
gewinnen; auch die Kirchen, die in dieser Frage bisher abseits standen, würden dies unterstützen.[111] Doch dann
wurde das weltpolitische Realität, was sich schon in den
Auseinandersetzungen des Council for a Democratic Germany abzeichnete: die Ost-West-Spaltung mit allen ihren
politischen und religiösen, die Spaltung der Klassen und die
Wiederetablierung des Kapitalismus betreffenden Folgen.

»Lange bevor die Ost-West-Spaltung zur weltbewegenden Wirklichkeit geworden war, war sie mit ihren vielen tragischen Folgen
im Council schon spürbar. Ich sehe sie in ihrer ganzen Tragik als
eine Situation, in der das Freiheitselement so tief wie das Schick-
salselement wirkt wie in jeder großen Tragödie. Dieser Eindruck
wurde bei meinen Reisen nach Deutschland nach dem Zweiten
Weltkrieg voll und ganz bestätigt«[112].

Schon im Januar 1946 hat dann Tillich aus der entstandenen
Gesamtsituation eine ganz neue, negative Schlußfolgerung
gezogen:

»Herrschte nach dem ersten Weltkrieg die Stimmung eines neuen
Anfangs vor, so nach dem zweiten Weltkrieg die Stimmung des
Endes. Heute ist eine ›Theologie der Kultur‹ vor allem eine Theologie des Endes der Kultur, nicht in allgemeinen Ausdrücken,
sondern in einer konkreten Analyse der inneren Leere fast all
unserer kulturellen Ausdrucksformen. Wenig ist in unserer heutigen Kultur übrig geblieben, das nicht einem sensiblen Geist der
Gegenwart ein Vakuum fühlbar machte – das Fehlen von Letztgültigkeit und substantieller Macht in Sprache und Erziehung, in
Politik und Philosophie, in der Entwicklung der Persönlichkeit
und im Leben der Gemeinschaft. Wer von uns hat noch nie einen
Schock durch diese Leere erfahren, wenn er die traditionelle oder
untraditionelle weltliche oder religiöse Sprache brauchte, um sich
verständlich zu machen, ohne daß es ihm gelungen wäre, und hat
sich dann Schweigen gelobt, nur, um es einige Stunden später zu
brechen? Das ist symbolisch für unsere ganze Kultur. Man gewinnt
oft den Eindruck, daß nur solche kulturellen Schöpfungen Größe
besitzen, in denen die Erfahrung der Leere ausgedrückt ist, denn sie
kann machtvoll nur zum Ausdruck gebracht werden, wenn sie auf
einem Fundament ruht, das tiefer ist als alle Kultur, das unbedingt
ist, auch dann, wenn es die Leere bejaht, selbst die der religiösen
Kultur. Wo dies geschieht, kann das Vakuum der Auflösung ein
Vakuum werden, aus dem heraus Schöpfung möglich ist, eine
›heilige Leere‹ sozusagen, die die Qualität des Wartens, eines
Noch-nicht, eines Von-oben-her-Gebrochen-seins in all unsere

kulturelle schöpferische Tätigkeit hineinbringt. Das ist kein leerer Kritizismus, wie radikal und gerechtfertigt ein solcher Kritizismus auch sein möge. Es ist kein Schwelgen im Paradoxen, das ein Hinuntersteigen zum Konkreten verhindert. Es ist kein zynisches ›Ohne mich‹ mit seiner letztlich geistigen Unehrlichkeit, es ist einfaches kulturelles Handeln aus der Erfahrung der heiligen Leere heraus und durch sie bestimmt. Dies ist der Weg – vielleicht der einzige Weg –, auf dem unsere Zeit eine theonome Einheit zwischen Religion und Kultur erreichen kann«[113].

Was Tillich hier beschreibt, dürfte – historisch gesehen – der Anfang jener epidemischen Stimmung der Sinnleere sein, die wir seither speziell in Viktor Frankls Analyse der Sinn-Krankheit aus den USA und nun längst bei uns kennengelernt haben. Tillich hat diese Diagnose im Juni 1948 vor Berliner Studenten und dann 1950 noch einmal in dem Interview jener berühmten Artikelserie »How I changed my mind« wiederholt: Sowohl die Umstände wie auch die persönlichen Erfahrungen und Einsichten hätten ihn verändert.

»Während es vor dem Zweiten Weltkrieg einige Gründe für die Hoffnung gab, daß der religiös-soziale Geist, indem er in Ost und West ebenso eindringt, den Kontrast mindern und den Konflikt zwischen ihnen verhindern könnte, hat solch eine Hoffnung heute keinerlei Grund. Die Erwartung, die wir nach dem Ersten Weltkrieg hegten, daß ein Kairos, eine ›Erfüllung der Zeit‹ gekommen war, ist doppelt erschüttert worden, erst durch den Sieg des Faschismus und dann durch die Situation nach seiner militärischen Niederlage. Ich zweifle nicht, daß die Grundannahmen des Religiösen Sozialismus gültig sind, daß sie den politischen und kulturellen Weg des Lebens zeigen, auf dem alleine Europa aufgebaut werden kann. Aber ich bin nicht sicher, daß die Aufnahme der religiös sozialen Prinzipien in irgend überschaubarer Zukunft eine Möglichkeit darstellt. Statt eines kreativen Kairos sehe ich ein Vakuum, welches nur dann kreativ (gemacht) werden kann, wenn es akzeptiert und ausgehalten und, indem wir alle Arten von Lösungsdruck zurückweisen, in eine Vertiefung der ›heiligen Leere‹ des Wartens transformiert wird. Diese Sicht impliziert natürlich, daß meine Teilnahme an politischen Aktivitäten abnimmt«[114].

Hier entstand also genau die zurückgenommene Stimmung, die auch in der berühmten Formulierung Martin Bubers aus ungefähr der gleichen Zeit nach dem Kriege sich ausdrückt:

»Es will mir jedoch scheinen, daß es in unserer Weltstunde überhaupt nicht darauf ankommt, feste Lehre zu besitzen, sondern darauf, ewige Wirklichkeit zu erkennen und aus ihrer Kraft gegenwärtiger Wirklichkeit stand zu halten. Es ist in dieser Wüstennacht kein Weg zu zeigen; es ist zu helfen, mit bereiter Seele zu beharren, bis der Morgen dämmert und ein Weg sichtbar wird, wo niemand ihn ahnte«[115].

Im Kreise der alten Kairos-Freunde gab es ganz unterschiedliche Reaktionen auf diese Interpretation der Lage. Adolph Löwe widersprach ausdrücklich[116], während Eduard Heimann die Idee des Kairos schon längst aufgegeben hatte und die ehemalige Aussage inzwischen für falsch hielt. Tillichs nunmehrige Auffassung von der heiligen Leere glaubte er als sinnvolle Korrektur gegen falschen Lösungsdruck und eine falsche Romantisierung des Kairos bejahen zu können.[117] Ihm antwortete Tillich dasselbe, was er 1960 noch einmal in Japan sagte:

»Die Frage, ob wir mit dieser Auffassung [sc. über den Kairos] recht oder unrecht hatten, kann nicht unmittelbar beantwortet werden. Man könnte sagen, daß wir im Unrecht waren, weil wir die Zeichen der Zeit falsch deuteten, wie es, beiläufig gesagt, vielen der großen Propheten erging, ja sogar Jesus. Aber andererseits waren wir im Recht, da wir fühlten, daß der damalige geschichtliche Augenblick ein Augenblick von besonderer Bedeutung war. Wir meinten, etwas Ewiges sei in der Geschichte sichtbar geworden. Niemand kann uns jemals dieses Erlebnis streitig machen. Obwohl äußerlich gesehen die Bewegung des Religiösen Sozialismus vollständig vernichtet wurde und ihre Anhänger untertauchen oder emigrieren mußten, so sind doch ihre Spuren überall deutlich zu finden«[118].

So ist es nicht verwunderlich, daß Tillich in überzeugter Treue am Religiösen Sozialismus festhielt. Als der Herausgeber von Christian Century seinem Interview mit Tillich die Überschrift »Beyond Religious Socialism« gab, protestierte Tillich.[119] Ja, er hat – ein fast bedenkliches Kapitel der Selbststilisierung – bis hart an die Grenzen narzistischer Falschdarstellung sich immer wieder uneingeschränkt im Zusammenhang der Bewegung des Religiösen Sozialismus geschildert und dabei zum Teil den Eindruck einer machtvollen Bewegung erweckt, die von seinem Kreis und ihm mitbegründet worden sei und die er theologisch stets ganz im Sinne seiner eigenen Theologie darstellt.[120] Aber das unterstreicht nur noch einmal sein Selbstbewußtsein selbst in jenen Jahren. Tillich will auch seine späte Theologie im Zusammenhang mit dem Religiösen Sozialismus – einem durch mangelnden Kairos nicht aggressiven, sondern eher strukturellen Religiösen Sozialismus – verstanden wissen. Doch freilich herrscht hier nicht ohne Grund eine gewisse Zweideutigkeit.

Einerseits hat Tillich bis in seine allerletzten Tage – speziell auch im Blick auf die indikationsfähige Kunst – an der Einschätzung der Leere und des Rückzugs Gottes festgehalten, woraus er zum Beispiel schloß, man solle »mit den Entwürfen für neue Kirchenbauten warten, bis der verborgene Gott, der sich zurückgezogen hat, wiederkommt«[121]. Der Kairos ist vorbei, der unmittelbare Kampf ist sistiert, das bedingt die stärkere Ontologisierung der Theologie im Spätwerk, die hervortretende Tiefenschau des Seins, die immer der Reichtum Tillichs, im Frühwerk Rahmen und Hintergrund seines Kampfes, in der Spätphase jedoch ohne spezielle Vorwärtsbewegung, eine strukturelle Wissenschaft (wie über Christentum und Marxismus) ohne aktive Impulse gewesen ist; eine Ontologie von Liebe, Macht, Gerechtigkeit; Mut zum Sein statt Mut zur Entscheidung und zum Kampf; Bewußtsein statt Sieg! Das Proletariat ist nicht mehr Träger der Sendung und des Konstruktiven.[122] Die Spätzeit spricht eher strukturell und zurückgenommen von Zweideutigkeit statt von Dämonie. Im dritten Band der »Systematischen Theologie« kommt »Dämonie« in keiner Überschrift mehr vor und wird, wenn ich recht sehe, eher spezifisch religiös als politisch verstanden. Hier gibt es eine Kairos-ähnliche Erwartung an die fundamental-theologische Beziehung der protestantischen Kirchen zur katholischen Tradition; dem entspricht die (freilich auch in der Frühzeit nicht fehlende) Betonung des Priesterlichen, ohne das der Protestantismus zu Ende geht.[123] Seit den Erfahrungen des Kirchenkampfes war für Tillich die Kirche in einer bis dahin undenkbaren Weise wichtig geworden.[124]

Andererseits liegen die strukturellen Einsichten zur Benennung und Bekämpfung der Dämonien im Tillichschen Werk bereit; nur der Kairos, der Strom, der in das brachliegende Netzwerk der Begriffe fahren müßte, die Gnade des Durchbruchs und des Getragenseins fehlen. Den sich wandelnden Strukturen des Dämonischen sucht er weiterhin auf der Spur zu bleiben: 1959 bezeichnet er die »Verdinglichung« der Person auf allen Ebenen als die gegenwärtige Dämonie, der der Kampf gelte.[125] Die Kirche muß sich nach seinem Urteil auch jetzt aus den zu engen Bindungen mit der westlichen Welt lösen, um das Protestantische Prinzip – Verheißung und Forderung – lebendig zu erhalten.[126] Liebe und Gerechtigkeit bleiben die obersten Prinzipien einer Gesellschaft.[127] Der Mut zum Man-Sein und das heißt zum Teil-Sein in der Gesellschaft bleibt ein zentraler Gesichtspunkt in der späten Schrift »Mut zum Sein« (1952). Im eindrucksvollen dritten Band der »Systematischen Theologie«, deren Thema das Reich Gottes in der Geschichte ist, sieht Tillich weiterhin die Dynamik der Geschichte, getragen und gezogen vom jenseitigen Reich Gottes, freilich nur sehr leise vorwärtsgehend, und nennt den ständigen Kampf mit den (Dämonien und) Zweideutigkeiten als das Gebotene, aber, da der Kairos fehlt, sind es nur kleine, recht bescheiden anmutende Schritte und Siege, die mit dem Reich Gottes in Verbindung zu denken wir heute wohl ziemliche Hemmungen hätten. Immerhin, man kann diesen dritten Band durchaus auch als ein kämpferisches Buch lesen! Diese Theologie steht bereit und ist abrufbar für Engagement und Bewegung mit und ohne Kairos![128] Es ist genügend bezeugt, daß Tillich selber bis in seine letzten Tage Teilnahme für alle großen Vorgänge und Themen der Zeit (atomare Waffen, deren Recht er bestritt, Pazifismus, Bürgerrechtsbewegung) gezeigt hat, und sein Werk hat speziell mit seinen religiössozialistischen Komponenten viele inspiriert: angefangen von Martin Luther Kings Dissertation über ihn bis zur Wirkung auf Cones Black Theology und andere.[129] – Bei uns in Deutschland hat Tillich – ganz entsprechend der möglichen doppelten Lesart seiner Spättheologie – in den jeweiligen Phasen verschieden gewirkt: In den 60er Jahren wurde er als Exponent der Öffnung und Liberalisierung gelesen, seit den späten 60er und 70er Jahren dagegen mehr als Religiöser Sozialist. Auf diesen beiden durchaus verschiedenen Linien hält sich bis heute die Wirkung Paul Tillichs.

Doch so dynamisch und politisch man den späten Tillich auch lesen kann – dies hebt den zurückgenommenen und sozialistisch zweideutigen, weil eher ontologisch akzentuierten Charakter der Spättheologie, der wahrscheinlich – Tillich hat das klar gesehen[130] – sein enormes Echo in den USA jener Zeit ermöglichte, nicht auf. Er bleibt der teilnehmende Beobachter[131] – hierin fast Thomas Mann ähnlich (im Unterschied zu seinem Bruder Heinrich Mann). Die Doppeldeutigkeit seiner Stellung hat Tillich selbst in folgender Unterscheidung präzise ausgedrückt:

»Trotz einiger unvermeidlicher Enttäuschungen ... blieb die Politik ein wesentlicher Faktor meines theologischen und philosophischen Denkens und wird es immer bleiben. Nach dem Zweiten Weltkrieg empfand ich mehr die tragischen als die aktivierenden Elemente unserer historischen Existenz und verlor die Begeisterung für die aktive Politik und den Kontakt mit ihr«[132].

Deutlich genug bleiben bei alledem die moralischen Verankerungen, die seine Theologie nicht nur ein spekulatives System sein lassen und die den bürgerlichen Geist nicht zum Zuschauer, sondern zum verantwortlichen und solidarischen Teilnehmer machen wollen, *wenn* er dem Leben des Geistes, das er beansprucht, gerecht werden will: »Die Religion ist ... das Ergriffensein vom göttlichen Geist, und das setzt die Konstituierung der Person im moralischen Akt voraus – die Vorbedingung für alles Geistige«[133].

Mehr konnte Tillich ohne Kairos wohl nicht tun und denken, da er sich als gehorsam der gottgeschickten dunklen, Kairos-losen Zeit begriff und da er wirklich versuchte, was Hegel in einem Gästebuch – es könnte Tillichs Stammbuch sein – wunderschön so eintrug: Er wollte ». . . Besseres nicht als die Zeit, aber aufs Beste sie sein.«

Tillich hat etwas aus einem Leben und seiner Zeit gemacht.

VII. Schluß

Wie steht es mit all dem heute? In den letzten zwanzig Jahren sind wahrlich bewegende Themen in Gang gekommen, doch in Tillichs Sinne dürfen sie schwerlich einen Kairos ausmachen, weil die Entwicklungen und Bewegungen heute weniger den Charakter eines Aufbruchs, einer Erfüllung und eines Getragenseins als den der Bedrückung und einer Falle haben; ich vermute, daß auch in Lateinamerika und Afrika die Prognosen nur punktuell (etwa in Südafrika, wo es denn entsprechend ein Kairos-Dokument gibt) anders lauten. Darum sind wir auch in unserem Selbstverständnis und unserem Handeln nach Lage der Dinge notwendigerweise so »gesetzlich« und moralisch versucht (und Tillichs

Mahnung, den Religiösen Sozialismus nicht gesetzlich zu begründen, bleibe uns im Ohr). Die gegenwärtige Trias Waffen, Hunger, Ökologie hat wohl drangvolle und unbedingte Notwendigkeit, vorläufig jedoch keinen Kairos; den kann man wahrlich nicht herbeizwingen.

Was immer wir, jede und jeder von uns, daraus für unser Verhalten folgern – ich selber wäre auch gerne schon weiter in diesem Erkennen! –, ich möchte für unser Nach- und Weiterdenken Tillichs Botschaft und Erbe in sieben Punkten zusammenfassen.

1. Es kommt für uns Christen darauf an, gegenüber *allen* Eindimensionalitäten von rechts wie von links das Prinzip des Religiösen Sozialismus zu wahren, nämlich die religiöse Dimension, das als Forderung und Geschenk unbedingt Angehende hartnäckig und sei es im Schweigen zu suchen, weil hier die entscheidenden Lösungen und die Wahrheit warten. Unsere religiöse und theologische Offenheit bleibt der kritische Kernsachverhalt, den zu stottern, zu sprechen und denken zu üben eine Aufgabe bleibt, für die einzustehen ist. »Wer die Flamme umschritt, bleibe der Flamme Trabant!«

2. Es scheint zentral wichtig, den Sozialismus, das heißt Gerechtigkeit und Liebe für die Struktur unserer Gesellschaft, nicht gesetzlich, sondern – Tillich würde sagen – ontologisch zu begreifen und zu begründen. Ohne das Wissen und Behütet-Werden von Gnade und ohne das solidarische Gefühl von Liebe und Gemeinsamkeit wird nichts Entscheidendes geschehen. Schon in frühen Jahren (1926) hat Tillich daher das Priesterliche als Bedingung des Prophetischen genannt. Sind wir Theologen und auch wir Laien *Priester und Priesterinnen* des göttlichen Geheimnisses? Was soll die beste Gesellschaft ohne dieses göttliche Geheimnis? Und wie wollen wir Propheten werden, wenn wir nicht zuerst auch aus der Gewißheit der religiösen Tiefe Priester und Priesterinnen dieses Geheimnisses sind?

3. Gnade und Heil müssen ebenso wie Schuld und Entfremdung persönlich *und* öffentlich verstanden werden. Der Dualismus ist der Kernsachverhalt einer speziell deutschen Seinsvergessenheit:

»Macht Euch frei von dem Glauben, daß Inneres und Äußeres, daß religiöse und politische Freiheit getrennt werden können!«
»Ihr könnt nicht länger vom Reiche Gottes als einer jenseitigen

Macht reden, die keinerlei Macht in dieser Welt haben soll. Damit übergebt Ihr diese satanischen Mächten, solchen, wie sie heute in Deutschland Gewalt haben und die die Kirche mit dem Volk zerstören«[134].

Daher hat Tillich den Mut zum Teil-Sein als wesentliches Element des »Mutes zum Sein« beschrieben.

4. Man muß den Gegner, auch wenn er im eigenen Hause und in uns selbst sitzt, kennen und muß die *privaten und öffentlichen* Dämonien benennen. Es muß nicht nur Bilder des Lebens, es muß auch klar bezeichenbare Gegenbilder des Zweideutigen und Widrigen geben. Erst dieses Wissen des Dämonischen profiliert das Lebensbewußtsein und die geistige Aufgabe. Der von Tillich aktivierte Begriff des Dämonischen scheint mir ein wichtiger Beitrag zur Wiedergewinnung der reformatorischen Lehre vom (öffentlich wirkenden) Satan/Antichrist und zugleich ein klarer Fortschritt über die reformatorische Theorie des Bösen hinaus. Denn kein politischer (oder religiöser) Gegner dürfte das schlechthin Böse darstellen, vielmehr nur das Zweideutige und vermischte Böse (»Wir haben niemals eine Klasse oder ein politisches System oder eine soziale Funktion als rein negativ beurteilt. Wir wußten, daß es dann kein Sein haben könnte«[135]). Dies impliziert, daß die Kirche sich aus ihren gesellschaftlichen Bindungen stärker distanzieren und ihre soziologische Gebundenheit stärker zum Thema machen muß (VII, 103); sonst wird sie keine Dämonien erkennen und keinen Kampf kämpfen. Die Zustimmung der Volkskirche ist offensichtlich nicht das theologische Maß aller Dinge. An dieser sich immer wieder verändernden Erkenntnis und Benennung des Dämonischen ist zu arbeiten. Theoriearbeit lohnt sich! Dafür ist Tillich ein lebendiges Beispiel.

5. Es gibt kein Bewußtsein des Geistes ohne solidarische Moral und Identifikation mit dem Leiden. Damit aber ist die Schuld an unseren Zuständen unweigerlich mitgegeben: »Das Elend, das eine schlechte Sozialordnung für die Massen der Menschen bringt, ist ebenso eine Gesamtschuld wie das Elend, das der Krieg über zwei Völker bringt«[136]. Überlegen wir, was es für uns bedeuten würde, wenn wir dies ernst nähmen.

6. Auch alles Künftige bleibt zweideutig, es wird kein Reich Gottes auf Erden geben, doch das ebnet die erreich-

baren historischen Niveaus möglicher Entwicklungen nicht ein. Es war schön, daß Griechenland, Spanien, Portugal – und einst fast auch Chile, demnächst Südafrika – befreit wurden; das bleibt gültig, auch wenn diese Länder die Zweideutigkeit auch dieses Guten am eigenen Leibe weiterhin und bis zur Neige spüren werden. Dies ist das große Thema des dritten Bandes der »Systematischen Theologie«.

7. Es wird keine große Wende geben, vielmehr nur die kleine Pragmatik, welche freilich große Ziele und einen klaren Kompaß braucht, um qualitativ zu bleiben und nicht als schlechte Anpassung zu verkommen. Das könnte es sein, was Tillich nach 1925 als gläubigen Realismus begriff und zu akzeptieren lernte. Es würde freilich eine Revision der theologischen Ziel- und Prozeß-Begriffe bedingen. Doch auch hierfür gilt, was Tillich in einer Predigt »Das Recht auf Hoffnung« 1965 in der Grace Cathedral/San Francisco, die er dann in der Bloch-Festschrift veröffentlichte, sagte:

»Die letzte Hoffnung der Menschheit ist nicht Fortschritt zu einem Endstadium der Vollendung. Nur wenige, sozusagen die letzte Generation der menschlichen Geschichte, würde dieses ›selige Zeitalter‹ erreichen, und dann könnte das geschehen, daß die letzte Generation diesem Stand der Vollendung fluchen würde und sich zurücksehnen würde nach den Kämpfen, Niederlagen und Siegen. Es muß eine größere Hoffnung für die Menschen geben als Fortschritt. Und das, was in der Hoffnung auf Fortschritt berechtigt ist, muß einen tieferen Sinn haben als ein Endstadium der Vollendung. In jedem Moment echten Fortschritts muß etwas geschaffen sein, das nicht nur zeitlichen, sondern ewigen Sinn hat [und also jetzt seinen Sinn in sich hat!]. Es muß etwas geschehen sein, was ein Teil dessen ist, das die Bibel ein Kommen des Reiches Gottes nennt [sc. nur so teilweise kommt es! Wer das nicht sieht, sieht immerzu nichts!], denn dieses ist die wahre und dauernde Hoffnung der Menschheit, die für jeden Menschen die Hoffnung auf Teilnahme am ewigen Leben einschließt«[137].

Es scheint mir kein unkritisches Harmonisierungsbedürfnis (das man Tillich vorgehalten hat), sondern Bedingung alles Lebendigen, auch des Sozialismus und des Widerstandes zu sein, das teilweise Ja und die teilweise Erfüllung, von der wir ständig leben, nicht nur vordergründig, sondern in der Tiefe auch unserer Gesellschaft dankbar anzuerkennen.

Anmerkungen

1 Th. W. Adorno in: Werk und Wirken Paul Tillichs, Stuttgart 1967, 25.

2 STh III, 51.

3 GW XIII, 70; EW V, 121; EW VI, 97 und passim; GW II, 71 u. ö.

4 GW XIII, 69.

5 GW XII, 23 f. Auch einige autobiographische Hinweise auf das Vorbild der Großmutter auf den Barrikaden oder auf den Eindruck der Propheten schon auf den Knaben Paul (GW XII, 67) tragen nicht eigentlich zu einer biographischen Aufschlüsselung dieser Wende bei. – Vgl. noch das Zeugnis des Jugendfreundes E. Hirsch über den unpolitischen jungen Tillich bei R. Ericksen, Theologen unter Hitler, München/Wien 1986, 249.

6 GW XIII, 548.

7 GW II, 19–24.

8 GW XIII, 551 und 549.

9 Nur im Protokoll erhalten, Bl. f. Rel. Soz., 1920, 2.

10 GW XII, 62.

11 So diese etwas spätere Zusammenfassung, GW IX, 42.

12 GW XIII, 86 und I, 367 ff.

13 Es scheint, als wenn der Begriff des Unbedingten, aus Schellingschen Hintergründen stammend und von Tillich in den Vordergrund gestellt, sich seit dem WS 1921/22 (GW XIII, 549) und speziell seit dem Vortrag in der Kantgesellschaft 1922 in Tillichs Denken durchsetzte. Mit ihm löste er die offengebliebene Aporie Troeltschs im Blick auf das Verhältnis von Absolutem und Relativem *in* der Geschichte (GW VI, 30) – einer der einfachen und bleibend grundlegenden Lösungsbeiträge Tillichs zu einem Zentralproblem (GW IV, 67 und 76).

14 GW XIII, 552 f.

15 GW XII, 59 und IV, 68.

16 W. und M. Pauck, Paul Tillich. Sein Leben und Denken, I, Stuttgart 1978, 143.

17 GW VI, 38.

18 GW V, 184.

19 Hannah Tillich, From Time to Time, New York 1973, 221.

20 GW XII, 48.

21 GW XIII, 90 f.

22 GW VI, 26 f.

23 STh IV, 98.

24 GW XII, 17.

25 GW II, 170, 171, 193 ff.

26 GW II, 121 ff.

27 GW II, 166 f.

28 GW VI, 27.

29 GW XII, 315.

30 Pauck, a. a. O., 118. Dies kann man auch gelten lassen, wenn man die Böhme/Schellingschen Hintergründe nicht verkennt. – Die frühesten Belege: GW XIII, 549, dann GW II, 58 (von 1922) und 99 (von 1923); GW IX, 23 (von 1919) ist noch unspezifisch. – Ob den chronologischen Angaben zur Verwendung der Begriffe in der Frühzeit, wie wir sie aus den späteren Erinnerungen seiner damaligen Schüler immer wieder aus GW XIII zitieren, ganz zu trauen ist, bleibt unklar, doch sind die Angaben plausibel und werden daher verwendet.

31 Die im Laufe der Jahre fortschreitende Differenzierung in Tillichs Analyse ist deutlich gestützt von der neu entstehenden »dialektischen Marx-Deutung«, auf die er sich in GW X, 96 selber bezieht – also wohl von Lukacs, Korsch u. a. Tillichs eigene theologische Verarbeitung dieser Literatur hat ihn dazu gebracht, noch vor der Publikation der sogenannten Pariser Manuskripte durch Marcuse alle wesentlichen anthropologischen Implikationen des Marxschen Ansatzes selbständig zu entwickeln. Die von W. Trillhaas zitierte Anekdote über Tillichs souveräne Nicht-Lektüre Marxscher Texte (ZThK 1978, 88) beleuchtet daher nur einen vordergründigen Aspekt seiner Arbeitsweise, nicht aber sein durchaus tiefgreifendes Sachverständnis.

32 GW VII, 18 f und EW II, 199.

33 GW X, 311 und XIII, 551.

34 GW VI, 27 f.

35 GW II, 144 f.

36 GW II, 122.

37 GW VII, 88 f bis 93.

38 GW II, 183 f.

39 GW VII, 20.

40 Z. B. GW XII, 239 ff.

41 GW II, 66.

42 GW VII, 91.

43 GW XIII, 159 und II, 110 f und 173 f.

44 Die Tat, 1922, 347.

45 GW II, 25 vom Jahre 1922.

46 GW XIII, 549 f. – Zur Vorgeschichte dieses Begriffs ist mir einstweilen nur als zufällige Lesefrucht seine mehrfache Verwendung bei Stefan George bekannt geworden (Nachruck der Boehringerschen Ausgabe, München 1983, II, 105, vgl. 132 und 183 sowie IV, 298).

47 Vgl. Fr.-W. Graf, Theonomie. Fallstudien zum Integrationsanspruch neuzeitlicher Theologie, Gütersloh 1987.

48 GW II, 148.

49 GW XII, 313 f, ähnlich schon GW VI, 21.

50 GW VI, 27.

51 GW IV, 75.

52 GW VI, 139.

53 GW II, 92–94, 159.

54 GW VI, 32. – Beachtet man die seit dem Tambacher Vortrag bekannte und wirkungsvolle theologische Distanzierung Barths gegenüber dem (Sozialismus und) Religiösen Sozialismus, auf die Tillich hier anspielt, so wird klar, daß die von Fr.-W. Marquardt (Theologie und Sozialismus. Das Beispiel Karl Barths, München ³1985) mit Recht betonte sozialistische Komponente im Denken Barths für damals – wirkungsgeschichtlich gesehen! – eben doch nur Hintergründe anspricht, die Barth selber in der Weimarer Zeit keineswegs in den Vordergrund stellte. Unter Tillichs Gesichtspunkten ist eine Wende bei Barth erst in den dreißiger Jahren eingetreten (GW XII, 324 ff), vgl. dazu K. Scholder, Die Kirchen und das Dritte Reich, Bd. 2, 1985, 337.

55 GW IX, 83.

56 Die Tat, 1922, 349, getilgt in der Bearbeitung GW VI, 26.

57 GW IX, 82 f und 87.

58 Vgl. Tillich selbst in GW X, 278 f.

59 GW IX, 42.

60 GW VI, 24; ausdrücklich auf das Mittelalter bezogen GW XII, 60 oder EW II, 198; vgl. die ekstatische Schilderung GW VI, 20, noch stärker in der Urfassung: Die Tat, 1922, 341 f.

61 GW IX, 87, vgl. das Zitat oben bei Anm. 57.

62 Wenn Tillich daher auch später noch für die Frühzeit nur einen »partikularen« Kairos angenommen haben will (GW VI, 139), so ist das begrifflich wohl zutreffend, trifft jedoch nicht für die Stimmung der frühen, expressionistisch aufgeladenen Texte zu, die von einer »absoluten Spannung« und von »absoluten Entscheidungen« sprechen (Die Tat, 1922, 333, 335, 340, 345). »Jeder Kairos ist darum zugleich der ganze Kairos und ist nur zu erfassen durch den Enthusiasmus der endgerichteten Erwartung« (ebd., 345). All diese Formulierungen in den GW getilgt!

63 Der später sog. Kairos-Kreis hatte im Kern ca. sechs bis acht, selten jedoch mehr als zehn bis zwölf Mitglieder (Pauck, 81 f und E. Amelung, Die Gestalt der Liebe, Gütersloh 1972, 215 ff). Er führte verschiedene Treffen/Tagungen durch (K. Kaiser, Materialien über den religiösen Sozialismus in Deutschland aus der Zeit von 1918–1933, Diss. phil. Basel, Köln 1962, 25 ff und R. Breipohl, Religiöser Sozialismus und bürgerliches Geschichtsbewußtsein zur Zeit der Weimarer Republik, Zürich 1971, 25 A. 50; etwas anders und wohl noch genauer A.

Vollmer, Die Neuwerkbewegung 1919–1935, Diss. phil. Berlin, Berlin 1973, 134) und hatte verschiedene Phasen; Höhepunkt der Konsolidierung und Profilierung war (nach A. Rathmann) die Akademische Woche Berlin im Oktober 1925 (GW XIII, 566). Etwa um diese Zeit löste er sich durch Wegzug der meisten Mitglieder auf. – Betrachtet man die Zahl der von Religiösen Sozialisten überhaupt veranstalteten Tagungen und Treffen (Kaiser, a. a. O., 25 ff), so erkennt man, wie relativ abseits die Berliner, die in Barchem/Holland 1924 und in Heppenheim 1928 teilnahmen, standen. Im Januar 1927 veranstaltete das Neuwerk eine Tagung, um unter anderem zwischen den Berlinern und dem Bund der Religiösen Sozialisten zu vermitteln, was nicht gelang (vgl. Breipohl, a. a. O., 25 A. 50 und Vollmer, a. a. O., 149). – Die Auflagenziffer der »Blätter« betrug 1920 noch keine 300 (»Blätter«, 1920, 6); die spätere Auflagenziffer ist mir nicht bekannt. Die »Neuen Blätter« sollen dagegen mit ca. 3 000 Abonennten deutlich auflagenstärker gewesen sein (F.-M. Balzer, Klassengegensätze in der Kirche. Erwin Eckert und der Bund der Religiösen Sozialisten, Köln 1973, 17 A. 5). – Den besten Einblick in die inneren Profile der Berliner Gruppe vermittelt Th. Ulrich, Ontologie, Theologie, gesellschaftliche Praxis. Studien zum religiösen Sozialismus Paul Tillichs und Carl Mennickes, Zürich 1971, ansonsten vgl. auch R. Breipohl, a. a. O., 167 ff. – Viele der folgenden Angaben sind, überwiegend ohne Einzelnachweis, den »Blättern« entnommen.

64 Blätter 1920, S. 9 f.

65 GW II, 82. – Von den konservativen kirchlich-sozialen Bestrebungen spricht Tillich nur ganz im Vorübergehen, da sie den Arbeiter nur in die patriarchalische Gesellschaft zu integrieren versuchen (GW X, 82; in seinem RGG[2]-Artikel über Religiösen Sozialismus = GW II, 159 ff kommen sie überhaupt nicht vor).

66 GW XIII, 160.

67 Blätter 1920, 1 ff.

68 GW II, 190 f.

69 GW X, 84.

70 Blätter 1926, 24 und GW X, 83.

71 Blätter 1927, 34 ff.

72 GW XIII, 166 f.

73 GW II, 143.

74 GW II, 134.

75 Blätter 1927, 34 ff.

76 Balzer, a. a. O., 16–18; vgl. die Entgegensetzung Eckerts bei Vollmer, a. a. O., 149.

77 Die ersten Äußerungen von G. Wünsch, Evangelische Wirtschaftsethik, Tübingen 1927, 267 f, 534 f, 536 f. – Die spätere,

veränderte Einstellung gegenüber den Berlinern findet sich auch in Wünschs Autobiographie: Erfahrungen und Gedanken eines religiösen Sozialisten, Frankfurt 1964, 48.

78 Zeitschrift für Religion und Sozialismus 1/1929, 9. Weitere präzisere Verhältnisbestimmungen Ragaz' zum Berliner Kreis sind mir leider nicht bekannt. – Es wäre wünschenswert, die seinerzeit im Evangelisch-Sozialen Kongreß umlaufenden Urteile über Tillich und den Religiösen Sozialismus aus den Quellen (Protokollen) zu erarbeiten (das Buch von G. Kretschmer, Der Evangelisch-Soziale Kongreß, Stuttgart 1972, bleibt hier sehr unergiebig). Auch das Echo im Kreis um Siegmund-Schulze sowie um die Brüder Ehrenberg müßte recherchiert werden.

79 M. Buber, Der utopische Sozialismus, Köln 1967, 25. – Das Urteil über Ragaz in: M. Buber, Briefwechsel aus sieben Jahrzehnten, I–III, Heidelberg 1972 ff, hier Bd. I, 87, 261. – Tillich kommt in den Buberschen Briefen nicht vor. Tillich selber hat später, als seine Erwartungen an eine gesellschaftliche Strukturveränderung zurückgenommen waren und sein Grundempfinden dem Bubers sich annäherte (vgl. Text bei Anm. 115), Bubers Religiösen Sozialismus warm gewürdigt, ihn aber – eben wegen der Ausblendung der gesellschaftlichen Strukturaspekte – als nicht »ausreichend« bezeichnet (GW VII, 147–149).

80 E. Fuchs, Mein Leben, Bd. II, Leipzig 1959, 159. Ähnliches wird über die Wirkung der Berliner auf viele *einzelne* Mitglieder des Bundes der Religiösen Sozialisten von A. v. Jüchen bezeugt (bei Vollmer, a. a. O., 135).

80a Vgl. Anm. 63 und G. Dehn, Die alte Zeit, die vorigen Jahre, München 1962, 234 f.

81 GW X, 82 u. ö.

82 Für Blumhardt: Religiöse Sozialisten, ed. A. Pfeiffer, Dokumente der Weltrevolution Bd. 6, Olten/Freiburg 1976, 99–101, 105; für Ragaz: ebd., 156 f, 162, 165, 194 f, 196.

83 GW II, 160, 162.

84 GW VI, 138 und EW II, 195.

85 GW II, 174.

86 GW X, 132.

87 GW X, 116–120.

88 GW XIII, 567 und Anm. 94.

89 Vgl. Anm. 62.

90 1922 konnte es noch heißen: »(Der Religiöse Sozialismus) will auch dem notwendigen politischen Kampf der sozialistischen Parteien die einzige unbedingt sieghafte Kraft erschließen: die Bejahung des Unbedingten nicht um des Sieges, nicht um der Macht, nicht um des Glückes, sondern um des Unbedingten selbst willen« (Die Tat, 1922, 349).

91 GW VII, 28; X, 98 u. ö.

92 GW IV, 103.

93 GW IX, 312 ff.

94 GW XIV, 128; II, 172 und 173.

95 GW XIII, 303 ff.

96 GW XIII, 557 und X, 94 f.

97 GW II, 190.

98 Man beachte die kritischen Bemerkungen zur Legendenbildung im Blick auf Tillichs Biographie im Frühjahr 1933 bei R. Breipohl, a. a. O., 221 A. 174. Auch daß Tillichs »Sozialistische Entscheidung« bei der Bücherverbrennung am 10. 5. 33 mitverbrannt worden sei, wie Pauck, a. a. O., S. 139 angibt, ist m. W. nicht belegt; Tillich selbst sagt dies, als er von diesem Ereignis in Frankfurt spricht (EW III, 41), jedenfalls nicht. – Vgl. Anm. 104.

99 GW II, 91 von 1922 und II, 124 von 1924; vgl. oben, Text bei Anm. 15.

100 Th. W. Adorno in: Werk und Wirken Paul Tillichs, a. a. O., 30 f. – Man beachte, daß auch Buber seine Abrechnung mit dem Nationalsozialismus – schon in Jerusalem – in »Gog und Magog« als Kampf mit den »Mächten« bearbeitet.

101 GW X, 131.

102 Neue Blätter für den Sozialismus 3/1932, 15 (Nachschrift).

103 GW II, 125; XIII, 572 f und 236.

104 GW XIII, 568.

105 GW XIII, 239.

106 Text s. Bibliographie GW XIV, Nr. 128, hier zitiert nach der ungedruckten deutschen Fassung im Genfer Archiv, 15 und 17.

107 GW VII, 151 ff, 159 ff, vgl. aber EW VI, 309. Vgl. noch GW VII, 12.

108 EW III, 79 und 80.

109 GW XII, 74 f. Leider war mir der aus dieser Zeit stammende Text »Marxism and Christian Socialism« von 1942 (Bibliographie GW XIV, Nr. 157) nicht zugänglich, ebensowenig Nr. 173.

110 EW III, 70, 73, 105 f, 136 f.

111 EW III, 74–77; 60 ff, 148 ff.

112 GW XII, 75 f.

113 GW IX, 87 f. – Dieser Text GW IX, 82 ff von 1948/50 geht lt. Bibliographie GW XIV, Nr. 194 auf einen Vortrag im Januar 1946 zurück. – Den mystischen Begriff »heilige Leere« benutzt Tillich schon früher (Pauck, a. a. O., 126).

114 Die Rede vor den Berliner Studenten »Das geistige Vakuum« in: Das Sozialistische Jahrhundert 2/1948, 303–305. – Das Interview in: The Christian Century, 15. Juni 1949; Übersetzung von mir.

115 Erstmals im Nachwort der dt. Ausgabe von Gog und Magog, Heidelberg 1949. – Man könnte Tillichs damalige Position noch weiter verdeutlichen durch einen kontrastierenden Vergleich mit der berühmten Formulierung Walter Benjamins aus seinem »Theologisch-politischen Fragment« von 1938 (bzw. 1920): »Das Profane also ist zwar keine Kategorie des Reichs, aber eine Kategorie, und zwar der zutreffendsten eine, seines leisesten Nahens« (Ges. Schriften, Bd. II, 3, Frankfurt 1977, 946–948).

116 EW V, 370.

117 Ed. Heimann, in: The Theology of Paul Tillich, ed. Ch. W. Kegley and R. W. Bretall, N. Y. 1964, 312 ff, hier 316, 324 f.

118 GW XIII, 412 f. Antwort an Heimann GW XII, 310 ff. Ganz ähnlich hatte Tillich schon 1922 im Kairos-Text vorausgeantwortet (GW VI, 28, wortgleich in der Urfassung).

119 GW XII, 67 f.

120 Z. B. GW VII, 17 f.

121 Pauck, a. a. O., 289.

122 GW XII, 314.

123 STh III, 165–167.

124 Vgl. Text bei Anm. 86.

125 GW XII, 315.

126 GW X, 289 und 291.

127 Vgl. die gleichnamige Schrift von 1954 und GW VII, 25.

128 Vgl. GW XII, 416 f.

129 Vgl. die Nachweise bei Clark Seha in: Junge Kirche 1981, 215–217.

130 Pauck, a. a. O., 283.

131 EW V, 300.

132 GW XII, 75.

133 STh III, 186.

134 Im Jahre 1942, EW III, 28, 92 f.

135 GW XII, 315.

136 EW III, 249.

137 GW XIII, 535.

Joachim Track

Paul Tillich und die Dialektische Theologie

»Wir sind keine Gelehrten im Sinne unserer Lehrer vom Ende des 19. Jahrhunderts. Wir wurden in einer Weise in die Geschichte gestoßen, die uns ihre Analyse und die ihrer Inhalte sehr schwierig macht. Vielleicht haben wir dadurch den Vorteil, der Realität näher zu sein als unsere Väter«.[1] So schreibt Paul Tillich in seinen »Autobiographischen Betrachtungen« aus dem Jahr 1952 über sich und seine Theologengeneration. In der Tat waren er und die Theologen seiner Zeit, Karl Barth, Emil Brunner, Friedrich Gogarten, Rudolf Bultmann, Dietrich Bonhoeffer ganz anders in die geschichtliche Situation hineingezogen und durch sie herausgefordert als die Generation ihrer Väter. Das prägte die Lebenswege: Redeverbote, Ausweisung und Emigration, Bonhoeffers Hinrichtung im Konzentrationslager. Das zeigt sich aber auch in der Auseinandersetzung mit der geschichtlichen Situation. Jeder der genannten Theologen hat auf seine Weise Stellung genommen zur neuzeitlichen Entwicklung, zum Nationalsozialismus, den beiden Weltkriegen, der Moderne und ihrer Krise. Jeder dieser Theologen hat in dieser Situation versucht, neu zu verstehen und auszulegen, was die christliche Botschaft bedeutet, was vom Evangelium her an der Zeit ist, welche Gestalt das Christsein in der Zeit haben kann und wo Ort und Auftrag von Theologie und Kirche liegen. Mitten in einer Situation, die geprägt ist von der Erfahrung der Krise der Neuzeit und der Krise des christlichen Glaubens, zumindest seiner bisherigen Vermittlungsversuche, sucht man nach neuen Formen und Wegen, den christlichen Glauben lebendig und betreffend in der Situation zur Sprache zu bringen und darin die Situation auch heilsam und zukunftseröffnend zu verändern.

Unterschiedlich aber sind die Antworten, die in der Situation gesucht und gefunden werden. Große Nähe, scheinbare und wirkliche Nähe, in Situationsanalyse und Auslegung der christlichen Botschaft verbinden sich mit tiefem Widerspruch.

Das gilt in besonderer Weise für das Verhältnis von Paul Tillich zur Dialektischen Theologie. Faszinierend ist es, hier zu sehen, wie herausgefordert durch die Situation gemeinsame Antworten formuliert werden, das Gespräch gesucht und dann die von Anfang an bestehenden Differenzen immer schärfer und deutlicher werden. Faszinierend ist dieses Verhältnis als ein Stück lebendiger Theologiegeschichte unserer jüngsten Vergangenheit, mehr noch aber, da wir selbst unmittelbar in die Situation hineinverwoben sind, in der auch Tillich und die Dialektische Theologie standen. Ihre Fragen sind unsere Fragen: Wie ist die neuzeitliche Entwicklung zu verstehen, welche Rolle und Funktion hat das Christentum in dieser Entwicklung? Welche Möglichkeiten und Aufgaben stellen sich dem christlichen Glauben heute? Faszinierend aber ist es auch, da sich uns die Frage stellt, ob die Antworten, die damals gegeben wurden, auch heute, in einer veränderten Situation, unsere Antworten sein können.

Ich versuche, Tillichs Verhältnis zur Dialektischen Theologie in zwei Zugängen nachzuspüren. In einem ersten Schritt soll die Verhältnisbestimmung aus der Sicht der Betroffenen vorgestellt werden. Es sollen Übereinstimmung und Widerspruch aufgezeigt werden, wie sie von Barth und Tillich selbst gesehen werden. Die Konzentration auf Barth als Repräsentanten der Dialektischen Theologie hat dabei darin ihren Grund, daß Barth der entscheidende Gesprächspartner Tillichs ist, auf den er sich immer wieder bezieht.[2] In einem zweiten Schritt soll diese Selbstbestimmung des Verhältnisses kritisch reflektiert und auf den entscheidenden Punkt gebracht werden. Das bietet die Möglichkeit, die offenen Fragen zu formulieren, die sich für unsere gegenwärtige theologische Situation ergeben, und die Aufgaben zu benennen, die uns heute im Kontext dieser Auseinandersetzung gestellt sind.

1. Übereinstimmung und Widerspruch in der Sicht Paul Tillichs und Karl Barths

a. Die kritische Integration der Dialektischen Theologie bei Paul Tillich

Paul Tillich hält Karl Barth für den einflußreichsten Theologen der Gegenwart. Er sieht in Barths Theologie ». . . das protestantische Prinzip, die Rechtfertigung allein aus dem

Glauben in neuer und großartiger Weise zum Ausdruck gebracht . . . sie hat dabei eine prophetische, erschütternde und umwälzende Kraft entfaltet, wie sie seit langer Zeit keiner theologischen Richtung beschieden war.«[3] Nachdem sich Tillich selbst unter dem Einfluß seines Lehrers Martin Kähler dem paulinisch-reformatorischen Verständnis der Rechtfertigung geöffnet hat und darin die Mitte allen theologischen Argumentierens entdeckt[4], betrifft ihn die Wucht und Macht, mit der Karl Barth von Gott »als dem ganz Anderen« spricht und in der Tradition Kierkegaards den unendlich qualitativen Unterschied zwischen Gott und Mensch aufzeigt. Jeder menschliche Anspruch vor Gott und auch jede verhüllte Identifizierung von Gott und Mensch werde zerbrochen und darin das Gericht über die menschliche Existenz angesagt. Zugleich wird die menschliche Existenz unter das Ja des Zuspruchs der Gnade im Gericht gestellt. Tillich weiß sich von der prophetischen, im Tiefsten erschütternden und umwandelnden Gewalt dieses theologischen Wortes angezogen. Er sieht sich der »Theologie der Krisis« zugehörig, wenn auch nur »in unterirdischer Arbeitsgemeinschaft«[5]. Und bei allen Differenzen, die er von Anfang an sieht, steht er mit Barth, Brunner, Gogarten und Bultmann in grundlegender Gemeinsamkeit. Darum formuliert Tillich anfänglich auch nur zögernd seinen Widerspruch gegen Karl Barth und Friedrich Gogarten.[6] Er möchte nicht die Erschütterung, die mit der »Theologie der Krisis« entstanden ist, vorschnell abschwächen. Eine Theologie, die das prophetische Nein der Dialektischen Theologie mit »höflicher Verbeugung oder mit einer leichten Kritik ihrer Methode und Form abtut«, kann nach Tillich nicht ernst genommen werden.[7] So zögert Tillich auch, dem Wunsch zu entsprechen, sich von seinem Denken her mit der Barthschen Konzeption auseinanderzusetzen. »... jede Kritik ihrer Kritik steht in der Gefahr, die Beunruhigung, die durch sie entstanden ist, zu schwächen und den Anschein zu erwecken, als sollte der Stachel ihrer radikalen Kritik abgestumpft werden.«[8] Zeit seines Lebens hat Tillich darum zuerst die Gemeinsamkeiten mit Karl Barth und das bleibende Recht der Dialektischen Theologie betont. Grundlegende Übereinstimmung sieht Tillich, so können wir zusammenfassen, mit der Dialektischen Theologie in vier Punkten gegeben:

1) Tillich weiß sich mit Karl Barth darin einig, daß in der

reformatorischen Rechtfertigungseinsicht die prophetische Kritik an allen Versuchen des Menschen, sich vor Gott selbst als gerecht zu erweisen, seine Erlösung in Szene zu setzen, eingeschlossen ist. Von der Rechtfertigungseinsicht her wissen wir, daß nichts Endliches göttlichen Anspruch erheben kann. Die »Theologie der Krisis« ist darum im Recht in ihrem Kampf gegen jede »unparadoxe, unmittelbare, gegenständliche Fassung des Unbedingten«[9]. Tillich stimmt mit Barth darin überein, daß die Offenbarung die »unmögliche Möglichkeit« ist. Gott ist jenseits der menschlichen Möglichkeiten. Daß wir von Gott reden und ihn erfahren können, verdankt sich allein seiner Selbstoffenbarung. Deshalb ist allen menschlichen Versuchen, sich Gottes zu bemächtigen oder aber in den Religionen einen Anspruch auf Offenbarungswahrheit zu erheben, die sich ihres geschichtlichen und paradoxen Charakters nicht bewußt sind, ein striktes Nein entgegenzuhalten. »Es ist das größte Verdienst der Theologie der Krisis, den Kampf gegen den unparadoxen Absolutheitsanspruch der Religion mit größter Energie geführt zu haben, und jedes Wort darüber, namentlich im Römerbrief-Kommentar Karl Barths, ist Götzenzertrümmerung.«[10]

2) Vom protestantischen Prinzip her weiß sich Tillich auch mit Karl Barth in der Kritik des neuzeitlichen Autonomiestrebens verbunden. Sicher mit beeinflußt von der Erfahrung des Zusammenbruchs nach dem Ersten Weltkrieg, sieht Tillich sehr deutlich die Gefährdungen des Menschen in der geschichtlichen Situation.[11] Neuzeitliches Autonomiedenken, ursprünglich zu bejahen, wird zerstörerisch, wo es sich von seinem tragenden religiösen Grund löst. Autonomie als Befreiung von falschen Autoritäten, als der Versuch des Menschen, seine Welt selbst und vernunftgemäß zu gestalten, sich der Herrschaft und Willkür des Zufalls entgegenzusetzen, verfällt zerstörerischen Kräften und wird zur Beute des Dämonischen, wo sie sich nicht mehr ihres letzten und unverfügbaren Grundes in der Tiefe der Vernunft vergewissert.[12]

Scharfsichtig kennzeichnet Tillich die daraus entstehenden Gefährdungen und Entfremdungen in einer von dieser Vernunft getragenen und bestimmten wissenschaftlich-technischen Zivilisation, die sich ausschließlich an die Eigendynamik ihres Fortschritts ausliefert und grundlegende Ziele und Werte zur Bewahrung des Lebens aus dem Blick verliert. Wo Vernunft zur technischen Vernunft verkommt, wird sie dämonisch.[13] Wie Barth sieht Tillich den letzten Grund dieser Krise darin gegeben, daß im neuzeitlichen Autonomiestreben versucht wird, sich ohne Gott zu rechtfertigen oder vor Gott durch eigene Leistung Rechtfertigung zu suchen.[14]

3) Von diesem Ansatz her stimmt Tillich ebenfalls mit Barth in der grundlegenden Kritik der Liberalen Theologie überein.[15] Die größte Gefahr der Liberalen Theologie sieht Tillich in der neuprotestantisch-bürgerlichen Synthese von christlicher Botschaft und modernem Denken. Die Liberale Theologie hat nach seiner Auffassung die prophetische Kritik des protestantischen Prinzips durch die rationale Kritik der wissenschaftlichen Methode ersetzt. So kommt es zu einer Historisierung der Offenbarung in Jesus Christus. Die Liberale Theologie verkennt in ihrem Versuch, eine rationale humanistische Religion zu schaffen, die existentielle Selbstentfremdung des Menschen und die Macht des Dämonischen. Schließlich kommt es in der Liberalen Theologie zu einer Moralisierung der christlichen Botschaft und darin implizit zu einer Vergesetzlichung. Dagegen muß mit Barth radikaler Protest erhoben werden. »Der Protestantismus bejaht die christliche Botschaft als den letztgültigen Ausdruck des Göttlichen und protestiert gegen alle Versuche, diese Botschaft in einem Komplex religiöser Erfahrung, sittlicher Forderungen und philosophischer Lehren aufzulösen.«[16]

4) Einig ist sich Tillich mit Karl Barth in der Einschätzung der politischen Relevanz des Evangeliums. Wie Barth sieht er auf dem Hintergrund seiner Neuzeit-Kritik die Gefahren der kapitalistischen neuzeitlichen Wirtschaftsstrukturen und ihres Ausgriffs auf alle Lebensbereiche. Im Bereich der Wirtschaft wird deutlich, daß das Ganze des menschlichen Lebens den Forderungen der neuen weltumspannenden, von der Technik geprägten Wirtschaft unterworfen ist.[17] Der Mensch wird zur »Arbeitskraft«. Expansion um der Expansion willen und das Prinzip der Profitmaximierung führen, wie Tillich sagt, zu einer »irrationalen Produktions- und Konsumptionsmaschine«[18]. Deshalb scheint es für Tillich wie auch für Barth geboten, sich für eine Veränderung der Wirtschaftsordnung einzusetzen. So formuliert Barth: »Der Sozialismus ist eine sehr wichtige und notwendige Anwendung des Evangeliums.«[19] Tillich kennzeichnet das Proletariat als den Ort, an dem die Gefährdung des mensch-

lichen Seins in der Gestalt unentrinnbarer gesellschaftlicher Bedrohtheit ständige Wirklichkeit ist. Der Sozialismus zeigt in unvergleichlicher Weise dieses Bedrohtsein und die Dämonie der Zeit auf. Die religiöse Entscheidung für den Sozialismus ist eine Entscheidung für die Bewegung, die dies Bedrohtsein des Menschen deutlich macht.[20] Die vorgegebene Aufgabe ist, die Vereinigung von Christentum und Sozialismus fortzuentwickeln, damit eine neue Welt- und Gesellschaftsordnung entsteht, deren Grundlage eine Wirtschaftsordnung ist, die den Menschen als Menschen bejaht.[21] Einig ist sich Tillich schließlich darin auch mit Barth, daß in dieser Bejahung des Religiösen Sozialismus jede Bindestrich-Theologie vermieden werden muß, in der das Eintreten für den Sozialismus unkritisch religiös überhöht wird.[22]

So verbindet Paul Tillich mit Barth der offenbarungsbestimmte Einsatz beim Rechtfertigungsgeschehen als von Gott geschenkter Möglichkeit. Wie Barth bezieht Tillich die Rechtfertigungseinsicht unter den Bedingungen neuzeitlicher Kritik und neuzeitlicher Theologie auch auf das Feld neuzeitlicher Erkenntnistheorie, den Zugang zum Glauben und die Ethik.[23] Im Blick auf die Fragen des Zugangs zum Glauben und das Handeln der Christen in der Welt ist, wie Karl Barth es formuliert, von Gott als dem ganz Anderen auszugehen, der sich in Gericht und Gnade offenbart. Tillich formuliert diesen Sachverhalt so, daß von der Rechtfertigungseinsicht als dem protestantischen Prinzip ausgehend die Wirklichkeitssicht zu deuten und unsere geschichtliche Situation zu gestalten ist.

Zeigt sich so nach Tillichs Auffassung Übereinstimmung zwischen der Theologie der Krisis und seinem eigenen Ansatz, so ist es zugleich kennzeichnend für das Gegenüber von Tillich zur Dialektischen Theologie, daß genau an den Punkten, an denen Tillich Übereinstimmung markiert, dialektisch vermittelt der Widerspruch sich zur Theologie der Krisis abzeichnet. Das Verhältnis von Tillich zu Barth, so wurde mir beim Studium der Auseinandersetzung immer deutlicher, ist dadurch gekennzeichnet, daß in der größten Nähe sich zugleich die größte Ferne abzeichnet.[24]

Dieses dialektische Verhältnis zeigt sich in der grundsätzlichen theologischen Kritik, die Tillich gegenüber Barth formuliert: Das Ja zu einem offenbarungstheologischen Ansatz, zur Einsicht in die »Offenbarung als unmögliche

Möglichkeit« schließe gerade nicht aus, daß dort, wo diese Möglichkeit von Gott her zur Wirklichkeit geworden sei, nun auch von ihr auszugehen und sie als ein geschichtliches Ereignis zu verstehen sei. Bei Barth findet sich nach Tillich hier in der Rede von der geschichtlich gewordenen Möglichkeit der Offenbarung von Gott her eine merkwürdige Zwiespältigkeit. Auf der einen Seite wird diese radikale Geschichtlichkeit der Offenbarung nicht ernst genommen. Gerade wer, so argumentiert Tillich, darum weiß, daß es kein »unmittelbares, unparadoxes, nicht durch das ständige radikale Nein hindurchgehendes Verhältnis zum Unbedingten«[25] gibt und alle geschichtlichen Aussagen, die das Paradox ausdrücken wollen, wie Religion, Bibel, Christus und Gott, in der Gefahr sind, das Bedingte zum Unbedingten zu erheben, wird nicht wie Barth und Gogarten sich so unkritisch an den geschichtlichen Vorgängen der Aufnahme und des Zeugnisses von Jesus Christus und der Herausbildung des Neuen Testamentes festmachen und dieses Zeugnis mit der Offenbarung identifizieren.[26] Hier wird in der Geschichte ein einmaliges historisches Ereignis gegen andere historische Ereignisse unkritisch abgegrenzt. Zwar geschieht unanschaulich in Jesus Christus die letztgültige Offenbarung, aber dies kann uns nicht zum Anlaß werden, diesen Abschnitt der Geschichte aller historischen Kritik zu entziehen und von diesem Ereignis her dann kritisch gegen alle anderen Position zu beziehen. Hier erscheint Tillich die Barthsche Position letztlich zu undialektisch.[27] Zwar betonen Barth und Gogarten häufig, daß auch ihre eigene Position unter der Krisis steht. Sie wollen ihre Position immer wieder dialektisch aufheben. Faktisch aber zeigt sich eine, die selbst nicht mehr dialektisch ist. Barth gesteht anderen Positionen trotz seines Neins gegenüber diesen nicht mehr das gleiche Ja zu wie sich selbst.[28] Er müßte sich aber mit ihnen unter der Einheit von Nein und Ja zusammenschließen. Später hat Tillich diese Position Karl Barths als »supranatural« charakterisiert, als Verhaftetsein in einem heteronomen Anspruch.[29] Die Dialektische Theologie ist nach Tillich paradox, das ist ihre Größe, sie ist zugleich supranatural, das ist ihre Schwäche. Sie versucht, die Göttlichkeit und Unanschaulichkeit der Offenbarung vor Vermischung mit menschlichen Möglichkeiten so zu schützen, daß sie sie isoliert in bestimmte zeitliche und räumliche Vorgänge. Darin wird die Barthsche Theologie selbst orthodox.[30]

Auf der anderen Seite verkennt Barth, daß er, wie alle dialektischen Positionen in seinem Nein unter dem Ja, unter der Einheit von Gericht und Gnade steht. Er verkennt, daß sein Nein umgriffen ist von einem größeren Ja, das ihn trägt und dieses Nein ermöglicht, und daß alles Nein und Gericht über die Welt umgriffen ist von Gottes Ja zu dieser Welt.[31] Die »Theologie der Krisis« hat ihr bleibendes Recht im Protest gegen jede unparadoxe Fassung des Unbedingten. Aber sie hat eine Voraussetzung, die selbst nicht mehr Krisis ist, sondern Schöpfung und Gnade. So kann im Glauben das Ja Gottes zur Schöpfung offenbar werden und das Ja Gottes, das uns in seiner Versöhnung und Erlösung begegnet.[32]

Von dieser grundlegenden Kritik ausgehend formuliert Tillich, daß bei Barth und Gogarten die Theologie des kritischen Paradoxes zu einer Theologie des »positiven Absurdum« wird.[33] Dieser Theologie stellt Tillich seine Theologie des »positiven Paradoxes« gegenüber, die sich real unter die Einsicht stellt, daß Endliches und Bedingtes das Unendliche nicht fassen kann, und doch im Glauben darum weiß, daß das Bedingte letztendlich immer schon vom Unbedingten umgriffen ist.[34] Von dieser Bestimmung des Verhältnisses von Bedingtem und Unbedingtem aus entwickelt Tillich in unterschiedlichen Kontexten seine Auslegung des Rechtfertigungsgeschehens für die gegenwärtige Situation. In seinen Überlegungen zum protestantischen Prinzip und zur Rechtfertigung des Zweiflers zeigt er, daß dort eine Möglichkeit der Anknüpfung und der Vermittlung für die Rechtfertigungswahrheit gegeben ist, wo für den Menschen alles im Abgrund seines radikalen Zweifels zu verschwinden droht.[35] In dieser Situation des radikalen Zweifels ist der Sinn des Lebens auf den Zweifel am Sinn des Lebens reduziert. Aber selbst dieser Zweifel ist noch ein Akt des Lebens. Der radikale Zweifel setzt den Mut voraus, diese radikale Verzweiflung auf sich zu nehmen. Es ist Mut an seiner äußersten Grenze. In dieser Situation kann der Mensch dessen gewahr werden, daß er mitten in allem Bedrohtsein und aller Erfahrung der Sinnlosigkeit noch getragen und gehalten ist vom Grund des Seins. Die Erfahrung des Bejahtseins »schwingt durch den Zustand der Sinnlosigkeit hindurch, auch wenn sie nicht als solche erkannt wird.«[36] Aufgabe der Theologie ist es, diese Grunderfahrung des Bejahtseins als Grundoffenbarung durch Gott aufzudecken und bewußt zu machen und so eine Erfahrung des Durchbruchs der Gnade zu eröffnen.[37] Aufgenommen und weitergeführt hat Tillich diese Gedanken in seinen Überlegungen zum Mut zum Sein, zum absoluten Glauben und zum Gott über Gott. Mitten in der letzten Situation der Ausweglosigkeit kann der Mensch, der sich dieser Situation stellt, in der Erfahrung unbedingten Gehaltenseins neuen Mut zum Sein gewinnen. Solcher Mut zum Sein, solcher absoluter Glaube haben keinen bestimmten Inhalt. Sie gründen im Erleben, daß wir mitten in aller Verzweiflung von der Macht über Sein und Nichtsein bejaht sind und diese Macht über Sein und Nichtsein als Macht des neuen Seins unsere Entfremdung überwinden will.[38]

In diesen Zusammenhang gehört auch die Ausarbeitung der Methode der Korrelation.[39] Da der Mensch immer schon von Gottes Ja umgriffen ist, liegt es zumindest im Menschenmöglichen, nach dem Gott-Möglichen zu fragen. Gerade weil die Geschichte nicht einfach gottverlassen genannt werden kann – ebensowenig wie sie einfach Offenbarung Gottes zu nennen ist –, darf davon ausgegangen werden, daß immer schon in der Geschichte Gott in der Tiefe der Vernunft wirksam ist und in den Religionen sich konkret offenbart hat. Dies gilt, wie gebrochen auch immer diese Offenbarung in den Antworten der Religionen aufgenommen worden ist. Deshalb ist es Aufgabe des Theologen, sich dem Menschen in seiner Situation zuzuwenden, in einer schöpferischen Analyse die existentiellen Fragen, die sich aus der Situation des Menschen ergeben, aufzudecken und so zu zeigen, wie die Antworten im Offenbarungsgeschehen den Menschen in seiner Situation unbedingt angehen und ihm neue Lebensmöglichkeit eröffnen. Solche Durchführung in der Methode der Korrelation ist nicht ein äußerer hermeneutischer Kraftakt, in dem die Fragen und Antworten zusammengebracht werden. Daß Fragen und Antworten aufeinander bezogen sind, hat seinen Grund im Schöpfungs- und Versöhnungshandeln Gottes, das immer schon in der Geschichte wirksam ist.

Auf dem Hintergrund dieser Einsichten kommt Tillich nun auch zu einem differenzierten Urteil über die Liberale Theologie.[40] Dort, wo ihre Grenze liegt, hat die Liberale Theologie auch ihre Größe: einmal in der konsequenten historisch-kritischen Arbeit, die mit der Geschichtlichkeit der Offenbarung radikal ernst macht; weiter in der Einsicht, daß das Christentum nicht isoliert von allgemeinen religiösen, kulturellen, psychologischen oder soziologischen Entwicklungen betrachtet werden kann; schließlich in ihrem Protest gegenüber dem heteronomen Anspruch supranaturaler Theologie. All diese Einsichten der Liberalen Theologie sind nach Tillich wieder aufzunehmen. Sie werden nur dort gefährlich, wo eine naive Kulturtheologie entfaltet wird, die sich der Kritik des Unbedingten nicht mehr stellt, wo Religionsgeschichte mit Offenbarung und die Fragen mit der Antwort verwechselt werden.[41]

Von dem Verständnis des positiven Paradoxes her kritisiert Tillich schließlich auch Barths Einstellung zum Sozialismus und zurückhaltender Barths politisches Engagement im Zusammenhang der Bekennenden Kirche, das er grundsätzlich·begrüßt.[42] Die Diastase zwischen Gott und Welt, die bei Barth aufgerichtet wird, läßt letztlich nicht mehr zur Einsicht kommen, daß es in der Geschichte Kairoi geben kann, in denen eine Situation reif wird für den Durchbruch der Gnade, für den Durchbruch des Unbedingten, in dem die Autonomie ihre Tiefe in der Theonomie findet.[43] Auf einen solchen Kairos zu hoffen und für ihn einzutreten, ist uns geschichtlich geboten, auch wenn uns das kritische Wissen bleibt, daß alle bedingten Verwirklichungen unter der prophetischen Kritik des protestantischen Prinzips stehen.[44]

Letztlich, so wird Tillich bewußt, besteht die tiefste Differenz zwischen ihm und Barth in der Zuordnung von Schöpfung, Sünde und Erlösung. Tillich versucht hier in seinen Anfängen eine Zuordnung der Grundoffenbarung zur Heilsoffenbarung, wie wir sie in der Rechtfertigung des Zweiflers gesehen haben. In der »Systematischen Theologie« wird diese Unterscheidung abgelöst durch die Unterscheidung zwischen dem absoluten Glauben, der als Mut der Verzweiflung aufscheint, der universalen Offenbarung des Neuen Seins in allen Religionen und der letztgültigen Offenbarung in Jesus Christus.[45] Schöpfungsordnung und Erlösungsordnung gehören für Tillich zusammen. Es ist der unteilbare Akt der Gnade, der in Schöpfung und Erlösung sich darstellt. Die Schöpfung ist auf die Erlösung hingeordnet und die Erlösung in der Schöpfung angelegt. Beides kann nach Tillich nur letztlich im Glauben erfaßt werden. Im Rahmen dieser Auffassung versteht es Tillich, die Barthsche Position als ein Element des Widerspruchs gegen jede ungegenständliche Fassung des Unbedingten zu integrieren und sie zugleich in ihrer Einseitigkeit zu überwinden. So versucht Tillich eine dialektische Integration der Dialektischen Theologie.

b. Der Widerspruch Karl Barths

Die Äußerungen Karl Barths zu Tillich sind spärlich. Neben der einen Antwort auf Tillichs Kritik an der Dialektischen Theologie finden sich nur sporadische Stellungnahmen in der Kirchlichen Dogmatik und einzelne Abschnitte in Briefen.[46] Die Grundlinien der Argumentation Barths lassen sich unter vier Gesichtspunkten aufzeigen.

1) Barth antwortet Tillich in der Grundstruktur, in der er vielfach mit ihm »philosophisch« begründet erscheinenden Anfragen umgeht. Er teilt mit, daß ihm die Einwände der Sache nach bekannt sind. Sie haben durchaus ihr Recht innerhalb eines philosophischen Zugangs, aber gerade dadurch treffen sie die Sache nicht.[47] Unter dem Aspekt einer Kulturphilosophie kann man in der Tat wie Tillich das positive Paradox einklagen und darauf aufmerksam machen, daß die Dialektik ebenfalls eine Position ist. Betrachtet man aber die Sache nicht unter dem Aspekt einer Kulturphilosophie, dann wird sichtbar, daß hier von einer Positivität ganz anderer Art die Rede ist, der geschichtlichen Offenbarung Gottes, die sich eh und je erweist. Diese Positivität ist nicht selbst gesetzt und darum auch nicht selbst aufhebbar.[48] Kurzum: da die Voraussetzungen inkommensurabel sind, treffen Tillichs Anfragen nicht.

2) An die Stelle einer philosophischen Grundlegung, in deren Horizont dann das Offenbarungsgeschehen eingezeichnet und erklärt werden soll, wie dies bei Tillich nach Meinung Barths im Begriff des Unbedingten geschieht, muß das konkrete Nachdenken der geschichtlichen Offenbarung treten. Solches konkrete Nachdenken stellt sich selbst, aber nicht diese Offenbarung, unter die Krisis. Im philosophischen Zugriff wird das Paradox unterlaufen, die Unverfügbarkeit eingeebnet in ein verfügenwollendes philosophisches Begreifen.[49] Barths Einwände gegen die Liberale Theologie, die Natürliche Theologie und auch später gegen Bultmanns hermeneutisches Programm scheinen hier schon in der Auseinandersetzung mit Tillich auf. Ein philosophisches Begreifen-Wollen der Offenbarung im Rahmen allgemeiner Prinzipien stellt sich nach Barths Auffassung letztlich außerhalb von Gericht und Gnade. Alle Bemühungen, hier bei

der Erfahrungswirklichkeit des Menschen einzusetzen und dem Menschen so das Offenbarungsgeschehen plausibel zu machen, verkennen einerseits den Ernst der Sünde und andererseits den unendlichen Abstand zwischen Gott und Mensch. Dieser Abstand ist allein im Handeln Gottes in Jesus Christus überwunden. Darum hat hier alle »Anknüpfung« und »Vermittlung« ihren angemessenen Ort.[50]

3) Deshalb kann man von diesem Offenbarungsgeschehen nicht als einem allgemeinen Geschehen von Gericht und Gnade generalisierend sprechen. Barth formuliert hier die oft zitierten Worte gegenüber Tillich: »Das von Tillich so großzügig geübte *Generalisieren*, dieses Beziehungen-Behaupten zwischen Gott und allem und jedem zwischen Himmel und Erde, diese breite allgemeine Glaubens- und Offenbarungswalze, die ich, ich kann mir nicht helfen, beim Lesen von Tillich alles und nichts ausrichtend über Häuser, Menschen und Tiere gehen sehe, als ob es sich wiederum von selbst verstünde, daß überall, überall Gericht und Gnade waltet, alles, einfach alles einbezogen ›ist‹ in den Streit um den Frieden des ›positiven Paradoxes‹, daß so, so gehandhabt, bei aller ›Unanschaulichkeit‹ doch wirklich ein Paradox mehr ist, das mit dem Gotte *Luthers* und *Kierkegaards* keine, dafür aber mit dem Gotte *Schleiermachers* und *Hegels* eine ganz auffallende Ähnlichkeit hat.«[51] In dem göttlichen Paradox, das uns in Jesus Christus begegnet, geht es nach Barth nicht um eine allgemeine, vom Menschen zu entdeckende Relation oder heimliche Gegebenheit, sondern nur um ein »spezielles nur von Gott eröffnetes und nur, indem wir von ihm erkannt werden, ein zu erkennendes *Geschehen*, ein *Ereignis* von Person zu Person, eine *Mitteilung*, eine Gabe im strengen Sinn des Wortes.«[52]

4) Die befreiende Tat Gottes, zu der er sich in seiner Freiheit und Liebe entschließt und die aller Welt zum Ärgernis wird, besteht gerade darin, daß Gott sich in seiner Majestät offenbart in der Niedrigkeit des Empirischen, des Damaligen, des Mißverständlichen. Nur das ist nach Barth im ernsten Sinne des Begriffes positives Paradox zu nennen. In diesem Sinn bleibt alle Christologie dialektisch. Sie muß dieses positive Paradox hüten, und sie hat davon auszugehen. Deshalb bleibt Theologie an das Wort dieser Offenbarung in all seiner Niedrigkeit gebunden und an die Kirche als Voraussetzung der Theologie. Von diesem Empirisch-Faktischen des damals Anschaulichen kann man nicht abstra-

hieren und es relativieren, indem man hier von geschichtlichen Symbolen spricht.[53] Man kann den Historikern sicher alle Konzessionen machen. Aber die Autonomie der theologischen Wissenschaft liegt nach Barth gerade darin, daß sie in der Relativität und Niedrigkeit und der Geschichtlichkeit dieser Texte das Offenbarungshandeln Gottes erkennt und ihm nachdenkt.[54]

Barth, so sehen wir, antwortet auf den Widerspruch Tillichs mit einer Abgrenzung und Ausgrenzung. Er tut dies unter Verweis auf die Besonderheit und Einmaligkeit der Geschichte des Handelns Gottes in Jesus Christus. Freilich bleibt er darin schuldig, auszulegen, wie sich diese Geschichte Gottes in Jesus Christus verhält zum Handeln Gottes in der Schöpfung und zu den geschichtlichen Erfahrungen der Menschen. So wird aus dem Gespräch zwischen Tillich und Barth letztlich von Seiten Barths her der Abbruch des Dialogs. Barth sieht, daß die Korrektur, die Tillich an der Theologie der Krisis anbringen will, »der Angriff auf das Entscheidende, was wir sagen möchten«, ist.[55]

2. Überlegungen zur kritischen Reflexion des Verhältnisses von Paul Tillich und Karl Barth

a. Der Differenzpunkt zwischen Tillich und Barth

Paul Tillich hält in seiner Konzeption entschlossen am Geschenkcharakter der Offenbarung, ihrer Unverfügbarkeit fest. Rechtfertigung ist die »unmögliche Möglichkeit«, die von Gott her für uns zur Wirklichkeit wird. Insofern trifft Tillich der Vorwurf Barths, die Rechtfertigungsaussage in einen philosophischen Erklärungshorizont eingepaßt zu haben, nicht. In Auseinandersetzung aber mit den kritischen Anfragen der Neuzeit auf der einen Seite und der Durchführung der Rechtfertigungseinsicht auch für den erkennenden Zugang zum Glauben auf der anderen Seite verallgemeinert Tillich die Rechtfertigungseinsicht an drei Punkten. Darin will er das Besondere und Unverfügbare des Offenbarungsgeschehens in der geschichtlichen Situation verständlich und für die allgemeine Wirklichkeitserfahrung zugänglich machen.[56]

Erstens entfaltet Tillich die theologische Grundeinsicht von der Rechtfertigung in ihrer abgrenzenden Seite als einen auch der vernünftigen Reflexion zugänglichen Sachverhalt: Nichts Bedingtes kann den Menschen unbedingt angehen. Alle Weisen, in denen das Unbedingte im Bedingten aufscheint, sind unter die Kritik des protestantischen Prinzips zu stellen. Das Endliche kann zwar der Ort werden, an dem Unbedingtes aufscheint, aber kein endliches Medium oder Symbol kann für sich Unbedingtheit beanspruchen. Damit kommt Tillich dem neuzeitlichen Bewußtsein von Geschichtlichkeit und der neuzeitlichen Autoritätskritik entgegen.[57]

Zweitens versucht Tillich aufzuzeigen, daß die Frage nach Gott sich denk- und lebensnotwendig aus der kritischen Selbstreflexion der Vernunft in der Erfahrung ihrer Endlichkeit und Entfremdung ergibt. Insbesondere im zweiten Band der »Systematischen Theologie« wird in den Erörterungen über Schöpfung und Fall aufgezeigt, wie zur Existenz Entfremdung gehört und aus der Existenz sich die Frage nach der Überwindung der Entfremdung in der Macht des neuen Seins ergibt.[58] Damit nimmt Tillich kritische Anfragen an das christliche Verständnis von Sünde auf. Er versucht Sünde als ein existentiell erfahrbares und philosophisch reflektierbares Grundgeschehen der Existenz zu explizieren. Zugleich gibt Tillich hier Antwort auf die kritischen Anfragen zum Verhältnis von Offenbarung und Vernunft in seiner Frage-Antwort-Korrelation. Der Begriff der christlichen Freiheit wird in diesem Kontext als philosophisch vertretbarer, aus der Strukturanalyse der Wirklichkeit sich ergebender Begriff aufgezeigt.

Drittens versucht Tillich in seinen Überlegungen zur Rechtfertigung des Zweiflers und zum absoluten Glauben einen allgemein erfahrbaren Zugang zum christlichen Glauben zu eröffnen. An die Stelle der Rede von einer natürlichen Offenbarung Gottes tritt die existentielle Erfahrung des Gehaltenseins, die auf Gott hin und die Erfahrung des neuen Seins öffnet. So versucht Tillich das Besondere des Offenbarungsgeschehens in die Grundsituation des Menschen hinein zu vermitteln. Zugleich versucht er darin eine Zuordnung von Schöpfung, Sünde und Erlösung vorzunehmen, in der ein schöpfungsgegebener Zugang zu Gott in der Erfahrung sein eigenständiges Recht behält, der Widerspruch der Sünde nicht verharmlost wird und die Offenbarung als verstehbar und vermittelbar unter den Bedingungen der Existenz erscheint.[59]

Dieser Vermittlungsversuch ist gewiß nicht unter das Verdikt Barths zu stellen, daß es sich hier um einen Rückfall in »Natürliche Theologie« handle. Dazu ist einerseits der Begriff der Natürlichen Theologie in Barths Konzeption in sich selbst zu unklar und zu vereinfachend, andererseits sind die Zuordnungen Tillichs zu differenziert, als daß sie mit diesem groben Raster erfaßt werden könnten. Aber dieser Vermittlungsversuch ist doch in zweifacher Hinsicht auf seine Leistungsfähigkeit hin zu befragen. Zum einen gilt es zu klären, ob er in der Tat einen allgemeinen Verstehens- und Erfahrungszugang zum Offenbarungsgeschehen bietet. Zum anderen ist zu fragen, ob und welche Auswirkungen diese Auslegung des besonderen Offenbarungsgeschehens für das Verständnis des Offenbarungsgeschehens selbst hat.

Zu Tillichs Eröffnung eines Verstehens- und Erfahrungszugangs zum Glauben hat die vielfältige philosophische und theologische Diskussion, auf die wir im einzelnen hier nicht eingehen können[60], gezeigt: Zweifellos hilfreich und einleuchtend erweist sich Tillichs Methode der Korrelation darin, daß sie aufzeigt, wie christlicher Glaube mit den Grundfragen des Menschen zu tun hat und auch unter den Bedingungen der Gegenwart die Frage nach Gott der Vernunft nicht widerspricht, sondern für sich gute Gründe hat. Deutlicher aber müssen wir erkennen und anerkennen, daß die Frage nach Gott nicht jedermann als lebensnotwendig aufgewiesen werden kann. Man kann sich dieser Frage auch mit »guten Gründen« entziehen.[61] Es gehört zur intellektuellen Redlichkeit, sich diese Situation einzugestehen. Wichtiger aber noch als diese Einsicht, daß die Lage hier philosophisch gesehen offen ist, ist die Erkenntnis, daß der Prozeß des »Zum-Glauben-Kommens« andere Gestalt hat. Glaube widerspricht nicht der schöpfungsgegebenen Vernunft. Fähig aber und geöffnet werden wir für den Glauben nicht durch den Aufweis vermeintlich »evidenter Fragen«. So notwendig hier Argumentation und Dialogbereitschaft sind, so deutlich ist auch, daß sich der Mensch der vernünftigen Erhellung seiner schöpfungsgegebenen Situation im Lichte des Evangeliums im bleibenden Widerspruch der Sünde entziehen kann. Durch die Zusage der Rechtfertigung und der darin eröffneten Erfahrungen der Befreiung und des Mutes allein kann – da ist Barth zuzustimmen – letztlich solcher Widerstand überwunden werden.[62] Tillich hat um die Notwendigkeit eines solchen erfahrungsorientierten Zugangs gewußt, aber seine Bestimmung solcher allgemeinen Erfahrung des Gehaltenseins im Zweifel kann als interpretiertes Erleben auch anders, etwa im Sinne der Interpretation solcher Erfahrung bei Camus oder Weischedel, gedeutet werden.[63]

Zu den Konsequenzen für das Verständnis der Offenbarung: Tillichs Auslegungen des protestantischen Prinzips als kritisches Prinzip gegen alle Absolutsetzung eines Bedingten führt ihn gegenüber allen Formen der Verwirklichung und der Gestalt, insbesondere in der Christologie, dazu, jede Gestalt zu relativieren und zu transzendieren. Tillichs theologische Aussagen zur Vermittlungsgestalt der Offenbarung erhalten bei aller Betonung der »katholischen Substanz« einen Zug zum Ungeschichtlichen und Unkonkreten.[64] Die Grundaussage der Christologie ist meines Erachtens nicht, daß der Mensch Jesus sich an den Christus preisgibt und darin an Gott. Das Kreuz ist nicht das Symbol für die Selbstpreisgabe des Mediums als Medium, sondern in der Geschichte Jesu, in seinem Leiden und Sterben wird sichtbar, daß Gott in der geschichtlichen Konkretion des Lebens Jesu in seinem Leben für andere, in einer Ansage des Reiches Gottes und im sühnenden Leiden für uns selbst gegenwärtig wird.

So führt nach meiner Auffassung, die im einzelnen genauer zu belegen wäre[65], Tillichs Versuch, das Besondere der geschichtlichen Offenbarung allgemein zugänglich und verstehbar zu machen, zu einer Relativierung der inhaltlichen Konkretionen in der Geschichte, sowohl der Geschichte des Handelns Gottes als auch unserer Geschichte.

Karl Barth hält demgegenüber entschlossen an dem besonderen Offenbarungsgeschehen fest und hat dies in seiner Kirchlichen Dogmatik in der christologischen Konzentration und auf dem Weg der analogia fidei bzw. der analogia relationis ausgearbeitet. Er bleibt aber gegenüber Tillichs Anfragen nach einer Isolierung dieser besonderen Geschichte und gegenüber Tillichs Vorwurf, die Geschichtlichkeit und Menschlichkeit allen Redens von dieser Offenbarung nicht zu beachten, merkwürdig sprachlos. Barth kann hier nur immer wieder die dialektische Behauptung aufstellen, daß in aller Niedrigkeit die Majestät Gottes sich offenbart. Er kommt aber über diese Rahmenbestimmung nicht hinaus.

Wie innerhalb des Rahmens zu argumentieren ist, bleibt offen, wenn nicht der Willkürlichkeit überlassen.

Barths in Auseinandersetzung mit der Neuzeit vollzogene Radikalisierung des Gottesverständnisses zur Vorstellung von der Autonomie Gottes[66] einerseits und sein radikales Ausziehen der Rechtfertigungseinsicht auf die Unmöglichkeit einer Erkenntnis Gottes jenseits des Glaubens an Jesus Christus andererseits werde bei ihm überführt in ein ontologisch gedachtes Konstitutionsmodell von Wirklichkeit, in dem die Schöpfung zum bloß formalen Rahmen wird, der entweder nicht näher bestimmbar ist oder dessen Erkenntnis in den Wissenschaften letztlich zu vernachlässigen ist. Dadurch kommt es bei Barth dazu, daß er sich im Blick auf die Herkunft der Sünde in logische Widersprüche verwickelt[67] und die Erfahrungen in der Schöpfung und mit der Sünde in ihrer konkreten Gestalt nicht angemessen zur Geltung gebracht werden.

So zeigt sich für mich in der Auseinandersetzung zwischen Tillich und Barth, daß es hier im entscheidenden Punkt um die angemessene Zuordnung von Schöpfung, Sünde und Versöhnungsgeschehen geht, sowohl im Blick auf den Erkenntniszugang als auch im Blick auf die Konstitutionstheorie der Wirklichkeit. Beide versuchen hier, je auf ihre Weise, neue Wege zu gehen und neue Zuordnungen vorzunehmen. So steht der Gemeinsamkeit im offenbarungstheologischen Ansatz die Unterschiedenheit dieser Zuordnungen gegenüber. Hier liegt die entscheidende Differenz.

b. Die offenen Fragen und unsere Aufgabe

Die Reflexion dieser unterschiedlichen Zuordnung von Schöpfung, Sünde und Versöhnungsgeschehen bei Barth und Tillich in erkenntnistheoretischer und ontologischer Hinsicht läßt abschließend zu folgenden Einsichten in den hier offengebliebenen Fragen und die gegenwärtige theologische Aufgabe kommen:

1) Beide, Tillich und Barth, wollen in Antwort auf die Anfragen und Herausforderungen der Neuzeit einen angemessenen Zugang zum Offenbarungsgeschehen eröffnen. Aber weder Tillichs Zugang über die »Evidenz« der Frage nach Gott und die allgemeine Gotteserfahrung im Zweifel noch Barths Zugang über die Selbstevidenz des Ereignisses

»Jesus Christus« erweisen sich als unmittelbar dem neuzeitlichen Bewußtsein annehmbar und vermittelbar. Der mangelnden Reflexion der Umstrittenheit der Frage nach Gott bei Tillich korrespondiert die mangelnde Reflexion der in aller Sünde schöpfungsgegebenen Möglichkeiten des Menschen bei Barth.

Aufgabe einer zeitgemäßen Theologie ist es nach meiner Auffassung, sich dem Problem der Anknüpfung und Vermittlung darum noch einmal neu zu stellen. Als Weg erscheint mir hier, in aller Kürze benannt, möglich: Im Horizont allgemeiner philosophischer Reflexion gilt es anzuknüpfen an die strukturellen Implikationen des Gottesgedankens, sich an Ort und Stelle mit den Gründen für und gegen ein Reden von Gott und seinen inhaltlichen Ausprägungen auseinanderzusetzen und aufzuzeigen, wie es im christlichen Reden von Gott zu einer bestimmten inhaltlichen Auslegung und Umkehr geschichtlicher Gottesvorstellungen kommt. Solche Umkehr wird etwa in dem Gedanken Bonhoeffers deutlich, daß Gott als die alles bestimmende Wirklichkeit nicht anders mächtig sein will als in der Macht der Liebe, die uns in Kreuz und Auferstehung begegnet.[68]

2) Sowohl bei Tillich als auch bei Barth erscheint die Zuordnung von Schöpfung und Sünde als unterbestimmt. Im ersten Fall wird ein notwendiger, im zweiten Fall ein nichtverstehbarer Zusammenhang hergestellt.[69] Dies führt dazu, daß von einer schöpfungsgegebenen Erfahrung Gottes entweder nur in unbestimmter Allgemeinheit (Tillich) oder in Negation (Barth) geredet werden kann. Die Spannung zwischen Schöpfung und Versöhnung in der Geschichte Gottes und in unserer Wirklichkeitswahrnehmung wird darin aufgehoben. Bei Tillich geschieht dies so, daß die Rede von der Macht des Seins und des Neuen Seins letztlich in eins fallen. Bei Barth wird alles in eine das Schöpfungshandeln in seinem Eigengewicht vernachlässigende, christologische Perspektive gestellt.

Aufgabe der Theologie ist es hier, zu einer eigenständigen Wahrnehmung der unterschiedlichen Zugänge anzuleiten und diese Zugänge in Unterscheidung und Zuordnung vom Kriterium Jesus Christus her zu vermitteln. Dabei geht es etwa um eine Vermittlung der Unterscheidung und Zuordnung von Gesetz und Evangelium, ebenso wie um eine Unterscheidung und Zuordnung der Erfahrungen des deus absconditus und des deus revelatus vom Versöhnungsge-schehen her.[70]

3) Je auf ihre Weise, so hat unsere Analyse ergeben, neh-men Tillich und Barth die Radikalität der Inkarnation nicht ernst. Polemisch und zugespitzt formuliert könnte man sa-gen, daß bei beiden die Inkarnation als »halbierte Inkarna-tion« verstanden wird. Tillich unterläuft die besondere Offenbarung mit seiner Auslegung und Anwendung des protestantischen Prinzips auf das Symbol Jesus Christus. Barth unterläuft die Inkarnation durch die dialektische Aus-grenzung der besonderen Geschichte Jesu Christi.

Hier erscheint es Aufgabe der Theologie, davon auszu-gehen, daß Gott sich in Jesus Christus ganz im Endlichen offenbaren kann. Er kann dies, ohne ein anderer zu werden, da er das in der Macht seiner Liebe tut, die die Ohnmacht menschlicher Begrenzung und Verletzlichkeit nicht scheut. Für den Umgang mit dem geschichtlichen Zeugnis von die-sem Geschehen bedeutet dies, daß weder eine allgemeine Relativierung noch eine besondere Ausgrenzung sachgemäß sind. Statt dessen geht es um einen am Konsens orientierten, selbstkritischen Dialog, in dem dem biblischen Zeugnis ver-pflichtet, erfahrungsorientiert und argumentierend um die Wahrheit gerungen wird. Das führt zu einer der Wahrheit verpflichteten und parteinehmenden Theologie.

So zeigt sich, daß gerade an den Kontroverspunkten zwi-schen Barth und Tillich die ungelösten Fragen liegen, in denen wir zu neuen Wegen und zu neuen Antworten her-ausgefordert sind.

Anmerkungen

1 P. Tillich, Autobiographische Betrachtungen, GW XII, 76 f.
2 Zur Auseinandersetzung Tillichs mit der Dialektischen Theolo-gie und Karl Barth vgl. besonders: Kritisches und positives Paradox. Eine Auseinandersetzung mit Karl Barth und Fried-rich Gogarten, GW VII, 216–225; Antwort, GW VII, 240–243; Karl Barth, GW XII, 187–193; Was ist falsch in der »Dialek-tischen« Theologie?, GW VII, 247–262; Ein Wendepunkt in Karl Barths Denken. Zu seinem Buch: Die Kirche und die politische Frage heute, GW XII, 321–326; STh, I, 11–15, 74 f; II, 20 f; III, 327.
3 P. Tillich, Karl Barth, GW XII, 191.
4 Tillich schreibt über den Einfluß Kählers auf sein theologisches

Denken: »Ich verdanke seinem Einfluß vor allem die Einsicht in den alles beherrschenden Charakter des Paulinisch-Lutherischen Rechtfertigungsgedankens, durch den jeder menschliche Anspruch vor Gott und jede auch verhüllte Identifizierung von Gott und Mensch zerbrochen wird; der aber zugleich in der Paradoxie des Urteils, das den Sünder gerecht spricht, einen Punkt zeigt, von dem aus der Zerfall der menschlichen Existenz in Schuld und Verzweiflung überwunden werden kann. Die Interpretation des Kreuzes Christi als der anschauliche Ort dieses Nein und Ja über die Welt wurde und blieb der Inhalt meiner Christologie und Dogmatik im engeren Sinn. Von da aus wurde es mir leicht, die Verbindung zur Barthschen Theologie und zur Kierkegaard-Heideggerschen Analyse der menschlichen Existenz zu finden.« (Auf der Grenze, GW XII, 32)

5 P. Tillich, Was ist falsch in der »Dialektischen« Theologie?, GW VII, 254.

6 Vgl. P. Tillich, Kritisches und positives Paradox, GW VII, 216.

7 P. Tillich, Protestantische Gestaltung, GW VII, 55.

8 P. Tillich, Kritisches und positives Paradox, GW VII, 216.

9 Ebd., GW VII, 224.

10 Ebd., GW VII, 221.

11 Tillich verarbeitet die allgemeine Krisenerfahrung, die sich nach dem Ende des Ersten Weltkrieges im Zusammenbruch von Monarchie und bisherigen Lebensordnungen, im Verlust des Glaubens an den Fortschritt und die Entfaltung der sittlichen Persönlichkeit im Kontext einer bürgerlich liberalen Lebenswelt einstellt, in Auseinandersetzung mit seiner bisherigen Wirklichkeitsanalyse aus den Schelling-Arbeiten: »Eine Einheit von Theologie und Philosophie konnte auch Schelling nicht erreichen. Der Weltkrieg bedeutete für mein Erlebnis die Katastrophe des idealistischen Denkens überhaupt. Und in diese Katastrophe war auch Schelling hineingezogen. Der Abgrund öffnete sich, den Schelling zwar gesehen, aber dann bald wieder zugedeckt hatte. Das vierjährige Erleben des Krieges riß den Abgrund für meine ganze Generation so auf, daß er sich nie mehr schließen konnte. Wenn eine Vereinigung von Theologie und Philosophie möglich sein sollte, so durfte sie nur in einer Weise geschehen, die dieser Erfahrung des Abgrundes unserer Existenz gerecht wurde.« (Auf der Grenze, GW XII, 33 f)

Inwieweit diese Krisenerfahrung nach dem Ersten Weltkrieg nur ein auslösendes Moment oder der eigentliche Grund für Tillichs Abkehr vom Idealismus war, ist in der Forschung umstritten. Meines Ermessens waren aber die damaligen Ereignisse eher der letzte auslösende Faktor für Tillichs Religions- und Geschichtsphilosophie, die sich schon in der Auseinandersetzung mit Schelling anbahnte. Vgl. auch G. Wenz,

Subjekt und Sein. Die Entwicklung der Theologie Paul Tillichs, München 1979, 24 f.

12 Zu Tillichs Sicht des Verhältnisses von Autonomie, Theonomie und Heteronomie und seiner Deutung der Situation in den verschiedenen Phasen seines theologischen Denkens vgl. auch ausführlich J. Track, Der theologische Ansatz Paul Tillichs. Eine wissenschaftstheoretische Untersuchung seiner »Systematischen Theologie«, Göttingen 1975, 213–235.

13 Zu Tillichs Verständnis des Dämonischen vgl. Das Dämonische. Ein Beitrag zur Sinndeutung der Geschichte, GW VI, 42–71; Der Begriff des Dämonischen und seine Bedeutung für die systematische Theologie, GW VII, 285–297; Grundlinien des religiösen Sozialismus, GW II, 91–119; Die Staatslehre Augustins nach de civitate dei, GW XII, 81–96; Religionsphilosophie, GW I, 338–349. Aus der Sekundärliteratur: Th. Ulrich, Ontologie, Theologie, gesellschaftliche Praxis. Studien zum religiösen Sozialismus Paul Tillichs und Karl Mennickes, Zürich 1971, 101–108; E. Rolinck, Geschichte und Reich Gottes. Philosophie und Theologie der Geschichte bei Paul Tillich, München, Paderborn, Wien 1976, 96–102.

In seinen Frühschriften entfaltet Tillich das Dämonische als den geistgewordenen und geschichtsmächtigen Widerspruch in der Spannung zwischen Form und Gehalt, zwischen Seinsgestalt und Seinsunerschöpflichkeit. Das Dämonische schöpft seine Kraft aus dem tragenden Grund und Abgrund des Seins, dem es widerspricht. Es gewinnt seine Gestalt, indem es sich der Sinnform bedient, die auf das Unbedingte hinweist und den absoluten Herrschaftsanspruch einer Form verkündet. In den Überlegungen zum Religiösen Sozialismus und in der »Systematischen Theologie« wird das Dämonische noch stärker geschichtsphilosophisch gedeutet und in Beziehung zum Verständnis von Religion gesetzt. Dämonisierung ist Schicksal, insofern der Mensch eines unbedingten Anliegens bedarf und gerade das Ergriffenwerden von der unbedingten Macht nicht erzwingen kann. Dämonisierung ist freies Handeln des Menschen, der sich in seiner Freiheit für ein bestimmtes Anliegen als unbedingtes Anliegen entscheidet und darin Bedingtes zum Unbedingten macht. Dies geschieht immer wieder in der Religion. Eine Überwindung des Dämonischen ist letztlich möglich von der Macht des Seins her, wenn es in einer Transzendierung der Autonomie und in einer Erfahrung des Durchbruchs zum Betroffenwerden vom Unbedingten in einer neuen Theonomie kommt.

14 Obwohl Tillich wie Barth den letzten Grund gegenwärtiger Krise in einer gehaltlos und leer gewordenen Autonomie sieht, die sich ihrer Verwiesenheit auf das Unbedingte nicht mehr bewußt ist, hält Tillich es nicht für den angemessenen Weg,

diese Autonomie einfach zu negieren und ihr die Offenbarung entgegenzusetzen. Dies würde nur zu einer Heteronomie führen, die entweder den unbedingten Sinngehalt nicht in einer Form fassen kann oder zu einer bedingten Form unter anderen wird. Schon in dieser Gemeinsamkeit der Kritik der neuzeitlichen Entwicklung mit Barth wird hier die Unterschiedenheit der Wege zur Überwindung der Krise im Ansatz deutlich.

15 Zu Tillichs Kritik an der Liberalen Theologie vgl. besonders: Martin Bubers dreifacher Beitrag zum Protestantismus, GW VII, 141–150, besonders 143 f; Prinzipien des Protestantismus, GW VII, 133–140, besonders 136; Antwort, GW VII, 251 f, 258–261; STh I, 79 f; II, 128 f, und weiterhin aufschlußreich sind die Einzelauseinandersetzungen mit Ritschl, Harnack und Troeltsch, die sich in GW XII finden und in EW II, 177–184 und 191–194. Aus der Sekundärliteratur sei besonders verwiesen auf E. Rolinck, Geschichte und Reich Gottes, 22–31; G. Wenz, Subjekt und Sein, 26–32.

16 P. Tillich, Prinzipien des Protestantismus, GW VII, 136 f.

17 Tillichs Analysen der neuzeitlichen Entwicklung, insbesondere der wissenschaftlich-technischen Zivilisation, die sich an die Eigendynamik ihres Fortschritts ausliefert und grundlegende Ziele und Werte zur Bewahrung des Lebens aus dem Blick verliert, sind von unüberhörbarer Deutlichkeit. Ihre Tragweite beginnen wir erst in der gegenwärtigen Krisensituation ganz zu verstehen. Die Situationsanalyse Tillichs steht hier in der Nähe der Deutung der »Frankfurter Schule«. Auch in der Kritik des Hegelschen Systems von einer von Kierkegaard her geprägten Dialektik aus sind sich Tillich und sein späterer Habilitand Adorno einig. Anders als Adorno und Horkheimer aber sieht Tillich den letzten Grund für den gefährdeten Weg im Verlust der religiösen Dimension. Anders als bei Adorno und Horkheimer wird die »negative Dialektik« bei Tillich umschlossen von dem Positiven als Ermöglichungsgrund der negativen Dialektik und als dem aufscheinenden Ziel der Geschichte. Von daher entfaltet Tillich sein System.

18 Vgl. P. Tillich, Die gegenwärtige Weltsituation, GW II, 241. Insgesamt zu Tillichs Sicht des religiösen Sozialismus vgl.: Christentum und soziale Gestaltung. Frühe Schriften zum religiösen Sozialismus, GW II, passim. Sekundärliteratur: F. Oberdieck, Der religiöse Sozialismus des Kreises um Paul Tillich, Dissertation, Göttingen 1949; H.-D. Wendland, Der religiöse Sozialismus bei Paul Tillich. In: Marxismusstudien 4, 1962, 163–195; E. Amelung, Die Gestalt der Liebe. Paul Tillichs Theologie der Natur, Gütersloh 1972, 58 ff; K. Schedler, Natur und Gnade. Das sakramentale Denken in der frühen Theologie Paul Tillichs, Stuttgart 1970, 139 ff; Th. Ulrich, Ontologie, Theologie, gesellschaftliche Praxis, 148 ff.

19 K. Barth, Predigten 1914, GA I, 42.
20 Vgl. P. Tillich, Klassenkampf und religiöser Sozialismus, GW II, 182.
21 P. Tillich, Die sozialistische Entscheidung, GW II, 312. Tillich nimmt unzweideutig Partei für den Sozialismus. Der Sozialismus ist der von der gegenwärtigen Situation gewiesene Ort des Neuanfangs. Diese unzweideutige Parteinahme bedeutet jedoch nicht eine unkritische Haltung gegenüber dem Sozialismus selbst. Vom Unbedingten her muß die Bedingtheit und Vorläufigkeit jeder Verwirklichung, auch einer Verwirklichung des Sozialismus, kritisiert werden. Diese Einsicht verhindert eine Verabsolutierung des Sozialismus. Während Tillich hier von der Dialektik des Unbedingten und des Bedingten her argumentiert, argumentiert Barth von der Andersartigkeit des Reiches Gottes aus gegenüber aller weltlichen Verwirklichung.
22 Vgl. P. Tillich, Grundlinien des Religiösen Sozialismus, GW II, 96 ff.
23 Gerade diese Ausweitung der Rechtfertigungseinsicht auf das Feld neuzeitlicher Erkenntnistheorie, den Zugang zum Glauben und die Ethik verstehen beide Theologen, Barth und Tillich, als notwendige Konsequenz aus der Wirkungsgeschichte der Rechtfertigungseinsicht unter den Bedingungen der Neuzeit. In dieser Ausweitung wollen sie die Rechtfertigungseinsicht wieder zur Geltung bringen als grundlegende Bestimmung des Verhältnisses zwischen Gott und Mensch. Während aber Tillich dies explizit unter Berufung auf die Rechtfertigungseinsicht vollzieht, geschieht dies bei Barth in einer Kritik der lutherischen Rechtfertigungslehre als Engführung und in einem eigenständigen Zugang von seinem Verständnis von Offenbarung und Versöhnung her.
24 Tillich selbst hat sein Verhältnis zu Barth wiederholt als das einer allmählichen Trennung gekennzeichnet. Je mehr ihm Barths »Supranaturalismus« bzw. »Neuorthodoxie« deutlich wird, um so mehr meint er sich von Barth distanzieren zu müssen. Eine genauere Untersuchung des Verhältnisses von Tillich zu Barth aber macht deutlich, daß schon von Anfang an sich hier unterschiedliche Konzeptionen begegnen, deren Gemeinsamkeit in der Bejahung eines offenbarungstheologischen Ansatzes liegt, deren Differenz aber in der Durchführung dieses offenbarungstheologischen Ansatzes und seiner Vermittlung in der Situation ebenso deutlich wird.

Zum Verhältnis von Tillich und Barth vgl. Th. Ulrich, Ontologie, Theologie, gesellschaftliche Praxis, 137 ff, 210 f; K. Schedler, Natur und Gnade, 18 ff, 68 ff, 145 ff; H. Förster, Die Kritik Paul Tillichs an der Theologie Karl Barths, theologische Dissertation, Göttingen 1964/65; B.-E. Benktson,

Christus und die Religion. Der Religionsbegriff bei Barth, Bonhoeffer und Tillich, Stuttgart 1967, 106–116; G. Wenz, Subjekt und Sein, 95–102; E. Rolinck, Geschichte und Reich Gottes, 31–35.

25 P. Tillich, Kritisches und positives Paradox, GW VII, 216.

26 Ebd., GW VII, 223.

27 Ebd., GW VII, 220.

28 Ebd., GW VII, 218.

29 P. Tillich, Was ist falsch in der »Dialektischen« Theologie?, GW VII, 254.

30 P. Tillich, STh I, 12.

31 P. Tillich, Kritisches und positives Paradox, GW VII, 218.

32 Ebd., GW VII, 218.

33 Ebd., GW VII, 223.

34 Ebd., GW VII, 225.

35 Vgl. P. Tillich, Rechtfertigung und Zweifel, GW VIII, 85–100; Der Protestantismus als kritisches und gestaltendes Prinzip, GW VII, 29-53; Protestantische Gestaltung, GW VII, 54–69; Die protestantische Verkündigung und der Mensch der Gegenwart, GW VII, 70–83.

36 P. Tillich, Der Mut zum Sein, GW XI, 131.

37 Tillich will jede theologische Richtung ablehnen, in der die Offenbarung ausschließlich als Heilsoffenbarung gedeutet und ausschließlich christologisch gefaßt wird. Der gegenwärtigen Profanisierung und der Angst vor der Sinnlosigkeit könnte nichts entgegengesetzt werden. »Die universale Fassung der Offenbarung aber bleibt unvollkommen, solange es ihr nicht gelingt, die Paradoxie der Rechtfertigung auf die Grundoffenbarung anzuwenden. Es ist die Aufgabe der protestantischen Theologie, über diesen Gegensatz hinauszukommen und damit von ihrem Zentrum aus ihre verlorengegangene Grundlage wiederzufinden.« (Rechtfertigung und Zweifel, GW VIII, 96)

38 Vgl. P. Tillich, Wesen und Wandel des Glaubens, GW VII, 122 ff, 177 ff; Der Mut zum Sein, GW XI, 42 ff, 117 ff.

39 In der Ausarbeitung der Methode der Korrelation in der Systematischen Theologie nimmt Tillich diesen Doppelaspekt seines Zugangs zum Offenbarungsgeschehen, der den Menschen in seiner Situation abholt, auf. Einerseits entsteht aus dem erkennenden Zugang des Menschen in der Analyse der Wirklichkeit und seiner eigenen Situation die Frage nach Gott, andererseits verbindet sich mit dieser Frage eine existentielle, erfahrungsbezogene Seite: In der Erkenntnis seiner Endlichkeit muß der Mensch mit der Angst umgehen, in der Erfahrung seiner Entfremdung mit der Verzweiflung. Sowohl aber in der Frage nach Gott als auch in der Erfahrung der Angst und der Verzweiflung kann der Mensch sich letztlich gehalten und ge-

borgen wissen von der Macht über Sein und Nichtsein. Dies ermöglicht im tiefsten Sinn ein Verstehen der christlichen Antwort.

40 Dieses differenziertere Urteil über die Liberale Theologie findet sich vor allem in dem Aufsatz: Was ist falsch in der »Dialektischen« Theologie?, GW VII, 247–262, und in der »Systematischen Theologie« (besonders STh I, 161; II, 168). Genau gesehen ist Tillichs Stellung zur Liberalen Theologie von Anfang an ambivalent. Auf der einen Seite kritisiert Tillich von seinem Verständnis des protestantischen Prinzips aus durchgehend die fehlende Tiefe der Liberalen Theologie. Sie relativiert das Paradox, die Durchbruchserfahrung des Unbedingten, übersieht die existentielle Selbstentfremdung des Menschen und die Macht des Dämonischen. Sie bleibt der bürgerlichen Welt verhaftet und verharmlost die Krise der Moderne. Auf der anderen Seite übernimmt Tillich sowohl die Zielvorstellungen der Liberalen Theologie als auch ihre Themen. Tillich geht es in gleicher Weise wie der Liberalen Theologie um Anknüpfung und Vermittlung der christlichen Botschaft im Kontext der Neuzeit, die Durchdringung der Kultur und der geschichtlichen Situation von der christlichen Botschaft her. Anders als bei Barth ist Tillichs Kritik nicht an den Zielvorstellungen als solchen orientiert, sondern an der Durchführung. Die Synthese zwischen Neuzeit und Christentum, Offenbarung und Vernunft kann immer nur als dialektische begriffen werden, die ihren letzten Grund im Paradox der Offenbarung als Grundoffenbarung und Heilsoffenbarung hat.

41 P. Tillich, Was ist falsch in der »Dialektischen« Theologie?, GW VII, 256 f.

42 Ebd., 248; Überwindung des Provinzialismus in der Theologie, GW VIII, 18.

43 Als wichtigsten Begriff zur Deutung der Situation und der geschichtlichen Entwicklung entwickelt Tillich in der Auseinandersetzung mit dem Problem der Utopie und dem marxistischen Geschichtsverständnis seinen Begriff des Kairos. Der Kairos in der Geschichte ereignet sich im Erscheinen des Christus und seiner Aufnahme. Hier begegnet die »Fülle der Zeit«. Von diesem einen Kairos leiten sich die relativen Kairoi ab, in denen das Erscheinen der Mitte der Geschichte sich immer wieder neu manifestiert. Solche Kairoi sind geschichtliche Augenblicke, die selten sind, sich lange vorbereiten und lange nachwirken, aber ihr Durchbruch ist ein kurzer, erschütternder und Wandlung bringender Augenblick. Das Neue, das im Kairos erfahren wird, ist Möglichkeit, die geschenkt wird und zugleich eine Möglichkeit, für die es einzutreten gilt. In der Erwartung eines Kairos handeln bedeutet, in der Richtung auf

Theonomie handeln. Die Ansage eines solchen Kairos ist immer ein prophetisches Wagnis. Dieses Wagnis aber muß je und je neu nach Tillich eingegangen werden, sonst wird die Rede von dem einen großen Kairos zu einer abstrakten Rede.

44 Vgl P. Tillich, Grundlinien des religiösen Sozialismus, GW II, 118 f.

45 In dieser neuen Zuordnung wird für Tillich nur noch in der Grenzsituation der Verzweiflung jene unbestimmte Möglichkeit der Gnadenerfahrung als Gegenwart des göttlichen Grundes offenbar. Die Religionen werden auf die Seite der Erfahrung des Neuen Seins gestellt. Darin drückt sich Tillichs Einsicht aus, daß die Frage nach dem Neuen Sein unter den Bedingungen der Existenz nur von einer vorgängigen Erfahrung des Neuen Seins her gestellt werden kann.

46 K. Barth, Von der Paradoxie des »positiven Paradoxes« – Antworten und Fragen an Paul Tillich, GW VII, 226–239. Neben dieser ausführlichen Antwort hat Karl Barth nur mehr oder weniger ironische und polemische Bemerkungen für Tillich übrig wie »unverbesserlicher Geistesgeschichtler« (KD I/1, 76).

47 K. Barth, Von der Paradoxie des »positiven Paradoxes«, GW VII, 228.

48 Ebd., GW VII, 236 f.

49 Ebd., GW VII, 231 f.

50 Ebd., GW VII, 235.

51 Ebd., GW VII, 234.

52 Ebd., GW VII, 234.

53 Ebd., GW VII, 235.

54 Ebd., GW VII, 236 f.

55 Ebd., GW VII, 238.

56 Interessant ist an diesem Vorgehen Tillichs dreierlei. Erstens geht es ihm nicht um ein Aufzeigen der guten Gründe, die für die »Torheit des Kreuzes« mitten in aller Umstrittenheit dessen, was »vernünftig« ist und als Weisheit Gottes gelten kann, sprechen. Tillich will mehr. Er will die Einsicht in die Bedingtheit jedes Mediums und in die Notwendigkeit der Frage nach Gott als evident erweisen. Zweitens verzichtet Tillich darauf, daß das Offenbarungsgeschehen als geschichtliches Handeln Gottes auf den Begriff im Sinne Hegels gebracht werden soll. Er will nicht nur die Einmaligkeit des geschichtlichen Ereignisses Jesus Christus wie Hegel festhalten, sondern auch dessen unverfügbaren, paradoxen Charakter, der nicht anders als im Glauben erfaßt werden kann. Die Erkenntnis der Offenbarung ist hier bleibend an die unbedingte Betroffenheit gebunden. Deshalb vermeidet Tillich Verallgemeinerungen der im Offenbarungsgeschehen eröffneten Gott- und Welterkenntnis auf philosophische Evidenz hin in ihrer positiven Seite, wie es etwa

in Hegels Deutung des Karfreitags geschieht. Im Blick aber auf die abgrenzenden Implikationen dieser Aussagen (nichts Bedingtes kann für sich Unbedingtheit beanspruchen, Existenz ist Entfremdung) versucht Tillich, im Rahmen seiner Ontologie philosophisch einsichtige und evidente Begründungen zu geben. Drittens durchbricht Tillich dieses Konzept, wo er an die Erfahrung in der Verzweiflung anknüpft. Hier ist zwar nicht von einer allgemein möglichen Gotteserkenntnis, aber von einer möglichen Gotteserfahrung die Rede. Diese Erfahrung jedoch bleibt, wie Tillichs Ausführungen zum absoluten Glauben zeigen, eine unbestimmte Erfahrung, die erst vom Paradox der Christuserfahrung her letztlich ins Verstehen kommt und ihren rechten Ort erhält.

57 Genau gesehen kommt Tillich den religionskritischen Anfragen der Neuzeit nur bedingt entgegen. Zwar wird, in Tillichs Sprache formuliert, kein unmittelbarer, heteronomer Anspruch für das christliche Offenbarungsgeschehen erhoben, sondern jede geschichtliche Gestalt der Offenbarungsvermittlung, auch die des Mediums Jesus, unter die Kritik des protestantischen Prinzips gestellt, aber dennoch vertritt Tillich für das Ereignis Jesus Christus den Anspruch, daß hier letztgültige Offenbarung geschieht. Damit ist das Autoritätsproblem des Offenbarungsanspruches zwar relativiert, aber nicht entschärft. Vgl die Kritik an Tillich im Kritischen Rationalismus (H. Albert und W. Barthley) und in der Kritischen Theorie.

58 Vgl. besonders P. Tillich, STh II, 87–106.

59 In den verschiedenen Untersuchungen zur Methode der Korrelation ist gerade dieser Erfahrungsbezug bei Tillich als essentielle Seite der Frage-Antwort-Korrelation und damit das dialektische Verhältnis von Schöpfung, Sünde und Erlösung, von Gesetz und Evangelium, das Tillichs Modell der »Anknüpfung« und »Vermittlung« bestimmt, nicht hinreichend bedacht worden.

60 Vgl. zur Übersicht über die hier genannte Diskussion J. Track, Überlegungen zum Problem der religiösen Interpretation von Wirklichkeit, in: KuD 20, 1974, 106–137. – G. Wenz hält eine kritische Prüfung der philosophischen Behauptungen in Tillichs Konzeption im Rahmen der allgemeinen philosophischen Diskussion für eine Tillich nicht gemäße Separation von Theologie und Philosophie, wo es »doch Tillich (selbst) alles daran gelegen war, jedwedes Auseinanderdividieren von Philosophie und Theologie zu vermeiden« (Subjekt und Sein, 320). Darin zeigt sich – um es sehr vorsichtig zu sagen – ein unterbestimmtes Verständnis des Verhältnisses von Theologie und Philosophie bei Tillich. Gewiß will Tillich jedes Auseinanderdividieren von Theologie und Philosophie vermeiden, aber die dialekti-

sche Zuordnung von Philosophie und Theologie, die sich bei ihm durch das ganze Werk zieht und in besonderer Weise in der »Systematischen Theologie« zur Geltung kommt, gibt der Philosophie einen eigenständigen Ort, an dem philosophische Aussagen sich auch als allgemein philosophisch begründet erweisen müssen. Deshalb liegt es durchaus in Tillichs Intention, wenn diese philosophischen Aussagen auf ihre Begründung hin kritisch geprüft werden.

61 Es gehört im Kontext unserer philosophischen Tradition und gegenwärtigen Diskussion zu den unumgänglichen Aufgaben, sich mit der Gottesthematik auseinanderzusetzen. Keine philosophische Richtung wird auf die Auseinandersetzung mit den Argumentationen der traditionellen Metaphysik und der transzendentalphilosophischen Zugänge bei Kant oder im deutschen Idealismus verzichten oder hinter sie zurückgehen können. Aber es gibt durchaus gute Gründe nach einem kritischen Durchgang durch solche Überlegungen, auf Grund der Einsicht in die in diesen Argumentationen gemachten und nicht letztgültig begründbaren Voraussetzungen und auf Grund der Einsicht in die Ambivalenz auch des Kriteriums der Kohärenz von der Behauptung der Lebensnotwendigkeit der Frage nach Gott und der Annahme der Wirklichkeit Gottes Abstand zu nehmen. Diese guten Gründe gilt es ernst zu nehmen und nicht vorschnell als ein Zurückbleibenwollen hinter dem Begreifen der Wirklichkeit zu diffamieren.

62 Diese Einsicht in den »Durchbruchscharakter der Gnade«, die Luthers Bestimmung des Rechtfertigungsglaubens als Geschenk entspricht und bei Tillich und Barth aufgenommen ist, muß weder zur radikalen Entgegensetzung von Glaube und vernünftiger Reflexion im Blick auf die Anknüpfung führen noch als »subjektivistischer Dezisionismus« (G. Wenz) verstanden und gekennzeichnet werden. Vielmehr geht es um unverfügbare und in ihrer Deutung immer auch umstrittene Erfahrungen, die nicht beliebig oder willkürlich sind. Wer die erkenntnistheoretische Debatte ernst nimmt, dem werden solche groben Alternativen zwischen Begründbarkeit des Glaubens und Willkür des Glaubensgehorsams insgesamt fraglich. Es geht vielmehr darum, jenseits von dem vergeblichen Versuch, Letztbegründungen zu unternehmen, die guten Gründe und die Erfahrungen zu entfalten und zu vermitteln, die den Glauben bestimmen.

63 Vgl. W. Weischedel, Der Gott der Philosophen, Bd. 2, Darmstadt 1972, 106 f.

64 Dies arbeitet auch zu Recht G. Wenz, Subjekt und Sein, 329 f heraus.

65 Vgl. ausführlich J. Track, Der theologische Ansatz Paul Tillichs, 406 ff.

66 Vgl. T. Rendtorff, Radikale Autonomie Gottes. Zum Verständnis der Theologie Karl Barths und ihrer Folgen, in: Theorie des Christentums. Historisch-theologische Studien zu seiner neuzeitlichen Verfassung, Gütersloh 1972, 161 ff.

67 Vgl. W. Härle, Sein und Gnade. Die Ontologie in Karl Barths Kirchlicher Dogmatik, Berlin, New York 1975, 243 ff.

68 Diese Selbstbestimmung Gottes ist nicht als ein Prinzip der Selbstentfaltung Gottes zu verstehen, sondern als der Weg Gottes, den Gott aus seiner Liebe um unseretwillen geht. So bleibt eine solche Aussage an das kontingente Geschehen in Kreuz und Auferstehung zurückgebunden und ist darin immer wieder neu zu erfahrendes Ereignis der Zuwendung Gottes.

69 Vgl. W. Härle, Sein und Gnade, 323 f.

70 In Tillichs durchaus differenzierter Zuordnung von Schöpfung, Sünde und Versöhnung, von Gesetz und Evangelium als je eigenständigen und im Ereignis Jesus Christus vermittelten Erkenntnis- und Erfahrungszugängen zur Wirklichkeit Gottes ist die Spannung zwischen der Erfahrung des deus absconditus und des deus revelatus im Begriff des absoluten Glaubens und des »Gott über Gott« nicht hinreichend erfaßt. Eine Überwindung der heillosen Debatte um die natürliche Theologie einerseits und das Verhältnis von Offenbarung, Vernunft und Erfahrung im neuzeitlichen Kontext andererseits wird meines Ermessens nur möglich sein, wenn diese Elemente in einer neuen Weise einander zugeordnet werden.

VIERTER TEIL

Der Theologe

Traugott Koch

Gott: Die Macht des Seins im Mut zum Sein. Tillichs Gottesverständnis in seiner »Systematischen Theologie«

I.

Dezidiert und unmißverständlich hat Tillich gesagt, was seine »Systematische Theologie« sein soll: »apologetische«, »antwortende Theologie« (I, 12–15, 36)[1] – antwortend auf die Fragen, Konflikte und Zweifel unserer Gegenwart, die nach Tillich unter der »Drohung des Nihilismus« steht (II, 22), und *so* doch und zugleich antwortend auf *die* Frage, die mit dem Menschsein überhaupt (II, 20) und mit der Endlichkeit aller welthaften Wirklichkeit[2] unumgänglich gestellt *ist*. Tillich konnte in dieser seiner Intention so weit gehen zu schreiben: »Der Theologe darf nicht bei der theologischen Antwort, die er verkündet, verharren. Er kann sie in überzeugender Weise nur geben, wenn er mit seinem ganzen Sein in der Situation der menschlichen Frage steht.« (II, 21 f)[3] Bedenkt man auch nur diesen einen Satz, so erkennt man, daß es sich in Tillichs Theologie nicht darum handeln *kann*, Frage und Antwort, »Situation und Botschaft«, als zwei unabhängige, an sich gegebene Sachverhalte dann auch, also sekundär, aufeinander zu »beziehen« (in eine »Korrelation« zu bringen). Denn es steht ja die Überzeugungskraft und somit die Glaubwürdigkeit, der einsehbare Sinn, der theologischen Antwort selbst »in Frage«. Diese den Theologen selbst betreffende »Fraglichkeit« jeder theologischen Antwort treibt Tillichs Theologie um und macht sie zu einer der Gegenwart verpflichteten Theologie: Was hat das Menschsein und das In-der-Welt-Sein mit Gott zu tun, *notwendig* mit Gott zu tun, so daß weder der Mensch noch die Welt ohne Gott zutreffend, unverstellt zu verstehen sind? Und was *ist* Gott, was besagt der Gedanke »Gott« angesichts der Endlichkeit, der Zerrissenheit und Bedrohtheit der Welt und des Menschseins? – Das sind Tillichs *theologische* Fragen.

Ein Thema hat darum Tillichs »Systematische Theologie«: die Beziehung von Mensch und Welt auf Gott; oder theologisch prägnanter gesagt: die »Gott-Mensch-Beziehung« – und Tillichs »Methode der Korrelation« erhebt eben *diese* »zu methodischer Konsequenz«.[4] Aber er behandelt dies eine Thema unter der Erschütterung durch dessen Infragestellung, durch dessen in der Gegenwart notorisch gewordene Anzweiflung. So, denke ich, will Tillichs Theologie von uns, den Interpreten, verstanden sein. Denn *so* wollte er Gott zur Sprache bringen als das, »was uns unbedingt angeht« (I, 19, 22, 26, 29, 267 u. ö.).

Das große Interesse Tillichs, wahrscheinlich sogar die innerste tragende Intention seiner gesamten Theologie, war es daher: Gott, das Unbedingte, unbedingt Angehende (I, 248, 287), weil dem Endlichen in dessen Zweideutigkeit und Zerrissenheit, in dessen Vergänglichkeit und Vergeblichkeit an Sein und Sinn unendlich Überlegene in *allem*, was das Menschsein und die welthafte Wirklichkeit zentral betrifft – also in *allem*, was einen Menschen ernsthaft, mithin nachdenkenswert interessieren, »unbedingt angehen« kann – in diesem allen aufzufinden und zu entdecken. Wie nach Tillich jeder Mensch, der Mensch als Mensch, »die Frage« nach Gott und nach dessen Offenbarung »ist«, »ob er sie ausspricht oder nicht« (II, 20), *so* »lebt« jeder Mensch »in der Macht eines letzten Betroffenseins«, die für Tillich *Gott* ist, ob der Mensch sich nun »dessen voll bewußt ist oder nicht, ob er es wahrhaben will oder nicht.« (I, 33)

Sein Freund W. Braune hat darin jedenfalls Tillichs eigene und besondere »Botschaft« gesehen:

»Er entdeckte etwas, was der Existentialismus . . . dem Menschen in der Angst nicht sagen kann. Er sieht dies: Wir würden uns nicht erregen über den Leerlauf des Lebens, wenn wir nicht etwas spürten von erfülltem Leben. Wir würden nicht betroffen sein von der Endlichkeit, wenn wir nicht teilhätten an dem, was nicht endet, der Unendlichkeit.« – »Der Mensch gehört zur Endlichkeit, deshalb hat er Angst. Aber er hat Mut, denn er gehört zugleich zu der unendlichen Macht, die allem Endlichen Sein und Sinn gibt. Er behauptet sich, auch wenn Zweifel an ihm nagt . . . Er kann es, denn er spürt, daß er teilhat an Sein und Sinn. Er spürt es jederzeit, und noch in Taten letzter Verzweiflung spricht er wortlos aus, daß an ihm vorbeigegangen ist, woran auch er teilhat.«[5]

So überzeugend diese Interpretation Tillichs innerste Intention erfaßt und zusammenfaßt, das Wahrheitsrecht dieser »Botschaft« Tillichs wird noch zu erfragen sein. Was auch heißt, daß »allem Endlichen Sein und Sinn (!)« ›gegeben‹ ist? Inwiefern können wir etwas »von erfülltem Leben« ›spüren‹, weil (!) wir teilhaben am Sein, wo doch »alles ... ins Nichtsein« ›geht‹?[6] Was ist »noch in Taten letzter Verzweiflung ... vorbeigegangen«: der Würgeengel und »Verderber« (nach Ex 12) – oder die »Herrlichkeit« des »Herrn«, die nur von hinten her zu sehen ist (nach Ex 33)? Wie, wenn der Mensch an *beidem* ›teilhätte‹ und *darum* nicht weiter wüßte?[7]

Wenn dies, Gott als das Unbedingte und darum uns unbedingt Angehende in allem aufzudecken, letztendlich *die* Intention Tillichs ist, so mag es nicht verwunderlich sein, daß er für diese schlechthin universale Weite eine gewisse Unschärfe in Kauf nahm.[8] So konnte er sich gerade im Blick auf das Gottesverständnis eingangs mit phänomenologisch beschreibenden Darlegungen des – weltweiten, menschheitlichen – religiösen Phänomens begnügen (I, 129–131. 248–273). Die damit unvermeidliche Unbestimmtheit, das Vage, Schweifende solcher Beschreibungen gerade bezüglich des Gottesbegriffs, sollte ihren Kontrapunkt in der konfessorischen Bestimmtheit der Christologie haben (I, 131 u. 25, 57, 158 f).

Hinzu kommt, wie insbesondere M. Repp nachgewiesen hat[9], daß Tillichs Theologie von Anfang an und zeitlebens von dem Bemühen geleitet ist, einen »ungegenständlichen« Gottesgedanken zu konzipieren: also Gott so zu denken, daß er nicht als ein Gegenstand des Denkens unter anderen, als ein Objekt, ein »Seiendes«, unter anderen Dingen und Sachverhalten verstanden ist.[10] Gott als Gott, als absolut und unbedingt, kann nicht in gleicher Weise *bestimmt* gedacht werden, wie ein endliches »Etwas« bestimmt *ist*; er wäre sonst selbst begrenzt, hätte anderes neben sich, wäre folglich selbst endlich, mithin *als* Gott gar nicht gedacht.

So hat gerade die Gotteslehre Tillichs viele Facetten. Er legt selbst verschiedene Zugänge zu seinem Gottesverständnis nahe. Er kann schreiben: »Die Idee des Heiligen ist die beste Eingangstür in das Verständnis der Religion, und sie ist die beste Grundlage für eine Philosophie der Religion. Das Heilige und das Göttliche müssen korrelativ interpretiert werden.« (I, 251) Oder es heißt: »Der Zugang zu Gott muß dadurch errungen werden, daß man die Struktur-Elemente des Seins-Selbst erkennt. Diese Elemente machen ihn zu einem lebendigen Gott, einem Gott, der den Menschen konkret angehen kann.« (I, 276) Nach W. Härle läßt sich die »Grundidee der Systematischen Theologie Tillichs bzw. ihr leitender systematischer Gedanke ... vergleichsweise einfach fassen: Ausgangspunkt ist immer wieder der Aufweis derjenigen Spannungen (Polaritäten, Konflikte) in der welthaften Wirklichkeit, die förmlich nach Überwindung ›schreien‹, weil sie das Sein des Menschen bedrohen.«[11] Sieht man auf das Gros der Ausführungen im ersten Band der »Systematischen Theologie« und auf das immer wieder hervorgehobene Insistieren auf jene »Polaritäten«, so ist dies zweifellos *der* »Ausgangspunkt«.

Dennoch soll hier anders eingesetzt werden – in der Hoffnung, so gerade Tillichs »existentiellem«, der gegenwärtigen Situation des Menschen verpflichtetem Interesse gerecht zu werden und also der Stärke Tillichscher Theologie nahezukommen.[12] Er formuliert selbst:

»Die Frage nach Gott *kann* gestellt werden, weil im Akt des Fragens ein unbedingtes Element enthalten ist. Die Frage nach Gott *muß* gestellt werden, weil die Drohung des Nichtseins, die der Mensch als Angst erfährt, ihn zu der Frage nach dem Sein treibt, das das Nichtsein besiegt, und nach dem Mut, der die Angst besiegt. (I, 243)«

Die »Frage nach Gott« ist darum präzis nicht nur die Frage »nach dem, was die Endlichkeit und die Kategorien transzendiert«, sondern ungleich mehr noch »die Frage nach dem Sein-Selbst, das das Nichtsein umfaßt und besiegt« (I, 244). Die Frage nach Gott ist also nicht nur die Frage nach dem »Sein-Selbst«, sondern genauer die Frage nach *dem* »Sein-Selbst, das das Nichtsein ... besiegt« – *und* damit *zugleich* nach *dem* »Mut, der die Angst besiegt«.

Diese Beziehung, die sich so auftut, zwischen dem »Sein-Selbst« in dessen Macht, »das Nichtsein« zu ›besiegen‹, *und* dem Bedrohtsein des Menschen und aller endlichen Wirklichkeit durch eben dies »Nichtsein«, das der Mensch »als Angst erfährt«, kann Tillich auch als eine notwendige »Korrelation« bezeichnen. Notwendig ist diese »Korrelation« aufgrund der »existentiellen« Situation des Menschen. Um der Bedrohung willen »*muß*«, wie wir hörten, »die Frage nach Gott ... gestellt werden«. Das hat jedoch Konsequenzen für den Gottesbegriff selbst: Wenn nämlich »in der systematischen Theologie« der »Begriff Gott ... in Korrelation mit der in der Existenz liegenden Bedrohung durch das Nichtsein« gedacht werden muß, dann ist Gott zu denken als »die unendliche Macht des Seins . . ., die der Bedrohung durch das Nichts widersteht.« Oder von der anderen Beziehungsseite her formuliert: »Wenn die Angst als das Gewahrwerden der Endlichkeit verstanden wird« und nach Tillich verstanden werden muß, »dann muß Gott der unendliche Grund des Mutes genannt werden.« (I, 79)

Beides gehört also unumgänglich zusammen und kann auch nur zusammen – als notwendige »Korrelate« – gedacht werden: der »Mut« des Menschen zum Leben, zum Existieren – *und* der »Grund« dieses Mutes, Gott als »die unendliche Macht des Seins . . ., die der Bedrohung durch das Nichts widersteht.« (A. a. O.) Oder wie es an anderer Stelle heißt: »Nur der allmächtige Gott« – und d. h. nach Tillich: nur Gott als »die Seinsmächtigkeit, die dem Nichtsein Widerstand leistet und es überwindet« –, mit anderen Worten, nur der dem Nichtsein, der Leere, dem Tod, dem Nichts widerstehende und überlegene Gott »kann das sein, was den Menschen unbedingt angeht.« Denn ein Gott, der nicht in dieser Widerständigkeit und Überlegenheit gedacht und begriffen ist, könnte »nicht den letzten Mut schenken, der die Angst besiegt.« (I, 313) Er wäre nicht der wahre Gott.

Für die andere Seite der Korrelation aber, für den Menschen, für den Einzelnen, besagt das: »Glaube an den allmächtigen Gott ist die Antwort auf die Frage nach dem Mut, der stark genug ist, die Angst der Endlichkeit zu besiegen. Letzter Mut gründet sich auf Teilhaben an letzter Seinsmächtigkeit« (I, 314) – also auf Teilhabe an dem wahren Gott, dem unbedingten, der dem Nichtsein widersteht und diesem überlegen ist.

Warum dem so ist, daß für jeden Menschen unbedingter Mut, Mut zum Leben, nur ist, wenn er sich gründet auf den wahren, unbedingten, ›seinsmächtigen‹ Gott und von ihm, von Gott, *seinen* Mut nimmt? Ich denke, wir begeben uns in die »Stärke« der Tillichschen Gotteslehre, wenn wir *diese* Frage stellen. Denn wir folgen so seinem programmatischen Satz: »Alle theologischen Aussagen sind existentiell« (I, 310)[13]. Und die Anwendung dieses Satzes auf das Thema des Gottesgedankens hat er selbst formuliert: »Nur wer die Erschütterung der Vergänglichkeit erfahren hat, die Angst, in der er seiner Endlichkeit gewahr wurde, die Drohung des

Nichtseins, kann verstehen, was der Gottesgedanke meint.«
(I, 76)

Tillich hat diesen Ansatz seines Gottesverständnisses insbesondere in seiner Schrift »Der Mut zum Sein« ausgeführt. Hier dürfte es ihm wohl auch am eindrücklichsten gelungen sein, nicht nur die traditionelle theologische Formelsprache, sondern auch die »philosophisch«-»ontologische« Kunstsprache hinter sich zu lassen und erfahrungsnahe zu argumentieren. Doch bevor wir uns dieser Ausarbeitung der genannten »Korrelation« von Gott als Macht des Seins und dem Mut des Menschen, der die Angst besteht, zuwenden, sei der »korrelative« Ansatz der Tillichschen Gotteslehre selbst und als solcher bedacht.

Er enthält nämlich die erhebliche Einsicht, daß nach Gott *selbst* zu fragen ist, daß zu fragen ist, wer und was er, Gott, selbst ist – und daß darüber nichts Sinnvolles auszusagen ist, wenn Gott nicht prinzipiell, von vornherein und durchweg in allen Aussagen als *der* gedacht wird, der uns, jeden Einzelnen, »unbedingt angeht«: uns darum »unbedingt angeht«, weil er selbst »das Unbedingte« *ist* (I, 248, 287; GW VIII, 119, 141). Tillich hat eben diesen Sachverhalt zum Kriterium jeder rechten Aussage über Gott – zum Kriterium darüber, ob eine Aussage über Gott wirklich eine über *Gott*, den wahren Gott, ist – und also zum Kriterium für *jeden* »theologisch(en)« Satz erklärt: ob er *dem* Ausdruck gibt, was »uns unbedingt angeht« (I, 19 f; cf. 26, 267 u. ö.). Und er hat präzisierend hinzugefügt, daß »das, was uns unbedingt angeht«, allein »das ist« und sein kann, »was über unser Sein oder Nichtsein entscheidet« (I, 21, cf. 29, 267) – also das, was, wie zitiert, die »unendliche Macht« hat, »der Bedrohung durch das Nichts« zu ›widerstehen‹, »das Nichtsein« zu ›besiegen‹.

Mithin ist, wer und was Gott ist, sehr genau zu erfragen. Gott: das ist nicht immerzu und in allem Reden von ihm dasselbe, denn es ist nicht von vornherein ausgemacht, daß wirklich von Gott, vom wahren Gott, die Rede ist. Gottesvorstellungen können Gott gerade auch verstellen; man kann auch unwahr von Gott reden, so daß, genau genommen, von *Gott* gar nicht die Rede ist. Unwahr ist von Gott die Rede, wenn er in solcher Rede zu einem endlichen »Etwas« wird, zu einem Wesen neben anderen Wesen. Unwahr, füge ich hinzu, ist von Gott die Rede, wenn er nicht als die Wahrheit von allem und für alle, für alle Menschen, gedacht ist. Und gleichfalls unwahr ist nach Tillich von Gott die Rede, wenn er nicht ergriffen und begriffen ist in »Korrelation« zu uns als *das* Unbedingte, das uns unbedingt betrifft. Schließlich und vor allem aber stellt sich das Wahrsein Gottes als seine Unbedingtheit an seinem erfahrbaren Gegenteil heraus: an der Überlegenheit über das, was gegen Gott steht, gegen Gott spricht – also an seiner Überlegenheit über das Nichts, an der Überlegenheit im Eingehen in *den* Tod, der stockfinsteres Ende zu sein scheint. – Vielleicht kann man mit Tillich und über ihn hinaus sagen: *Da*, im Tod, wenn das Leben zu Ende zu sein scheint, *da*, wo es um einen finster geworden ist oder nur trostlose Leere von Abgestorbenem einen umgibt, will Gott erfahren sein als der, der sich darin als wahrer Gott bewährt. Wenn er sich uns, jedem von uns, darin nicht bewährt, dann haben wir uns in unserer Gottesvorstellung etwas vorgemacht, und zwar etwas Falsches. Luther jedenfalls kann sagen: »fides vitae in morte exercetur«[14] – der Glaube des Lebens will im Tod geübt sein.

II.

Tillichs Schrift »Der Mut zum Sein« kann gelesen werden als *ausgearbeitete* »Frage nach Gott« – aber nach dem Gott, der als das Unbedingte uns unbedingt angeht und also sich als »Macht des Seins« selbst offenbart im »Mut« des Menschen »zum Sein«, mitten in Angst und Verzweiflung und mitten aus ihnen heraus. – Wie ist das zu verstehen?

Beginnen wir da, wo Tillichs »Frage nach Gott« ihren Ausgang nimmt. »Angst«, so hörten wir, ist »das Gewahrwerden der« eigenen »Endlichkeit«, in der die Frage aufbricht nach Gott als der »Macht des Seins«, die überlegen ist über das Nichtsein (I, 79). Angst in diesem Sinne ist also keineswegs etwas, das einfach nicht sein sollte. Angst ist nicht einfach Übel. Angst gehört vielmehr notwendig zur Existenz des Menschen. Im Anschluß an S. Kierkegaard formuliert Tillich das so: Die »Angst eines endlichen Wesens vor der Drohung des Nichtseins ... gehört zur Existenz selbst.« (GW XI, 38). »Angst ist das existentielle Gewahrwerden« dessen, »daß das Nichtsein Teil des eigenen Seins ist. ... Angst ist Endlichkeit erfahren als unsere eigene Endlichkeit« – und so also ist sie »Angst vor dem Nichtsein« (GW XI, 35). Angst ist immer Angst vor dem Selbstverlust:

»Angst, das eigene Sein zu verlieren.« (GW XI, 37) »Der drohende Verlust des Selbst ist die Essenz [sc. das Wesen] der Angst.«[15]

Nun unterscheidet Tillich drei »Typen« (GW XI, 38) oder Ausprägungen der Angst[16], »entsprechend den drei Formen, in denen das Nichtsein das Sein [sc. unsere Existenz] bedroht.« (GW XI, 39) Zum einen bedroht das Nichtsein und erweckt Angst »in Formen des Schicksals« und »des Todes«, zum zweiten »in Form der Leere« und »der Sinnlosigkeit« und zum dritten »in Form der Schuld« und »der Verdammung«. »Die Angst vor der Schuld« und vor der Verdammung ist die »Angst vor (der völligen[17]) Selbstverwerfung« (GW XI, 46) in der »Verzweiflung darüber, die eigene Bestimmung verfehlt zu haben.« (GW XI, 47) – Über die »Angst vor der Sinnlosigkeit« heißt es:

»Die Angst vor der Sinnlosigkeit ist die Angst vor dem Verlust dessen, was uns letztlich angeht, dem Verlust eines Sinnes, der allen Sinngehalten Sinn verleiht. Diese Angst wird durch den Verlust eines geistigen Zentrums erzeugt, durch das Ausbleiben einer Antwort auf die Frage nach dem Sinn der Existenz« (GW XI, 43).

Man könnte, denke ich, diese Angst vor der Sinnlosigkeit, vor der Sinnleere, auch so umschreiben: Sie ist die Angst rat- und aussichtsloser Ungewißheit, völliger Erschütterung jeder Sinngewißheit und jedes Selbstzutrauens; sie ist die Angst, die entsteht, wenn Gott, die Antwort auf die Frage nach dem Sinn der Existenz, ausbleibt, mir entgeht; sie ist die Angst, die aufbricht, wenn mir der Glaube an Gott und damit das Zentrum meiner selbst verlorengegangen, zerbrochen sind. Ausdrücklich hebt Tillich hervor, daß diese Angst in »existentielle Verzweiflung« treiben kann (GW XI, 44; cf. 45).

Alle drei Typen der Angst sind nun nach Tillich Formen und Variationen der *einen* Angst »in der Existenz des Menschen als Menschen, in seiner Endlichkeit und seiner Entfremdung«. »Radikalen Charakter« aber ›nehmen sie an‹ – oder nimmt die eine Angst in allen ihren Ausprägungen an – »in der Situation der Verzweiflung« (GW XI, 48). »Verzweiflung« ist nämlich genau die Lage, in die die Angst von sich aus treibt (ebd., cf. 56).

Selbstverständlich ist Angst, ist Verzweiflung kein permanenter Zustand; »aber die seltenen Fälle, in denen sie gegenwärtig ist, bestimmen unser Verständnis der Existenz als ganzer.« (GW XI, 49) In diesem Sinne ist die Angst, die zum Verzweifeln treibt, *das* Paradigma an Erfahrung für die Gotteslehre. Die Verzweiflung ist nämlich die Situation, in der das Ich, der Mensch als Existenz, die Erfahrung seiner Endlichkeit radikal macht. Und darum kann zu Recht gesagt werden, daß in ihr die Gottesfrage radikal gestellt ist. Denn in ihr und in der Angst, die zu ihr treibt, zergehen alle Illusionen, alle Selbsttäuschungen, alle moralischen Vorstellungen einer besseren Welt und eines besseren Lebens, alle Harmoniesehnsüchte. Angst, Angst der Endlichkeit, wie sie manifest wird als Verzweiflung, ist insofern das Purgatorium der Wahrheit – wie übrigens auch das Leiden. Mit anderen Worten, *ein* Kriterium der Wahrheit ist: Wahr ist, was der Angst gewachsen ist; was keine Angst hat vor der Angst.

Nach Tillich ist die »Verzweiflung . . . eine letzte Situation«, über die »man . . . nicht . . . hinausgehen« kann, in der keine »Hoffnung« ist, in der »ein Ausweg in die Zukunft . . . nicht sichtbar« ist (GW XI, 48). Verzweiflung ist, interpretierend gesagt, *die* Situation des Gottes- und Selbstverlustes. Denn in ihr droht der Verlust dessen, was uns unbedingt angeht, der Verlust *des* Sinnes, der allen Sinngehalten Sinn gibt – und darum geht in ihr das »Zentrum« des Einzelnen selbst verloren.[18] In ihr erfährt sich ein Mensch als abgeschnitten von Gott, von schlechthin jedem Sinn: wie abgetrieben und ausgestoßen von allem, was das Leben lebens- und bejahenswert macht.[19] Das Schreckliche, Tödliche der Verzweiflung besteht darin, daß »das Nichtsein . . . als siegreich empfunden« wird (MzS, 44 = GW XI, 48) – und das heißt ja: daß das Widergöttliche, das Negierend-Widersinnige, das Sinnlos-Zerstörerische als »siegreich« *über Gott* erscheint; daß also Gott »als Macht des Seins« zu Ende zu sein scheint. Das, denke ich, ist *die* Katastrophe und *die* Frage nach dem Sinn des Glaubens an Gott.

Halten wir uns an diese Tillichsche Beschreibung der Verzweiflung und übergehen wir alle Spuren harmonistischer Glättung, die sich in Tillichs Texten leider auch finden. Dann ist zu sagen: »Der Schmerz der Verzweiflung besteht darin«, daß einer diese irrsinnige – eben verzweifelte – Lage ›empfindet‹. Und man mag des weiteren mit Tillich sagen: *Der* Sachverhalt, daß einer dieses Widersinnige, den drohenden Sieg des Sinnlosen, ›empfindet‹, »setzt Sein voraus« (ebd.). Aber um keinem Mißverständnis zu erliegen, ist verdeutlichend hinzuzufügen, daß das gerade das Verzweifelte, zum

Verzweifeln Treibende ist und die Zerrissenheit der Verzweiflung ausmacht: daß da einer zwar Sinn ahnt, aber eben
den Sinn ahnt, der ihm verschlossen, ihm unerreichbar fern
und weg ist, den er quälend entbehrt[20] – oder mit anderen
Worten: daß da zwar einer existiert und insofern »Sein« hat,
aber sich doch gerade als von dem über das Nichtsein mäch-
tigen »Sein« und also von Gott, dem Sein-Selbst, abgeschnitten und so als ausgeschlossen erfährt. Tillich sagt ja selbst:
»Die Qual der Verzweiflung ist das Gefühl, daß man . . .
unfähig« ist, den verlorenen »Sinn(. .) der eigenen Existenz . . . wiederzugewinnen.« (STh II, 84)

Deshalb ist nach Tillich auch der Selbstmord kein Ausweg
aus der Verzweiflung. Er entgeht dem selbst-zugezogenen
Gericht der Verdammung nicht (STh II, 84 f; GW XI, 48 f);
er macht vielmehr das Nichtsein, den Triumph des Todes,
den Sieg der Sinnlosigkeit nur perfekt und total. Diese Einsicht aber – Tillich wagt es, dies Schauerliche zu sagen –
»macht die Verzweiflung verzweifelt, nämlich unausweich-
lich« (GW XI, 49). In ihr ist »das Leben so sinnlos wie der
Tod, . . . die Vollkommenheit so fragwürdig wie die Schuld,
. . . das Sein nicht sinnvoller als das Nichtsein« (GW XI,
129). Und es ist in ihr, wie Tillich formuliert, kein »Ausweg
. . . sichtbar« (GW XI, 48; cf. STh II, 84).

Doch wie nun, wenn in dieser rat- und ausweglosen Verzweiflung nichts sichtbar ist – wie soll einer je aus ihr
herauskommen? Wie erlangt man, anders gesagt, den »Mut
zum Sein« – oder wie gewinnt ein Mensch, in Angst und
Verzweiflung, *Glauben* an den *Gott,* der dem Nichts der
Sinnlosigkeit, das dieser Mensch doch gerade erfährt, überlegen ist? Wie findet der, der Angst und Verzweiflung bei
sich selbst kennt, zu einer letzten, der Verzweiflung gewachsenen Bejahung? Ja, wie soll das je gelingen können, wenn
doch zudem die Verzweiflung allemal Selbstverschlossenheit
zur Folge hat, da der Verzweifelte sich permanent auf sich
selbst zurückgeworfen findet und sich in den Trotz der
Selbstbehauptung hineinsteigert: »ich, warum gerade mir«
– »diese elende Welt«? Nach Tillich erfährt sich der Einzelne
in der Verzweiflung »gebunden an sich selbst« (STh II, 84);
er »will sich selbst loswerden und vermag es nicht.« Also
stellt sich »die Verzweiflung, . . . in Form der Verdoppelung«, dar »als der verzweifelte Versuch, der Verzweiflung
zu enfliehen« – wo doch »kein(. .) Ausweg« ist, »nicht einmal« der des »Selbstmord(es)« (GW XI, 48).

Unsere Frage nach dem Ausweg aus der Verzweiflung heraus formuliert Tillich so: Wenn in der Verzweiflung alles sinnlos zu sein scheint, »worauf kann sich dann der Mut zum Sein gründen?« (GW XI, 129) »Gründen« – wir hörten eingangs: Gott ist der Grund des Muts.[21] Also fragen wir nur dringlicher noch und gewichtiger: Was um alles ist Gott als »Macht des Seins« – Gott in seiner Mächtigkeit über das Nichtsein angesichts *dieser* Situation der Verzweiflung, in der er besiegt, tot, verloren und erledigt zu sein scheint – und in der Sicht der Verzweiflung tatsächlich verloren *ist*?

Die vorschnelle, »dogmatische« Auskunft, die christliche Botschaft von Gottes Offenbarung begründe eben den »Mut zum Sein«, hilft nach Tillich gar nicht. Denn so sei »die Frage« nicht beantwortet, »wie ein solcher Mut überhaupt möglich ist.« Die »Antwort« auf die Situation der Verzweiflung muß »innerhalb dieser Situation gültig« sein »und nicht außerhalb ›liegen‹ (GW XI, 130). – Doch wenn so *alles* auf dem Spiele steht, das doch kein Spiel, sondern tödlicher Ernst ist – Gott und damit aller und jeder Sinn – wie kommen wir hier weiter? Das theologische Denken kann doch an dieser Stelle, an dieser schärfsten Problematik, nicht zu Ende sein?

Zu denken ist, wie es zum Aufbruch der Verzweiflung und also zum Aufbruch aus ihr heraus je kommen kann. An dieser Stelle nun enttäuscht uns Tillich – so als ob unsere dringliche Frage die seine gar nicht wäre. Denn in der Situation selbst führt es nicht weiter, wenn Tillich behauptet: »Der Mensch ist niemals vom Grunde seines Seins abgeschnitten, nicht einmal im Zustand der Verdammnis.« (STh II, 87) Eine solche Aussage mag im guten Sinn tröstlich sein für den, der die Situation der Verzweiflung in seiner Vorstellung antizipiert und der hofft, die Wahrheit dieser Aussage möge sich dann bewähren. Aber für den, der sich real »vom Grunde seines Seins abgeschnitten« *erfährt*, ist jene Aussage eine bloße Beteuerung.

Ebensowenig hilft es in unserer Problemlage weiter, wenn Tillich darauf hinweist, daß »das Negative«, also die Verzweiflung an der Sinnlosigkeit, »nur« »erfahren und benannt werden« kann, »wenn es verbunden ist mit dem Positiven.« (Ebd.)[22] Wohl hat, *logisch* gesehen, das »Sein« »Priorität . . . vor dem Nichtsein«, denn »es kann keine Negation geben ohne vorhergehende Bejahung, die negiert werden kann.« (GW XI, 38)[23] Aber diese Priorität, diese Überlegenheit des

Seins, der Bejahung, steht doch gerade, wie wir von Tillich selbst hören, in der Verzweiflung radikal in Frage. Und »Verzweiflung« ist keine logische Situation, sondern eine widersinnige, eine der Verwirrung, ja zuweilen des Wahnsinns. In ihr kann sich ein Mensch total selbst verlieren.[24]

Oder Tillich führt an: Auch der »Zweifel« ist »selbst ein Akt des Lebens«; auch die ›radikale Verneinung‹ ist ein »lebendige(r) Akt«, der sich als solcher »bejahen« ›müsse‹ (GW XI, 130). Ja, schon – aber, fügen wir hinzu, in der Verzweiflung ist das ein Akt im Horizont, im Schatten des alles negierenden Todes, des sinnlosen Nichts und also ein Akt, in welchem der Betroffene sich gerade *nicht* bejaht, nicht bejahen *kann*.[25]

Oder Tillich beruft sich darauf, daß auch der Zweifel unendlich leidenschaftlich sein kann, daß selbst noch die Verneinung Gottes von einem unbedingten Ernst und Ergriffensein getragen sein kann.[26] O ja – aber: als ob die Leidenschaft nicht auch destruktiv, abgründig böse sein könnte! »Unbedingtheit der Verzweiflung«: es wäre eine Unbedingtheit der Selbstzerstörung – wäre also eine irrsinnige Perversion *der* Unbedingtheit, die *wahr* allein dem Unbedingten, Gott, *dem* Sinn in allem Sinn gebührt. Und »Ernsthaftigkeit«: wer wollte dem bewußt gewollten Selbstmord die »Ernsthaftigkeit« absprechen?

Nein, *so* ist nicht ersichtlich, wie der »Mut zum Sein« aufkommen kann, der sich doch nach Tillich einzig auf das Teilhaben am wahren, unbedingten, über Sinnlosigkeit und Tod überlegenen *Gott* gründet.[27] So kommt Gott nicht in Sicht.

Was also befähigt, die Verzweiflung zu bestehen; was überwindet den in ihr eingebrochenen Selbst- und Gottesverlust? Nun, ich meine sehr schlicht: Vermutlich kann die selbstverschlossene Verzweiflung nur durch einen mir von außen zugetragenen Sinn aufgebrochen – oder besser: aufgetaut – werden. Das war jedenfalls Luthers Schlüsselerfahrung: Rettung ist nur »extra me«, »extra nos«[28]. Das, denke ich, dürfte gerade für die Situation letzter Infragestellung zutreffen, in der der Betroffene keinen Anhalt in sich, bei sich keinen Boden findet, weil alles ihm gleichsam im Rutschen ist, alles ihm gleich sinnlos erscheint. Aber Rettung aus der Verzweiflung ist das *nur*, wenn das Unwahrscheinliche, aber nie und durch nichts Ausgeschlossene geschieht, daß ein Verzweifelter diese ihm zugebrachte Rettung, diesen ihm von außen zugetragenen Sinn, *für sich selbst* ergreift: ihn für sich gelten läßt, ihn als seinen Sinn sich zu eigen macht – ihn also nicht »extra se« beläßt. Wo dies geschieht, wo einer sich darauf einläßt, da ist er dadurch auch schon über das Tödlich-Destruktive der Verzweiflung hinaus.

Was dies *eine* gute Wort, was dies rettende, die Verzweiflung aufschmelzende Wort, was der neu aufgehende Sinn ist: keiner kann das vorweg und von vornherein wissen. Das kann – zum Glück, zum Heil – jedes Wort sein, das dem Verzweifelnden sinnvoll, überlegenswert zu sein scheint: das ihm also wieder Sinn, *den* Sinn, zubringt und einträgt. Es würde so, wenn es so verstanden und ergriffen wird, ansatz- und möglicherweise Wort Gottes, Evangelium sein.[29]

Ich denke, wenn eine solche erste Öffnung geschieht, wenn es zu einem anfänglichen Wiedergewinn von Selbst und Sinn kommt, wenn sich die Nacht der Verzweiflung auch nur einen Spalt weit lichtet, dann kommt dem eben noch Verzweifelnden eine *Kraft* auf: eine Kraft zumindest und vor allem, sich der eigenen Lage zu stellen, der eigenen Verzweiflung ansichtig zu werden. Das mag ein ganz unbestimmter, völlig ungerichteter, wohl nur zögerlich aufkeimender neuer Lebenswille sein – bei dem gewiß noch nicht erkennbar ist, worauf er sich gründet. Man mag diesen ersten neuen Lebenswillen auch »Mut« nennen – warum nicht? Vielleicht auch »Mut zum Sein« – aber »Mut zum Sein« im genauen Sinne als Teilhaben an dem wahren, unbedingten, dem sinnzerstörenden überlegenen Gott? – Das wohl nicht; das wäre vorschnell und zuviel gesagt. Denn Mut an sich, »Mut alleine«, ist »nicht vorbehaltlos gut«; er steht » – für sich genommen – dem Guten wie dem Zerstörerischen offen.«[30] An dem ersten, eben wieder aufkommenden Lebenswillen ist noch gar nicht ersichtlich, worauf er sich gründet und vertraut: Wird er die Wendung zu Gott als der Fülle des Guten, als Überlegenheit des unbedingten Sinns über das Sinnwidrige, Sinn-zerstörende nehmen – oder wird sich der Betreffende, der eben noch an sich selbst Verzweifelnde, diese Kraft, diesen Lebenswillen, diesen Mut, *selbst* zuschreiben, seinen eigenen Fähigkeiten, seiner Ich-Stärke, die er aus sich selbst zu haben meint? – Nie ist das ausgemacht und nie von vornherein ein für allemal entschieden.

Und wie steht es damit bei Tillich? Ob Tillich vielleicht

diesen anfänglichen, noch ganz unbestimmten Lebenswillen und »Mut« gemeint haben könnte, als er von einem »absolute(n)«, ›ungerichteten‹ und ›undefinierbaren‹ »Glauben« sprach, der »keinen besonderen Inhalt« haben soll?[31]

Eine Reihe von Aussagen Tillichs in diesem Zusammenhang dürfte nicht verständlich sein. Was soll es heißen: Der »absolute(. .) Glaube(. .) ist das Bejahen des Bejahtseins ohne jemanden oder etwas, das uns bejaht« (GW XI, 136)? Nicht verständlich ist meines Erachtens, wenn zu lesen ist: »Absoluter Glaube« ist »der Zustand des Ergriffenseins von dem Gott über Gott«; der absolute Glaube ist »sowohl der Mut der Verzweiflung wie der Mut in allem Mut und über allem Mut. Er ist kein Ort, wo man leben kann; . . . er ist ohne Namen« (GW XI, 138 f). Was heißt und meint das: »Gott über Gott« – »Mut über allem Mut« und »ohne Namen«? Und ebensowenig ist einsichtig, wenn Tillich formuliert: »Der absolute Glaube und das, was aus ihm entspringt: der Mut, der den radikalen Zweifel, den Zweifel an Gott, in sich hineinnimmt, transzendieren die theistische Gottesidee.« (GW XI, 134) Denn von einer »theistischen Gottesidee« war bislang überhaupt nicht die Rede; unzweifelhaft wahr ist, daß alle bloßen Gottesvorstellungen und Gottesbilder in der Verzweiflung an der Sinnlosigkeit zergehen. Und für geradezu erschreckend und für theologisch ruinös halte ich, wenn Tillich zum Schluß seiner Schrift »Der Mut zum Sein« schreibt, schreiben kann: Der »absolute(. .) Glaube . . ., der Mut . . . ist die Grenze, bis zu der der Mut zum Sein gehen kann. Jenseits [!] dieser Grenze ist bloßes (›reines‹) Nichtsein.« (GW XI, 139) Das kann doch nicht heißen: Jenseits Gottes, jenseits des Glaubens ist das Nichts, die Leere der Sinnlosigkeit?

Exkurs zu Tillichs These, wonach der »absolute Glaube« die Überwindung »der theistischen Gottesidee« ist:

a) Was meint Tillich auch nur mit dem Ausdruck: »theistische Gottesidee«? – Vermutlich, genau ist das nicht gesagt, eine irgendwie bestimmte Gottesvorstellung – oder vielleicht die sogenannte »übliche«, was immer diese ist. Aber eine wie immer bestimmte Gottesvorstellung, etwa herkömmlicher Art, stand in der Situation der Verzweiflung gar nicht in Frage – sondern der *eine* Gott selbst als Macht des Seins gegen und über das Nichtsein: also der eine Gott, der dafür steht, daß nicht alles sinnlos ist. Dieser Gott steht in

Frage und damit das Fundament des Glaubens überhaupt – dies, und eben nicht bloß eine »Gottesidee«, eine »Gottesvorstellung«! Weil Gott überhaupt und grundsätzlich – Gott in jedem Sinne – in der Situation der Verzweiflung dem Verzweifelten schwankend, verlorengegangen scheint und *ist*: deshalb wurde der Verzweifelte selbst schwankend und vom Selbstverlust bedroht. Aus diesem Strudel der Verzweiflung ist nichts von Gott auszunehmen. Tillich schreibt doch selbst: ». . . das Ganze der menschlichen Wirklichkeit, die Struktur, de(r) Sinn und das Ziel der Existenz« drohen zu entschwinden (I, 22) und entschwinden in der Verzweiflung tatsächlich.

Was also soll es heißen, wenn Tillich sagt: »Ein Gott mag sich als nichtig erweisen, das Göttliche bleibt. Der Glaube nimmt das Wagnis auf sich, daß der konkrete Gott, an den geglaubt wurde, ein Trugbild war.« (GW VIII, 123) Das gerade würde man in unserem Zusammenhang gerne wissen: Inwiefern bleibt in der Verzweiflung »das Göttliche« oder irgendein »Glaube« überhaupt – oder inwiefern kommt ein Glaube, wenn er in der Verzweiflung untergegangen ist, wieder auf?

b) Tillichs theologische Intention, die er zeitlebens verfolgte, eine gegenständliche, in ihrer Bestimmtheit fixierte Gottesvorstellung zu überwinden, sei gewiß nicht verkannt; darin ist ihm meines Erachtens ungeteilt zuzustimmen. Aber gerade wer Tillich in dieser Intention nur zustimmt, wird von ihm per negationem lernen können, daß diese Intention verdorben ist, wenn sie – wie zum Teil bei Tillich – zu einer leeren Unbestimmtheit führt.[32] Wenn »absoluter Glaube« ›undefinierbar‹, ohne einen ›besonderen Inhalt‹ – also ›leer‹ – ist oder wäre, wie könnte er dann der »Angst von der Sinnlosigkeit und Leere« überlegen sein?[33] Die Überwindung der gegenständlichen Gottesvorstellung kann sinnvollerweise nicht dahin führen, daß keiner mehr weiß, wer und was Gott ist.

c) Und auch Tillichs »apologetisches« Interesse[34] sei nicht verkannt, sondern nachdrücklich unterstrichen: Er wollte *theologisch* nicht nur auf Grund irgendeiner »religiösen« oder »kirchlichen« Vorgabe reden, also die Wahrheit Gottes nicht beschränken auf die, die sich Christen nennen und in der Kirche sind; sondern als Theologe wollte er gleichsam »allen alles werden« und das unbedingte Gottsein Gottes noch da aufspüren, wo von Gott die Rede nicht ist; er wollte seine Leser dazu anhalten, Gottes Offenbarung und Dasein unter uns Menschen noch da zu identifizieren, wo Gott unbekannt, atheistisch geleugnet und begraben wird. – Ja, auch in diesem mutigen Interesse sollten wir, denke ich, Tillich nur folgen, vorsichtig und tastend, damit wir den Anderen Ernst nehmen, vielleicht sogar in einem letzten Ernst nehmen, ihn aber nicht vereinnahmen. Doch fern muß diesem Interesse jede Verharmlosung einer zum Menschsein des Menschen gehörenden Erfahrung liegen.

Selbst dann wird man Tillich nur beipflichten können, wenn er versucht, noch den Ernst der Gottesleugnung *theologisch* zu respektieren, und die eigentliche »Gefahr« für das Menschsein und also für das theologische Thema in der »Gleichgültigkeit« sieht. So führt er in einer seiner »Religiösen Reden« aus:

»Unsere menschliche Situation ist Zweifel und nicht Gewißheit, gleich ob wir Gott bejahen oder verneinen. Und vielleicht ist der Unterschied zwischen beidem nicht so groß, wie wir meinen; vielleicht sind in beidem Glaube und Zweifel auf ähnliche Art gemischt. Deshalb brauchen wir an dem ernsthaften Gottesleugner keinen Anstoß zu nehmen. Nur wo Gleichgültigkeit herrscht, ist Gefahr: Wen die Frage nach Gott gleichgültig läßt, obwohl er weiß, daß sie zugleich die Frage nach dem Sinn seines Lebens ist, der hat sich seiner eigentlichen Menschlichkeit begeben.«[35]

Lassen wir die letzte Feststellung auf sich beruhen. Doch weil, »wo Gleichgültigkeit herrscht«, »Gefahr« ist, darum ist es für die Lebensführung des Einzelnen gerade *nicht* »gleich«, ob *er* Gott ›bejaht oder verneint‹. Es ist kein Sinn darin zu sehen, wenn Tillich behauptet, daß selbst die Verneinung Gottes eine Bejahung Gottes, selbst die Verneinung Gottes »Glaube« ist.

d) Vielleicht will Tillich mit seiner Rede von der »Überwindung des Theismus« nur – dies jedoch allerdings – der Fixierung Gottes und der Festlegung des Glaubens auf eine bestimmte Inhaltlichkeit wehren – so, als sei immer schon ausgemacht und sicher, wer und was Gott ist. Dann sei auch diesem Gedanken Tillichs nur und ungeteilt zugestimmt! Doch dann ist zu denken: Keine Gottes*vorstellung* ist eine Vorstellung *von Gott*, wenn in ihr nicht intentional mitgedacht ist, daß Gott, der unbedingte Gott, sich in keiner Vorstellung von ihm erschöpft. Größer ist von Gott zu denken: größer als unsere jeweiligen Vorstellungen von ihm.

Und darum ist von Gott immer noch etwas und immer noch mehr zu erwarten. Wer von Gott noch etwas erwartet, der hält das Unzureichende seiner Gottesvorstellung durch: Ihm kann noch etwas geschehen, ihm kann sich noch etwas – von Gott – offenbaren. Nicht die Gottesvorstellung ist unbedingt – aber unbedingt und dem wahren Gott einzig angemessen ist die Erwartung Gottes. Nicht einfach das Warten, sondern das offene Mehr-Erwarten von Gott ist das Unbedingte im Bedingten unserer Gottesvorstellungen.

Darum ist Tillich ganz zuzustimmen, wenn er von der Vorläufigkeit unserer Gottesbilder spricht und von deren Vergehen oder wenn er das Unzureichende, also Fälschliche einer Gottesvorstellung, auch einer »theistischen«, aufzudecken unternimmt.[36]

Der wahre Gott kommt, wenn die unzureichenden, wenn begrenzte Vorstellungen von Gott zergehen. Aber in solchem Wandel muß doch die Gewißheit liegen, daß im Zergehen meines Gottesbildes, meiner Gottesvorstellung, mir Gott größer, genauer noch: wahrer, unbedingter und gewisser werden *kann*. Wenn ich das nicht mit Gewißheit erhoffen *könnte* – wäre dann dieser Wandel nicht bloßes Gaukelspiel?

So verstanden jedoch hat es einen guten, einsehbaren Sinn, wenn Tillich seine Schrift: »Der Mut zum Sein« mit dem Satz beschließt: »Der Mut zum Sein gründet in dem Gott, der erscheint, wenn Gott in der Angst des Zweifels untergegangen ist.« (GW XI, 139)

– Ende des Exkurses –

Wenn wir zu begreifen ahnen, was Mut aus der Verzweiflung heraus und durch sie hindurch ist und besagt und inwiefern sich solcher Mut zu einem wachen Leben – solcher »Mut zum Sein« – auf den wahren Gott gründet[37], dann verstehen wir auch, daß nach Tillich der wahre, Gott entsprechende Glaube immer und in sich selbst »Mut« ist. Er ist nämlich Glaube an Gott angesichts der nicht ausbleibenden, nicht abschaffbaren Bedrohung des Gottesgedankens durch die Sinnlosigkeit. Und insofern ist der Gottesglaube immer ein »Wagnis«, immer ein verwegener Glaube, ist der Mut, der er ist, immer riskant. Tillich schreibt: »Denn dem Gott, der wirklich Gott ist, gegenüberzustehen, bedeutet zugleich, der absoluten Drohung des Nichtseins standzuhalten.« (GW XI, 38) Ein Glaube jedoch, der dieser absoluten Bedrohung standhält, ist absoluter, unbedingter

»Mut«. *Solcher* »Mut zum Sein« ist Teilhabe am Sein-Selbst, ist Teilhabe an Gott, anders gesagt: in solchem Mut ist Gott.[38]

Tillich schreibt: »Wo aber Wagnis und Mut am Werke sind, gibt es auch die Möglichkeit des Scheiterns, und diese Möglichkeit liegt in jedem Akt des Glaubens. Es ist ein Wagnis, das in Kauf genommen werden muß.« (GW VIII, 122) Doch welches »Wagnis« muß da »in Kauf genommen werden«? Um *das* »Wagnis« handelt es sich, daß Gott nicht ist, daß kein Gott und alles sinnlos ist. Wie kann ein Mensch *dies* Wagnis ertragen – und was könnte es heißen: *dies* Wagnis *im Glauben* ertragen?

Nach Tillich ist in jeder existentiellen Wahrheit, weil sie konkret ist, auch ein Moment von Ungewißheit enthalten (GW VIII, 125). Folglich ist »der Zweifel ein notwendiges Element im Glauben.« Tillich begründet das so: »Versteht man ... den Glauben als Ergriffensein von dem, was uns unbedingt angeht, ist der Zweifel ein notwendiges Element im Glauben. Zweifel liegt im Wagnis des Glaubens beschlossen.« (GW VIII, 124) »Der Zweifel, der zum Glauben gehört, weiß um diese Ungewißheit [sc. in jeder existentiellen Wahrheit] und nimmt sie in einem Akt des Mutes auf sich; Glaube schließt Mut ein. Darum vermag der Glaube, auch dem Zweifel an sich selbst standzuhalten.« (GW VIII, 125) – Wie jedoch läßt sich das verstehen, daß der Glaube an Gott die Ungewißheit – und zwar die Ungewißheit um Gott – auf sich nimmt, den Zweifel an Gott und an sich selbst »in sich« aufnimmt, wo er *als Glaube* doch Glaube an Gott ist und als solcher, auch nach Tillich, *Gewißheit* einschließt (GW VIII, 122, 170 f; STh II, 125)?

Im Anschluß an Tillich könnte man wohl in einer ersten Überlegung so sagen: Wenn es unabdingbar, also notwendig zum Glauben, zur Wahrheit des Glaubens, gehört, sich dem Fegefeuer des Zweifels und der Angst der Sinnlosigkeit zu stellen, und wenn sich der Glaube *darin* als Mut erweist – so ist der Glaube selbst *riskant*. Er ist in keinem Sinne etwas Ausgemachtes, irgendwo oder irgendwie Feststehendes, bloß zu Übernehmendes; er ist nichts Garantiertes; er bietet keine Sicherheiten. Der Glaube ist riskant, denn er ist die Überzeugung und Gewißheit der Bejahung Gottes, der Überlegenheit Gottes über das Nichts der Sinnlosigkeit – aber er ist das angesichts der Bedrohung. Er, der Glaube, ist die Gewißheit der Bejahung Gottes *in* der grundsätzlichen Bejahung des *eigenen* Lebens und der eigenen, nur zu kritikbedürftigen Lebenswelt. Die Bejahung Gottes *ist* nur, wenn sie von mir, vom Einzelnen, gelebt und vollzogen wird im Mut der eigenen Bejahung des Lebens. Und weil es so ist, weil ich dabei beteiligt bin, deshalb ist der Glaube und ist darin Gott ständig bedroht und angefochten vom Zweifel am Sinn, von der Unerkennbarkeit eines Sinns, in vielem, was ist und geschieht – sind Glaube und Gott angefochten und bedroht vom Jammer des Unglaubens, vom Elend und Unheil in dieser unserer Welt.

So also will das gelebt sein: daß der Aufbruch aus der Verzweiflung nicht ausgemacht, das Bestehen der Verzweiflung nicht garantiert ist. Doch möglich ist es, immer und für jeden, daß Glaube an Gott, Mut zum Sein und also neuer Mut zum Leben, aufkommt. Und *daß* das möglich ist, das ist wirklich.[39]

Aber steht damit nicht doch alles in der Schwebe? Erhebliches ist auf jeden Fall gesagt, dies nämlich: Nicht ist ausgemacht, daß Zweifel und Verzweiflung zur Zernichtung führen; daß die Macht des Destruktiven, des Sinnlosen und Selbstdestruktiven, letztlich des Todes das letzte Wort hat – das *muß* nicht sein. Der Einbruch des Sinnzerstörenden und die Katastrophe der Existenz in der Verzweiflung sind nicht absolut. Wenn wir auch nur jederzeit die *Möglichkeit* des Guten, der Bejahung zulassen, und das nicht nur im Denken, im Intellekt, so ist bereits dadurch der Bann der Negativität gebrochen. – Aber es ist auch andererseits der Gottesglaube nicht garantiert.

Damit ist »etwas« gesagt; aber gewiß noch nicht alles Nötige. Denn wie hält der Glaube in Gewißheit diese seine Ungesichertheit aus? Darüber wäre noch viel zu sagen; doch was der Glaube selbst ist, das ist hier nicht das Thema.

III.

Zu fragen haben wir nun, nach diesem Durchgang durch die »Korrelation« von »Macht des Seins« und »Mut zum Sein«, was nach Tillich Gott selbst ist, mit anderen Worten, was sein Gottesbegriff an Sinnmomenten enthält.

Alles Endliche unterliegt nach Tillich, weil es endlich ist, der Bedrohung durch das Nichtsein (I, 224, 302). Wohl trägt es in sich ein Moment des Seins, der »Macht des Seins« als seiner »Teilnahme am Sein-Selbst«, aber zugleich und auch

»das Erbteil des Nichtseins« (I, 292)[40], so daß gesagt werden kann: »Endlich sein heißt: bedroht sein.« (I, 235) Diese Bedrohung durch das Nichtsein bricht am Endlichen selbst auf in dem, was Tillich den »ontologischen Schock« nennt (I, 133, 137, 140, 193, 218). Und darum ist »die Frage nach Gott in der endlichen Struktur des Seins implizit enthalten« (I, 245, cf. 196, 240, 241, 244)[41].

Diese Frage nach Gott ist die Frage nach dem »Sein-Selbst« (I, 273, 277, cf. 68, 271) oder genauer: nach »Gott als Macht des Seins-Selbst« (I, 221; cf. I, 29, 273 f, 313), d. h. nach der unbedingten »Macht des Seins, die das Nicht-Sein überwindet« (I, 134, cf. 273, 79)[42]. Als diese »Macht des Seins-Selbst« ist Gott »der Grund von Sein und Sinn« (I, 274, cf. 263, 311) und liegt als die »Tiefe der Vernunft« dieser zugrunde, so daß sie hinweist auf Gott und damit »auf die Wahrheit selbst . . ., nämlich auf die unendliche Macht des Seins und auf das unbedingt Wirkliche«; »auf die Schönheit selbst . . ., nämlich auf einen unendlichen Sinn und eine höchste Bedeutung«; »auf die Gerechtigkeit selbst . . ., nämlich auf unendlichen Ernst und unbedingte Würde«; »auf die Liebe selbst . . ., nämlich auf eine unendliche Fülle und eine letzte Einheit.« (I, 97)

Als diese »Macht des Seins-Selbst« über das »Nichtsein« ist Gott »Seinsmächtigkeit« (I, 273, 289, 313): Gott ist »das Sein-Selbst . . . im Sinne von Seinsmächtigkeit oder der Macht, Nichtsein zu besiegen.« (II, 18) Diese »Seinsmächtigkeit« gehört – das sei vor allem betont – Gott selbst an; sie ist dem Gottesbegriff selbst immanent, denn ohne diese »Seinsmächtigkeit« über das Nichtsein wäre Gott nicht Gott, wäre Gott nicht zu denken und zu glauben. Und – fügen wir hinzu – wenn er dies ist, so wird er sich auch *als solcher* zeigen, manifestieren und offenbaren. Denn nur das kann uns ja, gerade nach Tillich, »unbedingt angeh(en), . . . was über unser Sein oder Nichtsein entscheidet« (I, 21, cf. 267), und »das« kann »nur der allmächtige Gott . . . sein« (I, 313).

Doch statt nun diesen Gedanken der immanenten »Seinsmächtigkeit« Gottes als seine ihm eignende Überlegenheit über das Nichtsein weiterzudenken und als Gottes eigene »Offenbarungsmächtigkeit«, in der er selbst uns »unbedingt angeht«, darzulegen, hebt Tillich sogleich und allein hervor, daß Gott als »das Sein-Selbst . . . die unendliche Seinsmächtigkeit in allem und über allem ist.« (I, 273) Er ist das »*in allem«*, insofern »alles Endliche ... am Sein-Selbst und seiner Unendlichkeit« ›partizipiert‹. »Sonst hätte es keine Seinsmächtigkeit. Es würde vom Nichtsein verschlungen werden oder gar nicht erst aus dem Nichtsein hervorgebrochen sein.« (I, 275)[43]. Sonach hat alles Endliche ein ›Mehr oder Weniger‹ an »Seinsmächtigkeit« (I, 222), im Sinne seiner eigenen Selbstbehauptung gegen das Nichtsein.[44] Und Gott ist zugleich *»über allem«*, insofern er »als die Macht des Seins ... jedes Seiende und die Totalität alles Seienden, die Welt« ›transzendiert‹ – als »das Sein-Selbst jenseits von Endlichkeit und Unendlichkeit« ›steht‹ (I, 275).

Damit ist im Grunde das Entscheidende dessen bereits gesagt oder doch zumindest angedeutet, was den Großteil der Tillichschen Ausführungen über Gott ausmacht. Denn daraus folgt zum einen für *das Endliche:* daß es am Sein-Selbst oder an der Macht des Seins partizipiert und insofern sich selbst transzendiert – und daß es zugleich und andererseits dem Nichtsein unterworfen ist (besonders I, 222, 292). Und es folgt zum anderen daraus: daß *Gott* – gegenüber dem Endlichen oder für das Endliche – »Grund und Abgrund« ist (I, 96, 133, 241, 268, 275, 289): Gott ist »schöpferische(r) Grund«, insofern er allem Endlichen Seinsmächtigkeit »verleiht« (I, 302), insofern es also aus ihm folgt, in ihm »wurzel(t)« (I, 295). Und Gott ist »Abgrund«, insofern »alle Wesen durch« ihn als »ihren schöpferischen Grund unendlich transzendiert werden« (I, 275).

»Gott ist der Welt immanent als ihr dauernder schöpferischer Grund, und er ist der Welt transzendent durch Freiheit.« (I, 303, cf. 241; II, 14) Er ist als »Grund« »schöpferisch« und als »Abgrund« »durch keine Schöpfung, auch nicht durch ihre Totalität, ausschöpfbar« (I, 96), als »Abgrund« »unaussprechliche(n) Charakter(s)« (I, 186), »in dem jede Form verschwindet« (I, 187). Der »göttliche Grund« ist schöpferisch, denn »das göttliche Leben ist schöpferisch und verwirklicht sich selbst in unendlicher Fülle.« Es »ist unendliches Mysterium«, denn »es ist der Grund allen Überflusses und fließt selbst über.« (I, 290) In dieser Emanationsvorstellung »gibt es« konsequenterweise »keine geschöpfliche Selbständigkeit« (I, 312) – oder es gibt sie nur in der »Selbst-Verwirklichung«, »auch gegenüber Gott« (I, 299). »Das Endliche erscheint als Endliches«, nämlich »im Prozeß des göttlichen Lebens, aber es wird mit dem Unendlichen im gleichen Prozeß wieder vereinigt.« (I, 290, cf.

280, 324) Es hat ja alles Endliche teil an Gott; und insofern kann von ihm eigentlich nur gesagt werden, daß »die Macht des Seins, sein unendlicher Grund oder das Sein-Selbst ... sich in der Struktur des Seins« [sc. aller Dinge] ›ausdrückt‹ (I, 29), also »im schöpferischen Prozeß allenthalben offenbar wird.« (I, 314)[45] Und es ist ferner und zugleich zu sagen, daß Gott als »Abgrund« nicht nur über alle Polaritäten und Antagonismen der Endlichkeit hinaus ist (I, 274)[46], sondern schlechthin jenseits, weil jenseits *aller* Aussagbarkeit unendliches Geheimnis ist (I, 133 f, 139, 142, 145, 186 u. ö.; GW XII, 303).

Wiederum soll Tillichs Intention nicht verkannt sein: Gott in allem, was ist und geschieht, zu finden, ihn nicht abzudrängen in eine zweite, jenseitige »Überwelt«[47], ihn vielmehr zu erkennen als »das Göttliche«, das »ewig« ist, »was es ist, und« das »in jedem Lebensprozeß gegenwärtig« ist »als sein schöpferischer und bestimmender Grund« (GW IV, 125)[48]. Es ist Tillichs Intention, Gott *so* zu denken – und ihn doch nicht zu verendlichen, ihn nicht aufgehen zu lassen in der Welt, auch nicht in deren Totalität, im »Ganzen der Wirklichkeit«.[49]

Sowenig Tillichs Bemühung geringgeschätzt werden soll, seine Ausführungen reichen nicht aus, einsichtig werden zu lassen, wie denn nun Gott selbst zu denken und zu glauben ist; zu viele Fragen bleiben da unbeantwortet: Wenn alles Seiende »partizipiert« am unerschöpflichen Grund des Seins, dadurch selbst »seinsmächtig« ist, also sich in seinem Bestand mehr oder weniger potent selbst zu erhalten, selbst zu behaupten vermag, und wenn ihm diese Qualität entweder selbst inhaeriert oder von Gott verliehen ist[50] – was ist dann Gott, Gott selbst? Nur der, der alles sein und werden läßt, wie es ist und wird? Und was ist an der »Seinsmächtigkeit« des Endlichen »göttlich«? Wenn doch alles Endliche als endlich vergeht, vergeht dann auch dies »Göttliche« in ihm – und wohin? Ist denn überhaupt alle und jede Selbstbehauptung des Endlichen »göttlich« – könnte sie nicht auch widergöttlich sein, etwa in der Rücksichtslosigkeit und im Trotz selbstverschlossener Selbstbehauptung? Ist diese Frage nicht doppelt berechtigt angesichts der Behauptung Tillichs, alle Aktualität als endliche Wirklichkeit, als Existenz, sei Entfremdung: »verwirklichte Schöpfung und entfremdete Existenz« seien »materialiter identisch« (II, 52)? Wenn nicht einfach gegebene »Seinsmächtigkeit« des Endlichen »göttlich« sein *kann,* ist es dann nicht um so dringender, genau zu erfragen, worin denn unter Menschen, beim Menschen und von ihm her gesehen in allem, auch dem Natürlichen, Wahres, wirklich Gutes und *also* »Göttliches« ist und geschieht?

Daß das Endliche in seiner Zweideutigkeit und antagonistischen Zerrissenheit über sich selbst hinausweist auf eine tragende Einheit[51], hinausverlangt nach einer »Wiedervereinigung« (I, 113, 153, 321, 322), mag einsichtig sein.[52] Aber kommt damit Gott als diese »Einheit« anders noch in Sicht als nur, ein *Postulat* zu sein? Oder wie ist jene göttliche »Einheit« oder »Wiedervereinigung« *in* den Polaritäten und Konflikten des Endlichen, also in unserer Zweideutigkeit und Zerrissenheit, *da* und gegenwärtig wirksam?[53] Wie auch ist die »Einheit«, die Gott ist, als *Einheit* gedacht: so, daß in der Aufhebung der Entfremdung doch das Unterschiedene, das Endliche, als unterschieden und als existierend erhalten, ja anerkannt gedacht ist?[54]

Und wenn alle Ausführungen Tillichs in diesem Teil seiner Gotteslehre von der einen in sich doppelten Grundaussage geprägt sind, wonach Gott als Sein-Selbst oder als Macht des Seins »Grund« und »Abgrund« alles Endlichen ist – wie verhalten sich dann die beiden Elemente dieser Doppelheit des *einen* Gottes zueinander? Sehr zu Recht ist angefragt, ob Gott »bestimmt als Sinnabgrund und -grund«, ›stehend‹ »noch jenseits aller Inhalte, wie Licht und Finsternis, Göttliches und Dämonisches«, nicht in die pure »Indifferenz« gerät, so daß von ihm nichts, rein nichts zu sagen ist.[55] Und doch ist zu sehen, daß Tillich diese Gefahr der Indifferenz selbst zu vermeiden versucht und *darum* Gott nicht nur als »universal« und »unbedingt«, nicht nur als »Einheit«, sondern zugleich als ›konkret‹ zu denken sucht. Tillich selbst schreibt: Wenn »im Seinsgrund letzte Indeterminiertheit gesehen« wird, dann gerät Gottes Macht zu »eine(r) ewige(n) Drohung für jede gegebene Struktur der Dinge« (I, 198). Im »mystische(n) Monotheismus« werden »die Macht des Seins in seiner Vollkommenheit und die Gesamtheit der Strukturen und Werte ... ohne Differenzierung und Widersprüche im Grunde des Seins und Sinnes, in der Quelle aller Werte, geschaut« (I, 263) – doch dadurch kommt es zur »Gefahr, das konkrete Element in der Gottesidee zu verlieren«: zu der Gefahr, daß so »Unbedingtheit und Universalität« im Gottesgedanken *allein* Gottes »Charakter als lebendige(n) Gott . . . verschlingen.« (I, 264) Und also unternimmt Tillich mit dem »trinitarischen Monotheismus« den »Versuch, vom *lebendigen* Gott zu reden, dem Gott, in dem das Unbedingte und das Konkrete geeint sind.« (I, 265)[56]

Tillich intendiert mithin, Gott in dessen »Unbedingtheit und Universalität« *konkret* zu denken – und ist doch zugleich wie gebannt von der Gefahr, in jeder konkreten Bestimmtheit, die als bestimmte begrenzt und also endlich ist, Gott zu verendlichen (I, 285), zu vergegenständlichen, zu ›verobjektivieren‹ (I, 204). Und also setzt er zu inhaltlichen Aussagen über Gott an – und nimmt diese zugleich wieder zurück, indem er alle inhaltlichen Aussagen über Gott für »*symbolisch*« erklärt (insbesondere I, 277, 325 und II, 16). Sie sind »symbolisch«, weil »ihre Bedeutung keine gegenständliche ist« (I, 185), sondern eine »uneigentliche« (I, 97, 283, 312), nicht »wörtliche« (I, 318; II, 15), vielmehr eine, die die direkte Bedeutung »transzendiert« (I, 294, 321; II, 15; GW VIII, 141 f). Wohin »transzendiert«? Ins unsagbare »Mysterium« oder »Geheimnis« (I, 185, 280 f, 294; II, 17)[57]. Folglich ist zu sagen: Nach Tillich sind alle inhaltlichen Gottesaussagen darum »symbolisch«, weil sie als inhaltliche *endlich* sind[58], »aber das Geheimnis des göttlichen Grundes bewahren« (I, 281) wollen; d. h. sie sind »symbolisch«, weil sie als endliche unter dem Vorbehalt des unaussprechlichen Geheimnisses (besonders I, 185) oder des »ganz Andere(n)« (cf. insbesondere II, 15) stehen. »Wenn wir nur *eine* nicht-symbolische Aussage über Gott machen, scheint seine Transzendenz gefährdet zu sein.« (II, 16)

Gelöst ist das so gestellte Problem nicht, wenn sich die beiden Grundmomente des Gottesbegriffs, Unbedingtheit und Konkretheit, bloß gegenseitig sich aufhebend negieren und über beiden lediglich die Transzendenz eines – nun doch: indifferenten – »Mysteriums« schwebt. Aber das begriffliche Grundproblem jeder Gotteslehre ist *so* durch Tillich genau bezeichnet und der Theologie aufgegeben: »das Problem der Einheit zwischen [besser: von] Unbedingtheit und Konkretheit im lebendigen Gott.« (I, 265)[59]

Doch wie soll das damit präzis gestellte Problem gedanklich bearbeitet werden können, ohne den Gedanken zu fassen: daß alle Bestimmung Gottes nur die seiner *Selbst*bestimmung sein kann; daß Gott sich selbst verendlicht und gerade *darin*, in solcher Konkretion, seine Absolutheit oder

Unbedingtheit erweist, weil er das Endliche nicht von sich ausschließt, und daß er folglich nicht etwa nur der Endlichkeit unseres Denkens unterliegt oder gar zum Opfer fällt[60]; daß er das Endliche *so* erfüllt, daß es nicht aufgeht in dem, was es nun mal so ist, sondern mit Gott verbunden und von Gott erfüllt ist – Gott selbst also in keiner endlichen Bestimmung und Erfahrung von ihm aufgeht? Jedoch die Selbstbestimmung Gottes zu denken, wird nur möglich sein, wenn Freiheit und Liebe zusammengedacht werden. Völlig fern liegt Tillich diese theologische Einsicht nicht[61], *wenn* nur begriffen wird, daß die Gott interne »Seinsmächtigkeit«, ohne die ja Gott nicht Gott wäre, seine »Offenbarungsmächtigkeit« ist.

Offenbarungsmächtig ist Gott, weil er in Unbedingtheit seine Überlegenheit über das Nichtsein erweist, *so* sich selbst zeigt als der, der er ist – *und* darin Menschen, je einen Einzelnen wie mich, »unbedingt angeht«. Gott »als die Macht des Seins, die das Nicht-Sein überwindet, ... erscheint uns als« das, was »uns unbedingt angeht.« (I, 133 f) Wie ja auch umgekehrt gilt, daß »nur der allmächtige Gott ... das sein« kann, »was den Menschen unbedingt angeht.« (I, 313) Wäre es anders, manifestierte sich Gott nicht selbst, so wäre er ein unsagbares, fernes »Etwas«, verschlossen in sich: und so wäre er nicht absolut und unbedingt, denn er beträfe keinen Menschen.

Also ist zu sagen: In seiner Selbstoffenbarung bestimmt Gott selbst sich konkret, indem er sich als der erweist, der er ist. Folglich besteht seine Konkretheit im Selbsterweis seiner unbedingten Überlegenheit über das, was gegen ihn steht. Das aber kann ja immer nur ein *bestimmtes* »Nicht-Sein« sein: der Selbstverlust eines Einzelnen, der Tod eines Menschen, all das Unheil und destruktiv Böse der Welt; denn all das ist, wenn Gott wirklich Gott ist, noch in seiner oft katastrophalen Bestimmtheit *endlich* und darum prinzipiell überwindbar. Aber *daß* es das ist, das ist doch nicht, wenn es sich nicht dem einzelnen, bestimmten Menschen in dessen Bestimmtheit selbst erweist und ihn insofern »unbedingt angeht«. Er, in der »Konkretheit seiner Existenz«, »lebt ... in der Macht eines letzten Betroffenseins« (I, 33). Und darin, in solchem ›letztlichen Betreffen‹, ist Gottes Konkretheit einem Menschen konkret, d. h. selbst offenbar.

Nur das kann uns ›unbedingt angehen‹, »dem konkret begegnet werden kann« und das zugleich in seiner Bestimmtheit sich nicht erschöpft, sondern *darin* über sich hinausweist, »den ganzen Bereich des Endlichen transzendier(t)« (I, 247). »Radikal« geht »den Menschen . . . nur das an, dem er auf gleicher Ebene begegnen kann. Deshalb ist die Ich-Du-Beziehung zwischen Gott und Mensch grundlegend für die religiöse Erfahrung.« (I, 259) Die Beziehung von Gott und Mensch ist aber als von Gott eröffnete nichts anderes als seine Selbstoffenbarung. Tillich sagt das in seiner Weise selbst: »Wenn wir von der Ich-Du-Beziehung zwischen Gott und Mensch reden müssen, so umfaßt das Du [d. i. Gott] das Ich und folglich die ganze Beziehung.« (I, 312) Also kann einsichtig sein, wenn sich bei Tillich die Aussage findet: »Zugleich absolut und konkret« – was das genannte Grundproblem des Gottesbegriffs ist –, das ist »nur die Offenbarung« (I, 108).

»Allein durch das Endliche kann sich das Unendliche ausdrücken.« (I, 254) Drückt es sich aber in einem Endlichen *wirklich* aus, so macht es dies Endliche zu einem »Symbol«, d. h. zu etwas, was *in* seiner Bestimmtheit über sich hinausweist und insofern »Medium« der Offenbarung ist.[62] Jedoch ein Endliches ist *das* nicht und Offenbarung Gottes ist da nicht, wo Menschen davon nicht unbedingt betroffen, von dem sich ereignenden Sich-Offenbaren Gottes nicht ergriffen und also in dies Ereignis »einbezogen« sind (cf. I, 31). »Der Akt des Aufnehmens« ist »ein Teil des Offenbarungsgeschehens selbst.« Die biblischen Zeugen ›hatten teil‹ »am Offenbarungsgeschehen . . . Ihr Teilhaben bestand darin, daß sie von den Ereignissen ergriffen wurden, die eben dadurch Offenbarungsereignisse wurden.« (I, 45; cf. 112, 135)

Nun kann an sich alles Endliche zum »Symbol« im göttlichen Sich-Offenbaren werden; denn an sich, seiner »innersten Natur« nach, ›weist‹ es »über sich hinaus«, ist es »selbst-transzendierend« (II, 14). Aber Tillich fragt nun nach *dem* »Medium« oder »Symbol« der Offenbarung, das dem im Gottes- und Offenbarungsbegriff selbst implizierten »Zugleich« von »absolut und konkret« gerecht wird, das »absolut« in der Selbsterschließung Gottes und zugleich »völlig konkret« in seiner Bestimmtheit ist. »Das völlig Konkrete« aber ist »die individuelle Person« (I, 247) – wie ja auch »das, was eine Person letztlich und unbedingt angeht, . . . nicht weniger als eine Person sein« kann (I, 185)[63].

Darum nennt Tillich Gottes Offenbarung in Jesus als dem Christus zu Recht die »letztgültige Offenbarung«: »Im

Neuen Sein, das in Jesus als dem Christus offenbar geworden ist, ist die konkreteste aller möglichen Formen von Konkretheit, ein personhaftes Leben, Träger dessen, was ohne Bedingung und Einschränkung absolut ist.« (I, 178) »In dem Ereignis ›Jesus als der Christus‹ ist »das Prinzip [!] der göttlichen Selbstoffenbarung ... manifest geworden«. »Die christliche Theologie« hat damit »ein Fundament erhalten, das das Fundament jeder anderen Theologie transzendiert und das selbst nicht transzendiert werden kann. Die christliche Theologie hat etwas erhalten, das absolut konkret und zugleich absolut universal ist.« Nichts anderes nämlich »hat die Konkretheit eines persönlichen Lebens. Im Vergleich mit einem persönlichen Leben ist alles andere relativ abstrakt. ... Christliche Theologie ist *die* Theologie, insofern sie auf der Spannung zwischen dem absolut Konkreten und dem absolut Universalen beruht.« (I, 24) Damit ist aller christlichen Theologie eine einzige Aufgabe aufgegeben:

»Der Theologe ... behauptet die Allgemeingültigkeit der christlichen Botschaft trotz ihres konkreten und speziellen Charakters. Er rechtfertigt diesen Anspruch nicht, indem er von der Konkretheit der Botschaft abstrahiert, sondern indem er ihre unwiederholbare Einzigartigkeit betont.« (I, 17)[64]

Mit anderen Worten: Christliche Theologie hat das Konkrete der Offenbarung, auf der sie basiert, in dessen »unwiederholbare(r) Einzigartigkeit« – also *diese* individuelle Person, Jesus von Nazareth – als allgemeingültige Offenbarung für potentiell alle Menschen nicht etwa nur zu behaupten und zu betonen, sondern einsehbar darzutun. – Was, könnte man fragen, denn sonst, wenn nicht *ihr* ›Konkretes‹, Einzigartiges und Spezifisches? Doch nicht das, was alle schon, auch ohne Theologie, wissen! Christliche Theologie soll ihr Besonderes als das darlegen, was, gegen allen empirischen Augenschein, prinzipiell *alle* Menschen betrifft, also ihr Besonderes als allgemeingültig. Wäre es anders, so wäre das christlich Besondere und Konkrete nur für eine Gruppe von Menschen; es wäre folglich nur eine beliebige Meinung und nicht *die* Wahrheit, die als Wahrheit unbedingt ist. Mit Tillich gesagt: Christliche Theologie würde sonst nicht dem »universalen logos« dienen, der in Jesus als dem Christus konkret – individuelle Person – geworden ist.[65]

Tillich hat die Zusammenfassung seiner gesamten Gotteslehre selbst formuliert:

»Die Liebe Gottes ist die endgültige Antwort auf alle Fragen der menschlichen Existenz, ... Diese Antwort kann jedoch nur durch die Manifestation der Liebe Gottes unter den Bedingungen der Existenz gegeben werden. Es ist die Antwort der Christologie« (I, 328).

Im Sinne dieser Zusammenfassung interpretiert er die überkommenen Aussagen von Gott als »Herr« und »Vater« (I, 329 ff). Bedenkenswerter noch als in diesem Schlußabschnitt des ersten Bandes seiner »Systematischen Theologie« hat Tillich das, was dazu zu sagen ist, in einer seiner »Religiösen Reden« ausgesprochen. Gegen Ende dieser Rede spricht er von der »Grenze« und von der inneren »Gefahr aller Religion«, insofern unsere irdischen Bilder, zum Beispiel »Vater- und Mutterbilder«, »das Bild Gottes ... so weit« ›entstellen können‹, »daß es seine erlösende Macht fast verliert.« Er schließt diese Rede, indem er hervorhebt:

»Aber« das »ist keine Grenze für Gott, der immer wieder die Bilder durchbricht, die wir uns von ihm gemacht haben, und der uns in Christus gezeigt hat, daß er nicht nur Vater und Mutter für uns ist, sondern zugleich auch Kind, ... Der Vater, der zugleich Kind ist, ist mehr als nur ein Vater, wie er auch mehr ist als nur ein Kind. Darum können wir zum Vater im Himmel beten, ohne unsere Feindseligkeit gegen das Vaterbild auf ihn zu übertragen. Weil Gott Kind geworden ist, können wir das Vaterunser sprechen.«[66]

Anmerkungen

1 Wenn nicht anders angegeben, beziehen sich die als Verweis angegebenen Seitenzahlen immer auf Tillichs »Systematische Theologie«.

2 Cf. I, 193, 196, 240, 244, 245; II, 14, 22.

3 Zugleich kann Tillich auch schreiben: »Die Theologie kann nichts [!] tun, als die existentielle Offenbarungserkenntnis theoretisch zu entwickeln und zu systematisieren, indem sie die Symbole interpretiert.« (I, 281) Der Versuch, diese *beiden* Zitate ernstzunehmen und sie so zusammenzu*denken,* zeigt schon, welch enorme Interpretationsaufgabe Tillichs »Systematische Theologie« stellt.

4 J. Ringleben, Paul Tillichs Theologie der Methode, in: NZSTh 17/1975, 246–268; Zitat: 259.

5 W. Braune, Paul Tillich. Ein Gedenkvortrag, Berlin 1966, 10 f. Ebenso W. Braune, Das Wort der Macht, die das Nichtsein besiegt. Ein Beitrag zu Paul Tillichs Auffassung vom Menschen

(Weihnachtsgabe für die Freunde des Evang. Verlagswerks 1973), 6: »Der bedrohte Mensch ist der bejahte Mensch. Er weiß von der universalen Drohung des Nichtseins. Woher denn? Offensichtlich weil er gewahr ist, daß trotz Nichtsein etwas ›ist‹, daß etwas Sein hat. . . . Alles geht ins Nichtsein, aber das kann man nur sehen, weil etwas teilhat am Sein. Der Mensch könnte nicht einen Augenblick leben, wenn er das nicht voraussetzt und sich festmachen könnte an etwas, was Bestehen im Sein gewiß macht.« Und S. 7: »Tillich geht aus von uns, den konkreten Menschen. . . . Es ist der Mensch, der einzigartig unter allem Lebendigen, von der Drohung des Nichtseins weiß, weil er der Macht des schöpferischen Seins gewahr ist.«

6 Cf. das in Anm. 5 angeführte Zitat.

7 W. Braune schreibt selbst: »Angsterfüllte Resignation kann so überwältigend sein, daß die Fragen, die den Menschen zum Menschen machen, indifferent abgewiesen werden müssen.« (Gedenkvortrag, 20)

8 W. Trillhaas spricht von »Unbestimmtheit in den Grenzregionen« und von einer »Belastung mit theoretischen Unklarheiten« (Paul Tillich im Lichte seiner Wirkungsgeschichte. Eine Bilanz, in: ZThK 75, 1978, 82–98; Zitate: 92 f). J. Ringleben schreibt: »Eine gewisse Vieldeutigkeit scheint von ihm selbst intendiert« (a. a. O., 258 Anm. 26). Ein analoges Urteil findet sich bei der Mehrzahl der Tillich-Interpreten.

9 M. Repp, Die Transzendierung des Theismus in der Religionsphilosophie Paul Tillichs (EHS 23/273), Frankfurt/Bern/New York 1986. Cf. auch A. Thatcher, The Ontology of Paul Tillich, Oxford 1978. Thatcher legt die Vieldeutigkeit und die Unstimmigkeiten besonders auch in der Gotteslehre Tillichs dar und erklärt diese aus der Kombination heterogener Traditionen, insbesondere der biblischen und griechischen.

10 Cf. I, 54, 203, 222, 251, 275, 287, 312; GW VIII, 69; XI, 136.

11 W. Härle in: W. Härle/E. Herms, Deutschsprachige protestantische Dogmatik nach 1945, Teil I; in: VF 27, 1982, 1–100; Zitat: 26.

12 J.-C. Petit zufolge besteht das »Zentrum des Tillich'schen Werkes« in der »Auffassung von der menschlichen Existenz als einer Existenz, die im Alltag konfrontiert ist mit der Zweideutigkeit, Unsicherheit, ja selbst der Sinnlosigkeit der Weltwirklichkeit des Menschen« und dementsprechend in »der Auffassung, daß gerade in der Konfrontation mit ihnen der Sinn sich bestätigt und das Unbedingte hereinbricht. Dieser zentrale Gedanke« ist nach J.-C. Petit der »Horizont, vor dem wir das Gesamtwerk Tillichs lesen und verstehen müßten.« (J.-C. Petit, Tillichs Religionsphilosophie und die Ansprüche

der neuen Politischen Theologie, in: NZSTh 19, 1977, 150–171; Zitat: 170 f)

13 Tillich selbst wollte in dem »existentiellen« Charakter *theologischen* Denkens dessen Unterschied zur Philosophie sehen (cf. z. B.: I, 31, 33, 43, 267, 273; II, 21). Ein weiteres Unterscheidungsmerkmal – mit dem ersten verbunden (cf. z. B. I, 276), doch wie? – sah er im »symbolischen« Charakter theologischer Aussagen (besonders I, 277). Zu diesem zweiten Unterscheidungsmerkmal s. besonders R. P. Scharlemann, Der Begriff der Systematik bei Paul Tillich, in: NZSTh 17, 1975, 246–268; zur Sache: 262.

14 De servo arbitrio: WA 18, 633 = Cl 3, 124, 35.

15 So in der ersten deutschen Übersetzung: Paul Tillich. Der Mut zum Sein (Schriften zur Zeit. Neue Folge), Stuttgart 1954, 65; im Wortlaut leicht verändert in: GW XI, 70. Da mir die neuere Übersetzung (in GW XI) nicht immer als sachlich (!) treffender und einsichtiger erscheint und da auch die ältere vom Autor »autorisiert« ist, zitiere ich ab und an auch nach der älteren Übersetzung. Ich zitiere diese als »MzS«.

16 Ihnen sind nach Tillich drei Epochen der abendländischen Denkgeschichte analog.

17 Diese Einfügung erfolgt nach GW XI, 47, Z. 3 v. o. und nach MzS, 42.

18 Cf. noch einmal das Zitat aus GW XI, 43, angeführt oben 176.

19 In Tillichs Worten: »Verzweiflung ist der Zustand, in dem der Mensch erlebt, daß er von der Ewigkeit, zu der er bestimmt ist, ausgeschlossen ist.« (STh II, 87)

20 Cf. die philosophische Explikation von »Glück und Not«, die D. Henrich gibt: »Wer in Not ist, der weiß wohl, was es heißt, glücklich zu sein. Aber dieser Zustand des Bewußtseins ist für ihn unwirklich geworden. . . . Das Glück ist« ihm »*verschlossen*, wie etwas, von dem man nur weiß, ohne es noch als eine eigene Möglichkeit auffassen zu können. Denn man weiß vom Glück auch, daß es eine Affirmation von der gleichen Art zur unerläßlichen Bedingung hat, nur daß die Affirmation des Glücks die Affirmation abweist, welche die Not eigentlich erst begründet, indem sie nämlich die Wahrheit des Glücks dementiert.« (D. Henrich, Glück und Not, in: Ders., Selbstverhältnisse. Gedanken und Auslegungen zu den Grundlagen der klassischen deutschen Philosophie, Stuttgart 1982, 131–141; Zitat: 134).

21 Strukturell-begrifflich gesehen sei angemerkt: Die Frage danach, »worauf . . . sich« in der Erfahrung der Sinnlosigkeit, der Verzweiflung, »der Mut zum Sein gründen« ›kann‹, ist die Frage danach, »wie ein solcher Mut überhaupt möglich ist« (GW XI, 130). Die *so* gestellte Frage zielt also auf die Ermöglichungs-

bedingung *des Mutes* und intendiert, wie die sprachliche Formulierung »sich gründen« anzeigt, eine Vertrauensbeziehung. Die *so* gestellte Frage ist strukturell-begrifflich gänzlich anderer Art als die in STh I im Abschnitt »Endlichkeit und die Kategorien« (225 ff) im Vordergrund stehende Frage nach einem jenseitigen »Grund« der Endlichkeit, die als endlich in allem durch bestimmte Polaritäten bestimmt ist, so auch durch die von Angst und Mut, so daß nach einem jenseitigen »Grund« als »Einheit« *von Angst und Mut* gefragt ist (so I, 226). Interessant: Tillich wendet die so gänzlich abstrakte Frage nach einem jenseitigen Grund endlicher Polaritäten im Zusammenhang von Angst und Mut *um* zur Frage nach der Ermöglichungsbedingung des *Mutes* (so auch I, 227; cf. 229, 230, 232, 240, 244).

22 Cf. die gedanklich parallelen Stellen (z. B. GW XI, 133 f). In STh III, 262 heißt es: »In der Situation des Zweifels« ist »die Wahrheit, von der man sich getrennt fühlt, gegenwärtig . . ., da in jedem Zweifel die Bejahung des Prinzips der Wahrheit vorausgesetzt ist.« Nur − ist hinzuzufügen − daß diese Voraussetzung im nicht bloß theoretischen Zweifel gerade zweifelhaft ist! Das zitierte Argument gehört ja nach Tillich selbst zur Kennzeichnung der *verzweifelten* Situation der Verzweiflung, ist also keines, das einen Ausweg zeigt. Ähnlich in »In der Tiefe ist Wahrheit« (Religiöse Reden 1. Folge), Stuttgart [7]1978, 150: »Das führt uns in die letzte Tiefe der Sünde: getrennt und doch gebunden, entfremdet und doch ihm [sc. dem »Grund unseres Seins«] zugehörig, zerstört und doch erhalten. Es ist der Zustand, den wir Verzweiflung nennen. Verzweiflung bedeutet, daß es kein Entrinnen gibt. . . . Denn wir alle wissen, daß wir ewig und unentrinnbar an den Grund unseres Seins gebunden sind.« Nur ist dieser »Abgrund der Entfremdung . . . nicht immer sichtbar.« − H. Zahrnt schreibt, wie ich annehme, nicht ohne einen Anklang ironischer Kritik: »Tillichs gläubiger Realismus . . . hungert und dürstet nach dem einheitlichen Sinn der Welt; . . . und er findet ihn auch stets − und sei es in der Sinnlosigkeit selbst. Bei Tillich gibt es für den Menschen vor Gott kein Entkommen.« (Ders., Der gläubige Realist. Vor hundert Jahren wurde der Theologe und Philosoph Paul Tillich geboren, in: Die ZEIT, Nr. 35, 22. Aug. 1986, 32) Daß es vor Gott kein »Entrinnen gibt«, schreibt Tillich tatsächlich auch in I, 320 selbst.

23 Insbesondere in dem Abschnitt »Der absolute Glaube und der Mut zum Sein« benutzt Tillich dies »Prioritäts«-Argument; s. GW XI, 126 f.

24 Noch einmal sei daran erinnert, daß die Drohung des »Selbstverlustes« der Kern der Angst ist.
Überzeugend wendet G. Wenz ein, daß in diesen Ausführungen Tillichs nicht nur der christologische Zusammenhang

ausgeblendet ist; auch der »totale(. .) Selbstverlust« gerate »aus dem Blick«, und die »Tiefe der Verzweiflung« werde verkannt, wenn die Verzweiflung »nur als nihil dialecticum des Mutes, dessen Sieg immer schon ausgemacht ist«, ›fungiere‹ (G. Wenz, Subjekt und Sein. Die Entwicklung der Theologie Paul Tillichs, München 1979, 306–308). W. Weischedel konstatiert: »Die Erfahrung der Sinnlosigkeit ist nicht wirklich radikal gedacht.« (W. Weischedel, Der Gott der Philosophen. Grundlegung einer Philosophischen Theologie im Zeitalter des Nihilismus, Bd. 2, München [2]1985, 101; cf. im Blick auf Tillichs Ausführungen über den Zweifel: 99 f, 103. S. auch unten Anm. 42)

25 Folglich ist nicht einsichtig, wenn Tillich der Situation der Verzweiflung selbst entnehmen will: »Sogar in der Verzweiflung ... ist ein Sinn bejaht und eine Gewißheit erhalten« (GW XI, 129) oder, dazu analog, behauptet: »In jedem tiefen Zweifel liegt ein Glaube, nämlich der Glaube an die Wahrheit als solche sogar dann, wenn die einzige Wahrheit, die wir ausdrücken können, unser Mangel an Wahrheit ist« – und daraus schließt, »daß der, der Gott ernstlich leugnet, ihn bejaht.« (GW VII, 14) Cf. ferner in »Wesen und Wandel des Glaubens«: Das Symbol »Gott« ist »in jedem Glaubensakt gegenwärtig, selbst wenn dieser Glaubensakt die Leugnung Gottes einschließt.« (GW VIII, 142)

26 Siehe: GW VII, 14; GW VIII, 123, 126 u. STh II, 19.

27 S. o. 172 f mit Zitat aus STh I, 79.

28 Das lutherische »extra nos« ist kein Thema der »Systematischen Theologie« Tillichs. Wohl ist im ersten Teil über »Vernunft und Offenbarung« (besonders I, 131 ff) ausführlich und nachdrücklich dargelegt, daß »Offenbarung« als Ergriffensein vom Unbedingten in der Ek-stase des ex-sistierenden Menschen geschieht (cf. besonders auch I, 66), in der der Mensch »empfängt«, ›entgegennimmt‹ (I, 57). Und aus den Ausführungen über »Entfremdung als hybris« und »als Konkupiszenz« (II, 57 ff) läßt sich indirekt erschließen, daß der Mensch sich nicht aus sich, nicht im Eigenen allein, zu seiner Wahrheit und Erfüllung zu bringen vermag – so wenn Tillich von der »Versuchung« des Menschen spricht, »sich selbst als das Zentrum anzusehen, in dem alle Teile seiner Welt konvergieren.« (II, 57) Die biblische Botschaft bleibt »unverfügbar« (I, 64); »die Botschaft vom Neuen Sein ... muß zu ihm [sc. dem Menschen in der existentiellen Entfremdung] kommen, sie muß ihm gesagt werden, und das geschieht durch Offenbarung.« (I, 151) Und dementsprechend heißt es vom Glauben: »Glaube stammt nicht *vom* Menschen, aber er lebt *im* Menschen.« (III, 158) – Doch auch in diesen Ausführungen liegt die Vorstellung einer *unvermittelten* Transzendenzerfahrung oder -offenbarung nahe. Nicht ist bei Tillich expliziert, weshalb und

wie der Einzelne für den Empfang der »Offenbarung«, für das Gelangen in *seine* Wahrheit, des Anderen notwendig und ständig bedarf – und *im* Glauben selbst unabdingbar auf das entscheidende »extra nos«, die Person »Jesus als der Christus«, angewiesen bleibt. Symptomatisch ist, daß »der Verzweifelte ... nicht auf ein extra nos, sondern auf die Tätigkeit seiner selbst, eben seinen Zweifel hingewiesen« wird (G. Wenz, a. a. O. [vgl. Anm. 24], 308).

29 Dieser Gedanke kann hier nur angedeutet und auch nicht von ferne zureichend entfaltet werden.

30 R. Taube, Gott und das Ich – erörtert in einer Auseinandersetzung mit Luthers Lehre über Glaube und Liebe in seinem Galater-Kommentar (1531/35) (EHS Reihe XXIII, Bd. 258), Frankfurt/Bern/New York 1986, 86.

31 Siehe MzS, 127 (und 128, 131) = GW XI, 130, 131, 134. Für solchen anfänglichen, noch ganz unbestimmten Lebenswillen – oder »Mut« – ließe sich eine Reihe von Erfahrungen anführen; etwa daß mitten in großer, schwer erträglicher Einsamkeit unversehens ein ganz unbestimmtes, umfassendes Gefühl von Liebe aufkommen kann. Oder R. Luxemburg beschreibt in einem Brief an Sophie Liebknecht (Mitte Dez. 1917), wie sie in feuchter, dunkler Nacht im Gefängnis liegt – und dabei doch ihr Herz klopft »von einer unbegreiflichen, unbekannten inneren Freude« (in: Das Weihnachtsbuch. Mit alten und neuen Geschichten, Gedichten und Liedern, ausgewählt von E. Borchers, Frankfurt a. M. 1973, 48). H. Piontek drückt das so aus: »Immer wieder gerätst du ins Stocken, bewegst dich in deinen Worten im Kreis. Aber dann, unversehens, streifen die Gedanken an etwas, von dem ein Widerstand ausgeht. Du spürst Nähe, Wärme. Gedankenlos nimmst du sie hin, bis es dich mit einem Mal verwundert. Es ist eine Kraft des Elends an deiner Seite, eine Unbeirrbarkeit der Qual. Jemand vor dir ist den Weg gegangen und geht ihn wiederum mit.« (H. Piontek, Tage, an denen es kritisch wird; in: Ders., Träumen – Wachen – Widerstehen. Aufzeichnungen aus diesen Jahren, München 1978, 154–156; Zitat: 155 f. – Und Tillich selbst legt dar: »Zuweilen bricht in einem solchen Augenblick [sc. wenn »die Gnade« ›uns trifft‹, wo eben noch »die Verzweiflung alle Freude und allen Mut zerstört«] eine Welle von Licht in unsere Finsternis ein, und es ist, als ob eine Stimme sagte: ›Du bist dennoch bejaht!‹« (In der Tiefe ist Wahrheit, a. a. O., [vgl. Anm. 22], 152) Für den Augenblick der Gnade, wenn (!) er ein solcher ist, ist das m. E. sehr prägnant gesagt.

Gänzlich anders wohl interpretiert P. Steinacker jenen »absoluten«, ›inhaltlosen‹ Glauben Tillichs, wenn er schreibt: »Sobald der Nihilismus, vom Kopf auf die Füße gestellt, gelebte Existenz wird, begibt sich der Mensch in eine Grenzsituation absoluter Nichtigkeitseinsicht und -erfahrung. Aber in dieser macht sich die Negation heilend geltend, weil sich ein Sinn offenbart, der keiner Reflexion erreichbar und daher ganz ohne Inhalt ist.« (P. Steinacker, Paul Tillich: Der Mut zum Sein, in: Grundprobleme der großen Philosophen. Philosophie der Gegenwart VI, Göttingen 1984, 157–188; Zitat: 181) (Cf. aber Steinackers im Anschluß an A. Thatcher formulierte Gegenfragen: 184 f.) Für die oben zitierte Interpretation kann sich P. Steinacker auf Tillichs Aufsatz »Über die Idee einer Theologie der Kultur« (1919) berufen, in dem es heißt: Wo die »Erfahrung schlechthinniger Nichtigkeit« – der Nichtigkeit des Seienden, unserer Worte, des persönlichen Lebens – »zum absoluten, radikalen Nein geführt hat, da schlägt sie um in eine ebenso absolute Erfahrung der Realität, in ein radikales Ja.« (GW IX, 18) – Daß dem so einfach nicht ist, das ist nach Tillichs eigener Beschreibung der Verzweiflung deutlich.

32 Cf. dazu insbesondere die Arbeiten von M. Repp und A. Thatcher (genannt oben Anm. 9). – Nur zu begrüßen ist also Tillichs Intention, wegzukommen von einer Gottesvorstellung, wonach Gott »die Ursache« der »heteronomen und hypostasierten Autorität ist«. Doch weshalb sollte man darum behaupten: »Das, was in mir Gott töten will, ist Gott selbst, nämlich der Gott meines Seins und Sinnes – meiner Selbstbejahung« – und weshalb sollte man »dies den ›Gott über Gott‹ nennen« (GW VIII, 69)?

33 Tillich sagt das selbst: »Glaube hat eine ganz bestimmte Richtung und einen konkreten Inhalt. Darum beansprucht er Wahrheit und Hingabe.« (GW VIII, 139)

34 S. auch oben 169.

35 P. Tillich, Das Ewige im Jetzt. Religiöse Reden, 3. Folge, Stuttgart 1964, 97. Cf. auch STh I, 174: »Weder Sünde noch Verzweiflung als solche sind ein Beweis für das Fehlen der Erlösungskraft. Das Fehlen der Erlösungskraft drückt sich in der Flucht vor dem aus, was uns unbedingt angeht, und in Selbstgefälligkeit . . .«
Cf. F. Dostojewskij: »Ein vollständiger Atheist steht auf der vorletzten Stufe zum vollständigen Glauben (ob er nun auch die höchste Stufe betritt oder nicht, gleichviel); der Gleichgültige jedoch hat überhaupt keinen Glauben außer einer üblen Furcht«. (Die Dämonen, München 1956, II. Teil, 9. Kap. »Bei Tichon«, 600)

36 GW XI, 136; GW VIII, 123.

37 Cf. dazu: »Mut ist die Selbstbejahung des Seienden trotz des Nichtseins. Er ist der Akt des individuellen Selbst, in dem es die Angst vor dem Nichts auf sich nimmt, . . . Mut ist immer vom Nichtsein bedroht und schließt immer ein Wagnis ein . . .« (GW XI, 117). Die »letzte Macht der Selbstbejahung« als »die

einzige und letzte Quelle des Mutes zum Sein, der die Angst... in sich hineinzunehmen vermag..., kann nur die Macht des Seins-Selbst sein. Alles, was weniger ist, die endliche Macht des eigenen Seins oder die eines anderen, kann nicht die radikale Drohung des Nichtseins überwinden, die wir in der Verzweiflung der Selbstverdammung erfahren.« (GW XI, 124)

38 Cf. H. Zahrnt: »Es gibt keine gültigen Beweise für die Existenz Gottes, aber es gibt Akte des Mutes oder des Glaubens, in denen wir – etwa wenn wir der Verzweiflung ins Gesicht blicken oder die Sinnlosigkeit auf uns nehmen – die Macht des Seins bejahen und damit die Gegenwart Gottes in allem [?] Seienden bezeugen.« (H. Zahrnt, Die Sache mit Gott. Die protestantische Theologie im 20. Jahrhundert, München 1966, 447)

39 Dieser Satz ist freilich ohne christologische Fundierung nicht zu begründen.

40 In Tillichs Schrift »Wesen und Wandel des Glaubens« (West-Berlin 1966) findet sich die Formulierung: ». . . trotz der Mächte des ›Nicht-Seins‹, die das Erbteil alles Endlichen sind.« (26 = GW VIII, 122: »gegenüber den Mächten des ›Nichtseins‹, von denen jedes endliche Sein bedroht ist.«)

41 Cf. oben Anm. 2.

42 Freilich nach dem von uns im zweiten Abschnitt Erarbeiteten wäre von vornherein zu bedenken, daß diese »Frage nach Gott« gänzlich offen ist. Die Erschütterung des »ontologischen Schocks« könnte an sich ebenso die des Nichts sein (W. Weischedel, a. a. O. [vgl. Anm. 24], 95). Wenn der »ontologische Schock« die Einsicht hervorruft, daß nichts hält, nichts beständig und verläßlich, sondern alles vergänglich ist (cf. nur I, 231) – liegt dann das »Nichts«, die Leere und der Tod nicht sogar näher noch als das »Sein-Selbst«?

43 Cf. auch I, 122, 194, 229, 231, 268, 302; II, 17.

44 Cf. insbesondere I, 200 f.

45 In dem Gedanken einer »Grundoffenbarung« sieht W. Schüßler gleichsam den »Schlüssel« zu Tillichs Gottesgedanken (W. Schüßler, Der philosophische Gottesgedanke im Frühwerk Paul Tillichs 1910–1933, Würzburg 1986, besonders 113, 121; cf. auch R. Albrecht/W. Schüßler, Paul Tillich – Sein Werk, Düsseldorf 1986). Cf. auch Tillich selbst: »Die Offenbarung des Grundes und Abgrundes von Sein und Sinn schafft das, was die moderne Theologie die ›Erfahrung des Numinosen‹ nennt.« (GW XII, 303) Und die Symbole, wie das des »persönlichen Gottes«, sollen »ausdrücken, daß unser Person-Zentrum durch die Offenbarung des unzugänglichen Grundes und Abgrundes des Seins ergriffen ist.« (GW XII, 304; aus: Eine Auseinandersetzung mit A. Einstein, 1940)

46 Cf. auch I, 99, 281 f, 287, 310 f.

47 II, 14. Um dem Mißverständnis zu entgehen, »eine Überwelt für das Göttliche« zu »etablieren«, kann Tillich an dieser Stelle so weit gehen, »das Göttliche« mit dem Endlichen in *dessen* Transzendierung zu identifizieren. Es heißt: »Wenn wir Gott in diesem Sinne transzendent nennen, so bedeutet das . . ., daß die endliche Welt in ihrer innersten Natur über sich hinausweist, daß sie selbst-transzendierend ist.« Oder auf derselben Seite: »Die göttliche Transzendenz ist identisch mit der Freiheit des Geschöpfs, . . .« Cf. auch I, 283 f.

48 Cf. GW XII, 301: »Kein Element der Wirklichkeit und kein Ereignis in Natur und Geschichte« hat »die Macht, uns von der Gemeinschaft mit dem unendlichen und unerschöpflichen Grund des Seins und Sinns zu trennen.«

49 Die oben im Text zitierte Aussage erläutert Tillich sogleich folgendermaßen: »Gott ist symbolisch gesprochen die Dimension des Unbedingten in Sein und Sinn, gegenwärtig in allem, was ist und [!] entfernt von allem, was ist.« (GW IV, 126)

50 Tillich kann, an den oben Anm. 43 angegebenen Stellen, ohne nähere Bestimmung beides behaupten.

51 Ausführlich dargelegt in den Abschnitten I, 99–113, 206–245.

52 Cf. aber, noch einmal, oben Anm. 42.

53 Cf. die Kritik C. H. Ratschows: »Das begriffsrealistisch postulierte Ganze verschlingt als das Sein selbst alles Mannigfaltige, und es bleibt die Frage offen, was das Sein selbst, das die Sinnfrage beantwortet, dem Besonderen in seiner Daseinsnot helfen kann und soll.« (C. H. Ratschow, Paul Tillich. Ein biographisches Bild seiner Gedanken, in: Tillich-Auswahl, hg. von M. Baumotte, Bd. I, Gütersloh 1980, 11–104; Zitat: 85)

54 Cf. die Kritik H. Zahrnts: »In der Tat drohen in Tillichs philosophischer Theologie Gott und die Welt so ineinander zu fließen, daß der Mensch vor lauter Gott nicht mehr die Welt und vor lauter Welt nicht mehr Gott erkennt. Aber die drohende Verwischung der Distanzen und die drohende Auflösung der Konturen ist nur die Schattenseite eines hellen Lichtes« – nämlich des »seelsorgerliche(n) Bemühen(s)«, Gott nicht »in einem Jenseits« zu suchen, sondern »in der Wirklichkeit der Welt und« des »Lebens« (H. Zahrnt, Der gläubige Realist, a. a. O. [vgl. Anm. 22]).

Das oben im Text angemahnte Problem kennt Tillich selbst. Er schreibt in »Dimensionen, Schichten und die Einheit des Seins« (1959): »Es scheint, daß die hier vertretene Einheitslehre des Lebens die Einheit so sehr betont, daß die Spannungen, Konflikte und Zweideutigkeiten des Lebens verdeckt sind«, und weist darauf hin, daß es selbstverständlich »keinen Lebensprozeß ohne solche Konflikte, ohne solche Zweideutigkeiten« ›gibt‹ (GW IV, 126). Und dementsprechend versucht er, »analog« und »symbolisch«-uneigentlich einen innergöttlichen »Lebensprozeß« vorzustellen (I, 265), in welchem das Endliche »als Endliches« ›erscheint *und* »mit dem Unendlichen im gleichen Prozeß wieder vereinigt« ist (I, 290).

55 So die Anfrage von O. Schnübbe, Theologisches Begegnungsdenken bei Paul Tillich, in: LM 3, 1964, 150–159; Zitat: 153. – P. Steinacker gibt den zur Debatte stehenden Grundgedanken des Tillichschen Gottesverständnisses so wieder: »Das Sein-Selbst (bzw. in religiöser Sprache: Gott) ist kein nur tröstliches, versöhnendes Unbedingtes. Dem Grund des Seins . . . ist neben der schöpferischen auch eine todbringende Qualität eigen« (P. Steinacker, a. a. O. [vgl. Anm. 31], 169). Doch wenn es so ist oder wäre – Gott als »Grund« und »Abgrund« ohne erkennbar (!) eigenen Gehalt in sich –, also etwa »unerschöpflich« im Guten *und* destruktiv Bösen, was sollte ein Mensch mit ihm zu tun haben *wollen*, wie sollte er ihm je *glauben* können, wie sollte je ein Gott der Indifferenz einen Menschen bis in sein Person-Zentrum »unbedingt angehen« können? Es bliebe, wenn Gott *nur* dunkel ist, alles dunkel.

56 Ebenso an der dritten einschlägigen Stelle: Im philosophischen Denken des Absoluten wird »die Macht des Seins« als »jedes Seiende, das an ihm partizipiert, transzendieren(d)« gedacht, was »zur Negation jeden Inhalts, zu dem transnumerischen ›Einen‹, zur reinen Identität« treibt (I, 268). Solche »reine Identität des Seins als Sein« verneint nun aber Tillich ausdrücklich – und stellt ihr seine These vom »lebendigen Gott« entgegen: »Wir behaupten, daß er [sc. Gott] der ewige Prozeß ist, in dem sich fortgesetzt Trennung vollzieht und durch Wiedervereinigung überwunden wird.« (I, 280)

57 Cf. GW XII, 303: »Aber da die Tiefe aller gegenständlichen Erfahrung unzulänglich ist, muß sie in Symbolen zum Ausdruck gebracht werden.«

58 Daß die Inhalte der Gottesaussage als bestimmte *endlich* sind, das kann Tillich auch so sagen, daß Inhalte endlicher Erfahrung auf Gott »übertragen« werden (I, 157, 277, 316; II, 15; GW VIII, 143). Statt von »symbolischen« Aussagen kann Tillich auch – für ihn synonym – von »analogen« (I, 157, 186, 277, 281; II, 15) oder »metaphorischen« (I, 96, 98) Aussagen sprechen.

Tillich kennt eine *zweite*, grundlegende Bedeutung des »Symbols«: daß ein endlich Wirkliches zum »Medium« der Offenbarung Gottes wird (s. o. 194). Doch im Blick auf den Gottesgedanken besagt, generell gesehen, der Ausdruck »symbolisch« lediglich, daß die Aussagen über Gott »uneigentlich« zu nehmen sind. Oder es werden traditionell vorgegebene (!)

Gottesprädikate als »Symbole« bezeichnet (I, 311 ff), erfragt, wie sie zu verstehen sind (I, 314) – und dann faktisch neu oder umgedeutet (besonders I, 326, 328). Und schließlich gibt es auch bezüglich der »Engel« so etwas wie »konkret-poetische Symbole« (I, 300).

59 Cf. I, 247, 249, 255, 257, 259, 260, 264. G. Wenz (a. a. O. [vgl. Anm. 24], 311) gibt zusammenfassend Tillichs Gedankengang so wieder: »Es gilt . . ., das Moment der Konkretheit und Vielheit ganz ausdrücklich in den Monotheismus selbst aufzunehmen, was nichts anderes heißt, als seine exklusive Gestalt in eine trinitarische zu überführen.« (Cf. auch G. Wenz, a. a. O., 169).

60 Wie selbstverständlich formuliert Tillich: »Der Mensch ist an die Kategorien der Endlichkeit gebunden.« (I, 275)

61 Bei Tillich findet sich durchaus ein Satz wie: ». . . daß Gott, auch wenn er [sc. für das menschliche Subjekt] Objekt wird, trotzdem Subjekt bleibt.« (I, 312) Nur wird dieser Satz eben nicht für Gott selbst und die Bewegung (!) seiner Selbstbestimmung ausgesagt.

62 Cf. besonders I, 20 f, 142, 145, 146 f, 252. *Diese* Bedeutung des »Symbols« bei Tillich bedürfte ausführlicher Darlegung und Erörterung; denn in dieser Bedeutung stellt der »Symbol«-Gedanke eine der großen Erkenntnisse der Tillichschen Theologie dar. Hier sei, abkürzungshalber, verwiesen auf die beiden höchst unterschiedlich interpretierenden Werke: K. D. Nörenberg, Analogia Imaginis. Der Symbolbegriff in der Theologie Paul Tillichs, Gütersloh 1966; P. Schwanz, Analogia Imaginis. Ein Beitrag zur kritischen Auseinandersetzung mit der philosophischen Theologie Paul Tillichs, Halle/Göttingen 1980.

63 Das oben angeführte Zitat stimmt auch mit parallelen Formulierungen in I, 283 (cf. auch I, 259) und in GW V, 243 f überein. Der Zusatz in I, 185 »obschon es mehr sein kann und mehr sein muß als eine Person« irritiert in diesem unserem Zusammenhang.

64 Cf. auch die Ausführungen über den »christliche(n) Anspruch« in I, 37 und ferner (noch einmal) den Textzusammenhang in I, 24.

65 Cf. dazu noch einmal die zuletzt angeführten Stellen: I, 17, 24, 37.

66 P. Tillich, Das Neue Sein. Religiöse Reden 2. Folge, Stuttgart 1957, 106.

Die Christologie als Mitte des Systems

Schon im äußeren Sinne nimmt die Christologie Tillichs die Mitte seiner »Systematischen Theologie« ein. Die in drei Bänden veröffentlichten fünf Teile des Systems (1. Vernunft und Offenbarung. 2. Sein und Gott. 3. Die Existenz und der Christus. 4. Das Leben und der Geist. 5. Die Geschichte und das Reich Gottes) bilden eine in sich noch einmal gegliederte Einheit. Der erste und der fünfte Teil figurieren als Außenpositionen; der erste bietet einleitend die erkenntnistheoretische Fundierung des Systems, der fünfte abschließend die geschichtstheologische Perspektive. Die verbleibenden drei mittleren Teile sind von Tillich bewußt trinitarisch konzipiert[1] und machen den Hauptinhalt der »Systematischen Theologie« aus. Von diesen drei mittleren Teilen bildet die Christologie wiederum die Mitte, äußerlich zudem dadurch ausgezeichnet, daß sie in einem gesonderten (2.) Band zur Darstellung kommt, während die Gotteslehre mit der erkenntnistheoretischen Grundlegung zu einem ersten Band, die Lehre vom Geist mit dem geschichtstheologischen Ausblick zu einem dritten Band vereinigt worden sind. Man soll Gesichtspunkte der Anordnung und Gliederung nicht überbewerten. Aber Tillich hatte ein ausgeprägtes Bewußtsein für Formen und Strukturen, insofern sind die Aufbauprinzipien seines Systems aufschlußreich auch für das sachliche Gewicht der Inhalte.

Tillich hat im Sommersemester 1925 erstmals über Dogmatik gelesen. Diese Vorlesung ist jüngst veröffentlicht worden.[2] Dadurch sind wir in der Lage, die Entwicklung der Systematik bis auf ihren Ursprung zurückzuverfolgen. Die Dogmatik von 1925 stellt einen Torso dar, sie enthält gerade noch die Christologie und bricht dann mitten im zweiten Teil ab, aber die Gesamtgliederung der Vorlesung ist erhalten. Interessant an ihr ist ein Doppeltes: Gegenüber der späteren Systematik weist sie nicht unerhebliche Unterschiede auf, die sich u. a. schon in der Beschränkung auf drei Teile zeigen, aber auch hier wird die Christologie in der Mitte des Systems verortet. Nach einer Einleitung, die das Wesen der Dogmatik und die Offenbarungslehre umfaßt, enthält der erste Teil die Gottes- und Schöpfungslehre. Der zweite Teil akzentuiert anders als die spätere »Systematische Theologie« und erörtert die Geschichtlichkeit der vollkommenen Offenbarung, ausdifferenziert (a) als geschichtliche Vorbereitung, (b) als Durchbruch, also als Christologie, und – geplant, aber nicht mehr ausgeführt – (c) als Aufnahme in der Geschichte. Die Lehre von der Vollendung war für den dritten Teil vorgesehen, er hätte also etwa dem fünften Teil des späteren Systems entsprochen. Auch hier erfährt der Stoff der Dogmatik also eine Anordnung, die die Christologie ins Zentrum rückt. Deshalb legt es sich nahe, die Christologie auch *inhaltlich* als die Mitte des Systems zu rekonstruieren. Tatsächlich hat Tillich die Christologie in diesem Sinne verstanden. In der »Systematischen Theologie« urteilt er: »Die christliche Behauptung, daß das Neue Sein in Jesus als dem Christus erschienen ist, ist paradox. Sie ist das einzige, allumfassende Paradox des Christentums«. Und er fährt dann fort: »Historisch und systematisch ist alles andere im Christentum Bestätigung der schlichten Behauptung, daß Jesus der Christus ist«[3]. Ich versuche, diesen Gedanken am Leitfaden dreier Fragen zu erläutern: 1. Wofür steht die Christologie in Tillichs Theologie? 2. Wie löst sie das historische Problem? 3. Was leistet die Methode der Korrelation für die angemessene Entfaltung der Christologie?

I. Sinn und Funktion der Christologie

1) Vergegenwärtigt man sich die Anfänge der Theologie Tillichs unmittelbar nach dem Ersten Weltkrieg, dann muß man feststellen, daß spezifisch theologische oder gar christologische Themen ihn anscheinend wenig interessiert haben.[4] Sie sind in seinen Lehrveranstaltungen und Publikationen seit 1919 auffällig unterrepräsentiert, im Vordergrund stehen Probleme der Sozial-, Kultur-, Religions- und Geschichtsphilosophie; Tillich arbeitet an einer Theorie des Religiösen Sozialismus und legt erste Fundamente für eine Theologie der Kultur.

Erst in der bekannten Auseinandersetzung über das kritische und positive Paradox, die Karl Ludwig Schmidt in den von ihm herausgegebenen »Theologischen Blättern« 1923 zwischen Tillich, Barth und Gogarten inszenierte, kommen zentrale theologische Fragestellungen zur Sprache, die sich auf das christologische Problem zuspitzen.

Tillich gibt in diesem Diskussionsgang der dialektischen Theologie mit ihrer radikalen Kritik an der bisherigen Gestalt von Theologie und überhaupt an allem Menschlichen Recht.

»Ein unmittelbares, unparadoxes, nicht durch das ständige radikale Nein hindurchgehendes Verhältnis zum Unbedingten ist kein Verhältnis zum Unbedingten, sondern zu einem Bedingten, das den Anspruch macht, unbedingt zu sein, das heißt zu einem Götzen«[5].

Aber, und das ist sein Vorbehalt gegenüber der »Theologie der Krisis«, diese Kritik lebt von einer Voraussetzung, die sich ihrerseits nicht wieder im Modus der Kritik und der Negation, sondern nur positiv zur Aussage bringen läßt. Auf die genaue Bestimmung dieses Positiven, das die »radikale Kritik« ermöglicht und trägt, kommt alles an. Das aber wird nach Tillich von der Theologie der Krisis gerade nicht mehr geleistet. Kritik scheint hier zur »absoluten Religion« zu erstarren, das Bewußtsein um die eigenen Voraussetzungen wird verdrängt. Auch die Theologie der Krisis bleibt aber Position. Sie steht, sofern sie fehlsame menschliche Rede ist, unter dem *Gericht,* sofern sie an der Wahrheit partizipiert und ihr dient, unter der *Gnade.* Diese Einheit von Gericht und Gnade gilt aber für *alle Wirklichkeit.* Nur im Lichte dieser Einheit von Ja und Nein, von Position und Negation, von Gnade und Gericht erschließt sich theologisch die Wirklichkeit des Menschen und seiner Welt.

Für die Wahrheit dieser Einheit steht nach Tillich das Verständnis der Welt als *Schöpfung Gottes.*[6] Die sündige Verkehrung der dem Menschen anvertrauten Welt vermag die Qualität der Welt als Schöpfung Gottes nicht auszulöschen. Das Gericht Gottes bezieht sich auf den Akt und den Inhalt dieser Verkehrung, aber dem Glauben bleibt die Welt als Schöpfung Gottes zugleich Zeuge der gnädigen Zuwendung Gottes zum Menschen. Insofern gehören Gericht und Gnade zusammen, sind freilich »paradox und öffnen sich nur dem Auge des Glaubens, und zwar in ihrer paradoxen Einheit«[7]. Wird die positive Wurzel des kritischen Paradoxes geleugnet, dann kommt es zu ruinösen Konsequenzen in der *Christologie.* Mit der Behauptung, Geschichte sei nur

Stätte sündiger Anmaßung des Menschen und dem Gericht verfallen, läßt sich die Wahrheit der geschichtlichen Offenbarung Gottes im Wirken und Geschick Jesu von Nazareth, der als der Christus geglaubt wird, nicht mehr denken. Man ist dann genötigt, die Geschichte gewissermaßen zum Stillstand zu bringen, ein einmaliges historisches Ereignis aus der Geschichte auszugrenzen und es mit einer Qualität zu versehen, die ihm gerade seinen geschichtlichen Charakter nimmt. Eine Wahrnehmung von Geschichte nur unter negativem Vorzeichen führt in der Christologie zu einer »Theologie des positiven Absurdum«[8], für die Tillich sich insbesondere auf Gogarten bezieht.[9] Diese Konsequenz kann nur vermieden werden, wenn Geschichte als Gegenstand des Gerichtes und zugleich als Stätte der Zuwendung des gnädigen Handelns Gottes erfaßt ist. Allerdings wäre es ein Mißverständnis, unter solchem Vorzeichen ein bestimmtes Ereignis der Geschichte gegen andere zu isolieren, um hier Gottes Offenbarung an Zeit und Ort zu fixieren. Auch die Offenbarung Gottes in Christus verbleibt in der Unanschaulichkeit. Nicht das empirische Faktum als solches ist Grund und Gegenstand des Glaubens, es ist lediglich Hinweis »auf das Unbedingte, das in ihm ungegenständlich offenbar wird«[10]. Damit deuten sich für die christologische Konzeption Tillichs weitreichende Folgen an, die im zweiten Teil näher erörtert werden sollen. Ein Problem, das ihn seit frühester Zeit beschäftigt, spricht er kurz an. Läßt sich ein bestimmtes historisches Ereignis lediglich in seiner Hinweisfunktion auf das Unbedingte entziffern, nicht aber mit ihm identifizieren, dann kann die historische Kritik »ohne Antastung der unanschaulichen Offenbarung in Christus die anschaulichen Relationen kenntlich machen bis zur möglichen Aufhebung der Gegebenheit als solcher«[11].

Das Recht eines Verständnisses von Geschichte, die – entgegen der Kritik dialektischer Theologie – zugleich unter dem Ja und dem Nein Gottes steht, begründet Tillich mit einer *christologischen Absicherung des Schöpfungsgedankens*. Dafür bezieht er sich nicht nur auf das Neue Testament, sondern nimmt ganz unbefangen auch Einsichten und Aussagen der überlieferten Dogmatik in Anspruch. Im Neuen Testament wird der Sohn als Schöpfungsmittler bezeugt, und die christliche Dogmatik versteht Schöpfung als das nach außen gerichtete ungeteilte Werk der Trinität, das vom Vater, vom Sohne und vom Hl. Geist ausgeht.

»Das bedeutet aber, daß Schöpfungsordnung und Erlösungsordnung zusammengehören, daß es der eine, unteilbare Akt der Gnade ist, der in Schöpfung und Erlösung sich darstellt, daß die Schöpfung auf die Erlösung hin geordnet, daß die Erlösung in der Schöpfung angelegt ist ... Beides kann nur erfaßt werden im Glauben«[12].

Sinn und Funktion der Christologie ist es also, das in der Schöpfung grundgelegte »Ja« Gottes zum Menschen und zur Welt klar zur Aussage zu bringen und gegenüber einer – angeblichen – Absolutsetzung des Gerichtsgedankens in der dialektischen Theologie zu sichern. Das bedeutet – jedenfalls in dieser frühen Phase der Diskussion – keine Absage Tillichs an die dialektische Theologie, wohl aber den Versuch, die »positive Wurzel« der radikalen Kritik als unverzichtbares Element theologisch zum Zuge zu bringen.

Ob Tillich Barth (und auch Gogarten) richtig verstanden hat, kann jetzt nicht Gegenstand der Diskussion sein. Nur soviel: Barths Römerbriefkommentar erschöpft sich nicht in den steilen Formulierungen über Gottes Gericht, selbst wenn sie den gedanklichen Duktus bestimmen und mit ihren einprägsamen Bildern und Metaphern besonders wirksam geworden sind: Einschlagstrichter, Hohlraum, Gletscherspalte, Polarregion, Verwüstungszone. Daneben finden sich aber auch andere Aussagen, die auf den Ton der Hoffnung, der Erwartung, der Erfüllung gestimmt sind, die geradezu von »unserer Teilnahme am Leben Gottes« reden können und die Tillichs Einschätzung einer lediglich am »Nein« Gottes interessierten und orientierten dialektischen Theologie nicht stützen.[13] Diese Seite der Kontroverse mag jetzt auf sich beruhen. Auf die Debatte selbst ist nur Bezug genommen worden, um das christologische Problem zu verdeutlichen.

2) Auf diesen Punkt konzentriert Barth sich in seiner Antwort auf Tillich.[14] Auch ihm geht es um die genaue Bestimmung des im Paradox immer mitgesetzten Positiven, aber er sieht es nicht in der Einheit von Schöpfung und Erlösung, sondern reduziert es auf die Christologie und gibt dementsprechend auch dem christologischen Ansatz eine andere Fassung. Während nach Barths Urteil für Tillich die sich mehr oder weniger immer und überall ereignende Heilsgeschichte in Christus (lediglich) zu *vollkommener Darstellung* kommt, identifiziert Barth Christus mit der

Heilsgeschichte: Christus ist »*die* Heilsgeschichte, die Heilsgeschichte *selbst* – *Christus* ist das ›positive Paradox‹«[15].
Ansatzweise antizipiert er damit schon die »christologische
Konzentration« der späteren Kirchlichen Dogmatik und
bringt sie gegenüber einem Verständnis von Heils- und Offenbarungsgeschichte zur Geltung, in dem das Christusereignis nur noch als »Durchbruch« erscheint. Es gibt nach
Barth durchaus »eine als *die* Stätte *der* Heilsgeschichte qua-
lifizierte Geschichte«[16]. Nicht die empirische Tatsache als
solche ist Offenbarung, aber Offenbarung ist doch unlöslich
mit ihr verbunden, so daß die Verweisungsfunktion dem
Faktum nicht gerecht wird. Tillichs heilsgeschichtlicher
Universalismus läuft nach Barth darauf hinaus, »die singuläre Qualifikation *dieser* Geschichte durch die Offenbarung
zu bestreiten, oder, was auf dasselbe herauskommt: die
Qualifikation *aller* Geschichte durch die Offenbarung zu
behaupten«[17]. Auch hier interessiert nicht das Detail der
Auseinandersetzung, sondern die Pointe des Gegensatzes:
Die christologische Punktualisierung Barths steht gegen den
im Christusereignis kulminierenden Offenbarungsuniversalismus Tillichs. Der Gegensatz läßt sich auch anders
wenden. Für Tillich erschließen sich Sinn und Funktion der
Christologie aus ihrer Zuordnung und ihrem Zusammenhang mit dem Schöpfungsverständnis, Barth löst sie aus
diesem Zusammenhang heraus, so daß der Mensch und seine
Welt, abgesehen von der Christuswirklichkeit, ausschließlich unter das Gericht Gottes fallen.

3) Die Eingliederung der Christologie in einen heilsgeschichtlichen Universalismus läßt sich an der Dogmatik-
Vorlesung Tillichs von 1925 noch besser verdeutlichen als an
der späteren »Systematischen Theologie«. Schon die Überschrift des zweiten, mittleren Teils der Vorlesung ist
aufschlußreich: »Das Seiende als Geschichtliches in der vollkommenen Offenbarung (Von der Erlösung. Theologische
Geschichtsdeutung)«[18]. Diesen zweiten Teil eröffnet Tillich
mit einem 1. Abschnitt: »Die Geschichte als Vorbereitung
der vollkommenen Offenbarung«. Der 2. Abschnitt, die
Christologie, steht unter der Überschrift »Die Geschichte als
Durchbruch der vollkommenen Offenbarung«. Und dieser
»Durchbruch« wird – frei von Elementen überraschender
Neuheit und ereignishafter Kontingenz – unter der Kategorie »Fülle der Zeit« nahtlos an die Vorgeschichte ange-
schlossen. »Der Durchbruch der vollkommenen Offenba-

rung ist abhängig von der Vollendung der vorbereitenden Offenbarungsgeschichte. Der Augenblick dieser Vollendung wird durch den Begriff Kairos oder Zeitenfülle bezeichnet«[19]. Theologische Geschichtsdeutung vermag den Sinn des Christusgeschehens also zu erschließen.

4) Diese offenbarungsgeschichtliche Perspektive wird in der späteren Christologie durch einen existentiellen Bezugsrahmen ersetzt. Tillich gibt sie nicht einfach preis, sie erhält aber einen deutlich untergeordneten Stellenwert. Der heilsgeschichtlich präzisierte Begriff »Durchbruch« tritt zurück hinter einem Argumentationsverfahren, das die existenzphilosophische Analyse der Entfremdung korrelativ auf Jesus den Christus bezieht, in dem das Neue Sein verwirklicht ist. Damit gewinnt die Christologie einen neuen Zuschnitt. Sie wird nun ausgelegt in einem Verstehenshorizont, der durch die entfremdete Wirklichkeitssituation des Menschen vorgegeben ist. Der Mensch, zum Bewußtsein seiner gespaltenen, unversöhnten Existenzverfassung gelangt, stößt auf Fragen und Probleme, die sich aus seiner eigenen Endlichkeit heraus weder beantworten noch bewältigen lassen. Auf *diese* Problemkonstellation ist das Christusereignis, in der theologischen Reflexion als Christologie, ausgerichtet. Sie macht das Neue Sein, das in Jesus dem Christus Wirklichkeit geworden ist, als Überwindung des entfremdeten Seins verständlich. Jesus der Christus ist die Antwort auf die Frage des Menschen nach Heil und Erlösung, indem er den »neuen Stand der Dinge, das Neue Sein, bringt«[20]. Diese korrelative Beziehung von entfremdetem und Neuem Sein hat zur Folge, daß Christologie nun pointiert als Funktion der Soteriologie bestimmt wird.

»Christologie ist eine Funktion der Soteriologie. Das Problem der Soteriologie schafft die christologische Frage und weist in die Richtung, in der die christologische Antwort gegeben werden muß. Denn es ist die Funktion des Christus, das Neue Sein zu bringen und damit die Erlösung vom alten Sein, nämlich von Entfremdung und Selbstzerstörung«[21].

Das Christusereignis hat die Qualität des »*Paradoxes*«. Mit dem von Sören Kierkegaard übernommenen Ausdruck »Paradox« kommen Intention und Spitze der Christologie Tillichs auf den Begriff. Es ist paradox, daß das Neue Sein unter Bedingungen zur Wirklichkeit kommt, die Neues Sein gerade ausschließen. Es spricht alles dagegen, daß an einem

Punkt der Geschichte die innere Logik der Zerstörung ge-
schöpflicher Wirklichkeit durchbrochen und neue Schöpfung, καινὴ κτίσις (2 Kor 5,17), wirklich geworden sein
soll. Insofern ist das Christusereignis das Ur- und Grundparadox des offenbarenden Heilshandelns Gottes.

Was versteht Tillich unter »Paradox«? Er grenzt den Ausdruck ab gegen das Irrationale, das Absurde und das
Sinnlose[22] und gibt eine vergleichsweise schlichte Bestimmung, die an der Etymologie des Wortes orientiert ist. Als
paradox muß dasjenige gelten, was gegen die Meinung,
παρὰ δόξαν steht, genauer: gegen die eingeübte, einge-
schliffene, durch vielfältige Erfahrungen erhärtete, mit
empirischen und rationalen Elementen durchsetzte Meinung.[23] Meinung hat also nichts mit willkürlicher Behauptung oder Unterstellung zu tun, sondern durchaus die
Würde eines ernst zu nehmenden, in der existentiellen Situation des Menschen verankerten Bedeutungsgehaltes.
Dagegen steht das Paradox. Das Christusereignis konfrontiert den Menschen mit etwas völlig Neuem. Es reißt ihn aus
seinem Selbst- und Weltverhältnis heraus und provoziert so
das »Ärgernis«. »Ärgernis« wird – wiederum in Anlehnung
an Kierkegaard – zum Definitionselement von »Paradox«.
Das Ärgernis richtet sich »nicht gegen die Gesetze der verständlichen Rede«, denn das Paradox läßt sich ja in logischen
Begriffen beschreiben und sinnhaft auslegen. Ausgelöst wird
das Ärgernis durch die Zumutung, das im Paradox Ausge-
sagte für sich wahr sein zu lassen, es als Grund wahrer und
wahrhaftiger Existenz zu glauben und anzunehmen. Insofern richtet sich das Paradox »gegen das alltägliche Verständnis des Menschen von sich selbst, seiner Welt und dem, was
beiden zugrundeliegt«[24]. Ärgerniserregend, skandalös ist
das Paradox, weil es das *Selbstverständnis*, das *Selbstver-
trauen* und die Versuche der *Selbst-Erlösung* des Menschen
in der Wurzel trifft. »Gegenüber allen drei Haltungen ist die
Offenbarung des Neuen Seins im Christus Gericht und Verheißung«[25].

5) Die Begriffe »Paradox« und »Ärgernis« signalisieren die
Nähe der Christologie Tillichs zur Paradox-Christologie
Kierkegaards. Das ist kein Zufall. Aus autobiographischen
Notizen wissen wir, daß Tillich schon in seiner Hallenser
Studentenzeit 1905–1907 nachhaltige Eindrücke von Kier-
kegaard empfangen hatte.[26] Ob das unter dem Eindruck
Martin Kählers geschehen ist, muß einstweilen offenblei-

ben.[27] Immerhin berührt Kähler sich in der Einschätzung der Bedeutung des historischen Jesus für das Christusverständnis mit Kierkegaard. Beide stehen hinter Tillichs Christologie. Allerdings taucht der Name Kählers in den drei Bänden der »Systematischen Theologie« nicht ein einziges Mal auf, während die Beziehung zu Kierkegaard wiederholt durch kurze Hinweise kenntlich gemacht wird.

Indes läßt sich nicht übersehen, daß Tillichs Christologie nach Argumentationsduktus und Zuspitzung anders angelegt ist als diejenige Kierkegaards. Tillich ist daran interessiert, den Anstoßcharakter des »Ärgernisses« verstehbar zu machen. Dadurch verliert die Provokation an Schärfe. An einer Stelle markiert er selbst die Differenz. Im Unterschied zu Kierkegaard, der vorgibt, man könne sich für den Christusglauben und folgeweise auch für die denkerische Entfaltung dieses Glaubens als Christologie mit der kargen Botschaft begnügen, »daß in den Jahren 1–30 Gott seinen Sohn gesandt habe«, meint Tillich, auf den »konkreten Züge(n) in dem Bild des Christus« bestehen zu müssen.[28] Diese Abgrenzung Tillichs gegenüber Kierkegaard könnte dazu verleiten, auch einen sachlichen Gegensatz in der Christologie zu vermuten. Solch eine Vermutung geht aber in die Irre. Denn Tillich mahnt mit seinem Einwand gegen Kierkegaards christologische Konzeption ein Element an, dem Kierkegaard nicht durch eine förmliche, wohl aber durch eine faktische Selbstkorrektur auf seine Weise Rechnung getragen hat. Tatsächlich hatte Climacus-Kierkegaard in den »Philosophischen Brocken« in einem bestimmten Argumentationszusammenhang die provozierende Behauptung aufgestellt, es genüge für den Glauben die schlichte Mitteilung der Jünger, »daß der Gott anno so und so sich gezeigt hat in der geringen Gestalt eines Knechts, unter uns gelebt und gelehrt hat, und alsdann gestorben ist«. Diese Information sei für den Glauben der späteren Generation genug, ja sie sei »mehr als genug«[29]. *Sie ist es nicht,* und kein ernsthafter Theologe wird Kierkegaard diese Formulierung nachsprechen. Sie gilt nicht einmal für ihn selbst, denn der, der hier formuliert, lebt nicht von solchen Reduktionen, sondern schöpft aus dem reichen biblischen bzw. neutestamentlichen Gesamtzeugnis. Nur weil ihm dieses Zeugnis vertraut ist, kann er der Meinung sein, jenes weltgeschichtliche Notabene der »Philosophischen Brocken« sei hinreichend für den

Glauben. Tillich hat ganz recht, wenn er demgegenüber feststellt, »daß ohne die *Konkretheit* des neutestamentlichen Bildes das Neue Sein eine leere Abstraktion wäre«[30]. Kierkegaard scheint diesen Einwand antizipatorisch selbst bedacht zu haben. Denn in der »Einübung im Christentum« bietet er ein durch vielfältige Einzelzüge angereichertes Bild vom Leben und Wirken des irdischen Jesus, an dem der Glaube seinen Anlaß, seinen Anhalt findet, ohne daß ihm damit der »Sprung« des Glaubens erspart würde.[31] Auch Tillichs Argumentation führt nicht zur Ermäßigung des Glaubenssprungs, wiederholt spricht er vom »Wagnis des Glaubens«[32] und vom Glauben als einem »Akt unendlicher Leidenschaft«[33].

Natürlich wiederholt Tillich nicht die Paradox-Christologie Kierkegaards. Er formuliert dessen Einsichten im Horizont einer gewandelten Situation und auf dem Boden inzwischen gewonnener Einsichten neu.

Erstens: Kierkegaards Paradox-Christologie und das dafür konstitutive Element der »indirekten Mitteilung« sind kritisch gegen Hegels Versuch gerichtet, das Christusgeschehen als Versöhnung in einer spekulativen Gesamtdeutung der Wirklichkeit vernünftig zu verankern. Daraus ergibt sich seine Stimmungs- und Argumentationssituation. Tillich hat nicht nur die Verwendung des Paradox-Gedankens in der dialektischen Theologie vor Augen, sondern auch den individuellen und kollektiven Entfremdungsprozeß, der seit der Mitte des 19. Jahrhunderts auch einen Entfremdungsprozeß vom Christentum einschließt. In *dieser* Situation bemüht er sich in seiner Christologie um die verständliche Explikation dessen, was mit der Bestimmung des Christusereignisses als Paradox gemeint ist.

Zweitens: Kierkegaard hat seine theologischen Grundeinsichten unter weitgehender Absehung vom Schöpfungsverständnis zum Ausdruck gebracht. Eine förmliche Erörterung des Schöpfungsglaubens fehlt, allenfalls finden sich in den »Erbaulichen Reden« Anklänge. Ein Hauch von Manichäismus durchweht seine Schriften. Gegenüber solchen Reduktionen, die Tillich nicht nur bei Kierkegaard, sondern auch in der frühen dialektischen Theologie wahrnahm, zielt seine eigene Theologie von Anfang an auf eine systematische Verzahnung von Schöpfung und Christologie. Auch das ergibt eine andere Diskussionslage.

Drittens: Kierkegaard setzt die Inkarnationschristologie

problemlos voraus, und die Zuspitzungen seiner Paradox-Christologie erklären sich gerade aus dieser Voraussetzung. Tillich ist darin liberaler Theologe, daß er ein Bewußtsein von den begrifflichen und vorstellungsmäßigen Problemen der überlieferten Inkarnationschristologie hat.[34] Es bedarf einer Neuformulierung des christologischen Problems, um die Wahrheit der alten Inkarnationschristologie zur Aussage zu bringen. Dabei wird das christologische Grundparadox aber nicht preisgegeben, sondern lediglich in einen neuen Interpretationsrahmen eingefügt. Im Kern weiß Tillich sich mit Kierkegaard in der paradoxen Bestimmung des Christus-Ereignisses als Inhalt des Glaubens einig. Die Probleme dieser Christologie liegen an anderer Stelle.

II. Christologie angesichts des historischen Stachels

1) Tillichs Christologie wirft hinsichtlich des historischen Problems eine zweifache Frage auf. Einmal: Kann das *schlechthin Neue* und *Einzigartige* des Christusgeschehens wirklich gedacht werden, wenn es einem heilsgeschichtlichen Offenbarungsuniversalismus eingegliedert wird, in welchem Heidentum, Griechentum und Judentum als vorbereitende Gestalten der vollkommenen Offenbarung ihren Ort erhalten? Gerät die »Fülle der Zeit« (Gal 4,4), die Gott bestimmt, indem er seinen Sohn sendet[35], nicht zu einem geschichtstheologischen Kalkül, wenn sich Gottes souveräne Entscheidungstat universalgeschichtlich gegenlesen und entschlüsseln läßt? Es ist insbesondere die Problemfassung der Dogmatik-Vorlesung von 1925, die zu einer kritischen Befragung in dieser Richtung herausfordert.[36] Selbst wenn die spätere »Systematische Theologie« sich sehr viel zurückhaltender äußert, finden sich doch auch in ihr noch Spurenelemente solcher heilsgeschichtlichen Verortung des Christusereignisses.[37] Die Diskussion dieses Problems kann jetzt aber nicht geführt werden.

2) Wichtiger ist das andere, schon im ersten Teil kurz angesprochene Problem. Gottes offenbarendes Heilshandeln vollzieht sich in der Geschichte. An einem *bestimmten Ort* und zu einer *bestimmten Zeit* erscheint »in einem personhaften Leben das Bild wesenhaften Menschseins unter den Bedingungen der Existenz ... ohne von ihnen überwältigt zu werden«[38]. Indem Christus das wesenhafte

Menschsein unter entfremdenden Existenzbedingungen zur Wirklichkeit bringt, repräsentiert er Gott gegenüber den Menschen. »Er repräsentiert das Bild Gottes, das ursprünglich im Menschen verkörpert ist«[39]. Man fühlt sich an Luthers bekanntes Dictum von Christus als dem »Spiegel des väterlichen Herzens«[40] erinnert. Diese Realisierung wesenhaften Menschseins macht die Mittlerfunktion Christi aus. Als Mittler und Erlöser stellt Christus nicht eine dritte Wirklichkeit zwischen Gott und Mensch dar, sondern ist er derjenige, der Gott in seinem Willen und Handeln den Menschen gegenüber repräsentiert. Tillich meint, man könnte hier auch von »wesenhafter Gott-Mensch-Einheit in der Existenz sprechen, aber die Klarheit des Gedankens ist besser gewährleistet, wenn man einfach von wesenhaftem Menschsein unter den Bedingungen der Existenz spricht«[41].

Wenn Gott sich in seiner Offenbarung in und auf die Geschichte einläßt, dann bleibt das Christus-Ereignis wie alle geschichtlichen Geschehnisse der Zweideutigkeit des Geschichtlichen ausgesetzt. Diese Zweideutigkeit verschärft sich unter den Bedingungen des neuzeitlichen Bewußtseins noch einmal insofern, als Ereignisse der Geschichte historisch-kritisch gelesen werden. Wie stellt sich Tillich zu den Problemen, die der christologischen Reflexion daraus erwachsen? Seine Antwort ist irritierend einfach und unzureichend: Historische Einsichten können den Glauben weder begründen noch gefährden, darum ist er grundsätzlich unabhängig von historischen Urteilen. Tillich kann den Gedanken sogar noch weiter treiben: Der Glaube darf selbst dann des Neuen Seins ungefährdet gewiß sein, wenn die historische Forschung eines Tages die Unhistorizität des irdischen Jesus erweisen sollte. Denn der Glaube hat die Kraft, sein eigenes Fundament zu verbürgen,

»nämlich das Erscheinen jener Wirklichkeit, die den Glauben erzeugt hat. Diese Wirklichkeit ist das Neue Sein, das die existentielle Entfremdung überwindet und dadurch den Glauben ermöglicht ... Der Glaube selbst ist die unmittelbare (nicht durch Schlußfolgerungen vermittelte) Evidenz des Neuen Seins in und unter den Bedingungen der Existenz. Genau das wird durch den Glauben verbürgt. Keine historische Kritik kann die unmittelbare Gewißheit in Frage stellen, die diejenigen haben, die sich selbst in den Stand des Glaubens versetzt wissen«[42].

Das Problem soll noch einmal unter einem anderen Gesichtswinkel verdeutlicht werden: Im Glauben an Jesus als den Christus kommt es nach Tillich zur Einheit von historischem Faktum und gläubiger Aufnahme. Erst wo das historische Faktum Jesus von Nazareth als Offenbarung des Christus empfangen wird, konstituiert sich christlicher Glaube. Streicht man die gläubige Annahme, dann mag Jesus ein religiös bedeutsamer Mensch oder auch ein gescheiterter Erneuerer jüdischer Frömmigkeit gewesen sein, keinesfalls aber der Christus, der das Neue Sein bringt. Fällt umgekehrt das historische Faktum aus, dann erweist sich die Wirklichkeit des neuen Seins als illusionär. An diesem Punkt wird Tillich deutlich:

»Gäbe es kein personhaftes Leben, in dem die existentielle Entfremdung überwunden ist, dann würde das Neue Sein eine Forderung und eine Erwartung sein und nicht Wirklichkeit in Raum und Zeit. Nur wenn die Existenz in *einem* Punkt überwunden ist – in einem personhaften Leben, das die Existenz als Ganzes repräsentiert –, dann ist sie im Prinzip überwunden ... Das ist der Grund dafür, daß die christliche Theologie auf der Anerkennung der historischen Faktizität des Jesus von Nazareth bestehen muß«[43].

Wenn das wirklich gilt, dann ist schwer einzusehen, wie der Glaube auch ohne Sicherung dieser historischen Faktizität sollte leben können. Tillich läßt sich durch die rückhaltlose Anerkennung der historisch-kritischen Forschung zu einer Argumentation verleiten, die nur den Schein des Rechtes – grundsätzliche Unabhängigkeit des Glaubens von historischen Wahrscheinlichkeitsurteilen – für sich hat. Im Kern lautet sie: Entfremdete Existenz ist nur dann im Prinzip, das heißt anfänglich, durch das Neue Sein überwunden, wenn dieses Neue Sein in einem personhaften Leben erschienen ist. Da der Glaube aber unmittelbare Gewißheit dieses Neuen Seins ist, ist er sich auch – unabhängig von historischen Einsichten und Urteilen – der Wirklichkeit des personhaften Lebens gewiß. Der Glaube garantiert also das, was ihn allererst ermöglicht! Mit der Wirklichkeit des Glaubens ist die objektive Faktizität seines Grundes immer schon gegeben und garantiert! So wird der Glaube zum »Grund seines Grundes«[44].

An dieser aporetischen Argumentation ändert sich dadurch wenig, daß Tillich in Anlehnung an seinen Lehrer

Martin Kähler die Probleme, die das Themenfeld des »historischen Jesus« aufwirft, durch die Einführung des Bild-Begriffes meint auffangen zu können. Wie Kähler ist auch Tillich der Meinung, es bestehe eine Analogie zwischen dem wirklich persönlichen Leben Jesu und dem Bild, das es bei seinen Jüngern und Anhängern hervorgerufen hat. In diesem Sinne prägt Tillich den Begriff der analogia imaginis. »Diese Wirklichkeit war es, die das Bild schuf, als sie den Jüngern begegnete. Und es war und ist noch immer dieses Bild, das die verwandelnde Macht des Neuen Seins ausstrahlt«[45]. Der Umweg über die analogia imaginis schafft aber deshalb keine definitive Klarheit oder Lösung, weil sich die historische Kritik wie auf die Zeugnisse vom irdischen Jesus so auch auf dieses »Bild« richten und es möglicherweise als Phantasie-produkt entlarven kann.[46]

Tillich bricht dem Problem, das mit der historischen Fundierung des christlichen Glaubens gegeben ist, die Spitze ab. Wenn sich die Konstitution des Glaubens ohne die objektive Faktizität eines personhaften Lebens nicht denken läßt, dieses personhafte Leben aber immer historische Kontur hat, dann lebt der Glaube von Gegebenheiten, die der historischen Kritik offenstehen. Glaube ist nicht identisch mit historischen Einsichten, er läßt sich aber auch nie von der historischen Wirklichkeit, auf die er bezogen bleibt, lösen und vermag schon gar nicht zum Grund dieser Wirklichkeit zu werden. Tillich setzt in der Christologie historisch an, versucht aber in der Folge aus Gründen der historischen Kritik, hinter denen sich noch einmal geschichtsphilosophische und -theologische Gründe verbergen, die Härte des Problems zu umgehen. An dieser Stelle gibt es in der Tat eine Differenz zur Paradox-Christologie Kierkegaards. Wird das Historische als Angelpunkt der Christologie nicht gewahrt, dann läßt sich auch der Paradox-Gedanke nicht mehr halten.

3) Die Problematik der christologischen Konzeption Tillichs läßt sich auch noch unter dem Gesichtspunkt seiner Theorie vom »Dämonischen« veranschaulichen. Tillich definiert das Dämonische als dasjenige Endliche, das den Anspruch auf Letztgültigkeit erhebt. An den Versuchungen Jesu und an den Aussagen des johanneischen Christus läßt sich nach Tillich ablesen, daß Jesus diese Möglichkeit, mit seinem Weg und Wirken etwas Letztgültiges darzustellen, zurückgewiesen hat.[47] Die Frage nach dem Recht solcher

Interpretation sei jetzt dahingestellt. Jedenfalls zieht Tillich aus seiner geschichtsphilosophischen Theorie vom »Dämonischen«, die er mit neutestamentlichen Aussagen illustriert, nicht aber begründet, die Konsequenz, daß etwas Irdisches *niemals* den Anspruch auf Letztgültigkeit zu erheben vermag. Endliches kann immer nur Medium der Offenbarung, nicht aber Offenbarung selbst sein, es muß seine eigenen Bedingungen überwinden. »Eine Offenbarung ist letztgültig und normgebend, wenn sie die Macht hat, sich selbst zu verneinen, ohne sich selbst zu verlieren«[48]. Entsprechendes gilt dann aber auch vom historischen Jesus-Ereignis.

»Der Gegenstand von Frömmigkeit und Theologie ist Jesus als der Christus und nur als der Christus. Und er ist der Christus als der, der alles, was *nur* ›Jesus‹ in ihm ist, zum Opfer bringt. Der entscheidende Zug seines Bildes ist die ständige Selbstpreisgabe des Jesus, der Jesus ist, an den Jesus, der der Christus ist«[49].

Mit dieser eigentümlichen Theorie ist noch einmal auf andere Weise verdeutlicht, daß Tillich die Einheit von historischem Faktum und gläubiger Aufnahme zugunsten der Aufnahme aufkündigt, damit dann allerdings auch den historischen Stachel der Christologie beseitigt.

Im Rückblick scheint es so, als habe Barth in seinem Diskussionsgang mit Tillich 1923 die Gefahr dieser Christologie schon treffsicher vorausgeahnt, wenn er kritisch anmerkt, Tillich verstehe das Christus-Ereignis lediglich als Darstellung – wenngleich in vollkommener Symbolkraft – einer sich immer und überall mehr oder weniger ereignenden Heilsgeschichte, der gegenüber gerade die Identität von Christus und Heilsgeschichte herauszustellen sei.[50] Barth selbst hat freilich mit seiner Unterbringung des Christus-Geschehens in der Heils- bzw. Urgeschichte der Härte des historischen Problems in der Christologie ebensowenig standgehalten.

III. Christologie in korrelativer Interpretation

1) Tillich hat der Theologie ihre universalen Aspekte und Horizonte zurückgewonnen. Darauf beruht die Faszination seiner Theologie, und das macht ihre Bedeutung im 20. Jahrhundert aus. Karl Barth, der andere Jubilar des Jahres 1986, überragt Tillich an systematischer Kühnheit und theologi-

scher Phantasie bei weitem; seine Verarbeitung der theologischen Tradition hat ebenfalls großen Stil, selbst in den Verzeichnungen! Die »Kirchliche Dogmatik« stellt in der Theologie des 20. Jahrhunderts einen unvergleichlichen Höhepunkt dar. Aber diese Dogmatik zieht unbeschadet ihrer lebensgesättigten Weisheit *klare Grenzen*: zur neuzeitlichen Theologie, zur Philosophie, zur Wissenschaft; sie gewinnt ihr Profil als *kirchliche* Dogmatik durch Aus- und Abgrenzungen. Tillichs Theologie ist offen. Er holt den Anspruch der christlichen Wahrheit auf *Universalität* aus dem Gestus der Behauptung heraus und setzt ihn der Bewährung und Bewahrheitung aus. Darin übertrifft Tillich Barth bei weitem, mag es mit der inneren Stimmigkeit dieses universalen Entwurfes von Theologie auch nicht immer zum Besten bestellt sein. Nach meiner Einschätzung sind Barth und Tillich die beiden großen Protagonisten evangelischer Theologie im 20. Jahrhundert, jedenfalls im deutschsprachigen Raum, und vielleicht sogar darüber hinaus.

2) Das Bewährungsverfahren theologischer Einsichten und Aussagen wird von Tillich in seinem Korrelationsmodell ausgearbeitet. *Korrelation* ist die Übertragung seines theologischen Programms eines kritischen *und* positiven Paradoxes von 1923 ins Methodische. Dieses Vorgehen ist in seinem Grundmuster verblüffend einfach und steckt doch voller Schwierigkeiten. In der Christologie treten sie besonders zutage. Tillich bringt die Grundthemen und -aussagen des christlichen Glaubens als Antworten auf menschliche Fragen zur Sprache. Seine Theologie ist darin von einer befreienden Wirkung, daß sie nicht mehr ausschließlich mit dem Christen rechnet, sondern generell den Menschen der Neuzeit mit seinen besonderen Erfahrungen und Erwartungen, aber auch mit seinen Zweifeln und seiner Skepsis vor Augen hat. Ist Gott der Grund der Wirklichkeit, dann müssen sich theologische Aussagen als wirklichkeitsbezogene Aussagen entfalten lassen. Die Wirklichkeit muß also selbst Gegenstand der Analyse und Reflexion werden. Dafür kann die Theologie mit der Philosophie an einem Strang ziehen, sofern Philosophie wirklich Analyse der Wirklichkeit betreibt; andernfalls muß die Theologie diese Aufgabe selbst übernehmen. Nach Tillich besteht nun eine wechselseitige Beziehung, eine *Korrelation*, zwischen den *Fragen*, die aus der Endlichkeit des Menschen herauswachsen, und den *Antworten*, die sich der Offenbarung verdanken, oder – und

damit wird die Beziehung etwas anders gewendet – zwischen der veränderlichen *Situation* des Menschen und der sich gleichbleibenden *Botschaft*. Theologie antwortet auf dem Boden der Botschaft, die in der Offenbarung Gottes gründet, auf die Fragen des Menschen, die sich aus seiner Endlichkeit ergeben und in der Philosophie bewußt gemacht werden.

Das strukturelle Verhältnis von Frage und Antwort ist doppelschichtig: beide sind voneinander abhängig und unabhängig zugleich.[51] *Unabhängig* ist die Frage von der Antwort, da und sofern es sich um eine echte Frage handelt. Tillich liegt alles daran, das eigene Recht der Fragen vor jeder theologischen Manipulation sicherzustellen. Umgekehrt läßt sich auch die Antwort nicht aus der Frage ableiten, denn sie wurzelt in der ewigen Wahrheit der Botschaft. Frage und Antwort sind aber auch *abhängig* voneinander, und damit wird die Beziehung komplexer. Der Theologe, der die Antwort formuliert, muß bei voller Respektierung des Materials und des Inhaltes der Frage ihr doch jeweils eine solche Form geben, daß seine Aussagen wirklich als Antworten auf Fragen verständlich werden. Wer im 20. Jahrhundert in der Sprache und im Bewußtsein des 16. und 17. Jahrhunderts Theologie treibt, mag richtige theologische Aussagen formulieren, aber er gibt nicht Antworten auf gestellte Fragen, sondern zielt ins Leere. Der Theologe ist zu dieser produktiven Arbeit, gestellten Fragen die richtige Fassung zu geben, deshalb befähigt, weil er selbst an der menschlichen Endlichkeit und Situation, der die Fragen entstammen, teilhat. Diese Abhängigkeit gilt nun aber auch für die Antworten. In ihrer Substanz bleiben sie unabhängig von den Fragen, im Blick auf ihre Form und ihre Akzentuierung sind sie hingegen abhängig von den Fragen.

Diese vergleichsweise einfache Bestimmung von Korrelation – substantielle Unabhängigkeit von Frage und Antwort bei formaler Abhängigkeit – verkompliziert sich aber dadurch, daß Tillich das Korrelations-Verhältnis noch eine Stufe tiefer ansetzt. Der Mensch kann nur fragen, wenn der Gegenstand seines Fragens ihm irgendwie gegeben ist. Bedingung der Möglichkeit für das Fragen ist das vorgängige Bezogensein des fragenden Subjekts auf das Erfragte. In traditioneller theologischer Terminologie gesprochen: Der Mensch in seiner sündigen Existenzverfassung kann nur deshalb nach Gott und also nach Erlösung fragen, weil er selbst in Gott gegründet ist und sich dieses Grundes niemals entledigen, niemals gott-los werden kann. Bei Tillich liest sich der Gedanke so:

»Sein Vermögen, nach der Unendlichkeit, zu der er gehört, zu fragen, ist ein Symptom sowohl für die essentielle Einheit als auch für die existentielle Getrenntheit des endlichen Menschen von der Unendlichkeit; in der Tatsache, daß er danach fragen muß, zeigt sich, daß er davon getrennt ist«[52].

Damit formuliert Tillich einen letzten *theologischen* Grund für die Beziehungs*fähigkeit* von Frage und Antwort. Insofern ist seine Methode der Korrelation nicht ein beliebiges methodisches Instrumentarium, sondern eine *theologische Aussage*.[53]

3) Tillich kann die Beziehungsfähigkeit von Frage und Antwort auch unter der Figur des theologischen Zirkels erörtern. Die systematische Verknüpfung der in sich unterschiedenen Elemente tritt so noch klarer zutage. Freilich zeichnet sich damit für die korrelative Systematik der Theologie Tillichs eine grundsätzliche Schwierigkeit ab, von der die Christologie besonders betroffen ist. Läßt sich die Unabhängigkeit der Frage von der Antwort wirklich derart sichern, daß ihre Unterscheidung geradezu zum Aufbauprinzip des Systems werden kann? Ist die Frage nicht schon immer so sehr mit der Antwort verwoben, und dies nicht nur formal, sondern auch substantiell, daß der Versuch einer Bewährung der Universalität christlicher Wahrheit über die Korrelationsmethode an Überzeugungskraft einbüßt? Tillich schreibt selbst: »Gott antwortet auf die Fragen des Menschen, und unter dem Eindruck von Gottes Anworten stellt der Mensch seine Fragen«[54]. Damit scheint die Antwort aber einen Vorrang vor der Frage zu gewinnen; zumindest droht sich die klare Unterscheidung von Frage und Antwort zu verwischen. Diese Vermutung bestätigt die Christologie Tillichs auf exemplarische Weise.

Jesus als der Christus bringt das Neue Sein, er überwindet die Entfremdung dadurch, daß er sie keine Macht an und über sich gewinnen läßt und in der Einheit mit Gott verbleibt. In seiner Wirklichkeit kommt es zu neuer Schöpfung, zur Neuwerdung dessen, was Gott mit seinem schöpferichen Handeln gewollt hat.[55] Hier findet die Frage des Menschen nach Überwindung von Entfremdung ihre Antwort. Die *Frage* selbst wird von Tillich mit den Mitteln der

Existenzphilosophie ausgearbeitet, die er als Glücksfall für die Theologie einstuft.[56] Nicht das Thema der Individualität und Subjektivität menschlicher Existenzverfassung interessiert ihn an der Existenzphilosophie; er nimmt sie vielmehr wahr als Einspruch gegen den Essentialismus, das heißt gegen Totalentwürfe von Philosophie, die das Negative als logisch notwendiges Element der Selbstbewegung des Geistes einer Gesamtdeutung von Wirklichkeit einordnen und es also bruchlos verrechnen. Demgegenüber schärft nach Tillich die Existenzphilosophie das Bewußtsein für den »Riß des Nichts« (Sartre), der durch die Welt geht. Dieser Riß schlägt dem Menschen die Wunde, an der er sich reibt und die ihm zum Anstoß für die Frage nach entfremdungsfreier Wirklichkeit wird.

Aber die Beschreibung von selbstzerstörerischer und fragender Existenz im ersten Teil der Christologie Tillichs bezieht sich nun nicht nur auf diejenigen Phänomene, die in der Existenzphilospohie zur Verhandlung anstehen, vielmehr wird das *Frage*potential an der *biblischen Überlieferung* und der *christlichen Lehre* selbst festgemacht. Tillich bringt die Existenzphilosophie nicht als solche zum Zuge, sondern versteht sie ziemlich umstandslos als besondere Lesart des biblischen Zeugnisses von Schöpfung und Fall. Erst im Horizont *dieses* Zeugnisses gewinnt sie ihre theologisch so hochbedeutsame Funktion. Die Frage erfährt also ihre Verdeutlichung und Tiefenschärfe nicht oder nicht nur aus Problembeständen menschlicher Wirklichkeit, wie das systematische Programm es will, sondern erscheint schon in einem substantiell-theologischen Interpretationsrahmen. Das Thema Schöpfung und Fall, das in der Gotteslehre im ersten Band der »Systematischen Theologie« Tillichs auf der Antwort-Seite zur Sprache kommt[57], rückt in der Christologie im zweiten Band auf die Frage-Seite.[58] Das signalisiert eine grundsätzliche Schwäche des Korrelationsmodells.

4) Kommt die Wirklichkeit von Existenz mit ihrer Eigen- und Widerständigkeit zu ihrem Recht, wenn man sie zunächst quasi-neutral in den Blick nimmt, um sie dann als Auslegungshorizont für die Erfahrung des christlichen Glaubens noch einmal theologisch in Anspruch zu nehmen? Lebt eine *solche* Korrelation nicht immer schon von einer heimlichen Harmonie, die die Differenz von christlicher Wahrheit und welthaftem Bewußtsein einschleift? Die Erfahrung der Wirklichkeit bleibt ambivalent, sie läßt sich nicht

ohne weiteres als fragender Hinweis auf die grundlegenden Inhalte des christlichen Glaubens dechiffrieren. Hier sind unterschiedliche, auch gegensätzliche Deutungen möglich. Jedem Argument für Gott kann ein solches gegen ihn entsprechen. Wer theologisch beim universalen Erfahrungsbestand bzw. bei der Deutung menschlicher Existenz als Frage ansetzt, gerät in Gefahr, die heimlichen Voraussetzungen seiner eigenen Interpretation zu verkennen und die Phänomene welthafter Wirklichkeit in apologetischer Absicht nur noch ausschnittsweise wahrzunehmen. Könnte es der theologischen Arbeit nicht angemessener sein, die christliche Wahrheit unter Voraussetzung der geschichtlichen Erfahrung des Glaubens zu entfalten, um in *diesem* Lichte, also unter Eingeständnis der Vorgaben, die Wirklichkeit zu analysieren und so den Erweis der Wahrheit des Glaubens zu riskieren?

Der christliche Glaube bleibt ein kontingentes Geschehen, unableitbar und auch unerklärbar aus derjenigen Wirklichkeit, innerhalb derer er sich ereignet. Er kann sich aus dieser Wirklichkeit nicht herauslösen, insofern bleibt sie seiner denkenden und handelnden Bearbeitung aufgegeben, aber sie rückt dadurch in ein *neues* Licht. Wirklichkeit als Inbegriff alles Seienden und Geschehenden läßt sich unterschiedlich auslegen, und es ist die Aufgabe der Theologie, *ihre* Sicht der Wirklichkeit durch Argumente stark zu machen. Aber sie kann diese Aufgabe nur vollziehen in dem Wissen, daß *ihrem* Verständnis von Wirklichkeit widersprochen werden kann und wird. Weil die Wirklichkeit der Welt nicht ohne Gott ist und weil der Glaube niemals ohne Wirklichkeit ist, muß diese Wirklichkeit Gegenstand und Problem theologischer Reflexion bleiben und kann nicht – wie bei Barth – in die Bedeutungslosigkeit abgeschoben werden. Aber die Wirklichkeit verschließt sich eindeutigen Interpretationsmodellen, sie bleibt strittig. Diese Strittigkeit verlangt von der Theologie noch einmal eine Reflexionsanstrengung, zu der Tillich mit seinen Analysen weite Horizonte eröffnet und produktive Anstöße vermittelt hat. Aber die Methode der Korrelation setzt – jedenfalls in der Fassung, die sie bei Tillich erhält – nicht instand, diese Strittigkeit durchzustehen. Daran jedoch werden sich letztlich Methode und System der Theologie messen lassen müssen.

Anmerkungen

1 STh I, 82.

2 P. Tillich, Dogmatik. Marburger Vorlesung von 1925, hg. von W. Schüßler, Düsseldorf 1986.

3 STh II, 100, 102.

4 Das gilt nicht für den Zeitraum *vor* Tillichs offizieller akademischer Wirksamkeit. 1911 hat er sich sehr dezidiert zum christologischen Problem geäußert und 128 Thesen über »Die christliche Gewißheit und der historische Jesus« als Gesprächsgrundlage verfaßt (vgl. EW VI, 28–61; die Thesen selbst 31–46). In seiner Autobiographie von 1936 stuft Tillich diese Thesen als ein »für meine Entwicklung maßgebendes Dokument« ein (GW XII, 327). 1913 umreißt er in 72 Thesen sein Verständnis von Systematischer Theologie (abgedruckt bei J. P. Clayton, The concept of correlation. Paul Tillich and the possibility of a mediating theology, Berlin 1980, 254–268).

5 Der Diskussionsgang ist dokumentiert bei J. Moltmann (Hg.), Anfänge der dialektischen Theologie, Teil I, München ⁴1977, 165–197 und GW VII, 216–246. Nach der Ausgabe der GW wird im folgenden zitiert. Zitat: GW VII, 216 f.

6 GW VII, 219 f.

7 GW VII, 219.

8 GW VII, 223.

9 Ebda. Zu Gogarten selbst vgl. seinen Aufsatz »Mystik und Offenbarung«, in: ders., Die religiöse Entscheidung, Jena 1921, 54–74 und vom Verf., Christlicher Glaube und Geschichte – Voraussetzungen und Folgen der Theologie Friedrich Gogartens, Gütersloh 1967, 74–86.

10 GW VII, 224.

11 Ebda.

12 GW VII, 219 f.

13 Vgl. K. Barth, Der Römerbrief, 10. Abdruck der neuen Bearbeitung von 1922, Zürich 1967, u. a. 53, 13, 148 und ähnlich 95.

14 In einem Brief Barths an Eduard Thurneysen vom 12. 11. 1923 kommentiert er den Streit mit einem Satz: »Es handelt sich um die Christologie« (Karl Barth – Eduard Thurneysen, Briefwechsel, Bd. 2, 1921–1930, Zürich 1974, 198).

15 GW VII, 235.

16 Ebda.

17 GW VII, 237.

18 Der I. Teil ist überschrieben: »Das Seiende als Natürliches in der vollkommenen Offenbarung (Von der Schöpfung. Theologische Seinsdeutung)«.

19 S. Anm. 2, 294.

20 STh II, 107.

21 STh II, 163; vgl. auch 158.

22 STh II, 101 f.

23 STh II, 102.

24 Ebda.

25 Ebda.

26 GW XII, 65; XIII, 24, 29.

27 Zum Einfluß M. Kählers auf Tillich vgl. den Beitrag von G. Wenz in diesem Band, 62 ff.

28 STh II, 125.

29 S. Kierkegaard, Philosophische Brocken, übers. von Emanuel Hirsch, Köln/Düsseldorf 1952, 101.

30 STh II, 125.

31 Vgl. zum Ganzen H. Fischer, Die Christologie des Paradox. Zur Herkunft und Bedeutung des Christusverständnisses Sören Kierkegaards, Göttingen 1970, besonders 64 ff.

32 GW VIII, 124; STh II, 127.

33 GW VIII, 182.

34 STh II, 104 f, 161 f.

35 Zu Gal 4,4 vgl. H. Schlier, Der Brief an die Galater, Göttingen [4]1965, 194–196.

36 Vgl. P. Tillich, Dogmatik, (Anm. 2) 259 ff.

37 STh II, 98 f. »Wenn das Christentum Universalität beansprucht, behauptet es indirekt, daß die veschiedenen Formen, in denen das Verlangen nach dem Neuen Sein im Laufe der Geschichte erschien, in Jesus als dem Christus erfüllt worden sind« (99).

38 STh II, 104.

39 STh II, 103.

40 M. Luther, Gr. Katechismus, BSLK 660, 40–42.

41 STh II, 104.

42 STh II, 124 f.

43 STh II, 108.

44 Vgl. G. Wenz, Subjekt und Sein. Die Entwicklung der Theologie Paul Tillichs, München 1979, 270 ff, besonders 283, und seinen Beitrag in diesem Band, 62 ff.

45 STh II, 125.

46 Vgl. dazu H. Fischer, (Anm. 31) 124–127.

47 STh I, 161.

48 STh I, 159.

49 STh I, 161; vgl. auch STh II, 134.

50 S. hier Anm. 15.

51 Vgl. STh II, 19–22.

52 STh I, 75 f.

53 STh I, 15.

54 STh I, 75.

55 STh II, 129 f, 145 f, 160.

56 STh II, 33.

57 STh I, 290–301.
58 STh II, 35–52.

Der Geist und die Geschichte
(Systematische Theologie Bd. III)

Einleitung: Zur Aufbaulogik der »Systematischen Theologie«

Eine systematische Verortung des Themas muß sich kurz den Gesamtaufriß der »Systematischen Theologie« vergegenwärtigen. Er folgt einem trinitarischen Schema, das nacheinander von Gott, Christus und Hl. Geist handelt (Teile II–IV). Die korrelativ zugeordneten philosophischen Leitbegriffe lauten: Sein, Existenz, Leben. Dem liegt nicht nur eine theologische, sondern auch ontologische Konsequenz zugrunde. Diese läßt sich von der Christologie her entwickeln. Indem Christus als das Neue Sein dargestellt wird, ist eine widersprüchliche Verfassung des menschlichen Seins vorausgesetzt: die Existenz des Menschen als Entfremdung von seinem essentiellen Sein; theologisch gesprochen, der Unterschied des gefallenen Menschen von dem ursprünglich an sich guten. Um Selbstentfremdung und ihre Überwindung verständlich machen zu können, müssen also zunächst das essentielle Sein des endlichen Menschen und das Sein überhaupt analysiert werden. Eben das leistet Teil II: »Das Sein und Gott«.

Im mittleren Teil (III) zeigt Tillich den realen status corruptionis und seine Überwindung in Christus auf. Die Unterscheidung von Essenz und Existenz in Gotteslehre und Christologie ist aber nur theoretisch-abstrakt. Der vollen Wirklichkeit entspricht ihre komplexe und spannungsvoll-bewegte Einheit (21 f.)[1] Darum folgt als vierter Teil: »Das Leben und der Geist«, wobei »Geist« an dieser Stelle Heiliger Geist bedeutet. Wie essentielles Sein und Existenz im Leben, so vermitteln sich Theologie und Christologie in der Pneumatologie.

Die Abfolge der drei Hauptteile gehorcht also der Logik eines Unternehmens, das von zunächst isolierten Aspekten ausgehend, deren konkrete Vermittlung zu rekonstruieren und so die Wirklichkeit einzuholen versucht. Die Dimension essentieller Wirklichkeitsmerkmale (Ontologie) und die Dimension existentieller Entfremdungsphänomene (Lehre von der Existenz) werden aufgehoben in dem synthetischen Zusammenhang der Lebensphilosophie, dessen Analyse sie sich immer schon verdankten.

Fortschreitend sollen die gesonderten Perspektiven in ihren umfassenden Grund zurückvermittelt werden. Insofern ist auch die Gotteslehre erst in der Lehre vom Hl. Geist (Teil IV) vollendet. Handelt die Theologie von Gott selber und seinen Eigenschaften, so die Pneumatologie von seiner Gegenwart als solcher. Und was wäre Gott ohne seine Gegenwärtigkeit (I, 288).[2] Umgekehrt macht sich das Ziel der ganzen Denkbewegung auch am Anfang schon bemerkbar: Bereits die Gotteslehre von Teil II erhält ihre trinitarische Bestimmung vom »Leben Gottes« her (I, 280 ff), was im Teil IV nicht wesentlich überboten wird. So betont Tillich zu Recht, daß in gewisser Weise jeder Teil des Systems schon das Ganze in sich enthält (I, 83). Aber die Gesamtrichtung bleibt doch unverkennbar: »Sein verwirklicht sich als Leben und erfüllt sich als Geist« (I, 288).

Der letzte und eschatologische Teil V der »Systematischen Theologie« handelt von der Geschichte, vom Reich Gottes und dem ewigen Leben. Auch mit der geschichtlichen Dimension wird etwas zum Thema, was in allen Teilen des Systems schon vorkommt (165)[3], nun aber umfassender, selbständiger Erörterung bedarf. Insofern Geschichte eigentlich die konkreteste Dimension des Lebens ist (27, 341 f), gehört sie substantiell zum Teil IV, und der fünfte Teil entfaltet in methodischer Ausgliederung einen zentralen Aspekt der konkreten Lebenswirklichkeit weiter (I, 82; III, 341 f).[4]

I. Geist als Dimension des Lebens

a) Leben und Geist

Ein Aphorismus Nietzsches aus dem »Zarathustra« besagt hier schon alles: »Geist ist das Leben, das selber ins Leben schneidet; an der eignen Qual mehrt es sich das eigne Wissen«.[5]

1. Leben ist dialektisch, nicht einfach hinströmende Lebendigkeit, sondern die Möglichkeit, in der Wendung gegen sich selbst mehr zu sein als es selbst in seiner Unmittelbarkeit (376). Die Aktuosität des Lebens ist die dialekti-

sche Beziehung seiner Elemente: »Sie trennen und vereinigen sich *zugleich*« (I, 280, Hervorhebung J. R.). Weil dies Zugleich lebendig ist – es ist das Leben selbst –, ist das Sich-Trennen der Elemente schon ihre Vereinigung, bzw. diese Vereinigung vollzieht sich als ihr Auseinandertreten. Darum hört Leben auf, wo diese Dialektik stillsteht: in einer Trennung ohne Vereinigung und umgekehrt (ebd.). Das Tote ist starre Gleichheit mit sich (»völlige Identität«) oder reine Beziehungslosigkeit (»völlige Trennung«, ebd.). Leben ist also eine sich in sich bewegende Einheit.

»Geist ist das Leben, das selber ins Leben schneidet«. Auch Geist ist dialektisch. Denn er ist nicht etwas ganz Anderes als das Leben, aber auch nicht nur dessen immanente Verlängerung. Geist ist das Leben, das als sich entzweiendes noch es selbst ist: die Selbstunterscheidung des Lebens von seiner Unmittelbarkeit. Wo solche Selbstentzweiung des Lebens als Manifestation schöpferischer Einheit begriffen wird, da ist Geist erfaßt.[6] Geist – durchaus nicht nur Widersacher des Lebens und der Seele! – meint gerade das negativitätsdurchsetzte Leben, das als sein eigener Widersacher in der Unterscheidung von sich selbst gerade zu seiner Einheit gelangt. Insofern gibt es eine innere Richtung der Lebensdialektik auf Geist hin, einen »Drang des Lebens, Geist zu werden, sich selbst als Geist zu vollenden« (I, 288). »Geist ist . . . das telos des Lebens« (ebd.), sein Fürsichsein als selbsthafte Einheit der eigenen Unterschiede.

Mit dem Geist hat es also die eigentümliche Bewandtnis, nicht einfach vorhanden, sondern in seinem Eigensein nur an einem Andern da zu sein, dem Leben, auf das er aber doch nur so bezogen ist, daß er als bestimmter Unterschied davon er selbst ist. Als verlebendigende Kraft des Lebens, »Macht der Beseelung« (32), darf Geist weder als ein bloßer »Teil« des lebendigen Ganzen gedacht noch auch »mit dem anorganischen Substrat, das durch ihn beseelt wird, identifiziert« werden (32, 38). Geist ist nicht direkt zu fassen – nicht als bloß Dasselbe oder als bloß ein Anderes. Solchen gegenständlichen Zuordnungen entzieht er sich gerade, indem er »da« nur ist im Sichabstoßen von jedem aufweisbaren Da. Er konstituiert sich als Unterschied zu dem, worauf er sich gleichwohl bezieht bzw. woran er sich manifestiert. Geist ist derart selber schlechthin lebendig, das heißt ein wesentlich Indirektes und Negatives, das sich als umgreifende Wirklichkeit immer erst herstellt.

Jede vorstellungsmäßige Verselbständigung des Geistes als einer eigenen Substanz verfehlt ihn darum.[7] Wird er von seinem Gegensatz (Materie, organische Substanz) getrennt oder davon *nur* unterschieden, dann wird er zu dessen bloßer Verdoppelung, d. h. davon gerade nicht mehr unterscheidbar. Weder abstrakte Trennung noch einfache Identifikation erfassen Geist. Auch durch Vereinzelung (»Geister«) verliert Geist seinen Geist-Charakter. Denn er ist wesentlich allgemein, das heißt, er ist nur als sich vom Besonderen abstoßendes Übergreifen dieses Besonderen; er existiert als sich herstellende Allgemeinheit. In beider Hinsicht ist Geist der Selbstunterschied der lebendigen Materie, deren *eigenes Anderes*.

Tillich verdeutlicht die dialektische Einheit des Lebens und damit den Geist am Verhältnis von Geist und Psyche.[8] Geist ist weder »von dem ihn bedingenden psychischen Bereich zu trennen« (38) noch ihm äußerlich hinzugesetzt.[9] Vielmehr kommt Geist so zu sich: er »gründet sich auf ein vorgegebenes psychisches Material und setzt einen Sprung voraus« (38, cf. 142). Der Satz denkt Geist als sein eigenes Hervorgehen aus seinen Voraussetzungen (37). Der Akt des Sichgründens auf ein vorgegebenes Material ist die Selbstkonstitution des Geistes durch Selbstunterscheidung von etwas, was *eodem actu* sein Grund ist. Indem er sich von seinen Bedingungen abstößt (»Sprung«), setzt er sie allererst als solche. Insofern ist Geist als Manifestation am Anderen ein »schöpferischer Akt« (37). Aber der Geist bleibt wesentlich bezogen auf seine nicht-geisthafte Voraussetzung, indem er *als* die Beziehung darauf allein ist.

So ist beispielsweise das selbsthafte Zentrum, das einen Erkenntnisakt vollzieht, im Verhältnis zu den mannigfachen inhaltlichen psychischen Voraussetzungen[10] dieses Aktes: »weder mit irgendeinem der psychischen Elemente identisch, noch ... ein weiteres, zu ihnen hinzukommendes Element« (38). Geist ist schöpferische Einheit solcher Elemente, eben ihre Zentriertheit auf ein Selbst hin.[11] Solche Einheit bleibt aber dem psychischen Material auch »nicht fremd gegenüber«, denn es »ist *sein* Zentrum, aber erhoben in die Dimension des Geistes« (ebd.). Auch die Rede von einem selbsthaft geistigen Zentrum im Menschen bedarf also dialektischer Verflüssigung, es ist kein fixierbarer »Gegenstand« (49 f) oder irgendwie bestimmt »lokalisierbar« (45)[12] – denn wo ließe sich das feste Zentrum einer sich in sich verkehrenden Bewegung ausmachen, die aus sich heraus nur geht, indem sie in sich zurückgeht?[13]

Weil Geist nur als Selbstvermittlung von Einheit in Selbstunterscheidung zu begreifen ist, kritisiert Tillich jeden Dualismus, der zum Beispiel Geist und Psyche (bzw. Leben) durch abstrakte Gegenüberstellung auseinanderreißt, wie auch jeden Monismus, der Geist auf etwas Nichtgeistiges reduziert oder ihn davon isoliert (39).

Gegen solche Einseitigkeiten, die Dialektik stillstellen, bietet Tillich sein grundlegendes »Prinzip der vieldimensionalen Einheit« des Lebens auf (cf. 21 ff). Er wendet sich damit gegen ein Schichtenmodell, nach dem die Wirklichkeit sich aus verschiedenen Seinsschichten (wie zum Beispiel das Anorganische, das Organische, das Psychische und das Geistige) aufbaut, die ontologisch gleichsam übereinanderliegen.[14] Statt solch eines Nebeneinanders von Schichten redet Tillich von »Dimensionen«.[15] Diese räumliche Metapher macht die Vereinbarkeit von Verschiedenem im selben Punkt vorstellbar: »Sie kreuzen sich, ohne sich zu stören« (26). »Dimension« veranschaulicht also, wie Unterschiedenes als Unterschiedenes doch eins sein kann. Tillichs Begriff der »vieldimensionalen Einheit« gibt eine Einheit zu denken, die zugleich Mannigfaltigkeit bzw. ein Auseinander, das zugleich Insichsein ist. Er hat den logischen Status von Synthesis a priori.

»Vieldimensionale Einheit« – das ist im Anschluß an Schelling[16] und Hegel[17] Tillichs Prinzip, um die Einheit des Lebens als Identität von Identität und Nichtidentität bzw. von Einheit und Gegensatz zu begreifen. In solcher Dialektik aufgefaßt, ist die vieldimensionale Einheit der Wirklichkeit immer auch schon Einheit von Leben und Geist. Denn Geist ist als Dimension des Lebens eben diejenige Dimension, in der das Leben zu sich selber kommt, indem es sich sich selbst entgegensetzt. Und Geist hat die ganze Vitalität des Lebens in sich hineingenommen, aber aufgehoben in die Dimension der Intentionalität. Wegen seiner dialektischen Beziehung zum Leben ist Geist die lebendige Koinzidenz von Macht und Sinn.

Weil Geist für Tillich die dialektische Einheit von Selbstbewahrung und Selbsttranszendenz des Lebens ist, kann er ihn immer wieder auch als Koinzidenz von Macht und Sinn bestimmen (I, 288; III, 134, 138) bzw. als Zugleich von »Kraft« und »Leben im Sinn« (34.348). Nur als und durch

Macht »lebt« Sinn, gibt es Geist, wie umgekehrt Geist sinn-gerichtete Macht ist (I, 288) und Macht ohne Sinn sich zersetzen muß (391) – Macht und Sinn verhalten sich wie Selbstzentrierung und Partizipation, Vitalität und Intentionalität, Freiheit und Schicksal, Leidenschaft und Wahrheit, und das heißt, sie haben ihre Einheit als Geist (I, 288). Leben im Sinn, das ist Leben als zugleich Mehr-als-Leben, Leben im Selbstunterschied und so Fürsichsein. Das kann schon an der Geistsinnlichkeit von Sprache aufgewiesen werden (85 ff). Ist also Sinn Selbstnegation besonderen Seins im Horizont von Universalität (85), so auch Macht negativitäts-einschließende Einheit, das heißt Allgemeinheit.

Gerade am Machtaspekt kann Tillich den dialektischen Charakter seines Geistbegriffs ontologisch fundieren. Denn Sein und Macht gehen zusammen im Begriff der Seinsmäch-tigkeit, die darin besteht, dem Nichtsein zu widerstehen (I, 273, 289; III, 437 u. ö). Dieser Widerstand gegen das Nichtsein ist die ontologische Wurzel aller Dialektik, ist doch dieser Widerstand selber Negation des Negativen. Geist ist die dialektische Aktualisierung des Seins als Macht. Und Sein erweist sich als mächtiger als Nichtsein (III, 109), indem es dialektisch wird und zum Beispiel als Leben das Negative in sich hineinnimmt (I, 285). Darum erfüllt sich Sein in Geist und wird Tillichs Ontologie zu Dialektik.

Auch Gott selber ist letzte Einheit von Sinn und Macht (I, 288), wie eben auch Schöpfer durchs Wort (86), und darum hat er seine lebendige Einheit erst als Geist (I, 290; III, 437). Und insofern Gott als Geist selber die lebendige Macht des Seins ist, kann Tillich sagen, daß »Macht ihrem Wesen nach göttlich ist« (437).

Diese lebendige Einheit von Macht und Sinn ist vielfach von Tillich vorausgesetzt, wenn er die Dialektik von Zen-triertheit (Selbstintegration) und Partizipation (Allgemein-heit) beschreibt. So ist beispielsweise Moralität für den Geist konstitutiv (51, 58), weil sich die selbsthaft zentrierte Person als solche nur in Gemeinschaft von Personen (51, 53 f, 54; prinzipiell: 165, 186) konstituieren kann. Daß kein Pol ohne den anderen sein kann (54), besagt eben die Dialektik von Selbstintegration und Selbsttranszendenz, die Konstitution von Allgemeinheit im Zusammenspiel von Sinn und Macht. Entsprechend bekommt geschichtlich die politische Dimen-sion einen Vorrang (354), weil für Geschichte die Mächtig-keit zentrierter Gruppen konstitutiv ist. Hier verwirklicht sich Geist, indem Macht auf Gerechtigkeit bezogen bleibt (ebd.) bzw. die Dialektik von Integration und Universalität als Zusammenspiel von Macht und Sendungsbewußtsein (355, 388) erscheint.

2. Nach dieser grundlegenden Betrachtung können wir uns Tillichs genauerer Beschreibung des Lebensprozesses zuwenden, die auch das Leben des Geistes noch strukturiert.[18] Tillich unterscheidet drei Momente in der dialektischen Selbstbewegung des Lebens: »Selbst-Identität, Selbst-Veränderung und Rückkehr-zu-sich-selbst«(42).[19] Dialektisch ist dieser Zusammenhang zu nennen, weil jedes Moment der Bewegung das andere bereits bei sich hat.[20]

Tillich entwickelt aus der verschiedenen Kombination dieser Momente, bei der jeweils eines dominiert, drei Hauptfunktionen des Lebens, die seine ganze weitere Darlegung organisieren: Selbst-Integration, Sich-Schaffen und Selbst-Transzendierung des Lebens. Ihnen entsprechen in der Dimension des Geistes Moralität, Kultur und Religion.[21] In jeder dieser drei Funktionen drückt sich das eine Wesen des Lebens vollständig aus, das heißt, jede vereint »Elemente der Selbst-Identität mit Elementen der Selbst-Veränderung« (44). Aber sie vereinen sie in spezifisch verschiedener Weise, indem das eine der dialektischen Momente über die anderen den Vorrang behauptet.[22]

So ist die *erste* Funktion, die »Selbst-Integration«, eine lebendige Einheit von Identität und Veränderung (43), aber unter Vorherrschaft der Selbst-Identität. Selbst-Integration ist speziell die »Bewegung, in der die Zentriertheit aktualisiert wird« (42). Das geschieht nur durch Selbst-Veränderung, nämlich als Bewegung »weg vom Zentrum«, die aber zugleich schon Bewegung »zurück zum Zentrum« ist (ebd.). Selbst-Integration ist eine Funktion, in der das Leben sich mit sich vermittelt, die »Kreisbewegung« (43) des Werdens zu sich. Es ist es selbst, indem es als es selber auf sich zugeht.[23]

Die *zweite* Funktion, das Sich-Schaffen des Lebens, ist die lebendige Einheit unter dem Aspekt der Selbst-Veränderung. Hierbei wird die Selbst-Differenzierung als solche freigesetzt; die Kreisbewegung entläßt eine zu ihr immer mitgehörende horizontale Bewegung selbständig aus sich. Selbst-Integration nach innen hat ein Wachstum des Lebens nach außen zur Begleitung. Das sich mit sich vereinigende Zentrum bringt zugleich neue Zentren hervor (43).[24]

236

Die *dritte* Funktion des Lebens, die Selbst-Transzendierung, läßt ein Strukturmoment der beiden anderen für sich hervortreten (43) und ist insofern eigentlich keine selbständige Funktion (118). Selbst-Transzendenz heißt für Tillich, daß »das Leben über sich als endliches Leben hinaustreibt« (43).[25] Ist Leben immer »bis zu einem gewissen Grade frei von sich selbst« (107), so ist die Selbst-Transzendenz diese Lebensbewegung in ihrer Potenzierung, nämlich als Richtung auf Freiheit des Lebens von sich in einer mehr als endlich-relativen Hinsicht.[26] Durch diese Funktion insbesondere wird Leben zu Geist und Geist zu Religion (44). Diese vertikale Richtung des Lebensprozesses kommt zur zirkulären und horizontalen Richtung hinzu, indem sie beide in sich hineinnimmt (43, 107). Geist ist für Tillich das Sichoffenbarwerden dieser Selbst-Transzendenz des Lebens und hat insofern einen Bezug zum Unbedingten. Sie wird akut in der Beziehung des Menschen zum Heiligen (44). Heilig ist das Leben als Gebärmutter der Freiheit.

3. Dies ist in Grundzügen Tillichs Lehre vom Geist in seinem dialektischen Zusammenhang mit dem Leben und seinen drei Funktionen von Selbst-Integration, Sich-Schaffen und Selbst-Transzendierung. Tillich bewährt diese Analyse in einer ungemein reichhaltigen Konkretisierung an allgemeinen Phänomenen des Lebens und der ihm innewohnenden Zweideutigkeiten von Leben und Tod, Gesundheit und Krankheit, Lust und Schmerz, Größe und Tragik, Liebe und Opfer, heilig und profan usw. Das ist jetzt nicht unser Thema.[27]

Auch die speziell an den drei großen Lebensfunktionen des Geistes, Moralität, Kultur und Religion, nachgewiesenen geistigen Grundphänomene und ihre Zweideutigkeit können hier nicht zur Darstellung kommen. Tillich untersucht unter anderem Sprache, Technik, Erkenntnis, Ästhetik, Praxis, Gerechtigkeit und Humanität.[28] In diesen Partien, die, gespeist aus einer enormen Bildung und erstaunlichen Präsenz disparatester Materialien, bewunderungswürdig sachhaltig, um nicht zu sagen, welthaltig sind und die die Hauptmasse des dritten Bandes ausmachen, zeigt sich Tillichs große Meisterschaft darin, die Fülle der Wirklichkeit so zur Sprache zu bringen, daß sie zugleich intellektuell geordnet und durchsichtig gemacht wird.

b) Der göttliche Geist

1. Voraussetzung für ein Verständnis des göttlichen Geistes und seines Verhältnisses zum menschlichen ist nach Tillich die Einsicht in die tiefgreifende Zweideutigkeit aller Lebens- und Geistesprozesse.

Zweideutigkeit ist dem Leben überhaupt als einem spannungsvollen Gemisch von essentiellen und existentiellen Merkmalen eigen (130). Sie gründet in der endlichen Dialektik des Lebens: »Das Leben, das sich transzendiert, bleibt immer auch in sich selbst« (122). Weil aber Leben an sich schon Geist ist (26, 32, 142 u. ö.), verschärft sich alle Zweideutigkeit in der Dimension des Geistes, das heißt konkret im Menschen, dessen Wesen ganz durch diese Dimension bestimmt ist (134, 132, 459). Weil im Menschen das Leben ganz zu sich kommt, fokussieren sich hier alle Zweideutigkeiten; genauer: im Bewußtsein davon potenzieren sie sich.[29] Dieser größte Schritt nach vorn, den das Leben tut, ist zugleich seine tiefste Krise. Die Zweideutigkeit des Lebens, das als Geist selber ins Leben schneidet, wiederholt sich im Geiste selber: nur als Geist kann er gegen den Geist sich wenden (52).

Möglich werden aber die Zweideutigkeiten im Leben und Geist dadurch, daß die Dialektik des Lebens auf Einheit aus ist, sich aber nur als Selbstentzweiung realisiert. Wird diese Tendenz zur Einheit auf undialektisch-einseitige Weise wahrgenommen, so daß ein Moment sie auf Kosten der anderen für sich darstellt, so wird Einheit verfehlt, indem sie erreicht wird – eine erneute Zweideutigkeit. Dann bricht die volle Dynamik des Lebens in entfremdete Zustände auseinander, der lebendige Selbstunterschied wird zum destruktiven Konflikt (184). Entfremdung ist die Bedrohung des Lebens durch sein eigenes Selbsterhaltungsstreben. Auf Grund der Integrationstendenz wird Desintegration möglich (46). Weil aber falsche Einheit, das heißt Einseitigkeit, faktisch unmöglich ist, führt jeder Versuch dahin zur Zerreißung der Einheit.[30]

Bei Tillichs konkreten Analysen der Zweideutigkeiten in Kultur, Moralität und Religion bildet ein Hauptthema die Zweideutigkeit ihres Verhältnisses zueinander, genauer, ihre existentielle Trennung voneinander, die doch essentiell zusammengehören (116 f). Ihre Wiedervereinigung wäre Überwindung der universalsten Entfremdung des Geistes

(117), ist aber dem menschlichen Geiste aus sich nicht möglich (58, 130). Insbesondere die Abspaltung in der Dimension der Selbst-Transzendenz, das heißt die Verselbständigung der Religion[31] zur festen Sondersphäre, potenziert alle Zweideutigkeiten des Geistes (118 f, 120, 122). Radikaler kann die Aporie des menschlichen Geistes nicht dargetan werden, als indem Religion als Ort der tiefsten Zweideutigkeit enthüllt wird (126 f).

Aber gerade hier wird auch klar, daß menschlicher Geist als Leben im Sinn nicht sein kann »ohne die unerschöpfliche Quelle des Sinns, auf die die Religion hinweist« (122). Darum unternimmt Tillich den Versuch, menschlichen Geist als die Frage nach unzweideutigem Leben durchsichtig und den göttlichen Geist als Gegenwart einer Antwort darauf in den Zweideutigkeiten des Lebens verständlich zu machen (327).

2. In ausführlichen inhaltlich-konkreten Analysen versucht Tillich wiederum, den göttlichen Geist als die Gegenwart unzweideutigen Lebens darzustellen, das heißt einer reinen Lebendigkeit, in der alle Beeinträchtigung durch Zweideutigkeiten, einseitige Abspaltungs- und Herrschaftstendenzen sowie die zerstörerischen Konflikte schöpferisch überwunden wird.[32] In der Gegenwart des göttlichen Geistes und Lebens wird das endliche Leben wahres Leben und heil, denn Gottes Geistsein ist nichts anderes als »die Gegenwart des göttlichen Lebens im kreatürlichen Leben« (131).

Ich kann hier nur das grundsätzliche Verhältnis näher beleuchten. Tillich liegt entscheidend an einem Zusammenhang von theologischer und anthropologischer Pneumatologie. Nur weil wir selber Geist haben und sind, können wir vom Geiste Gottes sprechen (33, 43, 134). Zugrunde liegt die sachliche These, daß nur für den Geist überhaupt Geist gegenwärtig sein kann (177, 190), und dies auch im Verhältnis von göttlichem und menschlichem Geist.[33] Aber auch dieses Verhältnis ist als dialektisch in sich zu begreifen. Einerseits bildet »der göttliche Geist ... kein gesondertes Wesen« (131) neben den Dimensionen der Wirklichkeit (136, 137)[34] – Gott ist geisthaft gegenwärtig. Er ist aber auch nicht abhängig von den anderen Dimensionen (136), vielmehr qualitativ unterschieden: eben nicht Menschengeist, der immer zweideutig ist (130, 135 f), auch nicht der Geist des Menschen Jesus (331, 173). Vielmehr ist Heiliger Geist

Gott selber in seiner Gegenwart. Und dennoch ist Gott als Geist nur gegenwärtig für unseren Geist.

Gottes Geist *in* unserem Geiste gegenwärtig – um die Dialektik in diesem Geistesverhältnis zu verstehen, muß man sich auf den Sinn dieser Präposition »in« konzentrieren (134).[35] Tillich versucht, die räumliche Vorstellung zu dynamisieren, indem er sie als Ineinandergreifen zweier Bewegungen denkt: Das Worin des göttlichen Geistes ist an sich selber Öffnung für das, was in ihm gegenwärtig wird, und das Insein im menschlichen Geist ist nur ein Zugehen auf das, worin es zur Präsenz kommt. Das Kommen des Einen ins Andere ist zugleich schon die Bewegung *dessen*, worin es ist, auf das zu, was in ihm ist: »Das ›in‹ des göttlichen Geistes bedeutet ein ›über sich hinaus‹ des menschlichen Geistes« (135).[36]

Tillich nennt diese Struktur des menschlichen Geistes, in sich zu bleiben, indem er über sich hinausgeht, »Ekstase« (135). Die Ekstase zerstört jedoch nicht die Zentriertheit des Selbst (135, 137)[37], sondern vollendet gerade die Integration (321), das heißt, in der exzentrischen Positionalität des Geistes erfüllt sich selbsthafte Zentriertheit.

Aber diese Dialektik der Selbst-Transzendenz wird erst konkret, wenn man das Thema Geschichte in die Betrachtung mit einbezieht.

Hier ist auch der Ort für eine kurze Kritik an Tillichs Konzept. Obwohl er in der dargestellten Weise menschlichen und göttlichen Geist geisthaft-dialektisch unterscheidend aufeinander bezogen hat, und zwar so, daß auch die Dialektik des menschlichen Geistes erst vom göttlichen her ganz durchsichtig wird, distanziert sich Tillich von der Verbindlichkeit dieser Zusammenhänge doch wieder durch die Erklärung, die Ausdrücke »Gott als Geist« und »göttlicher Geist« seien symbolisch – »wie alle Aussagen über Gott« (134, 137; I, 288). Als Grund dafür gibt Tillich an, in solchen Aussagen werde aus unmittelbarer Erfahrung stammendes und so empirisch bedingtes Material »gebraucht und gleichzeitig transzendiert« (134). Aber eben dieses Transzendieren eines bloßen Materials gibt doch gerade der Geistbegriff zu denken; das heißt, er war von Tillich selber eingeführt worden, um die Selbst-Vergegenwärtigung im Andern zu begreifen. Gerade im Horizont des Geistbegriffs wäre also verständlich zu machen, wie Aussagen über Gott unsere und zugleich nicht nur unsere zu sein vermöchten! Weil der

Geistbegriff für die theologische Theorie des Symbols konstitutiv ist, kann er nicht selber wieder nur symbolisch sein. Einmal mehr zeigt sich an dieser Stelle ein letztes Abbrechen der Dialektik durch Tillich mit Hilfe seiner undialektisch-vergegenständlichenden Symboltheorie. Wahrscheinlich kann man diese Aufweichung der gedanklichen Konsequenz nur aus einem Abgrenzungsbestreben gegenüber Hegel erklären.[38]

3. Gottes Gegenwart als Geist ist, wie schon angedeutet, »die Gegenwart des göttlichen Lebens im kreatürlichen Leben« (131). Darum ist das Werk und die Gabe des heiligen Geistes unzweideutiges Leben in allen Dimensionen endlichen Lebens und Geistes. Nach solcher Wiedervereinigung ist das Leben in seiner Zweideutigkeit immer schon unterwegs (cf. 154 mit 162 f): Einheit im Unbedingten als telos aller geistigen Selbsttranszendenz (155, cf. 136 f) – freilich läßt sie sich nur empfangen (130).

Es soll hier nicht bis ins Konkrete verfolgt werden, wie Tillich die alle Entzweiung und Entfremdung schöpferisch überwindende Manifestation des göttlichen Geistes in Religion, Kultur und Moralität aufzuweisen unternimmt.[39] Grundsätzlich gilt: Die Gegenwart des heiligen Geistes schafft eine höhere Einheit, die die unterschiedenen Momente so in sich aufhebt, daß sie in ihrer Unterschiedenheit doch schöpferisch vereint sind. Das Neue an solcher Einheit ist das Bewahren und Erhöhen des Alten (143, 392). In der Gegenwart unzweideutigen Lebens bleiben die Spannungen zwar erhalten, können sich aber nicht mehr destruktiv auswirken (183, 184; I, 281). Die transzendente Einheit, in der das Leben im Geist geborgen ist, ist im Grunde die reine Dialektik göttlicher Lebensbewegung selber (I, 282; cf. III, 154). Das zeigt sich konzentriert in der Einheit von Glaube und Liebe, die als Ergriffensein von unzweideutiger Einheit (154, 155 ff) und als Hineingenommensein in sie (160 ff) die transzendente Erfüllung alles Lebens zur Erscheinung bringen (181).

Die Einheit unzweideutigen Lebens, die sich im göttlichen Geist manifestiert, ist Grund und Ziel aller Dimensionen des lebendigen Geistes (136 f; I, 283). Wie aus ihr alle Entzweiung des Lebens stammt, so geht auch alles Leben auf die Wiedervereinigung im Geist zu. In solchem Umschluß bringt sich nach Tillich einmal zur Geltung, daß in Beziehung auf Gott alles durch Gott selbst ist (158, 161), sodann aber auch ein bestimmtes Verständnis des göttlichen Lebens selber. Dies ist noch kurz zu skizzieren.

Leben überhaupt kann nur begriffen werden, wie schon gezeigt wurde, als Prozeß des Herausgehens aus der Selbstidentität und der Rückkehr zur ihr (335). Diese dialektische Struktur des Lebens läßt sich nun – nach Tillich nur symbolisch: 324, 325, 335; I, 280 – auf Gott als Grund allen Seins zurückbeziehen: »Gott lebt, sofern er der Grund des Lebens ist« (I, 280). Als in diesem Sinne lebendig ist Gottes Sein nicht die tote Identität reiner Selbstgleichheit (324, 328; I, 280); vielmehr ist in Gott ein Moment von Nichtsein anzunehmen, das sein Sein dialektisch macht (325, 457). Lebendig ist Gott in ewiger Bejahung des Andersseins (325, 474, 476; I, 221), das im göttlichen Lebensprozeß schöpferisch verwunden wird und ist (I, 285, 290). Das Leben Gottes ist also die »Wiedervereinigung des Anders-Seins mit der Identität Gottes in einem ewigen ›Prozeß‹« (325). Als reine Aktualität seiner Seinsmomente »in ihrer Einheit und ihrer Spannung« zugleich ist göttliches Leben absoluter Prozeß, das heißt Einheit von Ruhe und Werden (cf. I, 285 f), die sich als fortgesetzte Trennung und sie überwindende Wiedervereinigung ewig vollzieht (I, 280): »In diesem Sinne lebt Gott« (ebd.).

Wird das Prinzip des In-sich-Zurückkehrens als besonderes gefaßt, läßt sich sagen: Gott *hat* Geist (I, 290); insofern aber diese Rückkehr schon im lebendigen Aus-sich-Herausgehen liegt, das konkrete Sein Gottes also Selbstvermittlung ist, gilt schlechthin: Gott *ist* Geist (cf. ebd.). Daher kann sowohl gesagt werden, daß Gott als der Lebendige in sich selbst vollendet und *darum* Geist ist (I, 288), als auch, daß Gott der Lebendige ist, *weil* er Geist ist (I, 289).

Auf diesem Hintergrund entwirft Tillich Gesichtspunkte für eine Neuerschließung der Trinitätslehre (333 ff), die im ersten Band schon fundiert ist (cf. I, 280 ff). Sie spiegelt in Begriffen des Lebens überhaupt die innere Bewegung des göttlichen Lebens von Trennung und Wiedervereinigung (326; I, 69, 289, 290).[40] Die trinitarischen Bestimmungen sind so zwar weder irrational noch paradox (325 f), sondern dialektisch (326), aber eben doch »Symbole« für das Geheimnis des Seinsgrundes. Auch hier bringt die Anwendung des Symbol-Begriffs Schwierigkeiten und Dunkelheiten mit sich, so zum Beispiel, wenn Tillich die Aussage »Gott ist Geist« in seltsamen Superlativen für »das umfassendste, di-

rekteste, uneingeschränkteste Symbol« erklärt (I, 288).
Doch wenn zusammenfassend formuliert wird: »Durch den
Geist wird die göttliche Fülle aus dem göttlichen Grund
herausgesetzt und wieder mit dem göttlichen Grund vereinigt« (I, 290), so deutet sich an, daß vom Leben Gottes als
Geist nicht zureichend geredet werden kann, ohne die Thematik der Geschichte und des ewigen Lebens einzubeziehen.

II. Geschichte als Dimension des Geistes

a) Geschichte und Geist

Der letzte Teil der »Systematischen Theologie« hat in traditioneller Weise Geschichte und Eschatologie zum Thema.
Diese relative Selbständigkeit der Geschichtsthematik läßt
sich dadurch theoretisch rechtfertigen, daß Geschichtlichkeit in besonderer Weise den Menschen auszeichnet (27, 36,
341). Geschichtliche Ereignisse existieren – im Unterschied
zu bloßen Vorgängen – nur für ein geschichtliches Bewußtsein (cf. 344–346, 351). Geschichte ist wesentlich durch ein
Ineinander von Tatsächlichkeit und Interpretation gekennzeichnet (345 f).[41] Als subjektiv-objektiver Zusammenhang
(346, 378) hat sie einen geisthaften Status[42], was sich auch
darin erweist, daß nach Tillich nur zentralisierte Gruppen –
freilich in dialektischer Beziehung auf Individuen – der eigentliche Träger geschichtlicher Vorgänge sind (347, 353 f,
356 ff). Dergestalt kommt die personstiftende Gemein-
schaftsfunktion des Geistes erst in der geschichtlichen
Dimension voll zur Verwirklichung (54, 97, 165). Weil solche zentrierten Gruppen es nur sind durch sinnbezogene
Macht (357 f, 390), erklärt Tillich das Politische in der Geschichte für vorrangig (354 ff, 396, 408). Darum hat auch das
Eschaton als *Reich* Gottes eine politische, personal wie sozial
bestimmte Bedeutung (132, 356, 408 f). Auch die von Tillich
namhaft gemachten Merkmale der menschlichen Geschichte
weisen ihren Geistcharakter aus (346–349). Es sind: zweck-
mäßiges Handeln, relative Freiheit, Schaffen des Neuen
(durch Sinnverwirklichung: 348) und sinnbezogene Einmaligkeit (347, 348, 349). Erst im Menschen ist Geschichte als
eigenständige Dimension (27, 341) völlig aktualisiert (342,
364). Sie hat insofern den ontologisch obersten Rang, als die

Dimension des Geistes in Geschichte konkret wird (27, 341).

Was zu allem Leben gehört, das Sich-Schaffen und die Richtung auf Neues (36 f, 99), das dominiert in der Geschichtsdimension, denn Geschichte ist sich selbst transzendierende Bewegung schlechthin (390, 413, 414 u. ö.). Insofern hat die Geschichte in ausgezeichneter Weise an der dialektischen Struktur des Geistes teil: Mit ihrer Einmaligkeit stehen die sinnvollen Ereignisse ganz *in* der Geschichte, mit ihrer letztlich universalen Bedeutsamkeit weisen sie *über* die Geschichte hinaus (349).[43] Damit ist der Geschichte die unumkehrbare Bewegung auf ein inneres Ziel hin wesenhaft eingestiftet (132), nämlich die Richtung auf ihre Erfüllung (349). Unter den Bedingungen der Endlichkeit kann so aus der Geschichte eine eschatologische Erwartung begründet werden (132), nicht aber deren Erfüllung.[44] Das Ziel der Geschichte ist nicht innerhalb ihrer erreichbar (356).

Die geschichtliche Zeit, charakterisiert durch ihre Unumkehrbarkeit und schöpferisches Hervorbringen von Einmaligem und Neuem (354 f, 448), geht also auf Erfüllung zu (365), aber so, daß alle erreichte relative Erfüllung über sich hinausweist auf eine endgültige, nicht mehr relative (365). Wegen dieser Bezogenheit über jede geschichtliche Zeit und jeden geschichtlichen Raum hinweg (366) auf das absolut Neue (372, 379) ist das wahre Ziel der Geschichte auch ihr Ende (366, 446). Das ist darin begründet, daß mit der Dimension der Geschichte nach Tillich eine ontologische Qualität erreicht ist, die als solche unüberbietbar ist. Denn als Geschichte setzt sich endgültig der Vorrang von Zeit gegenüber dem Raum durch (362, 364, 366, cf. 360). Indem diese Dimension im Menschen als Geist zum Bewußtsein ihrer selbst gelangt (365 f), entsteht ein qualitatives Zukunftsbewußtsein (362, 97).

Geschichte ist also die letzte und umfassendste Dimension der Wirklichkeit (36, 54, 97, 99, 341, 342).[45] Von ihr gilt: »Geschichte ist bestimmt von dem Leben in der Dimension des Geistes und bestimmt das Leben des Geistes – in wechselseitiger Abhängigkeit« (364). Als umfassendste Lebensdimension hat die Geschichte zu ihrem Ziel die integrale Vereinigung der Grundprozesse des Lebens (99, 379), die »universale, unzweideutige Erfüllung der Potentialitäten des Seins« (380).[46] Mit der Frage nach dem Sinn der Geschichte wäre zugleich die nach dem Sinn vom Sein beantwortet (399).

Geschichte als eigentliche Dimension hat ihre Voraussetzung in einer Quasigeschichtlichkeit des Universums (37, 341, 350), insofern sich schon im nichtmenschlichen Universum der Kampf um die sukzessive Herausbildung und Vorherrschaft der Dimensionen abspielt (37, cf. 351). Die Geschichte der Konstitution einer vieldimensionalen Einheit des Lebens vollendet sich in der Konstitution von Geschichte als eigener Dimension (cf. 37, 70).

Weil die Geschichte alle Dimensionen des Lebens umfaßt und erfüllt, darum kann ihre eigene Vollendung als ein ewiges *Leben* gedacht werden (365 f, 409, 450). Und weil Geschichte die Aufnahme und relative Erfüllung aller Selbsttranszendenz im Sein ist, hat alles Seiende teil am Streben und inneren Ziel der Geschichte (400, 428). Von ihrem letzten Ziel, dem Reiche Gottes, werden alle Seinsbereiche umfaßt (409, 426).

Aber gerade weil die Geschichte die letzte Dimension ist, sammelt sich in ihr alle Zweideutigkeit, die dem endlichen Leben unabstreifbar anhaftet.[47] Nimmt schon das Leben als solches den Kampf in sich selbst hinein (Nietzsche)[48], so setzt sich dieser Antagonismus in der Geschichte mit ihren Kämpfen fort (68). Geschichte ist die konkreteste Wiederholung der Zweideutigkeiten des Lebens und des Geistes. Dementsprechend schreibt sich auch in der Geschichte der Religionen der immanente Kampf der Religion gegen sich selbst, die dialektische Zweideutigkeit von Religion und Offenbarung (119, 116, 360), ständig fort (127, 429, 433).

Ich kann hier nicht darstellen, wie Tillich konkret die wesentlichen Zweideutigkeiten des Geschichtsverlaufs analysiert (388–397) und aus ihnen die Frage nach dem Sinn von Geschichte so entwickelt, daß das Reich Gottes als Antwort darauf verständlich wird (407 ff) Alle Zweideutigkeiten der Geschichte (378 f) lassen sich aber darauf zurückführen, daß Geschichte in ihrem Zugehen auf das Endgültige an das Vorläufige gebunden bleibt (379, cf. 388), so daß stets beides gilt: Die Geschichte strebt einer Erfüllung zu und verhindert sie zugleich (379).[49]

Die Frage nach dem Reich Gottes ist die Frage nach der Überwindung dieser Antinomie (380). Es leuchtet ein, daß solche Auflösung selber nur in doppelter Weise realisiert werden kann (407): als Reich Gottes, das *in* der Geschichte ihre Erfüllung fragmentarisch antizipiert (167)[50], und als Reich Gottes, das im ewigen Leben *jenseits* der Geschichte und ihrer Kämpfe vollendet ist (131, 132, 342, cf. 409 ff).[51] Glaube an die Erfüllung der Geschichte ist also zugleich Vorsehungs- und Ewigkeitsglaube.[52]

b) Das Leben Gottes und die Geschichte

Das Ziel der Geschichte ist das Reich Gottes (426). Ewiges Leben als seine transzendente und übergeschichtliche Seite (cf. 448) ist das absolute Ende und Vollkommenheitsziel aller Geschichte (446, 448).[53] In Tillichs Sicht bewegt sich das Wirklichkeitsgeschehen in seiner Universalität auf dieses Ziel im Absoluten zu (450).

Insofern begreift er Geschichte als den Weg des Lebens zu seiner Vollendung in Ewigkeit (366, cf. 475 f). Ewiges Leben ist die letzte Antwort auf die Zweideutigkeiten des Lebens schlechthin (407). Als endgültige Erfüllung (452) umfaßt das ewige Leben den positiven Gehalt der Geschichte, von allen Entstellungen und Deformationen befreit, auf vollkommene Weise verwirklicht (450). Ewiges Leben ist noch Leben, aber im Modus seiner vollendeten Wahrheit (454).[54] Denn das Reich Gottes ist identisch mit der schöpferischen Selbstmanifestation des göttlichen Lebens selber (437). Weil Gott in seiner Kreativität lebendiges Über-sich-Hinausgehen ist, partizipiert er an der Geschichte (I, 285, 287). Dem entspricht, daß ewiges Leben nichts anderes ist als Teilhabe am Leben Gottes selbst (450), Leben in Gott (475).[55] Solche Partizipation an der Ewigkeit ist nur möglich, weil Gott selber das Leben in sich hat: als schöpferische Trennung und schöpferische Wiedervereinigung von Zeitlichem und Ewigem (463).[56] Als diese Bewegung ist das göttliche Leben selbst – wieder symbolisch ausgedrückt –»die ewige Dimension dessen, was im Universum geschieht« (476).[57]

Gott ist also lebendig in der absoluten Einheit von Identität und Veränderung (475), sein ewiges Leben wahres Leben (467, 454) und nicht tote Identität (454), sondern vollkommener Selbstbesitz in aller Selbstentäußerung (458). Das göttliche Leben schließt ein Element der Andersheit ein, das empirisch in der Negativität der Existenz und den Zweideutigkeiten des Lebens erscheint (476, 458). Es ist so ewige Liebe, die sich im Andern ihrer selbst wiederfindet (476), und hat seine Seligkeit im Verschlungensein allen Kampfes in Sieg (458, 456 f., 476).[58]

Für das Verhältnis von Zeitlichkeit und Ewigkeit folgt aus

diesem Verständnis göttlichen Lebens zunächst, daß das Ewige weder zeitlose, abstrakte Selbstidentität[59] noch auch endlose Veränderung sein kann (472). Vielmehr muß Tillich Zeit und Veränderung als im Ewigen gegenwärtig, aber in die absolute Einheit göttlichen Lebens aufgehoben denken (ebd.).[60] Faßt man das ewige Leben als schöpferische Selbstvermittlung Gottes auf (cf. 449), so hat das weitere erhebliche Konsequenzen für das Verhältnis von Zeit und Ewigkeit. Es wird paradox (449), weil das Ewige nicht mehr nur als ein zukünftiger Stand der Dinge angesehen werden kann (452).[61] Kehrt das göttliche Leben immer nur zu sich selber zurück, so heißt das, der Sinn der Schöpfung wird in ihrem Ende und Ziel offenbar. Das Wohin der Bewegung ist schon im Woher enthalten (343), wie sich umgekehrt das Woher im Wohin entfaltet und erfüllt. Schöpfung ist Schöpfung um des Endes willen[62], das Ziel vergegenwärtigt den Anfang neu (450). Das aber besagt nur: Anfang und Ende sind in jedem geschichtlichen Augenblick präsent (366, 474).[63] Tillich betont, daß die Ewigkeit immer auch gegenwärtig ist (447, 448, 449, 450, 451, 452 u. ö).

Das Ende der Zeit in der Ewigkeit ist also kein chronologisch bestimmbarer Zeitpunkt, sondern, wie auch die Schöpfung, ein sich stets gegenwärtig vollziehender Prozeß (452, 474). Das Ewige ist so gegenwärtig, daß sich in jedem geschichtlichen Augenblick Anfang und Ende, Schöpfung und Vollendung durchdringen. Aber dieses Sichdurchdringen ist dialektisch, indem es zugleich auch ein Sichunterscheiden von Anfang und Ende ist. Nur in diesem Sinne ereignen sie sich immerwährend (474). Denn »zwischen Anfang und Ende wird das Neue geschaffen« (450).

So ist es zu verstehen, daß der Weg der Geschichte zwischen dem Woher der Schöpfung und dem Wohin des Eschaton »keine einfache gerade Linie« (343) und nicht nur ein »vorwärtslaufender Prozeß« ist (416, 452). Vielmehr ist das immerwährende Ereignis von Schöpfung und Vollendung ein Weg, der in zwei Richtungen zugleich gegangen wird, ein sich entzweiender Prozeß ihrer Einheit, was die räumliche Vorstellbarkeit aufhebt.[64]

Von daher kann Tillich sich gegen eine einsinnige Richtung des Geschichtsverlaufs wenden und sagen, es handele sich eher um ein zusammenhängendes Ganzes mit einem Mittelpunkt (416). Versteht man diesen »Mittelpunkt« dialektisch, so wäre daran Tillichs Theorem einer »Mitte der

Geschichte« zu erläutern. Denn die »Mitte« der Geschichte hat genau die systematische Funktion, die Entzweiung von Geschichte in Anfang und Ende bzw. »Vorbereitung« und »Aufnahme« verständlich zu machen (414, 416).[65] In gewisser Weise »wandert« diese Mitte mit der fortschreitenden Geschichte mit, sie entzweiend und zugleich einigend (cf. 443), und sie wiederholt sich jeweils von neuem (415, 416, cf. 175). Mitte der Geschichte – das ist »das geschichtliche Ereignis, in dem die Geschichte sich ihrer selbst und ihres Sinnes bewußt wird« (419, cf. 398 f).[66]

Weil jeder geschichtliche Moment doppelt qualifiziert ist, durch die Gegenwart des Zieles und durch die dauernde Erhebung ihres positiven Gehaltes[67] in die Ewigkeit (499, 451), hat es nun doch einen Sinn, die Beziehung des Zeitlichen zum Ewigen auch im Modus der irdischen Zeitrichtung, als Zukunft, auszudrücken (343, 447, cf. 452).[68] Es kommt also darauf an, die gegenwärtige Erfahrung vom Eschaton mit der Zukunftsdimension, das Schon-gegenwärtig mit dem Noch-nicht in einer lebendigen Spannung zu vereinbaren (448, 443): »Wir stehen *jetzt* im Angesicht des Ewigen, aber nur indem wir vorausblicken auf das Ende der Geschichte ... innerhalb des Ewigen« (448).

Nun ist aber für Tillich diese Zukunftsausrichtung nicht nur eine menschlich-subjektive Perspektive auf das Eschaton, sondern er hebt ausdrücklich hervor, daß alles, was sich im zeitlichen Leben der Schöpfung und der Geschichte an Neuem ereignet, also der ganze Weltprozeß und insbesondere alles menschliche Tun, auch für die Ewigkeit von Wichtigkeit ist, indem dies alles zum ewigen Leben Gottes etwas beitrage (450, 474, 476, 477, cf. 453 und 459). Ja, er spricht metaphorisch davon, daß durch den Prozeß der Geschichte das göttliche Leben »angereichert« werde (453, 455, 471). Dies meint der Begriff »Essentifikation«: Das in Raum und Zeit geschaffene Neue fügt zum essentiellen Sein wirklich etwas hinzu (453, cf. 475). Und in der Tat scheint diese Konsequenz unvermeidlich, wenn in der Geschichte etwas qualitativ und unbedingt Neues entsteht (448) und es nicht nur einfache Aktualisierung des im göttlichen Grund des Seins potentiell Angelegten – insofern also nicht neu –, sondern zugleich seine Verwandlung durch endliche Freiheit – und insofern also tatsächlich neu ist (cf. 450).

Das aber hat zwei problematische Aspekte, auf die ich zum Schluß hinweisen möchte.

1. Nicht nur hängt die Teilhabe des Menschen am ewigen Leben davon ab, was er in seiner zeitlichen Existenz aus seiner essentiellen Natur »gemacht« hat (453, cf. 459) – was jeder Entscheidung »unendliches Gewicht« verleiht (ebd.), sondern es stellt sich dringlich die Frage, ob so nicht jeder »Anreicherung« des ewigen Lebens Gottes auch eine menschlich bewirkte »Beraubung« entspricht.

2. Es scheint – damit zusammenhängend – Tillichs Konzeption sich dem Dilemma auszuliefern, entweder im Grunde nur eine Verwirklichung essentieller Möglichkeiten und so nichts wirklich Neues, insbesondere aber keine progressive Anreicherung des göttlichen Lebens denken zu können oder aber mit der Annahme von wirklich Neuem auch für die Ewigkeit auf das Theorem eines »werdenden Gottes« zurückzufallen, das Tillich ausdrücklich ablehnt (I, 285).

Entgehen kann man diesem Dilemma wohl nur, wenn man sich zu dem Gedanken versteht, Gott selber sei in jedem Augenblick *neu er selbst*, das heißt sein Sein ein Werden zu sich und sein Leben ewiges Sich-selbst-Hervorbringen. Das Leben Gottes muß dann gedacht werden als die ewige Gleichheit von produktiver Selbstentzweiung (worin die Möglichkeit für Neues liegt) und immer neuer, schöpferischer Einheit mit sich selbst. Gott wäre er selbst als ewiger Selbstvollzug seines Seins.

Dem kann Tillich aber so nicht zustimmen, weil dann einerseits der von ihm in letztem Betracht festgehaltene absolute ontologische Vorrang der Kategorie »Sein« zugunsten des Werdens hinfiele (36, cf. 451, 461). (Freilich kann man fragen, ob das bei Tillich faktisch nicht ohnehin der Fall ist, wenn Sein als die Macht, Nichtsein zu überwinden, bestimmt wird (437, 458).)

Andererseits müßte dann auch Tillichs uneindeutiger Vorbehalt gegen Dialektik im Namen der Symbolhaftigkeit wegfallen. Die Folge davon kann nur etwas sein, was Tillich vermeiden möchte, wenngleich er es nur flüchtig kritisiert (cf. I, 282), nämlich: Gott ernsthaft als absolutes Selbst zu begreifen.

Anmerkungen

1 Der dritte Band der »Systematischen Theologie« (STh) wird im folgenden meist mit einfacher Angabe der Seitenzahl, die beiden anderen Bände werden mit vorangestellter I bzw. II zitiert.

2 Entsprechend wird auch die Christologie unter pneumatologischen Bedingungen reformuliert (III, 171 ff, 326).

3 Z. B. in Gestalt religionsgeschichtlicher Typologien, cf. I, 254 ff. Zur Religionsgeschichte cf. III, 167 ff und 179 ff.

4 Ähnlich wird mit Teil I (»Vernunft und Offenbarung«) die erkenntnistheoretische Dimension abgespalten und vorweg für sich behandelt (I, 82; cf. III, 342).

5 Also sprach Zarathustra, Zweiter Teil: Von den berühmten Weisen. (In: Werke, 2. Bd., München 1969, 361, cf. 3. Bd., 490.) Bei Tillich III, 39; cf. auch »Der Mut zum Sein«, in: GW XI, 30–32.

6 Darum liegt Tillich daran, die »Normen für das Leben . . . aus dem Leben selbst« zu schöpfen (III, 41 cf. 40).

7 Tillich demonstriert das gelegentlich am Spiritismus (34, 316).

8 Das Psychische als eigentümliche Zwischensphäre zwischen organischer Lebendigkeit und Geist scheint diesem besonders nahe zu sein: III, 50, 70, 113, 142.

9 Cf. die theologische Anwendung III, 37.

10 Z. B. Sinneseindrücke, Erfahrungen, wissenschaftliche Traditionen, Willens- und Gefühlselemente u. ä.

11 Denn die spezifisch erkennende Tätigkeit, die einen vorgegebenen Inhalt durch Ordnen, Unterscheiden, Verknüpfen u. ä. *denkend* durchdringt, kann nur von einer ihm gegenüber differenten Instanz wahrgenommen werden: »Erst die Freiheit des Zentrums von dem psychischen Material macht den Erkenntnisakt möglich« (III, 38).

12 Geistig ist es gerade, indem es als Zentrum sich selbst gegenüber zu treten vermag: das Selbst, das sich als Teil seiner Welt erfaßt (III, 52, cf. I, 199 ff).

13 Tillich analysiert als zweites Beispiel den moralischen Akt. Heißt es, das Person-Zentrum eigne sich durch Überlegung und Entscheidung den vorgegebenen psychischen Inhalt (Triebe, Neigungen, Wünsche u. ä.) an (III, 38 f), so ist dies streng eben *der* Prozeß, in dem das Zentrum sich aktuell konstituiert (cf. 51, 186). Auch hierbei ist Geist begriffen als spontanes Sichsetzen einer selbsthaften Instanz in der Aneignung dessen, was sie als ihren Inhalt unterscheidend auf sich bezieht. Geist »ereignet« sich, wo Vorhandenes zum inhaltlichen Moment einer es übergreifenden Einheit überschritten wird bzw. die Entzweiung von Akt und Materie *als* ihre selbsthafte Einheit ist.

14 Man denke z. B. an die Ontologie N. Hartmanns.

15 Problematisch ist die Erklärung der Beziehung solcher Schichten zueinander. Die von Tillich beschriebenen typischen Konflikte eines Stufenmodells entzünden sich bezeichnenderweise an der Frage nach der Einheit (III, 23 f). Zur Problematik eines theologischen Schichtendenkens cf. 25.

16 Cf. Werke I/4 (Bruno, 1802), 235 f, 243, 295, 298 und I/7 (Stuttgarter Privatvorlesungen, 1810), 445.

17 Cf. Werke, Bd. 1, Frankfurt 1969, 422 (Systemfragment von 1800) und Bd. 2, 96 (Differenzschrift, 1801). Zur ersten Stelle cf. Tillich, I, 272 und 72 und GW XII, 125 ff.

18 Was Tillich in einer abstrakten Definition des Lebens nur Aktualisierung potentiellen Seins nennt (21 f, 42 cf. I, 280, 284), wird in der konkreten Beschreibung des Lebensprozesses (42 ff) doch als Selbstaktualisierung gedacht.

19 Diese »fundamentale dialektische Struktur« wird auch III, 376 erwähnt. Auch I, 272 erscheint die dialektische Methode als logischer Ausdruck der Bewegtheit realen Lebens; cf. o. Anm. 17.

20 So gilt z. B. für das »Herausgehen aus einem Zentrum« (42) nicht nur, »daß das Zentrum dabei nicht verloren wird« (ebd.), sondern es bestimmt sich im Herausgehen gerade *als* Zentrum, ist also auch Zurückkehren zu sich. Insofern bleibt die Selbstidentität in der Selbstveränderung nicht einfach nur »erhalten« – was als kontinuierliches Bestehen eines unveränderlichen Seinskerns substantiell mißverstehbar wäre –, sondern Selbstveränderung ist nur als Gleichwerden mit sich. Darum ist bereits der erste Schritt des Herausgehens aus sich die Rückkehr des Lebens zu sich selbst.

21 Cf. III, 51 ff, 72 ff, 116 ff.

22 Weil in solcher Hauptfunktion jeweils das Ganze des Lebens besonders da ist, artikuliert sich seine Totalität in den Besonderungen erschöpfend. Daher werden hier die drei ontologischen Grundpolaritäten (Individuation – Partizipation, Dynamik – Form, Freiheit – Schicksal), die Tillich in Bd. I entwickelt hat (I, 206 ff), in ihrem dialektischen Zusammenhang verdeutlicht (cf. III, 45 f, 64 ff, 107 f) – Leben ist eben dialektische Aktualisierung des Seins.

23 Tillich spricht vom Zugleich von »Gegebensein« und »Aufgegebensein« der Zentriertheit (cf. 42).

24 Gesteigerte Wahrnehmung des eigenen Zentrums vollzieht sich dann unter der Bedingung der Schöpfung anderer Zentren. Selbst-Integration nach innen hat ein Wachstum des Lebens nach außen zur Begleitung (ebd.).

25 Bei seiner integrativen Zentralisierung (1. Funktion) und seiner schöpferischen Erweiterung (Wachstum, 2. Funktion) transzendiert sich der Lebensprozeß immer auch in seiner Ganz-

heit. Das Leben kann sich nicht relativ transzendieren, ohne sich auch im absoluten Sinne zu transzendieren. Die Selbsttranszendenz als eigene (3.) Funktion bringt die Momente von Selbsttranszendenz in jedem Lebensakt auf ihren absoluten Nenner. Das heißt auch: Religion wiederholt die Lebensbewegung nach ihrem unbedingten Sinn. – Da aber das selbsttranszendierende Moment in jeder Lebensdialektik stets nur ein endliches ist (cf. III, 43), bleibt das Überschreiten der Grenze stets an den bestimmten Ort des Überschreitens zurückgebunden. So realisiert sich die dialektische Unendlichkeit des Lebens auf nur endliche Weise: »aber das endliche Leben an sich ist nicht transzendiert« (43). Die Freiheit bleibt gleichsam im Ansatz stecken, weil die endliche Lebensbewegung sich nur an sich, nicht aber für sich, das heißt als sie selbst transzendiert, worin erst das Leben frei würde.

26 Zugleich »in sich« zentralisiert und »über sich hinaus« produktiv (44) und das Eine im Andern ist das Leben mehr als es selbst, nämlich an sich frei: »und diese Situation wird offenbar in der Funktion der Selbst-Transzendierung«(44). Geist ist genau dies Offenbarwerden des Lebens für sich, das als Leben sich transzendiert, indem es in sich nur außer sich, das heißt als Leben, das selber ins Leben schneidet, frei ist.

27 Cf. III, 46 ff, 66 ff, 108 ff.

28 Cf. III, 55 ff, 72 ff, 85 ff, 104 ff.

29 Zweideutigkeit kann es nur für ein Bewußtsein des Geistes geben (115, 136), und es hat als qualitativ entscheidende Selbsttranszendenz des Lebens potenzierend an ihr teil (112 f).

30 Tillich konkretisiert die Dialektik von Sichbewahren und Sichpreisgeben sehr instruktiv am Opfer (55 ff).

31 Religion steht an sich schon im Schwanken zwischen profanisierender oder tragischer Selbstbeschränkung (120, 115) und dämonischer Identifikation bzw. Gespaltenheit (125 f).

32 Cf. III, 191 ff, 282 ff, 305 ff (Teil IV, Abschn. 3).

33 Der Grund dafür liegt in der übervorstellungsmäßigen, ungegenständlichen Seinsweise von Geist; Tillich verweist auf die Dialektik von Identität und Nichtidentität und deutet so die Merkmale der Unsichtbarkeit und Verborgenheit des Geistes (177, 190). Auch die fünf Merkmale der an Pfingsten geschaffenen »Geistgemeinschaft« haben dialektischen Charakter (cf. 178 f).

34 Zur englischen Unterscheidung von mind und Spirit cf. III, 33. Eine bedeutsame Parallele bildet der Begriff agape, III, 164.

35 Wie sie z. B. in der Rede vom »Wohnen« bzw. »Wirken« des Gottesgeistes »im« menschlichen Geist vorkommt.

36 In dieser zweiten Hinsicht nimmt der göttliche Geist die Bewegung menschlicher Selbsttranszendenz vollendend auf (cf. 134).

37 Mit diesem Begriff wird schon das Verhältnis von Vernunft und Offenbarung bestimmt: I, 135 ff, cf. 96 ff.

38 Bezeichnend: III, 376, 424 cf. 325.

39 Cf. oben Anm. 32.

40 Tillich bezieht sich dabei auf die dialektische Philosophie des deutschen Idealismus zurück, die im Grunde Lebensphilosophie gewesen sei (I, 272; III, 325, 335), wobei er insbesondere an Hegels »Theologische Jugendschriften« denkt (I, 272; III, 376); cf. oben Anm. 17. Zur Abgrenzung Tillichs cf. oben Anm. 38.

41 Das hängt mit der Wichtigkeit geschichtlicher Ereignisse jeweils für eine traditionsbewußte Gruppe zusammen (344 ff, 398); Tillichs Beispiel: die biblische Geschichte (345).

42 Der innere Zusammenhang von Geist und Geschichte zeigt sich auch im Aufbau von Teil IV; nach der Manifestation des göttlichen Geistes im menschlichen (134 ff) wird die in der geschichtlichen Menschheit erörtert (165 ff); cf. auch 412.

43 Damit verbunden ist eine Eigentümlichkeit im Aufbau der letzten beiden Teile der STh. Im Unterschied zu den ersten drei Teilen, die der Frage-Antwort-Korrelation gemäß zweigliedrig angelegt sind, weisen der vierte und fünfte Teil des Systems auffälligerweise je einen Mittelabschnitt auf, der der Manifestation des göttlichen Geistes als solcher (4. Teil, Abschn. II, 134 ff; Lt. Mitteilung von Frau R. Albrecht war dieser Mittelabschnitt von Tillich zunächst nicht vorgesehen) bzw. dem »Reich Gottes innerhalb der Geschichte« (5. Teil, Abschn. II, 412 ff) gewidmet ist. Das heißt, die Thematik des göttlichen Geistes wird zunächst als In-sein (134 ff) und dann als Ausgreifen auf die Geistesfunktionen behandelt (191 ff), wie entsprechend modifiziert das Reich Gottes zunächst als geschichtsimmanent (412 ff) und dann als geschichtstranszendent (446 ff).

Diese Anlage läßt sich meines Erachtens aus der oben im Text behandelten Zusammengehörigkeit von Insein des göttlichen Geistes mit dem Übersichhinaussein des menschlichen (44) erklären. Denn jene Verdoppelung in der Anlage spiegelt die Dialektik des Geistes, zugleich immanent und transzendent (zum Reich Gottes als inner- und übergeschichtlich cf. 132, 342, 407, 409 ff), bewahrend und verwandelnd zu sein (cf. 143, 392). Faktisch gilt diese Transzendenzdialektik natürlich für alle theologischen Themen (cf. I, 275) und ist insofern in allen Teilen des Systems vorausgesetzt, thematisch wird sie aber erst im 4. Teil, weil »Geist« genau den theologischen Begriff für sie darstellt.

44 Geschichte weist überall Manifestationen göttlichen Geistes auf, ist aber als solche nicht schon die endgültige Manifestation (III, 165 f). Das gilt auch für die Kirchengeschichte: 430.

45 In der Geschichtsdimension werden die Kategorien geisthaft transzendiert (362, 360); sie nimmt alle untergeordneten ontologischen Elemente und Dimensionen in sich auf und konstituiert sich auf ihrer Basis, ohne durch sie einseitig determiniert zu sein (29, 341), cf. Anm. 46.

46 Sie werden von Tillich unter den konkreten Bedingungen der Geschichte erneut analysiert (378 ff, 388 ff, 395). Entsprechend beschreibt Tillich dann auch die ontologischen Grundelemente (cf. I, 206 ff) in immer höherer Komplexion sowohl in der Dimension des Lebens (III, 358 f, 360 ff, 367 ff; cf. oben Anm. 22) wie schließlich der Geschichte (III, 364 ff, 370 ff, cf. 373). Zur Vollendung ihres Verhältnisses in der Ewigkeit cf. 454 f; zur Integration der Geschichte zu *einer* Weltgeschichte cf. 389 f, 425, 434.

47 Diese Zweideutigkeit konzentriert sich in dem oben erwähnten Sachverhalt, daß das Ziel der Geschichte zugleich ihr Ende ist (366).

48 Leben lebt immer nur auf Kosten von anderem Leben (68).

49 Die Folgerungen daraus für den Fortschrittsgedanken entwickkelt Tillich III, 380–387.

50 Zur Antizipation cf. III, 166 f, 184, 317.

51 Von diesem Doppelaspekt her ist Tillichs Kairos-Lehre zu begreifen, cf. III, 419 ff und 180. Das Ziel der Geschichte gewinnt so ein doppeltes Aussehen: es meint die endgültige »Wiedervereinigung mit dem göttlichen Grund des Seins und Sinns« (424), und es meint die davon lebende »Gewißheit, daß das Negative in der Geschichte ... sich niemals gegen die zeitlichen und ewigen Ziele des geschichtlichen Prozesses behaupten kann« (ebd.).

52 Zum geschichtlichen Vorsehungsglauben cf. III, 423 ff, und I, 304 ff.

53 Zum Verhältnis von Geist, Reich Gottes und Ewigem Leben cf. III, 131 ff.

54 Alle ontologischen Elemente, alle Lebensfunktionen und die Hauptfunktionen des Geistes (Moralität, Kultur, Religion) werden in einer absoluten Einheit gedacht, die gleich lebendig und vollkommen ist (454 f, 455 f).

55 Zum dreifachen Sinne dieses »in« cf. III, 475.

56 Tillich kann darum von einem dialektischen Rhythmus des göttlichen Lebens reden, der sich als Weg von der Essenz (als dem bloß Potentiellen) über die existentielle Entfremdung (als aktualisierter Trennung) zur endgültigen Erfüllung alles Essentiellen schöpferisch vollzieht (475, cf. 376). Zur Problematik des von Schelling übernommenen Begriffs »Essentifikation« (453) siehe oben im Text. – Übrigens scheut Tillich nicht die Formulierung: »Gott treibt sozusagen auf die Aktualisierung ... zu« (476).

57 Die Welt ist daher ebensosehr außer Gott wie in ihm (III, 476, 475).

58 Als Liebe ist das göttliche Leben ewige Überwindung alles Negativen (458), schöpferische Negation der Negativität (456 f).

59 Cf. schon I, 315 ff.

60 Er bejaht ausdrücklich mit Hegel eine dialektisch-zeitliche Bewegtheit im Absoluten selbst als Ewigkeit: I, 316.

61 Als Frage nach dem inneren Telos alles Seienden könnte die Eschatologie auch am Anfang des Systems stehen (343) – ist doch in Wahrheit das eschatologische Thema, die Beziehung von Zeit und Ewigkeit, in allen Teilen präsent (342). Entsprechend beschließen die eschatologischen Kapitel das »System« so, daß sie zugleich zu seinem Ausgangspunkt zurückkkehren, wie Tillich unter Hinweis auf Röm 11,36 sagt (III, 16).

62 Auch das Umgekehrte gilt: Nur weil die Schöpfung als solche gut ist, ist ewige Erfüllung möglich (III, 343).

63 Nur unterschieden wie erfahrenes Streben nach Erfüllung und erfülltes Ziel (III, 366).

64 Tillich möchte diese »innere Beziehung«, die Dialektik von Proton und Eschaton in aller geschichtlichen Bewegung, in der Vorstellung einer Kurve räumlich abbilden, die sich zugleich »vorwärts« und »aufwärts« bewegt (452, 474). Als bewegliche Einheit von horizontaler und vertikaler Richtung könnte das Bild der Kurve simultan drei Momente veranschaulichen: das Aus-etwas-Kommen, das Fortschreiten und das Sich-zu-etwas-Erheben (474). In der »Aufwärtsbewegung« wird aber nicht mit dargestellt, daß es sich zugleich um eine Rückkehr zum Anfang handeln soll.

65 Man könnte auch von der Entzweiung der Selbsttranszendenz in Vertikale und Horizontale sprechen.

66 Cf. auch I, 163, 171 f; II, 97 f; III, 431–433.

67 Von einem solchen ist nur unter der Voraussetzung zu reden, daß das Positive als wahre Realität (453) nicht völlig vernichtet werden kann (451). Das Axiom »Esse bonum est« (cf. 461) hängt zusammen mit Gottes Bejahung seines eigenen Seins als positiv: Gott kann nicht sich selbst vernichten (451).

68 Es ist gleichsam natürlich, die schöpfungsmäßige Abhängigkeit alles Seienden als Vergangenheit, seine endgültige Erfüllung im Ewigen als Zukunft zu schematisieren. Von Gott her gesehen, würde sich eher die Metapher »ewige Erinnerung« nahelegen (452). Das gibt übrigens der Abspaltung des fünften Teils vom vierten auch einen sachlich-systematischen Sinn.

PETER CORNEHL

»In der Tiefe ist Wahrheit«.
Tillichs ›Religiöse Reden‹ und die Aufgabe der Verkündigung

Tillichs »Religiöse Reden« haben eine aktuelle Relevanz. Sie sind einzigartig, und sie sind zugleich ein Modell. Sie zeigen eine Einstellung, von der wir für unser eigenes Predigen lernen können.

I. Ort und Stellenwert der »Religiösen Reden« in Tillichs Theologie

Die Jahreszahlen zeigen: Die »Religiösen Reden« sind ein Teil des Spätwerkes. Von den drei Folgen ist der erste Band 1948 erschienen[1], drei Jahre vor dem ersten Band der »Systematischen Theologie«, der zweite Band 1955[2], der dritte und letzte 1963[3], zwei Jahre vor seinem Tod, im gleichen Jahr wie der abschließende dritte Band der »Systematischen Theologie«. 1963 war Paul Tillich sechsundsiebzig, 1948, beim Erscheinen der ersten Sammlung, einundsechzig Jahre alt. Die »Religiösen Reden« sind Teil des Tillichschen Spätwerkes. Dieser Tatbestand bedarf einer Erklärung.

1. Die »Religiösen Reden« als Teil des Spätwerkes – biographische Gründe

Hat Tillich vorher nicht gepredigt? Offenbar lange Zeit nicht. Im Tillich-Archiv liegen Manuskripte von 64 Predigten aus den Jahren 1909–13, die Tillich als Theologiestudent, Vikar und Hilfsprediger gehalten hat.[4] Dazu kommen 140 Predigten aus der Zeit des Ersten Weltkrieges, wo er als Feldgeistlicher an der Westfront eingesetzt war.[5] Seit Beginn seiner Tätigkeit als Hochschullehrer hat er nur ein einziges Mal die Kanzel betreten, im Juli 1925, in seinem letzten Semester in Marburg; und das war vermutlich ein eher turnusmäßiger Anlaß.[6] Er hat sich nicht wiederholt. Der Pfarrerssohn Paul Tillich war als Theologieprofessor ein ziemlich unregelmäßiger Kirchgänger und ein seltener Prediger.

Dafür gibt es zunächst eine biographisch-institutionelle Erklärung. Tillich lehrte seit 1925 in Dresden Religionswissenschaften und Sozialphilosophie an der Technischen Hochschule, seit 1929 Philosophie an der Universität Frankfurt, er stand also außerhalb des Lehrbetriebes und der Gepflogenheiten einer Theologischen Fakultät. Er war der einzige in der Reihe der kritischen Theologen der 20er Jahre, der seine Kritik an der vorfindlichen Kirche auch lebte. Im Stile eines liberalen Theologen hielt er Distanz zum kirchlichen Milieu. Aber er hatte auch inhaltliche Gründe. 1928 formuliert er in einem Vortrag, was protestantische Verkündigung, die sich dem Menschen der Gegenwart verständlich machen will, *nicht* sein kann: »Nicht sein kann sie eine direkte Verkündigung der religiösen Inhalte, wie sie in Bibel und Tradition gegeben sind.«[7] Eine solche direkte Predigt biblischer Texte nähme die Infragestellung aller überlieferten religiösen Vorstellungen und Begriffe durch den modernen Menschen nicht ernst. Tillich arbeitete in dieser Zeit intensiv an einer indirekten Theologie, einer theologischen Interpretation von Kultur und Gesellschaft. Die direkte Form der Verkündigung benutzte er nicht.

Das änderte sich, als er in Amerika ein neues Verhältnis zu Gottesdienst und Predigt gewann. Am Union Theological Seminary in New York gehörte der Gottesdienst auf dem Campus zum akademisch-theologischen Leben dazu. Man erwartete auch von den Professoren, daß sie daran teilnahmen. Ganz spontan scheint der Wechsel vom distanzierten Kirchgänger zum regelmäßigen Gottesdienstbesucher und Prediger allerdings nicht gewesen zu sein. Pauck berichtet, daß Tillich zunächst selten in die Seminarkirche ging, »weil er die meisten Predigten für zu langweilig hielt«[8]. Aber Henry Sloane Coffin, der Präsident des Seminars, habe Tillich wissen lassen, »daß man ihn in diesem Gottesdienst vermisse«. Und Pauck fügt hinzu: »Tillich, der eine gegebene Autorität durchaus zu respektieren bereit war, sah in dieser Bemerkung Coffins eine Art Befehl. Von dieser Zeit an versäumte er nie wieder einen Gottesdienst am Union Seminary . . . Und schließlich fand er Gefallen am regelmäßigen Kirchgang.«[9] Und auch am Predigen. Die ersten Predigten seien noch ein »Desaster« gewesen, meinte Tillich später selbstkritisch.[10] Aber er lernte rasch von den Amerikanern, sich auf der Kanzel einfach und anschaulich auszudrücken. Er lernte, Predigt und Meditation als das andere Ausdrucksmedium seiner Theologie zu schätzen. Und er wurde bald ein beliebter und erfolgreicher Prediger. Nach seiner Emeritierung in New York 1955 lehrte er bis zum fünfundsiebzigsten Lebensjahr noch einmal an der Harvard Universität, danach in Chicago. Das war die Zeit seiner größten öffentlichen Anerkennung, und sie betraf gerade auch den Prediger. Wenn er irgendwo zu predigen hatte, war die Kirche voll. Die Leute kamen von weither, saßen und standen dicht gedrängt, um ihn zu hören.[11] In diesen letzten Jahren begann Tillich, seine Predigtauftritte sehr genau zu planen. In jedem Frühjahr arbeitete er eine Predigt besonders sorgfältig aus, nannte sie »The New Sermon« und ging damit auf Tournee durch die Universitätskirchen, von Harvard nach Yale und Chicago bis nach New York, oder, wie er es scherzhaft ausdrückte: von der Provinz zum Broadway.[12] Und er hat den späten Ruhm genossen!

Die Resonanz seiner »Religiösen Reden« war groß. Die drei Bände wurden in mehrere Sprachen übersetzt und erreichten hohe Auflagenzahlen. Sie wurden über die Fachtheologen hinaus von breiten Kreisen interessierter Laien und der Kirche entfremdeter Menschen gelesen. Obwohl die 62 Reden der drei Sammlungen umfangmäßig nur einen kleinen Teil des Spätwerks darstellen, haben sie doch zusammen mit den anderen Schriften, die sich ebenfalls an eine breite Leserschaft richteten, mit »Mut zum Sein« (1952; dt. 1953), »Liebe, Macht, Gerechtigkeit« (1954; dt. 1955) und »Wesen und Wandel des Glaubens« (»Dynamics of Faith« 1957; dt. 1961) großes Gewicht und weiteste Wirkung gehabt.

Die Bedeutung der »Religiösen Reden« erschließt sich am ehesten von den theoretischen und zeitgeschichtlichen Kontexten her.

2. »Protestantische Verkündigung und der Mensch der Gegenwart« – das homiletische Konzept

»The Shaking of the Foundations« erschien 1948. Im gleichen Jahr veröffentlichte Tillich die programmatische Schrift »The Protestant Era«[13]. In diesen Band hat er die Übersetzung wesentlicher Aufsätze aus seinem 1930 erschienenen Buch »Religiöse Verwirklichung« aufgenommen, unter anderem auch den schon erwähnten Vortrag von 1928 »Die protestantische Verkündigung und der Mensch der Gegenwart«, den er durch kleinere Änderungen aktualisiert hat.[14] Ich lese diesen Text als eine Art theoretischen Kommentar zu den »Religiösen Reden«.

Aufgabe der Verkündigung ist es, dem Menschen der Gegenwart die christliche Heilsbotschaft verständlich zu übermitteln. Der »moderne Mensch«, also der »Mensch, der der Gegenwart ihr Gesicht gibt«, sagt Tillich, ist *der autonome Mensch, der in seiner Autonomie unsicher geworden ist«*[15]. »Gebrochene Autonomie« ist sein Kennzeichen. Der Mensch der Gegenwart ist herausgetreten aus den fraglos geltenden religiösen Traditionen und hat sich von den vorgegebenen kirchlichen Autoritäten befreit. Aber er ist in seiner Autonomie nicht mehr sicher. Er verfügt über keine umfassende Weltanschauung mehr, die ihm Sinn und Wesen des Daseins einheitlich deutet. Denn die gleiche Skepsis, die gleichen Vorbehalte, mit denen der moderne Mensch dem Christentum gegenübersteht, hat er auch den Ideologien und Weltanschauungen gegenüber. Keiner überläßt er sich vorbehaltlos. Tillich brauchte diese Sätze 20 Jahre später nicht zu korrigieren. Denn die zeitweilige Unterwerfung unter die Ideologie des Nationalsozialismus, also unter ein System totaler Heteronomie, hatte nach kurzem Triumph zu einer Katastrophe geführt. Aber auch der ungebrochene Fortschrittsoptimismus der siegreichen Demokratien, vor allem der neuen westlichen Vormacht USA, war einer großen Ernüchterung gewichen. Drei Jahre nach Kriegsende herrschte ein geistiges Vakuum, eine schreckliche Sinnleere. Der Kalte Krieg stürzte die Menschen neu in Angst. Der Mensch der Gegenwart – das hatte sich für Tillich bestätigt – steht »in der Autonomie nicht mehr selbstsicher schaffend, sondern beunruhigt, zwiespältig, oft verzweifelt«[16].

Die protestantische Verkündigung weiß sich solidarisch mit dem modernen Menschen. Sie wird nicht versuchen, ihn zu überreden, seine Autonomie zu opfern und zur neuen kirchlichen Heteronomie zurückzukehren. Im Gegenteil, sie radikalisiert die Situation noch einmal. Die deutet die Lage des Menschen als Situation der Grenze, als *»Erlebnis der menschlichen Grenzsituation oder der unbedingten Bedrohtheit des menschlichen Seins«*[17].

Die Verkündigung hat deshalb eine dreifache Aufgabe: Sie muß erstens *»auf das radikale Durchleben der Grenzsituation dringen«*. Protestantische Verkündigung ist Kritik.

Kritik aller Weltanschauungen und Ideologien, die vermeintlich Sicherheit geben können, Kritik der autonomen Selbstsicherheit, in welcher Form auch immer: als Glaube an die Wissenschaft, an die Pädagogik, an politische Programme, seien es solche der Utopie oder der Reaktion. Aber die Verkündigung ist auch Kritik der privaten Formen der Selbstverwirklichung im Beruf, im Wirtschaftskampf sowie der zahlreichen Ersatzangebote und Heilsversprechungen, die in das Weltanschauungsvakuum einströmen. Tillich nennt die neue Mystik, den Okkultismus, die Lebensreform, den modischen Ästhetizismus, narzißtische Selbstbespiegelung und manch andere Formen, die uns sehr bekannt vorkommen.[18] Die erste Aufgabe der Verkündigung ist also prophetische Kritik.

Daneben tritt die *zweite,* affirmative Aufgabe: Die Verkündigung muß sprechen »*von dem Ja, das in der unbedingt ernstgenommenen Grenzsituation über den Menchen ergeht*«[19]. Denn nicht das Nein ist das religiös entscheidende Wort, sondern das Ja, Gottes Ja im Nein, Gottes heilsprechendes Urteil in der Heillosigkeit der Seele, die Gewißheit, die im Wegschlagen aller Sicherheit erfahrbar wird, die Wahrheit im Chaos der Wahrheitslosigkeit, das Geschenk von Sinn in der Bedrohtheit des Lebenssinns. Dieses Ja Gottes ist das entscheidende Wort der Verkündigung. Schließlich, *drittens,* muß die Verkündigung *Zeugnis geben von dem Neuen Sein in Jesus, dem Christus* – und zwar *überall* in der Wirklichkeit, auch außerhalb der Kirchen.

Tillichs Predigten sind Bemühungen, dieses Konzept von Verkündigung praktisch umzusetzen. Dabei modifiziert sich das Programm. Das möchte ich an einigen Beispielen zeigen. Vorher muß ich noch kurz auf den zeitgeschichtlichen Kontext der Predigten eingehen.

3. Der Kairos der Predigten

Tillichs Tätigkeit als Prediger fällt zusammen mit einem Engagement öffentlicher Rede, das zwar keine unmittelbar öffentliche Resonanz hatte, das aber für ihn selbst von außerordentlicher Bedeutung gewesen ist. Ich meine die über hundert Rundfunkansprachen, die er in den Jahren von 1942–44 verfaßt hat und die über die »Stimme Amerikas« nach Deutschland ausgestrahlt wurden. Die Texte sind erst nach seinem Tode, reichlich spät, 1973 veröffentlicht worden.[20] Es sind großartige Beispiele öffentlicher politisch-theologischer Rede (und es wäre Zeit, diese Reden genauer zu untersuchen[20a], auch im Hinblick etwa auf die parallelen Rundfunkansprachen Thomas Manns und die einschlägigen Äußerungen Karl Barths!). Zwei Jahre lang hat Tillich die laufenden Ereignisse des Krieges aus christlicher Sicht kommentiert. Kontinuierlich und konkret hat er Woche für Woche, wie ein Pastor Sonntag für Sonntag, seine öffentliche Kanzel benutzt, um den Freunden in Deutschland die geschichtlichen Vorgänge und Zusammenhänge zu deuten, hat er die Fragen nach Schuld und Verantwortung diskutiert, hat er immer wieder versucht, in die eigentliche Tiefe dessen, was sich auf der Oberfläche des Kriegsgeschehens abspielt, vorzudringen. Er hat die Zwiespältigkeit und tragische Widersprüchlichkeit des deutschen Schicksals geschildert, zu Umkehr und Besinnung und zum Widerstand aufgerufen und hat zugleich angestrengt daran gearbeitet, seinen Landsleuten eine Orientierung zu geben, die eine hoffnungsvolle Perspektive über den Tag des Zusammenbruchs des Faschismus und der militärischen Niederlage hinaus eröffnete.

Der Kairos, der Zeitpunkt, an dem der Einbruch des Ewigen in die Zeit erwartbar wird, war zunächst in den 20er und 30er Jahren der Kairos der sozialistischen Entscheidung angesichts der Krise des Kapitalismus und des Aufstiegs des Faschismus. Dieser Kairos ging vorüber. Nun sieht Tillich während des Zweiten Weltkrieges eine Art neuen Kairos: die Vision einer neuen moralisch-politischen Weltordnung nach der Zerschlagung des Nationalsozialismus. Er sieht die reale Chance für eine politische und ökonomische Ordnung der Welt, die Frieden, Freiheit und soziale Gerechtigkeit zugleich bringen wird. Aufmerksam und hoffnungsvoll registriert er überall Ansätze für eine solche konkrete Utopie: Bewegungen in die Richtung auf einen demokratischen Sozialismus, auf eine soziale Demokratie. Er sieht sie bei Intellektuellen, deren Wort in der Öffentlichkeit Gehör findet, in Kirchen und Parteien, in England wie in den USA. Doch auch dieser Kairos verstreicht. Und er hinterläßt bei Tillich das Gefühl, daß an die Stelle des hoffnungsvoll gefüllten Kairos nur ein geistiges Vakuum getreten ist, eine große innere Leere.

Die »Religiösen Reden« nehmen das Problem an dieser Stelle auf und führen die Kairos-Theologie in anderer Weise weiter.[21] Nach dem Scheitern der gesellschaftlich-politischen Hoffnungen und angesichts der Möglichkeiten der atomaren Selbstzerstörung allen Lebens ist jetzt die Stunde einer neuen Besinnung gekommen. Die Bemühungen um Orientierung und Vergewisserung müssen noch einmal tiefer ansetzen, wenn sie Zynismus, Apathie, Verzweiflung überwinden wollen. Hier haben die Predigten ihren Ort.[22]

II. Zur Interpretation der »Religiösen Reden«

1. »The Shaking of the Foundations« – Heilsgewißheit im Schatten der Apokalypse

Der Titel der ersten Sammlung der »Religiösen Reden« gibt das Stichwort: »The Shaking of the Foundations«. So lautet auch die erste Predigt.[23] »Die Erde erbebt.« Die Fundamente wanken. Die Menschheit ist in das apokalyptische Zeitalter eingetreten. Seit der Erfindung der Atombombe, seit dem ersten Abwurf über Hiroshima und Nagasaki ist die totale Bedrohung des Menschseins der weltgeschichtliche Kairos, der alles bestimmt. Unsere Situation ist irreversibel die an der Grenze.

Tillich stellt vier alttestamentliche Texte voran, zwei Gerichtsworte, zwei Heilsworte. Die Visionen der Zerstörung und die Verheißung des Bleibenden werden abwechselnd gegeneinander gesetzt. Und die Predigt schreitet noch einmal den Weg ab vom einen zum anderen. Die längere biblische Lesung am Anfang enthält Worte aus Jeremia, Deutero- und Tritojesaja: beklemmende, schwergewichtige Bilder und Sätze. Der Prediger nimmt den Eindruck auf: »Es ist schwer zu sprechen, nachdem die Propheten gesprochen haben«[24]. »Jedes Wort ist ein Hammerschlag.« Diese Sätze treffen unmittelbar:

»Denn sie beschreiben mit visionärer Gewalt, was die Mehrzahl der Menschen unserer Zeit erfahren hat und was, vielleicht in einer nicht allzu fernen Zukunft, die gesamte Menschheit erfahren wird. Die Erde erbebt! Die Visionen der Propheten sind zu einer physikalischen Möglichkeit geworden und können bald geschichtliche Wirklichkeit werden. Der Satz: ›Die Erde zerbricht in Stücke‹ ist für uns nicht mehr eine bloß poetische Metapher, sondern harte Realität. Das ist der religiöse Sinn des Zeitalters, in das wir eingetreten sind.«

In der Exposition seiner Predigt setzt Tillich die biblische Schau von Schöpfung und Chaos, von Anfang und Ende der Welt in Beziehung zur wissenschaftlichen Sicht der Weltentwicklung. In einer dichten narrativen Skizze verbindet er den biblischen Mythos mit dem Gang der Evolution bis zur Erfindung der Kernspaltung:

»Wir wissen, daß im Grunde unserer Erde, im Grunde von allem, was zu unserer Welt gehört und was Form und Struktur hat, zerstörerische Kräfte gebunden sind. Als die ungezügelte Kraft der kleinsten Teilchen unserer materiellen Welt durch bindende Kräfte eingedämmt worden war, gab es einen Ort, auf dem Leben wachsen und Geschichte sich entwickeln konnte, in dem Worte gehört und Liebe gefühlt, auf dem Wahrheit entdeckt und das Ewige angebetet werden konnte. Alles das war möglich, weil das feurige Chaos des Anfangs in fruchtbares Erdreich verwandelt worden war.

Aber auf dem fruchtbaren Erdreich erwuchs ein Wesen, das fähig war, den Schlüssel für die Fundamente alles Seins zu finden. Dieses Wesen ist der Mensch. Er hat den Schlüssel gefunden, der die Kräfte des Grundes erschließen kann, jener Kräfte, die gebunden wurden, als der Grund der Erde gelegt wurde. Er hat angefangen, diesen Schlüssel zu gebrauchen. Er hat die Grundlagen des Lebens, des Denken und Wollens *seinem* Willen unterworfen. Und er wollte Zerstörung. Zur Zerstörung gebrauchte er die Kräfte des Grundes. Durch sein Denken und Wirken erschloß und entfesselte er sie. Darum wanken und beben heute die Grundfesten der Erde.«[25]

Tillich korreliert die Sprache der Propheten mit der Sprache der Wissenschaft. Damals hat Gott durch den Mund der Propheten gesprochen, heute spricht er durch den Mund der Wissenschaftler, die die Folgen ihres Tuns erkennen. Damals wie heute haben sich die Menschen gewehrt. Gott hat die Propheten dazu gezwungen, seine Boten zu sein, und er nötigt auch heute Menschen, die Wahrheit zu erkennen und ihre visionären Warnungen öffentlich auszusprechen.[26]

»Der prophetische Geist hat die Erde nicht verlassen.« Heute werden vor allem Wissenschaftler zu Propheten. Sie erkennen die drohende Katastrophe und ihre Verantwortlichkeit dafür. Die gleichen Forscher, die bis vor kurzem die Propheten von Glück und Fortschritt waren, erkennen auf einmal, daß sie einem Götzen gedient haben. Die Wissenschaft erkennt ihre Grenzen und die allgemeine Grenzsituation totaler Bedrohtheit. Andere dagegen versuchen zu trösten und verbreiten nach wie vor Optimismus. Und sie finden Gehör. »Die Menschen wollen günstige Berichte erhalten, und die Massen hören auf die, die sie ihnen bringen.«[27] Sie bekämpfen den prophetischen Geist. Zu welcher der beiden Gruppen werdet Ihr gehören? fragt Tillich seine Hörer. Aber er beläßt es nicht bei diesem Appell zur Entscheidung. Er setzt noch einmal tiefer an: »Warum waren die Propheten in der Lage, dem ins Angesicht zu schauen, was sie sahen, und es mit solch gewaltiger Kraft auszusprechen?« Die Antwort heißt: weil sie von Gott wußten, weil sie im Auftrage Gottes und aus seiner Wahrheit heraus redeten: vom Grund des Grundes, vom Richter des Gerichts, von Gott, dem Ewigen, der bleibt, wenn das Irdische vergeht; wie es im 102. Psalm heißt: »Sie werden vergehen, Du aber bleibst.« »Er (Gott) ist das Fundament, auf dem jedes Fundament gelegt ist, und dieses Fundament kann nicht erschüttert werden.«[28] Und nun verläßt der Prediger die Rolle des Interpreten, wird affirmativ und redet konfessorisch von der Gewißheit des Glaubens:

»Es gibt etwas Unbewegliches, Unveränderliches, Unerschütterliches, Ewiges, das in unserem Vergehen und im Zerbrechen unserer Welt offenbar wird. An den Grenzen des Endlichen wird das Unendliche sichtbar«.

Weil die Propheten das sahen, konnten sie der Erschütterung des Grundes ins Auge sehen. Ohne diese Gewißheit bleiben nur Gleichgültigkeit und Zynismus. Aber beides vergeht in dem Maße, in dem die eigene Welt ins Wanken gerät.[29] So spitzt der Prediger die Möglichkeit zu reagieren zu auf die Alternative: »Verzweiflung, die Gewißheit der ewigen Zerstörung, oder Glaube, die Gewißheit des ewigen Heils. ›Die Welt soll vergehen, aber . . . mein Heil kennt kein Ende‹, sagt der Herr. Das ist die Möglichkeit, die die Propheten wählten. *Das* sollten wir Religion nennen oder genauer, den religiösen Grund aller Religion.«

Noch einmal: Warum konnten die Propheten dem Ende ins Auge sehen? Antwort: »Sie konnten es, weil sie jenseits der Zerstörung das Heil erblickten; weil sie im Untergang des Zeitlichen die Offenbarung des Ewigen sahen.«

Am Ende der Predigt kommt die Verheißung in den Blick.[30] Nur die Gewißheit, daß es ein Jenseits der Vernichtung gibt, daß wir dem Vergänglichen *und* dem Unvergänglichen angehören und an den beiden Seinsordnungen teilhaben[31], ermöglicht es, den Blick auf das Ende auszuhalten. »Denn nur der, der jenseits des Vergänglichen steht und nicht allein daran gebunden ist, kann auf das Ende schauen. Alle anderen sind gezwungen zu fliehen, sich wegzuwenden.« Immer tun wir das, einzelne und ganze Völker, weil wir es nicht ertragen können. Und scheitern doch damit, weil das Ende in uns ist.

»Es ist unser Schicksal, daß wir in einer Zeit leben, in der es sehr wenigen von uns, sehr wenigen Völkern, sehr wenigen Erdteilen gelingen wird, das Ende zu vergessen. Denn in unseren Tagen wanken die Grundfesten der Erde wirklich. Wenden wir unsere Augen nicht ab! Schließen wir nicht unsere Ohren und unseren Mund! Sondern laßt uns, durch die zerfallende Welt hindurch, blicken auf den Fels der Ewigkeit und das Heil, das kein Ende hat.«[32]

Vergleichen wir damit noch einmal Tillichs Beschreibung der drei Aufgaben der Verkündigung, so wird deutlich: Die Botschaft des Ja ist da, doch im Vordergrund dieser Predigt steht die Einschärfung der End- und Grenzsituation. Ich habe in den drei Bänden keine Predigt gefunden, die dieser ersten gleicht. Sie ist das Vorzeichen der ganzen Sammlung und steht betont am Anfang. Aber es ist nicht so, daß Tillich in jeder neuen Predigt das gleiche Thema wiederholt. Es ist vorausgesetzt, und man begegnet ihm an verschiedenen Stellen wieder, doch Tillich verzichtet darauf, die Einsicht in die totale Bedrohung und die Vision vom Ende immer wieder zu beschwören. Warum?

2. Der Weg in die Tiefe – Prophetie als Lehre und Seelsorge

Tillich weiß, daß die Gerichtspredigt Angst auslöst. Er kennt auch ihre Gefahren: die Verführung zu apokalyptischer Demagogie, wenn die Beschwörung der drohenden Katastrophe selbst zur Drohung wird. Deshalb wird die Frage immer wichtiger: Angenommen, die Situation der Gegenwart ist so, wie sie ist, wie kann man die Menschen an die Grenze heranführen? Tillichs Antwort: Nicht durch eine sich steigernde Rhetorik der Dramatisierung, eher durch die sachliche Bemühung um Einsicht. Die Predigt soll Orientierung geben. Dazu gehört gedankliche Klarheit, ruhige, überlegte

Auseinandersetzung mit Einwänden, die Andersmeinende ernst nimmt. Deshalb haben Tillichs Predigten nichts Suggestives. Sie wollen nicht überreden, sondern überzeugen. Sie sind intellektuell, argumentativ, sie werben um Verständnis. Der Prophet wird zum Lehrer.

Und der Prophet wird zum Seelsorger. Denn Tillich ist sich zunehmend bewußt geworden, wie schwer es die Propheten haben, sich Gehör zu verschaffen, wie stark der Widerstand gegen das ist, was sie zu verkündigen haben. Was kann die Abwehr lösen? Die Erfahrung zeigt: Kritik und Entlarvung verhärten eher. Damit modifiziert sich die erste, die kritisch-aufdeckende Aufgabe der Verkündigung. Der Prediger wird zum Seelsorger, der in der Predigt den Weg in die Tiefe geht und seine Hörer mitnimmt auf diesem Wege – durch die Widersprüche und Ambivalenzen, durch Brüche und Zwiespältigkeiten hindurch, bis an jenen Punkt, wo sie vielleicht bereit und fähig werden, sich der Wahrheit zu stellen, auch wenn das schmerzhaft und mit Leiden verbunden ist. Aber es ist unvermeidlich, »weil es keine Tiefe geben kann ohne den Weg, der zu der Tiefe führt.«[33] Das ist die große Entdeckung, die Tillich der Psychologie verdankt und die er für die Predigt fruchtbar macht. Die Tiefenpsychologie, die für ihn zunehmend wichtig geworden ist, ersetzt nicht die politische und soziale Dimension.[34] Aber sie hilft, den Zugang zur Tiefe zu öffnen.

In der wunderbaren Predigt »Von der Tiefe« (1944)[35] beschreibt Tillich den gleichen Zusammenhang, den er in der Predigt von der Erschütterung der Fundamente von außen dargelegt hat, noch einmal von innen. Wo das Oberflächenbewußtsein die Menchen gefangenhält, ist die Tiefe des persönlichen, des seelischen wie des gesellschaftlichen Lebens, der sozialen Struktur verstellt.

»Unsere Ohren sind ebenso taub für die Schreie aus der sozialen Tiefe wie die für Rufe aus der Tiefe unserer Seele. Wir lassen die blutenden Opfer unseres gesellschaftlichen Systems allein, ohne auf ihre Hilferufe im Lärm des Alltagslebens zu hören – ebenso wie wir es mit unserer gequälten Seele tun.«[36]

Der Weg in die Tiefe führt unvermeidlich auch in gefährliche, dämonische Tiefen. Woher kommt der Mut, ihn zu gehen, wenn man weiß, daß es ein Weg ist, auf dem Zweifel und Leiden nicht erspart bleiben, wo die Selbstbilder zerbrechen, die einem bis dahin Halt gegeben haben, ein Weg in

Dunkelheiten und Abgründe? Tillichs Antwort: Wir gehen diesen Weg, weil wir glauben, daß in der Tiefe nicht Tod, Vernichtung und Chaos auf uns warten, sondern Gott. Gott ist die Tiefe[37], die »rettende Tiefe, die letzte Tiefe«[38]. »Das Ende des Weges zur Tiefe ist Freude.«[39]

Und so schließt diese Predigt mit dem Bekenntnis der Zuversicht:

»Der Augenblick, in dem wir die letzte Tiefe unseres Lebens erreichen, ist der Augenblick, in dem wir die Freude erfahren, die Ewigkeit in sich hat, die Hoffnung, die nicht zerstört werden kann, und die Wahrheit, auf die Leben und Tod gegründet sind. Denn in der Tiefe ist Wahrheit, und in der Tiefe ist Hoffnung und in der Tiefe ist Freude.«

3. »You are accepted« – »Bejahe, daß du bejaht bist«

»You are accepted« ist der Titel einer ebenfalls sehr bekannt gewordenen Predigt.[40] Predigttext ist Römer 5,20. Die Einleitung signalisiert, daß es in diesem kurzen Satz um etwas höchst Bedeutsames geht. Römer 5,20 enthält die Summe der apostolischen Erfahrung, der paulinischen Botschaft und des christlichen Lebensverständnisses. Dieser außerordentlichen Bedeutung des Textes entspricht, daß sich der Prediger ihm nur zögernd nähert. Erst ein Erlebnis aus jüngster Zeit (was es war, wird nicht gesagt) drängt ihn dazu, Zeugnis abzulegen von dem, was ihm in einer Art Lebensbilanz als die »entscheidenden Tatsachen unseres Lebens« bewußt wird: die Macht der Sünde und die Übermacht der Gnade.

Sünde und Gnade sind Worte, die uns fremd geworden sind. Tillich spricht seine Hörer an als solche, die in einem gebrochenen Verhältnis zur christlichen Überlieferung stehen. Sie kennen die religiöse Sprache, doch die Begriffe sind nichtssagend geworden. Sie sind dennoch unverzichtbar. Christlicher Glaube ist nicht einfach Interpretation menschlicher Erfahrung. Sie ist angewiesen auf Zeugnis und Sprache der Bibel.

»Aber es ist etwas Geheimnisvolles um die großen Worte unserer religiösen Tradition: sie können nicht ersetzt werden. Alle Versuche, sie zu ersetzen – auch meine eigenen –, vermochten nicht, die Wirklichkeit dessen, was sie meinen, zum Ausdruck zu bringen; sie führten zu seichtem und kraftlosem Gerede. Es gibt keinen Ersatz für Worte wie ›Sünde‹ und ›Gnade‹.«[41]

Der Preis wäre Banalisierung. Die Sprache der Bibel hat einen Mehrwert. Sie behält einen Vorsprung und bleibt ein Gegenüber. Das ist festzuhalten, gerade wenn man dann, wie Tillich es tut, daran geht, die alten Worte zu übersetzen, um ihren gegenwärtigen Gehalt zu erschließen. Das geschieht in dieser Predigt in zwei Durchgängen zum Stichwort Sünde (= »Trennung«) und Gnade (= »Wiedervereinigung« mit dem Getrennten). Ich überspringe diese Teile und wende mich gleich dem Schluß zu. Die Gnade ist übermächtig geworden, sagt Paulus im Römerbrief, mächtiger als die »ungeheure Macht der Entfremdung und Selbstzerstörung in der Gesellschaft und in der einzelnen Seele«[42]. Und er beschreibt mit diesen Worten »die überwältigendste und entscheidendste Erfahrung seines Lebens«, seine Begegnung mit dem auferstandenen Christus vor Damaskus.

»In dem Bilde Jesu als des Christus, der ihm in dem Augenblick erschien, als er sich am stärksten von den anderen Menschen, von sich selbst und von Gott getrennt fühlte, fand er sich selbst zugleich verworfen und bejaht (accepted and rejected). Und als er erkannte, daß er bejaht war, war er imstande, sich selbst zu bejahen und mit den anderen versöhnt zu werden.«

Das gleiche, was er von Paulus berichtet, entfaltet Tillich nun für seine Hörer. »Wissen wir, was es heißt, von der Gnade ergriffen zu sein?« fragt er. Die lehrhafte Explikation erfolgt zunächst in Form von Abgrenzungen. Sie sollen Mißverständnisse ausräumen und Vorurteile abbauen. Von der Gnade ergriffen sein heißt *nicht* bestimmte Glaubensartikel für wahr halten, ist *nicht* identisch mit moralischen Anstrengungen und sittlichen Fortschritten. Die können »Frucht der Gnade« sein, sind aber nicht die Gnade selbst, sie können sogar die Erfahrung der Gnade verstellen. Wieder einmal profiliert Tillich seine Auffassung durch die Abgrenzung gegen den »gnadenlosen« Dogmatismus und gegen den unbarmherzigen christlichen Moralismus. Dann wechselt er die Sprachebene. Die Explikation geht unmerklich über in eine Applikation – auf eine sehr kunstvolle, ebenso indirekte wie direkte Weise. Wann trifft uns die Gnade? Tillich antwortet, indem er eine Reihe von Grenzsituationen benennt, in denen »wir« Ausweglosigkeit, Schuldverstrickung, Leere, Kälte, Gefangensein erleben und daran verzweifeln. Die sieben Wenn-Sätze, die dann folgen, formulieren keine Bedingungen, es sind vielmehr Ortsbeschreibungen. Es geht nicht um eine Konditionierung der Gnade, sondern um ihre Situierung:

»Die Gnade trifft uns, wenn wir in großer Qual und Unruhe sind. Sie trifft uns, wenn wir durch das finstere Tal eines sinnlosen und leeren Lebens gehen. Sie trifft uns, wenn wir fühlen, daß wir ein anderes Leben verletzt haben, ein Leben, das wir liebten oder von dem wir entfremdet waren. Sie trifft uns, wenn der Ekel an unserem eigenen Sein, an unserer Gleichgültigkeit, unserer Schwachheit, unserer Feindseligkeit, unserem Mangel an zielbewußtem Leben unerträglich geworden ist. Sie trifft uns, wenn Jahr für Jahr die Vollendung unseres Lebens, nach der wir uns sehnen, ausbleibt, wenn die alten Mächte in uns herrschen, wenn die Verzweiflung alle Freude und allen Mut zerstört.«[43]

Das sind im Grunde keine Beschreibungen. Tillich redet nicht einfach *über* Situationen, sondern er ermöglicht Identifikationen. Und er erzählt vom Ereignis der Gnade auf eine indirekt-direkte Weise so, daß das, wovon die Rede ist, im Erzählen selbst geschehen kann:

»Zuweilen bricht in einem solchen Augenblick eine Welle von Licht in unsere Finsternis ein, und es ist, als ob eine Stimme sagte: ›Du bist bejaht!‹ ›*Du bist bejaht!*‹, bejaht durch das, was größer ist als du . . .«

Es ist wichtig, sehr genau auf die Sprache zu achten. Da ist einerseits eine indirekte Mitteilung: Es ist, »als ob« eine Stimme spräche. Die direkte Rede wird als symbolische Rede gekennzeichnet. Andererseits hat sie die volle Kraft eines persönlichen Zuspruchs. Zum erstenmal redet der Prediger den Hörer per Du an: »Du bist bejaht!« Und dieser Satz wird wiederholt. Im Englischen ist es noch klarer: »You are accepted! *You are accepted!*«[44] Das ist keine Information über etwas, sondern ein performativer Akt, ein Zuspruch: Du bist bejaht durch das, was größer ist als du! Der Prediger bleibt in der direkten Anrede und möchte, daß der Angeredete alle Reflexionen über das Geschehen vorerst zurückstellt. Wie Jakob am Jabbok in der Begegnung mit dem Unbekannten dessen Namen erfragt und ihn nicht erfährt, als er das Entscheidende, den Segen, bekommt, so erhält der, der der Gnade begegnet, den Rat: Frag jetzt nicht! Nicht die richtige Definition des Gottesnamens ist jetzt wichtig: »Simply accept the fact that you are accepted!« Bejahe einfach, daß du bejaht bist! Denn das verwandelt alles. Im Lichte der

Gnade gerät alles in ein neues Licht – das Verhältnis zu den anderen, zur Welt, zur Natur. Das ist das Entscheidende.

Unlängst haben wir über diese Predigt im Kreise von Praktischen Theologen gesprochen. Ein amerikanischer Kollege äußerte sich dabei sehr kritisch: »You are accepted« – das ist doch ein Klischee, meinte er, das hat doch wenig mit der wirklichen Gnade zu tun. Das ist die gängige Formel der humanistischen Psychologie, nicht viel besser als Eric Bernes »Du bist o. k.«! Ich habe dem widersprochen. »Du bist bejaht«, »Du bist angekommen«: Es mag sein, daß daraus inzwischen eine oberflächliche Formel geworden ist (vielleicht ist das auch ein Symptom für die Wirkungsgeschichte Tillichs!); aber keine Sprache ist dagegen gefeit, daß sie zum Jargon herunterkommt und billig wird, auch nicht die Rede von der Tiefe. Es gibt eben die Tiefe nicht ohne den Weg in die Tiefe. Es gibt das Verständnis von Gnade als Bejahung nicht ohne den Weg in die Verlorenheit. Die Aufgabe der Predigt ist, die Gewißheit des Glaubens zu stärken. Die Analyse kann zeigen, daß und wie Tillich das versucht. Seine Predigt redet nicht über Gnade und Gewißheit; sie tut, was sie sagt, sie ist im entscheidenden Schlußteil Vollzug von Vergewisserung.

4. »Das Neue Sein« und die Gegenwart des Ewigen in der Zeit

Von den drei Aufgaben der Verkündigung, die Tillich nennt, ist die dritte noch nicht behandelt worden. Protestantische Verkündigung hat nicht nur das Nein und das Ja zu predigen, sie hat auch Zeugnis vom Neuen Sein zu geben. Die Entfaltung dieser Aufgabe geschieht – wie die Titel zeigen – stärker im zweiten und dritten Band der »Religiösen Reden«. Und hier werden nun meine Reserven, meine Schwierigkeiten mit Paul Tillichs Spätwerk, größer.

Ich finde, daß Tillich in diesen beiden Bänden oft allzu direkt und ungebrochen vom »Neuen Sein«, von der »Neuen Wirklichkeit«, der »Neuen Schöpfung« redet, allzusehr in platonisierender Manier. (Hier treffe ich mich mit Klaus Kodalles Kritik und Dorothee Sölles Vorbehalten.[45]) Das Neue Sein, so scheint mir, ist beim späten Tillich oft nicht Aufhebung, nicht Negation der Negation, sondern die ungebrochene Einheit, die wir im Bilde Jesu als des Christus sehen. Die Neue Schöpfung ist »die Wirklichkeit, in der das Getrennte wieder vereinigt ist«[46].

»Das Neue Sein ist im Christus offenbar, denn seine Einheit mit Gott ist niemals durch Trennung zerstört worden, auch nicht seine Einheit mit der Menschheit und seine Einheit mit sich selbst. Das verleiht seinem Bild in den Evangelien seine überwältigende und unerschöpfliche Mächtigkeit. In ihm begegnet uns ein Menschenleben, das die Einheit nicht verlor trotz allem, was es in die Trennung hätte treiben können. Er stellt dar und vermittelt die Macht des Neuen Seins, weil er die Macht einer unzerstörten Einheit darstellt und vermittelt.«[47]

Hat dieses Christusbild nicht doch doketische Züge? Ist es nicht allzu sehr ein dogmatisches Konstrukt (»der Christus«)? Hält Jesus im Garten Gethsemane die Einheit mit Gott so einfach durch – oder wird er von Gott gehalten in der Todesangst? Hält der Gekreuzigte die Einheit mit Gott durch – und bleibt in einer Art von messianischem Selbstopfer des Todes mächtig? Ich habe hier Fragen an Tillichs Christologie. Sicher, nirgendwo sagt Tillich, daß die Teilhabe an der Macht des Neuen Seins von sich aus eine Möglichkeit des Menschen sei. Der Mensch wird vom Neuen Sein ergriffen.[48] Und doch scheint mir das Reden von der Gegenwart des Neuen Seins in vielen Predigten des zweiten und dritten Bandes doch zu einfach eine gegebene Möglichkeit und die Rede von der Erfahrung der Ewigkeit in der Zeit oft zu spannungslos, der Lobpreis der Liebe und der Versöhnung des Getrennten allzu harmonistisch.

Ich gebe zu, ich habe damit Schwierigkeiten. Ich finde manche Predigten der allerletzten Zeit einfach auch ein bißchen langweilig[49], zu spannungslos, sehr professoral-belehrend. Ist es das Alter? Der Wunsch nach Harmonie? Ist es das, was Tillich selbst die »Zweideutigkeit des Ruhms« genannt hat? Ist es eine Folge der Öffnung für die östlichen Religionen, die er auf seinen letzten Reisen kennengelernt hat, seine Weise, die Einheit aller Religionen zu formulieren? Oder ist es einfach so, daß das Grundgefühl der Zusammengehörigkeit mit allem Lebendigen in der Einheit des Seins und die Gewißheit der Gegenwart des Ewigen so stark war, daß er davon immer wieder sehr direkt reden konnte und wollte?
Es gibt ein biographisches Indiz, das mich etwas vorsichtig sein läßt mit meinem derzeitigen kritischen Urteil. Das ist die

Erinnerung an die merkwürdige Unzeitgemäßheit der letzten Predigt, die Tillich 1965, in seinem Todesjahr, mehrfach gehalten hat. Diese Predigt trägt den Titel »Das Recht auf Hoffnung«. Ich habe sie seinerzeit zuerst in der Festschrift für Ernst Bloch gelesen.[50] Und da war sie im Kontext all der von Bloch inspirierten und ihm huldigenden Beiträge (auch von Theologen) und in einem geistigen Klima, in dem nicht nur die Futurisierung der Verheißung, sondern vor allem auch Adornos Negative Dialektik alles affirmative Reden von Bejahung und Trost unter scharfen Verdacht stellte, ein merkwürdiger Fremdkörper. Denn Tillich sprach da ganz unbefangen von der Gegenwart des Ewigen im Jetzt, von der Teilnahme am ewigen Leben. Das war eine Provokation. Und ich weiß, daß wir das damals sehr aufmerksam gelesen und gegen den theologischen common sense der späten 60er Jahre verteidigt haben.[51] Was gibt uns das Recht auf Hoffnung? fragt Tillich in dieser letzten Predigt und antwortet: »Echte Hoffnung auf Ewiges Leben ist nur möglich, wenn wir hier und jetzt an ihm teilnehmen. Der Grad der Gewißheit einer solchen Hoffnung hängt von dem Maß ab, in dem wir jetzt am Ewigen teilhaben.«[52]

III. Lernen von Paul Tillich

Was können wir von Tillich für unsere eigene Verkündigung lernen? Ich fasse den Ertrag der Analyse in vier Punkten zusammen.

1. Tillich hat vielleicht als erster die weltgeschichtliche neue Situation, in der wir seit der Erfindung und dem ersten Einsatz der Atombombe leben, auf den Begriff der Grenzsituation gebracht: Die Menschheit ist definitiv in das apokalyptische Zeitalter eingetreten. Die totale Bedrohtheit des Lebens durch die mögliche atomare Selbstzerstörung ist die Voraussetzung für alles politische und auch religiöse Tun. Das ist unser Kairos. Frieden, Gerechtigkeit und die Integrität der Schöpfung sind die entscheidenden Themen und Herausforderungen unserer Zeit. Wir wachsen erst langsam in diese Letzthorizonte hinein, die irreversibel unsere Zukunft und unseren Alltag bestimmen. Die Herausforderung ist unendlich groß, viel zu groß für unser Fassungsvermögen, für unser Gewissen, unsere Handlungsmöglichkeiten. Die biblische Eschatologie kann uns helfen,

uns diesen Letzthorizonten zu stellen, denn sie hat sie in Form der apokalyptischen Bilder vom Ende, vom Gericht und in der Verheißung des Reiches Gottes vorweggenommen.

2. Predigt hat den Auftrag, durch Auslegung der biblischen Überlieferung Orientierung im Leben und Gewißheit im Glauben zu fördern (D. Rössler[53]). Paul Tillich hat die Aufgaben der Orientierung vor allem als die Aufgabe prophetischer Kritik präzisiert. Verkündigung ist Götzenkritik. Er hat durch seine eigene Praxis ein zweites hinzugefügt: die Suche nach neuen Maßstäben für das Leben des einzelnen und der Gemeinschaft. Hier hat die Verkündigung weiterzufragen. Sie hat die Suche nach der Gerechtigkeit, nach einem Leben im Frieden, nach einem erhaltenden, schonenden Umgang mit der Schöpfung zu intensivieren und die Gemeinde in den Dialog mit den dafür in der Schrift vorgegebenen Geboten und Verheißungen hineinzuziehen. Wir brauchen die Bilder des Lebens gegen die Übermacht der Bilder des Todes, die uns umgeben.

3. Mit der Bedrohung steigen auch Angst und Abwehr. Wir können von Paul Tillich lernen, daß und wie der Prophet zum Seelsorger wird, der in der Predigt (nicht nur, aber auch in der Predigt) versucht, die Abwehr zu lösen, indem wir mit den Hörerinnen und Hörern zusammen den Weg in die Tiefe gehen und dabei den Zwiespältigkeiten, Widersprüchen und Ambivalenzen nicht ausweichen. Das setzt voraus, daß wir selber in uns die Zwiespältigkeiten, Widersprüche und Ambivalenzen nicht leugnen, sie nicht auf andere projizieren, sondern lernen, sie wahrzunehmen und anzunehmen. Die Voraussetzung dafür ist das Wissen um Gnade. Die biblischen Geschichten, Bilder und Verheißungen sind auch deshalb unverzichtbar, weil sie ein Gegenüber darstellen, an dem das, was Gnade und was Gott ist, immer wieder auch in seiner Fremdheit und Größe stehen bleibt. Das Rätsel des Todes und die Verheißung der Liebe, die stärker ist als der Tod, werden durch die Fremdheit der Sprache der Bibel gegen allzu rasche Aneignung und Trivialisierung geschützt. Deshalb ist die biblische Sprache durch alle Anstrengungen der Übersetzung nicht ersetzbar, sondern unersetzlich.

4. Der Mut zum Sein braucht auch den Mut zum Kampf (M. Kroeger[54]). Die totale Bedrohung braucht als Antwort unseres Handelns den Mut zum Gradualismus der kleinen

und größeren Schritte. Das ist in Konsequenz des Tillich-schen Ansatzes ein Plädoyer für einen konsequenten Reformismus. Die Verkündigung sollte dazu helfen, daß für die Einsicht in das Notwendige und jetzt Mögliche Schritt für Schritt mehr Menschen, wenn möglich Mehrheiten, gewonnen werden. Die Predigt kann das vorbereiten und begleiten durch ruhige, biblisch orientierte Überzeugungsbildung. Kairos und Prozeß müssen zusammengehalten werden, damit die Erfahrungen, die die Generation Tillichs und er selbst mit dem Vorübergehen des Kairos gemacht haben, nicht verlorengehen. Wir brauchen einen langen Atem. Wir brauchen eine Verbindung von radikalem Erkennen und graduellem Handeln, das viele mitnimmt. Es gehört zu den Aufgaben der Predigt, mit daran zu arbeiten, daß in den Gemeinden und Kirchen sowohl die Fähigkeit zum Konflikt als auch die Fähigkeit zur Einheit im Konflikt ausgebildet und gestärkt wird. Tillich hat das vorgemacht. Dafür hat ihm auch die praktische Theologie zu danken.

Anmerkungen

1 The Shaking of the Foundations, New York 1948. Der Band enthält Predigten seit Anfang der 40er Jahre, vor allem aber aus der unmittelbaren Nachkriegszeit. Eine genaue Datierung ist schwierig. Nur einiges ist nach den Quellen bzw. Herkunftsangaben in der Bibliographie rekonstruierbar, vgl. GW XIV, 166 f, 172 f; 177 f, 184; 200, 202. Dt. Übersetzung: In der Tiefe ist Wahrheit, Stuttgart 1952.

2 The New Being, New York 1955; dt. Das Neue Sein, Stuttgart 1957.

3 The Eternal Now, New York 1963; dt. Das Ewige im Jetzt, Stuttgart 1964.

4 Vgl. GW XIV, 283; XIII 19 f und eine Predigt über die Einsamkeit aus dem Vikariat in Berlin-Moabit (1913) in GW XIII, 64–68.

5 Vgl. GW XIII, 69 ff. Abgedruckt ist eine Feldpredigt von Silvester 1914/15, ebd. 80–82 (die sich wohltuend von vergleichbaren Kriegspredigten jener Jahre unterscheidet).

6 Über das Wagnis. Predigt im Semesterschlußgottesdienst Juli 1925, GW XIII, 181–184.

7 P. Tillich, Religiöse Verwirklichung, Berlin 1930, 38.

8 W. und M. Pauck, Paul Tillich. Sein Leben und Denken, Bd. I: Leben, Stuttgart 1978, 236. Vgl. Tillichs eigene Äußerungen in GW XII, 73.

9 Pauck, a. a. O., 236.

10 Notiert von Pauck, ebd.

11 Vgl. T. Driver, in: Freies Christentum 18, 1966, 120, nach A. Rössler, Die ›Religiösen Reden‹, in: R. Albrecht/W. Schüßler (Hg.), Paul Tillich. Sein Werk, Düsseldorf 1986, 197–212, 211.

12 Nach Pauck, a. a. O., 237.

13 The Protestant Era, Chicago 1948; dt. Protestantismus, Prinzip und Wirklichkeit, Stuttgart 1950.

14 Gehalten auf der Aarauer Studentenkonferenz im März 1928. In: Religöse Verwirklichung, Berlin 1930, 25–42 mit den interessanten Anmerkungen 273–276. Englischer Titel der leicht aktualisierten Fassung: The Protestant Message and the Man of Today. Vgl. auch die (überarbeitete) Rückübersetzung ins Deutsche in der Taschenbuch-Ausgabe: Der Protestantismus als Kritik und Gestaltung, Stuttgart 1966, 76–90, sowie in GW VII, 70–83 (ohne die Anmerkungen). Ich zitiere im folgenden nach der Erstveröffentlichung.

15 Religiöse Verwirklichung, 25.

16 A. a. O., 27.

17 A. a. O., 29.

18 Vgl. die Aktualisierung 1962, in der TB-Ausgabe, 89 mit der Erstfassung in: Religiöse Verwirklichung, 40.

19 Religiöse Verwirklichung, 40.

20 An meine deutschen Freunde. Die politischen Reden Paul Tillichs während des Zweiten Weltkriegs über die »Stimme Amerikas«. Mit einer Einleitung und Anmerkungen von K. Schäfer-Kretzler, EW III, 1973.

20a Vgl. jetzt K. Schäfer, Die Theologie des Politischen bei Paul Tillich unter besonderer Berücksichtigung der Zeit von 1933 bis 1945, Frankfurt/M. u. a. 1988, 186–238.

21 M. Kroeger hat die Wandlungen in der Bedeutung des »Kairos« für Tillichs Geschichtsdenken herausgearbeitet. Vgl.: Paul Tillich als Religiöser Sozialist, in diesem Band 93 ff.

22 Ich habe mich beim Lesen der »Religiösen Reden« oft gefragt, warum sie eigentlich über weite Strecken so situationslos allgemein sind, so wenig auf konkrete Ereignisse Bezug nehmen (schon die Datierung macht ja Schwierigkeiten, vgl. Anm. 1). Hat man die politischen Rundfunkreden Tillichs vor Augen, so wird man nicht mehr antworten können, das sei eben das Unvermögen eines Systematikers zur Konkretion. Es muß vielmehr eine besondere Intention dahinter stehen. Tillich, so denke ich, sah, daß sich die Situation des Menschen so grundsätzlich zugespitzt hat, daß sein Bemühen um religiöse Orientierung ebenfalls ganz grundsätzlichen Charakter annimmt. Die Situation auf der Grenze ist schlechthin die Situation der Gattung geworden. Diese *eine* Grundsituation zu

beschreiben und Gottes Ja in dieser Krisis neu zu bezeugen, wird nun zur Hauptaufgabe der Verkündigung. Zur Interpretation der »Religiösen Reden« vgl. A. Rössler, a. a. O. (s. Anm. 11). Ders., Die Predigttheorie Paul Tillichs, Diss. theol. Tübingen 1971. Vor allem auf die Predigten bezieht sich ferner Hans-Joachim Rothert, Die Bedeutung Paul Tillichs für die Frömmigkeit des modernen Menschen, in: Werk und Wirkungen Paul Tillichs. Ein Gedenkbuch, Stuttgart 1967, 151–165. Alle diese Beiträge bleiben leider recht allgemein. Eine genauere homiletisch-rhetorische Analyse ist mir nicht bekannt.

23 In: The Shaking of the Foundations, New York 1948, 1–11. Deutsch: »Die Erde erbebt«, in: In der Tiefe ist Wahrheit. Religiöse Reden, 1. Folge, Stuttgart 1952, 7–16.

24 In der Tiefe ist Wahrheit, 8.

25 A. a. O., 9.

26 So sind im Kriege Soldaten zu Propheten geworden. Sie, die Augenzeugen der Zerstörung von Warschau, Hiroshima oder Berlin wurden, wollten es zuerst nicht glauben, daß die Bilder der Vernichtung, mit denen Jesaja das Gericht über Juda ankündigt, sie einmal selbst betreffen würden. »Und doch sehe ich amerikanische Soldaten durch die Ruinen dieser Städte gehen und an ihr eigenes Land denken und mit visionärer Klarheit den Untergang ihrer Städte erblicken. Ich weiß, daß dies geschehen ist und noch geschieht. Es gibt Soldaten, die Propheten geworden sind, und ihre Botschaft unterscheidet sich nicht von der Botschaft der alten Propheten. Es ist die Botschaft von der Erschütterung der Grundfesten, und zwar nicht in fremden Ländern, sondern in ihrem eigenen Lande.« (A. a. O., 12)

27 A. a. O., 13.

28 A. a. O., 14.

29 »Ich habe viel Zynismus gesehen, vor allem unter den jungen Menschen in Europa vor dem Krieg. Aber ich weiß es von unzähligen Zeugen, daß dieser Zynismus verging, als die Grundlagen ihrer Welt in der europäischen Katastrophe ins Wanken gerieten. Wir können dem Ende gegenüber nur so lange zynisch sein, als wir es nicht sehen müssen, nur so lange, als wir uns an dem Ort, an dem unser Zynismus sich betätigen kann, sicher fühlen. Aber wenn die Fundamente dieses Ortes und aller Orte zu wanken beginnen, dann wankt der Zynismus mit ihnen.« (A. a. O., 15)

30 Tillich fügt hier zwei aus verschiedenen Situationen und von verschiedenen Propheten stammende Texte zusammen. Er verbindet die apokalyptischen Gerichtsworte und die Verheißung des ewigen Friedensbundes zu einem spannungsvollen Zusammenhang von Ende und Neuanfang, Zeit und Ewigkeit. Man kann fragen, ob das legitim ist. Zumindest ist es exegetisch

kühn, wie Tillich das zeitliche Nacheinander zu einem dialektischen Ineinander kontrahiert. Zweifellos wäre es im Sinne der vorexilischen Gerichtspropheten problematisch, wenn damit die Ankündigung der Vernichtung relativiert werden würde. Vielleicht aber könnte die Zusammenstellung aus der Perspektive der exilisch-nachexilischen Heilspropheten vertretbar sein, insofern ja dort das Gericht nicht bestritten oder abgeschwächt wird, sondern das vollzogene Gericht die Voraussetzung für die Verheißung der eschatologischen Vollendung durch Gott ist. – Die hiermit angedeutete Frage nach dem Stellenwert der Exegese für Tillichs Predigten und nach seinem Bibelgebrauch kann im Rahmen dieses Beitrages nicht weiter verfolgt werden.

31 Das ist das Thema der folgenden Predigten, a. a. O., 17 ff.

32 A. a. O., 16. Die Predigt schließt mit dieser verhaltenen Mahnung.

33 A. a. O., 53.

34 Dieser Vorwurf beruht auf einem Mißverständnis. Das ließe sich an den Predigten des ersten Bandes der »Religiösen Reden« nachweisen.

35 A. a. O., 51–61. Englisch: The Depth of Existence, In: The Shaking of the Foundations, 52–63.

36 A. a. O., 56.

37 A. a. O., 55.

38 A. a. O., 59.

39 A. a. O., 61.

40 The Shaking of the Foundations, 153–163. Dt. Titel: Dennoch bejaht; In der Tiefe ist Wahrheit, 144–153. Für eine genauere Datierung fehlt ein bibliographischer Anhalt.

41 A. a. O., 144.

42 A. a. O., 151.

43 A. a. O., 152.

44 The Shaking of the Foundations, 162. Die Formulierung in der deutschen Rückübersetzung »Du bist dennoch bejaht!‹ *Dennoch bejaht,* bejaht durch das . . .« (a. a. O., 152) ist unpräziser und auch sprachlich unschöner (wieso »dennoch« bejaht?). Überhaupt stellt sich das Problem, inwieweit die nicht von Tillich selbst vorgenommenen (wenn auch von ihm gebilligten) Übersetzungen aus dem Englischen ins Deutsche angemessen sind, bei den Predigten noch einmal in besonderer Weise. Das wäre eine eigene Untersuchung wert.

45 Vgl. K.-M. Kodalle, Auf der Grenze? Paul Tillichs Verhältnis zum Existentialismus, in diesem Band 301 ff. D. Sölle, Der Beitrag Paul Tillichs zu einer Theologie der Befreiung innerhalb der Ersten Welt, in diesem Band 281 ff.

46 Das Neue Sein, Religiöse Reden, 2. Folge, Stuttgart 1957, zit. nach [3]1959, 29.

47 A. a. O., 29 f.

48 A. a. O., 51.

49 Manche, nicht alle! Es gibt auch da sehr schöne Stücke, z. B. die eindringliche biblische Predigt über die Salbung in Bethanien (»Heilige Verschwendung«), in: Das Neue Sein, 52–55.

50 Das Recht auf Hoffnung, in: Ernst Bloch zu Ehren. Beiträge zu seinem Werk. Hg. v. S. Unseld, Frankfurt/M. 1965, 267–276 (Predigt in der Grace Cathedral der Episcopal Church in San Francisco 1965 = GW XIII, 528–537. Neufassung einer gleichnamigen Predigt in der Rockefeller Memorial Chapel, University of Chicago = NZSyThR 7, 1965, 371–377).

51 Vgl. die Überlegungen im Schlußkapitel meiner Dissertation: Die Zukunft der Versöhnung. Eschatologie und Emanzipation in der Aufklärung, bei Hegel und in der Hegelschen Schule, Göttingen 1971, 313 ff, 358; ähnlich T. Koch, Gott – der Grund der Freiheit. Überlegungen zum christlichen Gottesgedanken, in: PTh 57, 1967, 45 ff.

52 GW XIII, 536.

53 D. Rössler, Grundriß der praktischen Theologie, Berlin/New York 1986, 345.

54 M. Kroeger, a. a. O. (s. Anm. 21). Vgl. M. Josuttis: Der Kampf des Glaubens im Zeitalter der Lebensgefahr, München 1987.

FÜNFTER TEIL

Anfragen und Ausblicke

Dorothee Sölle

Der Beitrag Paul Tillichs zu einer Theologie der Befreiung innerhalb der Ersten Welt

I.

Paul Tillich hat 1952 in der University of Pennsylvania einen Vortrag zur »Überwindung des Provinzialismus in der Theologie« gehalten, in dem er Rechenschaft ablegt über die geistigen Folgen der Emigration für sein Denken. Er kritisiert seinen eigenen Provinzialismus und beschreibt die »Auffassung, daß protestantische Theologie mit deutscher Theologie gleichzusetzen sei«, als ein »Gemisch von Beschränktheit, Anmaßung und etwas Wahrem«.[1] Diese Erfahrung des Herauskommens aus provinzieller Enge und Arroganz kann ich, die es vierzig Jahre später und unter anderen Umständen nach New York verschlagen hat, mit der gleichen Dankbarkeit für das Gastland bestätigen. Und eine zweite Beobachtung Tillichs kann ich für mich nachvollziehen:

»Was fanden wir nun hier in Amerika, und vor allem, was fanden wir in der Theologie? In der Tat viel Neues. Am wichtigsten aber war wohl die Berührung mit einem ganz anderen Verhältnis von Theorie und Praxis. Von Deutschland her waren wir gewohnt, daß die Theorie völlig unabhängig war von jeder praktischen Anwendung.«[2]

Die Begegnung mit dem amerikanischen Pragmatismus, das theologische Gewicht, das traditionellerweise in den Vereinigten Staaten auf der Sozialethik liegt, die simple Frage, die immer wieder an glänzende Theorieleistungen gestellt wird, »and how does it work?« – das sind Bereicherungen, die ich für meine theologische Existenz nicht missen möchte, ebensowenig aber – und auch darin ist Tillich mir ein Vorbild – für meine religiöse Existenz. Ich habe im Zusammenhang dieser Vorlesungsreihe versucht, aus dem zunächst vage angegebenen Bereich »Religion und Kultur« mein Thema Tillich betreffend zu finden, meine Fragestellung zu formulieren. Sie lautet: Was leistet Tillichs Theologie für eine Theologie der Befreiung innerhalb der Ersten Welt? In welchem Sinn kann die heute auch in den USA und Europa entstehende Befreiungstheologie auf Tillich aufbauen?[3] Welche seiner theologischen Einsichten, Denkmuster und Methoden können uns dabei helfen, uns als zu Befreiende und als Befreite zu artikulieren? Mit »deutlicher« will ich hinweisen auf die beiden verschiedenen Adressaten der Theologie Paul Tillichs, die innerhalb der christlichen Tradition und die außerhalb ihrer im säkularen Diskurs. Wie kaum ein anderer deutscher Theologe dieses Jahrhunderts hat Tillich ja diese Doppelöffentlichkeit ernst genommen. Man hat ihm mitunter vorgeworfen, daß seine Theologie »apologetisch«, sich selbst verteidigend gegenüber einer sich autonom gebenden Säkularität sei; in Wirklichkeit war sie immer – selbst in der systematischen Theologie – situativ, auf den historischen Ort bezogen.

Ich möchte vier Punkte herausgreifen, an denen mir Tillichs Bedeutung für eine befreiende Praxis des Glaubens und Reflektion der Theologie greifbar wird:

– die Integration der Religion in die Kultur,
– die christliche als sozialistische Entscheidung,
– die Rolle des Kairos in Tillichs Denken,
– die Einübung in das existenzielle Denken.

Ich will diesen vier Themen jeweils im Kontext der Tillich-schen Theologie nachdenken und sie dann auf die gegenwärtige Situation produktiv zu beziehen versuchen. Mein leitendes Interesse ist nicht: wo sind die Schwachstellen in Tillichs Theologie, sondern inwiefern hilft uns sein Denken bei der Überwindung unserer eigenen Schwierigkeiten und Blindheiten?[4]

Tillich hat die Religion wieder in die Kultur integriert. Ganz unbeirrt von säkularen Agnostikern auf der einen Seite und dialektischen Theologen auf der anderen hat er Religion als Herzstück der Kultur ausgemacht: proklamiert, wiederentdeckt, sichtbar gemacht. Die schönste Anekdote über ihn ist von dem russischen Religionsphilosophen Fjodor Stepun überliefert:

»Von den Engländern hat man gesagt, daß, wenn sie ›Gott‹ sagen, sie Kattun (ein ostafrikanisches Wort für Baumwolle) meinen. Von Ihnen, Herr Tillich, möchte man behaupten, daß, wenn sie ›Kattun‹ sagen, Sie ›Gott‹ meinen ... Warum sagen Sie nicht lieber gleich Gott?« Paul Tillich gab zur Antwort: »Solange die Menschen das Wort Gottes nicht mehr verstehen, werde ich Kattun sagen, vorausgesetzt, sie verstehen, daß ich ihnen etwas von Gott sagen will.«[5]

Kattun ist ein Symbol des alten Kolonialismus, der gern ›Gott‹ vorschob, wenn er Ausplünderung und Profit meinte. Tillich sagt Kattun, schiebt Welt vor – Natur, Geschichte, Kultur, Kunst, um das, was uns ›unbedingt angeht‹, ›the ultimate concern‹, Gott als ›Grund und Abgrund unseres Daseins‹, benennen zu können. Tillich geht von einer umfassenden allgemeinen Erfahrung des Heiligen aus.

»Man könnte sagen, daß es für jedermann etwas gibt, das ihm heilig ist, selbst für den, der die Erfahrung der Heiligen leugnet ... Religion im weiteren Sinn (d. h. über die verschiedenen Konfessionen, Kirchen und Tempel hinaus) erscheint als die Dimension des Unbedingten in den verschiedenen Funktionen des menschlichen Geistes.«

Nach Tillich begegnen wir dieser »unausschöpflichen Tiefe des Seins« auch dann, wenn wir direkt etwas anderes, das mit Gott nichts zu tun zu haben scheint, erfahren, etwa die Wahrheit, den moralischen Imperativ, die Gerechtigkeit oder die ästhetische Ausdruckskraft. »In diesen allen ist das Heilige gegenwärtig, aber indirekt, es ist im Profanen verborgen und wird durch die Strukturen des Profanen hindurch als heilig erfahren.« Deswegen forderte Tillich schon 1919 in dem wichtigen Aufsatz »Über die Idee einer Theologie der Kultur« programmatisch »nicht theologische Ethik, sondern Theologie der Kultur«[6]. »Es kommt darauf an, daß die konkreten religiösen Erlebnisse, die in allen großen Kulturerscheinungen eingebettet liegen, herausgestellt und zur Darstellung gebracht werden.«[7]

Religion wird von ihm als Substanz der Kultur verstanden – und unter Kultur ist jede von Menschen bestimmte Ausdrucksform des Lebens gemeint, also Politik, soziale Gestaltung, Ökonomie und natürlich auch Kultur im engeren Sinne des Wortes, wie sie sich in Kunst und Erziehung darstellt. In all diesem »Kattun« steckt Gott, und darum muß der Ausgangspunkt jeder Theologie nicht das Wort Gottes oder die Offenbarung sein, sondern die Erfahrung der Menschen. Tillich denkt wie die verschiedenen Befreiungstheologien – seien sie schwarz, feministisch oder von den Armen her entworfen – »von unten«:

»Wir müssen von unten beginnen und nicht von oben. Wir müssen mit den Erfahrungen anfangen, die der Mensch in seiner Situation hier und jetzt macht, und mit den Fragen, die in ihr ihren Grund haben und aus ihr entstehen. Dann erst können wir zu den Symbolen gehen, die Anspruch darauf erheben, die Antwort zu erhalten. Aber wir dürfen nicht mit der Frage nach dem Wesen Gottes beginnen, die, wenn man sie als Frage der Existenz oder Nicht-Existenz Gottes behandelt, einen Rückfall darstellt in eine unsymbolische, dinghafte Interpretation.«[8]

Die dinghafte, fetischisierende Interpretation Gottes im Sinne eines heteronomen Katholizismus oder eines evangelikalen Fundamentalismus war für Tillich erledigt; der hermeneutische Ansatz bei der Erfahrung der Menschen muß jede Form der Religion kritisieren, die sich von der allgemeinen Kultur absondert, subjektivistisch oder objektivistisch, die sich der Moderne oder gar Postmoderne nicht mehr verständlich machen kann oder will. Die Symbole der Religion – wie die Schrift, die Dogmen, der Kult, die Frömmigkeit – können »dämonisiert« werden, wenn sie die Beziehung, die Korrelation zur Erfahrung verleugnen. »Sie werden unwahr, wenn sie in einer Situation gebraucht werden, der sie nicht mehr entsprechen.«[9]

Ich will noch einmal auf die Anekdote zurückkommen. Wenn wir fragen, warum ein Theologe wie Tillich »nicht lieber gleich Gott sagt«, warum er also die Erfahrungen des Schönen und des Schrecklichen, der Angst und des Mutes, der Gerechtigkeit und ihrer strukturellen Verhinderung zum Thema der Theologie macht, so ist Tillichs Antwort, daß es nicht anders möglich ist: es gibt keine direkte Gottessprache, die die Tiefe des Seins unmittelbar ausdrücken kann. Wir brauchen die »indirekte Mitteilung«, wie Kierkegaard sagte, Mitteilung dessen, was unmittelbar nicht sagbar ist. Wir müssen über Welthandelspreise, geschlechtsspezifische Rollenverteilung und unsere Beziehung zu Flüssen und Fischen reden, wenn wir über das, was uns unbedingt angeht, sprechen wollen: Alle unsere Sprache ist symbolisch und kann auf die Dimension der Tiefe nur verweisen, sie aber nicht besitzen. Die Symbole haben an der Zweideutigkeit der Welt teil und schweben nicht ewiggültig über ihr. Die Unterstellung der Konservativen, daß somit die Theologie ethisiert, oder wie es dann gern heißt, ›vergesetzlicht‹ werde und das Evangelium zu kurz komme, trifft auf Tillich am wenigsten zu. Die Inkulturation der Theologie, die er betreibt – nicht theologische Ethik, sondern Theologie der Kultur –, ist umfassend, ganzheitlich und erfahrungsbezogen.

In diesem Zusammenhang möchte ich darauf hinweisen, was eine der heutigen Theologien der Befreiung, nämlich die feministische, von Tillich lernen kann – auch wenn Paul Tillich selber keine unmittelbare Kritik des Patriarchats und seines Sexismus vor-gedacht hat. Der Aufbruch der Frauen aus den zu Fetischen erstarrten religiösen Symbolen des Patriarchats verteht sich selber besser, wenn wir den Tillichschen Symbolbegriff und sein Verständnis von einer Kultur, deren Substanz die Religion ist, mit einbeziehen. Denn im kulturell-politischen Aufbruch von Frauen, die sich der eigenen Verstümmelung bewußt werden, entsteht ganz natürlich eine neue Kultur des Selbstwertgefühls und der Schwesterlichkeit, die sich auch in ihrer Gottesbeziehung, auch religiös nicht mehr auf das Niveau des Patriarchats zurückdrängen läßt. Wir Frauen haben eine andere Erfahrung von dem, was uns unbedingt angeht, gemacht. Die sexistische Sprache, in der Schweser, Mutter und Tochter zugunsten von Bruder, Vater und Sohn verdrängt sind, kann den weiblichen Menschen innerhalb der neu bewußt gewordenen Kultur nicht mehr genügen. Das, was uns wirklich angeht, kann in den Symbolwörtern des Patriarchats nicht mehr ausgedrückt werden; der Herr, Richter, König und Vater und andere Formulierungen männischer Autorität gehen uns oft nur noch sehr bedingt an! Viele Frauen erfahren Güte, Vergebung der Sünde und Annahme ihrer Schwäche, Machtverzicht und Solidarität miteinander an ganz anderen Stellen ihres Lebens. Sie feiern sie in Gottesdiensten, die die hierarchische Struktur nicht mehr widerspiegeln: sister celebrations. Statt Jakobs Leiter emporzuklettern, tanzen sie zusammen in Sarahs Kreis – alle gleich nah zum Zentrum.

Die patriarchale Formulierung der religiösen Tiefe drückt die Realität der Frauenerfahrung nicht mehr angemessen aus, der männliche Gott, der den Horizont des Mannes nicht transzendiert, ist zu klein für Gott, er bleibt hinter der Tiefe eines anderen Bewußtseins von dem, was Gott sein kann, zurück, das versteinerte sprachliche Symbol kann die Realität der Erfahrung nicht mehr einholen, auch dann nicht, wenn wir davon ausgehen, daß jedes Symbol ein Stück Fremdheit enthalten muß. Tillich hat vom »Gott über Gott« gesprochen. Er ist wegen dieser mystischen Formulierung angegriffen worden. In Wahrheit ist sie nur konsequent, wenn die Religion weder am subjektiven Rand der Kultur, in dem Privatraum, den der Liberalismus ihr aussparte, noch als »ganz andere« kulturtranszendent und unbezogen gedacht wird. Tillich hat wenigstens geahnt, daß Gott mehr sein muß als das, was den ihn verwaltenden Männern jetzt über ihn bekannt ist. Wenn die Frauenbewegung tatsächlich einen Bruch mit den Werten des Patriarchats darstellt – und sie muß als kultureller Bruch, als Kulturrevolution verstanden werden –, dann kann die in ihr aufbrechende Gotteserfahrung sich mit Gewalt, Allmacht, Unabhängigkeit oder Aseität in Gott nicht mehr aussöhnen.

Das deutlichste Zeichen für die Offenheit der Theologie Tillichs zu einer Befreiungstheologie feministischer Provenienz sehe ich in seiner mystisch-impersonalen Tendenz. Tillich dachte größer von Gott, als daß er ihn in den Sprachspielen des Patriarchats zu fangen hoffte. Diese mystisch-transzendierende Tendenz Tillichs drückt sich aus in seinem dogmatische Vergegenständlichung und Gottespersonalismus überschreitenden Sprachgebrauch. Tillich spricht vom »Gott über Gott«, von der »heiligen Leere«[10], von der Tiefe des Seins, von dem »ultimate concern« – lauter nicht geschlechtsspezifische Formulierungen, die das Patriarchat transzendieren, nicht nur weil sie Gott als masculinum erübrigen, sondern weil sie eine Gottessprache versuchen, die von autoritärer Subordination und Hörigkeit frei wird und in den Bildern der Mystik herrschaftsfreie Vereinigung denkt. Meine Kritik an Tillich wäre eher, daß er nicht mystisch genug, nicht wagend, kühn genug war, überkommene Sprachspiele zu transzendieren; dieser sprachliche Mangel verführt ihn dann zur Benutzung von allzu vielen Wörtern. In der Tiefe ist Tillichs Abwehr gegen Barth die Abwehr der totalen Diastase. Einheit, Vereinigung sind Tillichs Interpretamente für das Neue Sein, nicht Gehorsam! Tillich war fromm, in einem tiefen Sinn lebensfromm, aber nicht gehorsam. Hingabe, nicht Ergebung, beschreibt sein Weltverhältnis.

Es ist in diesem Zusammenhang interessant zu beobachten, wie auch eine radikal-feministische, nach-christliche Theologin wie Mary Daly Tillich wegen seiner Methode der Korrelation als »weniger inadäquat . . . als die Methoden anderer systematischer Theologen dieses Jahrhunderts« einschätzt. Daly kritisiert Tillich zwar wegen seiner »universalistischen humanistischen Kategorien«, die kein Bewußtsein der »Auseinandersetzung der Frauen mit dem üblen Gefüge des Patriarchats« erkennen lassen.[11] Zugleich tut sie aber – jedenfalls in ihrem frühen, noch von der Auseinandersetzung mit dem Christentum geprägten Werk – genau das, was ich hier vorschlage: sie anerkennt Tillichs Offenheit für feministische Theologie und versteht die Frauen – im Kairos der gegenwärtigen Bewegung – als die, für die der »Mut zum Sein« besonders geschrieben ist, weil sie »Trägerinnen existenziellen Mutes in der Gesellschaft« sind.

Wenn die Religion die Substanz der Kultur ist, so muß die Theologie an der Inkulturation ihrer selbst arbeiten. Sie muß den Symbolcharakter der Sprache respektieren, statt ihn in abrufbaren Formeln zu verdinglichen, und sie muß die Methode der Korrrelation zwischen Situation und Botschaft einüben.[12] »Der Mensch ist die Frage, aber er ist nicht die Antwort«[13]. Es ist unsere Aufgabe, die Fragen der Zeit theologiefähig zu machen. Wo Unterdrückung bekämpft und Krankheit geheilt wird, da sind wir mit der Liebe, die uns unbedingt angeht, verbunden. Zum Beispiel werden im gegenwärtigen konziliaren Prozeß die Themen Gerechtigkeit, Frieden und die Bewahrung der Schöpfung zu den zentralen theologischen Themen, zu den Glaubensinhalten, die wir zwar zur ›Rechtfertigung des Sünders allein aus Gnaden‹ in Beziehung setzen, die wir aber um keinen Preis durch ein solches vergangenes Symbol ersetzen können – als sei die eigentliche Theologie die ganz unkorrelierte!

II.

Eine der wichtigsten Korrelationen, an der Tillich gearbeitet hat, ist die zwischen dem Industrialismus mit seinen Formen der Entfremdung – als Situation – und dem Neuen Sein in Christus als Botschaft. Tillich versuchte, die Entscheidung für einen »Religiösen Sozialismus« als notwendig aufzuzeigen. Was bedeutet »Religiöser Sozialismus«? Um die Schwierigkeiten dieses Begriffs zu erläutern, will ich an ein Stückchen selbsterlebter Kirchengeschichte anknüpfen. In den frühen 70er Jahren waren die Evangelischen Studentengemeinden ein wichtiges Element progressiver Politik. Die Mehrzahl der Studentenpfarrer waren Linksbarthianer, mit denen wir, das heißt die Gruppe des Politischen Nachtgebets in Köln, vielfach zusammenarbeiteten. Unsere politischen Analysen und manchmal auch unsere Strategien waren sehr ähnlich, aber theologisch blieb die Verständigung oft dürftig.

Daß wir in Köln als ökumenische Gruppe »religiös« waren – und Sozialisten –, wurde uns noch freundlich nachgesehen, obwohl das Wort »religiös« verpönt war. Unsere Versuche in Meditation und Gebet wurden mit Mißtrauen betrachtet. Theologisch gesprochen konnte ich von diesen Bündnispartnern nichts lernen. Ihre Theologie hatten sie von Karl Barth fertig übernommen, sie war abgeschlossen. Gelegentlich lehnten sie sich zwar noch an die Hauswand dieser Theologie, vor allem aber waren sie froh, dank ihrer nun Hände und Kopf frei zu haben für die politische Arbeit. Eine Integration von Theologie und Politik, an der wir und viele andere nicht aus dem akademischen Raum stammende Gruppen arbeiteten, schien ihnen teils vollbracht, teils überflüssig. Meine Position wurde gelegentlich von ihnen als »zu katholisch« bezeichnet; ich empfand bei ihnen oft eine gewisse männlich-protestantische Kälte.

Worum es in diesem Dissens eigentlich ging, das habe ich erst mit Hilfe von Tillich verstanden. Er hatte versucht, den Sozialismus religiös zu denken, das heißt auch in Kritik zu seinen Vordenkern. Damals bildeten wir uns ein, der christlich-marxistische Dialog sei in der Vorphase des tschechischen Frühlings entstanden und mit ihm zerschlagen worden. Wir nahmen leidenschaftlich Anteil an seinen anfänglichen neuen Formen in den Befreiungsbewegungen der Dritten Welt. Daß der christlich-marxistische Dialog in den 20er Jahren mit und um Tillich auf einem hohen Niveau geführt worden war, war in diesen Diskussionen vergessen. Dabei hatte dieser Dialog doch zwei wesentliche Elemente in die Diskussion gebracht, die in der Adaption des Sozialismus in den 60er Jahren meist übersehen wurden: die Kritik am Wissenschaftsglauben des Marxismus und die kritische Wahrnehmung dessen, was Tillich die »Ursprungsmächte« genannt hat.

Das 1933 noch erschienene, bald eingestampfte und verbrannte Buch Tillichs »Die sozialistische Entscheidung« stellt die produktive Anwendung des Prinzips einer Theologie der Kultur dar. Es begleitete die Kultur des Sozialismus theologisch und kritisch, und sein Verfasser hatte sich wohl für den inner-sozialistischen Dialog eine Wirkung erhofft. Ein bedingungsloser Glaube an Fortschritt und Machbarkeit, der die prophetische Dimension des Sozialismus auslöscht, ist von ihm von Anfang an kritisiert worden. Tillich ergriff die Partei derer, die die Folgelasten der Industrialisierung nicht ertragen konnten und die sich in der Fabrikgesellschaft verloren sahen. Er hat – nach meiner Einschätzung – tiefer und menschennäher, als es die Analysen der Frankfurter Schule vermochten, diese Verlorenheit gespürt. Er hat, selbst aus dem konservativen Bürgertum stammend, das Wesen des Konservatismus analysiert, in beiden Formen »politischer Romantik«, als deutsch-nationale konservative und als nationalsozialistische »revolutionäre« Romantik.

Er griff dabei auf einen zentralen Begriff des konservativen Lebensgefühls zurück, den »Ursprung«; ein unübersetzbares deutsches Wort, das mit dem englischen ›origin‹ nur in seiner funktionalen, nicht in seiner emotionalen Qualität wiedergegeben werden kann.

»Über das, was mit der Geburt gesetzt ist, kommt kein Lebendiges hinaus; Entfaltung ist Wachsen und Vergehen dessen, was aus dem Ursprung kommt und zum Ursprung zurückkehrt. Der Mythos hat diesem Sachverhalt unendlich mannigfaltigen Ausdruck gegeben, je nach den Gegenständen und Vorgängen, in denen eine Menschengruppe ihren Ursprung anschaut. Durch allen Mythos aber klingt hindurch das Gesetz des Kreislaufs von Geburt und Tod. Aller Mythos ist Ursprungsmythos, Antwort auf die Frage nach dem Woher und Ausdruck des Stehens im Ursprung und in der Gebundenheit an seine Macht.«[14]

In der Industriegesellschaft fühlen sich die Menschen von ihrem – vermeintlichen oder realen, jedenfalls aber geglaubten – Ursprung entfremdet, sie haben die Bindung an den Raum der Heimat – »Boden« in der Sprache der Nazis – und die Zugehörigkeit zu einer organisch gewachsenen Gemeinschaft, »Volk« im politisch-romantischen Sinn, und die Beziehung zueinander, die »Blut«, das heißt Familie, Verwandschaft, Rasse stiftet, verloren.

Schlimmer noch, das Hinausgehen über den Ursprung und seine Mächte wird nicht nur als Verlust, sondern auch als ein Frevel empfunden, als Treulosigkeit dem eigenen Wesen gegenüber, als Verrat an der Heimat. Tillich versteht den Erfolg der Nationalsozialisten aus ihrer Anknüpfung an das ursprungsmythische Bewußtsein, den Mißerfolg des Sozialismus aus der Vernachlässigung der Bedürfnisse, die die Mythen wenn nicht stillen, so doch artikulieren. Damit führt er die Auseinandersetzung mit dem deutschen Faschismus auf die theologische Ebene zurück: Es ist ein Kampf zwischen zwei Religionen, der sich zwischen Faschismus und Demokratie abspielt. Auf der einen Seite steht die Bindung an und die Restauration von Ursprungsmythen, die Rückkehr zum Ursprünglichen, Vorrationalen. Auf der anderen Seite steht nun nicht einfach Rationalismus, Liberalismus und Demokratie, sondern eine andere Religion, die mit ihrer unbedingten Forderung die Ursprungsmythen gebrochen hat, nämlich die der alttestamentlichen Prophetie. Tillich versteht die prophetische Botschaft als die »Wurzel des liberalen, demokratischen und sozialistischen Denkens in der Politik«[15]. Eine Transzendenz, die sich in der Ursprungssuche, in der Frage nach dem Woher erfüllt, verfehlt sich selber. Tillich sagt: »Das Wozu des Menschen ist das, worin sich sein Woher erfüllt.«[16] Das Woher als solches hat zwar Bedeutung, aber nur dann, wenn es von der Zweideutigkeit der Familien, des Stammes oder der Volks-Religion frei wird. Wirkliche Transzendenz erfahren wir als unbedingte Forderung, das heißt vom andern Menschen. Forderung und Ursprung, Sollen und Sein stehen einander gegenüber.

»Die Forderung ist konkret in der Begegnung von ›Ich und Du‹. Inhalt der Forderung ist darum, daß dem ›Du‹ gleiche Würde mit dem ›Ich‹ zugestanden wird, die Würde, frei zu sein, Träger zu sein der Erfüllung dessen, was im Ursprung gemeint ist. Die Anerkennung des Du als gleicher Würde mit dem Ich ist die Gerechtigkeit. Die Forderung, die von dem zweideutigen Ursprung losreißt, ist die Forderung der Gerechtigkeit.«[17]

Wer ist unser Gott? Tillich macht die Frage der Entscheidung zwischen Faschismus und Sozialismus theologiefähig. Ist Gott die in den Ursprungsmythen als Schicksal gesetzte Kraft – mit ihrer natürlichen Ungleichheit von Mann und Frau, Landbesitzer und Knecht, weiß und schwarz, Staatsbürger und Asylant – arisch und volks-fremd? Oder ist es der Gott der Gerechtigkeit, der die Ursprungsmächte »bricht«, richtet und begrenzt?

»Aus dem ungebrochenen Ursprung folgen Mächte, die miteinander in Spannung stehen, Herrschaft suchen und einander zerstören. Aus dem ungebrochenen Ursprung kommt Macht des Seins, Werden und Vergehen von Gewalten, die ›einander Strafe und Buße zahlen für ihren Frevel nach der Zeit-Ordnung‹, wie es im ersten Wort der griechischen Philosophie heißt. Die unbedingte Forderung hebt über diesen tragischen Kreislauf des Seins hinaus.

Sie setzt der Macht und Ohnmacht des Seins die Gerechtigkeit entgegen, die aus dem Soll kommt. Und doch ist es keine bloße Entgegensetzung (sagt Tillich mit der für ihn charakteristischen tiefen Suche nach Versöhnung), denn das Soll ist Erfüllung des Seins. Gerechtigkeit ist die wahre Macht des Seins.«[18]

Das Denkmodell, das hier in der »Sozialistischen Entscheidung« sichtbar wird, ist typisch für Tillich: er dachte wesentlich irenisch, nicht polemisch. Die Ursprungsmächte werden nicht mit dem Hochmut des aufgeklärten Säkularismus negiert; sie *sind*. Tillich dachte einen Sozialismus, der die ursprungs-mythischen Kräfte – wie Heimat, Natur, Volk, Religion – nicht rationalistisch ableugnet, sondern sie integriert. Was später Antonio Gramsci in Italien mit seiner Integration der Kultur geleistet hat, ist bei Paul Tillich vorweggenommen. Er hat den dogmatischen Marxismus kritisiert, weil dieser Fortschritt und Machbarkeit anbetet und die Dimension des Unberechenbaren negiert. Zugleich war für ihn der Sozialismus »die Rettung vor der Rückkehr in die Barbarei«, wie er 1932 schrieb. Das prophetische Element, größtes Geschenk des Judentums in die Religionsgeschichte der Menschheit hinein, wird gegen die ungebrochenen Ursprungsmächte aktualisiert. Damit integriert Tillich die Religion in die Kultur seiner Zeit, Religion im doppelten Sinne: Das Woher der Ursprungsmächte und das Wozu der prophetischen Forderung werden in die Entscheidung zwischen Sozialismus und Barbarei gestellt. Eine bürgerliche Tillichrezeption muß freilich die Antithese Nationalsozialismus oder Sozialismus zu vermeiden suchen. Tillich muß entpolitisiert werden.[19]

Heute scheint mir deutlich, daß die deutsche Katastrophe von 1933 nicht allein durch ihre Reduktion auf das Schema Diktatur gegen parlamentarische Demokratie verstanden werden kann. Diese Vergangenheit bedarf einer theologischen Analyse, wobei ich nicht an eine Art Satanologie für den Dämon Hitler denke, wohl aber im Sinne Tillichs an die Kritik der ungebrochenen Verehrung der Ursprungsmächte, die uns heute in der neokonservativen Wende wieder ins Haus steht. Die heute proklamierten Ursprungsmächte sind Familie, Nation und eine Religion, die das jüdische Element der Gerechtigkeit soweit wie möglich zurückdrängt. (»Endlich eine richtige Predigt, ohne Südafrika!«) Die Religion wird dabei im Sinne des Liberalismus als Privatangelegenheit des einzelnen verstanden. Genau darauf hat sich Tillich nie eingelassen. Er hat auch den wissenschaftlichen Sozialismus gerade deswegen kritisiert, weil er seine eigenen Wurzeln in der prophetischen Religion verleugnete und die Religion höchstens als Privatangelegenheit tolerierte, damit auf dem Niveau des Liberalismus verharrend. Tillich wies uns auf die biblischen Wurzeln des Sozialismus hin.

Warum soll der Sozialismus denn »religiös« sein? Tillich geht hier über eine pragmatische Begründung (weil es Sozialisten gibt, die ihr Christentum nicht aufgeben wollen) hinaus zu einer prinzipiellen Ebene: Der richtig verstandene Sozialismus überwindet den Zauber der Ursprungsmächte, der zweideutig-religiös ist, und gründet sich in dem, was uns unbedingt angeht, der Gerechtigkeit als der unbedingten Forderung. Das Proletariat muß sich »in klarer Entscheidung für die Kräfte des Ursprungs, aber gegen die bürgerlich gewordenen Ursprungsmächte und gegen das bürgerliche Prinzip entscheiden.«[20]

Tillich versteht die sozialistische Entscheidung als notwendig, ähnlich wie wir heute die Entscheidung für eine Theologie der Befreiung gegen konservativ-ursprungsmythisches und liberal-säkulares Bewußtsein als notwendig ansehen. Tillich versuchte den »im Sozialismus wirkenden Glauben bewußt zu machen«[21] und deutet darin auf die neuen Formen befreiungstheologischer Identität hin, die sich in Tillichs Wirkungsgeschichte in den USA vor allem auf die schwarze Befreiungsbewegung ausgewirkt haben. Martin Luther King schrieb seine Dissertation über Tillich und hat einige seiner Grundgedanken über das Verhältnis von Liebe und Gerechtigkeit zur Macht immer wieder produktiv aufgenommen.[22] Indessen haben sich an ganz anderen historischen Situationen in der Dritten Welt neue christlich-sozialistische Bündnisse und Verschmelzungen entwickelt. Sowohl dort wie in den neuen sozialen Bewegungen der Ersten Welt artikuliert sich heute auch eine Kritik am Marxismus, die von Tillich lernen kann. Die drei wesentlichen Anfragen an den Marxismus gehen heute aus von der Ökologiebewegung, dem Feminismus und der Theologie der Befreiung. Ohne Antworten auf diese Fragen wird der Marxismus weiterhin dogmatisch erstarren. Im Sinne Tillichs müssen wir uns fragen, ob nicht Natur und Religion zu den Ursprungsmächten gehören, auf die zu achten Tillich seine sozialistischen Genossen beschwor. Die Religionsgespräche mit Fidel Castro sind ein deutliches Zeichen für Veränderung eines traditionellen marxistischen Führers, der nach der – für das Verhältnis des Christentums zum Marxismus gar nicht zu überschätzenden – nicaraguensischen Revolution lebt.[23] Hier wird die für Tillich auch den Marxisten abverlangte Offenheit zur Transzendenz angesichts einer neuen historischen Gestalt des Christentums jenseits von Orthodoxie und Säkularismus neu bedacht.

Für unsere eigene religiöse Situation möchte ich noch auf eine andere Auseinandersetzung hinweisen, in der Tillichs Beitrag mir hilfreich erscheint. Das Christentum ist heute von innen am meisten bedroht durch den sich vor allem in den USA ausbreitenden Fundamentalismus, der sich mit der extremen politischen Rechten verbindet und die gefährlichsten Ursprungsmythen religiöser Art zelebriert. Der schicksalhafte Weltuntergang, der nach der atomaren Vernichtung des Reiches des Bösen stattfinden soll, übt mit »Harmaggedon« als religiösem Symbol eine zweideutige Faszination aus. Die hier wirksamen ursprungsmythischen Elemente sind die Anbetung der Macht, die sich in der Bejahung technologisch-militaristischer Überlegenheit ausdrückt, und die mythische Verklärung des männlichen Helden, der vorwärts stürmt, bis ins Weltall hinein. Es ist eine Religion der Starken, der Reinen, der Männer, die die Ursprungsmythen neu instrumentalisiert, es ist ein Versuch, ein juden-reines, von der prophetischen Forderung gesäubertes Erlösungschristentum theo-politisch zu rechtfertigen. Damit wird eine zeitunabhängige Ewigkeits- und Ursprungstheologie aufgeboten, die ein anderes zentrales Element der Tillichschen Theologie verleugnet, den Kairos.

III.

Damit bin ich bei meinem dritten Punkt, der Bedeutung des Kairos. Ich will hier wieder mit einer Anekdote beginnen. Ende der 50er Jahre fand in Berlin ein Forumsgespräch über »Eschatologie und Utopie« statt. Im Gespräch wurde Tillich von Wolf Dieter Marsch (von dem ich die Geschichte habe) gefragt: »Nun sagen Sie uns doch bitte mal, stammt diese Fähigkeit des utopischen Antizipierens aus der menschlichen Natur oder aus der Offenbarung, aus der Vernunft oder aus Gott?« Tillich antwortete wie aus der Pistole geschossen: »Aus der Situation!«

293

Genauer läßt es sich kaum sagen – daß die traditionellen Differenzierungen von Gotteshandeln und Menschenhandeln, von Ewigkeit und uns Menschen nicht zutreffen, nicht ausreichen, ja, daß diese Einteilung es geradezu vereitelt, die Situation – oder wie Tillich 40 Jahre früher gesagt hätte –, den Kairos zu erfassen. Der neutestamentliche Begriff des Kairos, der Zeitenfülle, »soll zum Ausdruck bringen, daß der Kampf um eine neue soziale Ordnung nicht zu einer Erfüllung im Sinne des Reiches Gottes führen kann, daß aber in einer bestimmten Zeit bestimmte Aufgaben gestellt sind, ein bestimmter Aspekt des Reiches Gottes sich zeigt als Forderung und Erwartung.«[24]

Der Begriff des Kairos ist aus dem Lebensgefühl derer, die den Ersten Weltkrieg als Ende einer Epoche begriffen, entstanden, es ist ein Versuch, den Durchbruch der Gnade, des Unbedingten ins Bedingte, in einem geschichtlich einmaligen Moment zu erkennen. Er grenzt sich von einer innerweltlichen Utopie ab, ohne doch die Unbedingtheit der Forderung im Kairos, in der jetzt erfüllten Zeit, aufzugeben. Die Krise einer Zeit wird als Fülle der Zeit, die zur Entscheidung drängt, verstanden. Tillich hat in diesem Zusammenhang ein neues Zeitverständnis erarbeitet, in dem weder die ursprungsmythische Zeitbindung – »es bleibt alles beim Alten« – noch die supranaturale »gegenständliche Enderwartung« – »irgendwann wird alles neu« – gilt, sondern etwas, das er »ungegenständliche Erwartung« nennt: »Das Neue bricht in das Alte ein«.[25]

Krise, Fülle der Zeit und Entscheidung im Jetzt sind die Elemente, die diesen Begriff der Einbruchszeit bestimmen. Es ist nicht der immer weiter laufende, alles zermahlende Kronos, und es ist nicht die schöne Ewigkeit, die unser Herz an sich gewöhnen will, es ist hier, es ist heute, es ist die Stunde der Wahrheit. Ich habe in vielen Stunden der Teilnahme an schwarzen Gottesdiensten in den USA ein anderes Gefühl gewonnen für das, was das »right now« Gottes bedeutet, das in Gebeten, Liedern und in Predigten immer wieder auftaucht. Das deutlichste Zeichen in unseren Tagen für den Kairos, als die eigentlich christliche Erfahrung der Zeit, stammt allerdings aus den blutigsten Klassenkämpfen unserer Zeit, in denen Menschen der Dritten Welt sich gegen weißes Geld und weiße Gesetze, weiße Ausplünderung und Vertreibung, weißes Giftgas und weiße Folter zur Wehr setzen und dabei entdecken, daß selbst die Theologie zum

Instrument der Unterdrückung geworden ist. Das Kairos-Dokument südafrikanischer, vor allem scharzer Theologen stellt eine Fortführung und Radikalisierung Tillichscher Gedanken dar. Auf die Frage ›Stammt das, was ihr denkt und tut aus der Vernunft oder aus Gott?‹ würden sie genau wie er antworten: Es stammt aus dem Kairos.

»Für sehr viele Christen in Südafrika ist dies der KAIROS, die Stunde der Gnade und der Möglichkeiten, die angenehme Zeit, in der Gott uns zu entschiedenem Handeln herausfordert. Es ist ein gefährlicher Augenblick, denn wird diese Chance verpaßt, und nehmen wir sie nicht wahr, wird der Verlust für die Kirche, für das Evangelium und für alle Menschen Südafrikas unabschätzbar sein. Jesus weinte über Jerusalem. Er weinte, weil die Zerstörung der Stadt und das große Sterben ihrer Bewohner unmittelbar bevorstand, ›darum, daß du nicht erkannt hast die Zeit (KAIROS), darin du heimgesucht bist‹ (Lukas 19, 44). Eine Krise ist ein Urteilsspruch, der einige zum Besten und andere zum Schlimmsten anspornt. Eine Krise ist die Stunde der Wahrheit, in der deutlich wird, wer wir wirklich sind.«[26]

Der Kairos ist bei Tillich ebenso wie in der südafrikanischen Befreiungstheologie Gottes Zeit, die Stunde der Wahrheit, der Ruf zur Entscheidung. Die Kairos-Theologen leisten genau das, was Tillich von einer ernsthaften Theologie verlangt, sie integrieren die Religion in die allgemeine Kultur, sie verstehen den sozialpolitischen Konflikt in seiner Tiefe als einen theologischen. Es handelt sich ja in der Tat um einen »theologischen Bürgerkrieg in Südafrika«, wie eine holländische Tageszeitung schrieb. Die Theologie des Staates steht einer prophetischen Theologie gegenüber, und die Versuche der kirchlichen Theologie, zwischen diesen Positionen in liberaler und idealistischer Weise zu vermitteln, sind zum Scheitern verurteilt.

Das Kairos-Denken hat aber, angestoßen durch die südafrikanischen Christen, in der gegenwärtigen Lage auch für uns eine klärende Funktion. Es gibt ja auch bei uns drei erkennbare theologische Tendenzen, die ich konservativ, liberal und radikal bzw. befreiungstheologisch nennen will. Diese drei Theologien sind theologisch-politische Grundmodelle, die jeweils Theologie *und* Politik betreffen. Es sind nicht theologische Grundüberzeugungen, die dann auch eine politische Anwendung, eine applicatio finden können, aber nicht müssen. Es sind auch nicht, wie von Konservativen gern unterstellt, politische Optionen, die sich ein theologisches Mäntelchen umhängen. Den politischen Gegensätzen liegen vielmehr theologische Grundentscheidungen zugrunde: Sag mir, wie du politisch denkst und handelst, und ich sage dir, an welchen Gott du glaubst.

IV.

Damit bin ich bei meinem letzten Lernschritt, der von Tillich angestoßen wurde, dem existenziellen Denken. Tillich hat mit Hilfe des Existentialismus das existenzielle Denken eingeübt. Bei der Formulierung dieser These schwankte ich zwischen den Begriffen Existenzphilosophie und Existentialismus, habe mich dann aber für den im späteren Werk Tillichs vorherrschenden weiteren kulturellen Begriff des Existentialismus entschieden. Damit will ich Tillich nicht von Kierkegaard abgrenzen, wohl aber von der existenzphilosophischen Engführung der unmittelbaren Ich-Du-Beziehung, wie sie bei Bultmann und seiner Schule vorherrscht. Tillich hat, sozusagen altmodischer, das heißt mit dem Pathos des Idealisten, das, was uns unbedingt ergreift, innerhalb von Geschichte, Politik, Gesellschaft, Kunst, Philosophie, Psychologie entdeckt. In einem frühen Aufsatz sagt Tillich:

»Der Begriff ›unbedingt‹ . . . soll auf die Elemente in jeder religiösen Erfahrung hinweisen, die sie zu einer wahrhaft religiösen machen. In jedem Symbol des Göttlichen wird ein unbedingter Anspruch ausgedrückt, am machtvollsten vielleicht in dem Gebot: Du sollst lieben Deinen Herrn von ganzem Herzen, von ganzer Seele und von ganzem Gemüte . . . Der Begriff ›unbedingt‹ . . . ist eine Abstraktion dessen, was in den vielen Bibelworten oder in der großen religiösen Literatur zum Ausdruck gebracht wird. Das Unbedingte ist eine Qualität und kein Wesen. Es charakterisiert das, was uns letztlich und daher unbedingt angeht, ob wir es ›Gott‹ oder das ›Sein an sich‹ oder ›das Gute an sich‹ oder ›die Wahrheit an sich‹ nennen.«[27]

In seinen späteren Schriften nennt Tillich die dominierende Strömung unserer Kultur den »Geist der technischen Neubeherrschung«, dem er als Gegenströmung »die existentialistische Analyse der menschlichen Situation« von Pascal an bis zur Gegenwart (1959) entgegenstellt.[28]

Aber was bedeutet »existenzielles Denken«, und was ist

»existenzielle Unbedingtheit«[29]? Ich vermute, daß in der Alltagsformulierung von Studierenden »Sag doch mal, was Du persönlich meinst« eine Aufforderung zu existenziellem Ernst enthalten ist. Die eigene Betroffenheit und die eigene, nicht geborgte Antwort soll hörbar werden, das Versteckspiel hinter theologischen Formeln gilt nicht. Existenziell denken heißt, die eigenen Zweifel ernst nehmen, ihnen auf den Grund gehen, sich zu einer größeren Aufrichtigkeit zu erziehen – wie es z. B. in der Frauenliteratur an vielen Stellen geschieht. Diese existenzielle Aufrichtigkeit wird von Tillich zwar verlangt, zugleich aber auch erschwert durch eine philosophische Sprache, die vielfach als pure Abstraktion empfunden wird: als bekäme man statt eines Essens eine Speisekarte vorgesetzt! Ich möchte demgegenüber ermutigen zu einer Übung, die darin besteht, bestimmte Abstraktionen gerade des Tillichschen Denkens, z. B. »der Mut als ein Teil zu sein«, zu überführen in die Konkretionen des eigenen Lebens. Tillich bietet sich zu dieser Art Übersetzung geradezu an, vor allem sein für mich schönstes Buch »Der Mut zum Sein« (1952), das eine Einführung in den Existentialismus darstellt, fordert zu einer solchen existenziellen Übersetzung geradezu auf. Kierkegaard, der »Stifter einer Philosophie der Existenz«, erfaßte, »daß das Erkennen dessen, was uns unendlich angeht, nur möglich ist in einer Haltung des unendlichen Interesses, einer existentiellen Haltung«[30]. Deren genauer Gegenpol ist heute jene Theologie der Postmoderne, die die Haltung des unendlichen Interesses ersetzt durch wissenschaftliche Distanz, die eine Theorie des Christentums erst ermöglicht.

Zum existenziellen Denken gehört neben Aufrichtigkeit und Authentizität noch eine andere Haltung, die über das zuschauende Betrachten hinausgeht. In der »Sozialistischen Entscheidung« spricht Tillich einmal über das Proletariat als idealtypischen Begriff einer sozialen Struktur und fügt hinzu:

»Aber Proletariat ist noch darüber hinaus ein existenzieller Begriff, das heißt ein solcher, der nicht bloß aus dem zuschauenden Bewußtsein entnommen werden kann. Was Proletariat ist, kann nur aus dem proletarischen Kampfe und aus der Stellungnahme in diesem Kampfe verstanden werden. Proletarier ist in tiefster Schicht ein Kampfbegriff.«[31]

In diesem Sinn nimmt jedes existenzielle Denken Anteil am

Leiden und am Kampf und kann nicht unparteiisch und neutral sein. Es braucht eine Sprache, die den Schmerz und den Kampf zu artikulieren fähig ist, eine befreiende Sprache.

Gehört Tillich zu den Vätern der Befreiungstheologie in der Ersten Welt? Ich möchte diese Frage mit gewissen Einschränkungen bejahen. Aus zwei Gründen: einmal, weil er in der theologiegeschichtlichen Situation zwischen Orthodoxie und Liberalismus einen dritten Weg, eine radikale Theologie, zumindest vorschlug. Zur konservativen Orthodoxie konnte er nicht zurück, aber auch die Barthsche Neoorthodoxie schien Tillich nur zu einem anderen undialektischen Supranaturalismus zu führen. Auf der anderen Seite hatte die liberale Theologie mit dem Ersten Weltkrieg und erst recht mit dem europäischen Faschismus ihre Kraftlosigkeit, die in der Begrenzung des Christentums auf dem individuellen Bereich lag, unter Beweis gestellt. Sie hatte, wie Tillich sagt, in ihrer Anpassung an die säkulare Welt die Botschaft vom Neuen Sein verloren.[32] Zwischen unerträglicher Heteronomie auf der einen Seite und substanzloser Autonomie auf der anderen, zwischen Klerikalismus und Säkularismus suchte Tillich einen dritten Weg, der »quer durch die Profanität«[33] hindurchgeht, der die Brücken zur natürlichen Theologie und den anderen Religionen offenhält, der in der säkularen Situation die religiöse Frage freilegt und entdeckt, einen Weg der »Theonomie«, wie Tillich gegen Heteronomie und Autonomie (für mich nicht ganz überzeugend) formuliert. Der springende Punkt in dieser Auseinandersetzung der drei heute möglichen Theologien scheint mir in Tillichs ambivalentem Verhältnis zur liberalen Theologie zu liegen. Anders als in Lateinamerika, wo die Befreiungstheologie relativ ungebrochen an eine katholische Orthodoxie anknüpfen kann, ist dies innerhalb der Ersten Welt und nach der Aufklärung für uns unmöglich; wir müssen die grundlegenden Elemente der liberalen Theologie, ihre Bibelkritik, ihre Institutionskritik und neu hinzukommend die emanzipatorische Patriarchatskritik integrieren. Dazu bietet Tillich Ansätze.

Mein zweiter Grund ist das existenzielle Denken, das wir von Tillich, vielleicht nicht so gut wie von Pascal, Kierkegaard, Simone Weil, lernen können, aber immerhin. Die Momente der Krise, der Betroffenheit des Kairos sind für ein solches Denken unverzichtbar. Tillich hat die existenzielle

Reflexion mit einem gewissen Platonismus kombiniert, ihn trug eine Gewißheit, die in allem Seienden nach dem Unum Verum fragt und die sich deswegen nicht für ewig beim Paradox aufhalten kann. Klaus Kodalle hat Tillich vorgeworfen, daß er zwar existentialistisch beginne, schließlich aber im sowohl-als-auch ende, einer Art von »metaphysischem Seinspositivismus«[34]. Die Beobachtung scheint mir richtig, sie trifft sich mit allerlei Widersprüchen in Tillich, der sich selbst immer wieder als Grenzgänger, als Zerrissenen, als vom Paradox Lebenden darstellte, ohne doch wirklich herausfallen zu können – aus dem guten Sein. Wer Barth mit Bonhoeffer »Offenbarungspositivismus« vorwirft, der mag auch Tillich wegen seines »Seinspositivismus« kritisieren. Aber ist der »Mut sich als bejaht zu bejahen« wirklich so verschieden von der »verwegenen Zuversicht« Martin Luthers und der »Hoffnung wider alle Hoffnung« des Paulus?

Anmerkungen

1 GW VIII, 14.
2 GW VIII, 17.
3 vgl. R. Stone, Paul Tillich's Radical Social Thought, Atlanta 1980.
4 Ebd.
5 H. Zahrnt, Denken auf der Grenze, in: In memoriam P. Tillich 1886–1965, Nachrufe, Stuttgart 1965, 19.
6 GW IX, 16.
7 GW IX, 19.
8 GW V, 236.
9 GW V, 222.
10 GW IX, 93.
11 M. Daly, Jenseits von Gottvater, Sohn & Co., Aufbruch zu einer Philosophie der Frauenbefreiung, München 1980, 222.
12 STh I, 9 ff.
13 STh II, 19 f.
14 GW II, 227.
15 GW II, 228.
16 GW II, 229.
17 Ebd.
18 GW II, 229 f.
19 W. u. M. Pauck, Paul Tillich. Sein Leben und Denken, Stuttgart 1978. Kritisch dazu C. Seha, Noch einmal zum 15. Todestag Paul Tillichs, in: Junge Kirche Jg. 42, April 1981, 215 ff.

20 GW II, 283.

21 GW II, 285.

22 C. Seha, a. a. O.

23 F. Betto, Nachtgespräche mit Fidel, Freiburg 1986. Dazu: D. Sölle, Kuba: Sozialismus und Christentum, in: DIE ZEIT, 7. 11. 1986.

24 P. Tillich, Auf der Grenze, München und Hamburg 1964, 46; vgl. auch P. Tillich, Die Theologie des Kairos und die gegenwärtige geistige Lage, in: Theol. Blätter, 13. Jg., Nr. 11, 314 (Brief an Emanuel Hirsch).

25 GW II, 312.

26 Das KAIROS-Dokument. Ein theologischer Kommentar zur politischen Krise in Südafrika. Deutsch: Junge Kirche, a. a. O., Jg. 47, 1986, 34–39, 95–100, 164–171.

27 Kairos I, Bd. 6, 9.

28 GW IX, 102.

29 Vgl. auch D. Sölle, Du sollst keine anderen Jeans haben neben mir, in: J. Habermas, Stichworte zur ›Geistigen Situation der Zeit‹, Frankfurt/M. 1979, Bd. 2, 541–553.

30 P. Tillich, Der Mut zum Sein, Stuttgart 1964, 93.

31 GW II, 278.

32 GW IX, 104.

33 GW VII, 49.

34 K.-M. Kodalle: Auf der Grenze? Paul Tillichs Verhältnis zum Existentialismus, in diesem Band, 301 ff.

KLAUS-M. KODALLE

Auf der Grenze? Paul Tillichs Verhältnis zum Existentialismus

1. Einleitung: Tillich im Spannungsfeld Kierkegaards

Paul Tillich hat einer Retrospektive seines Lebens und Schaffens von Amerika aus den Titel »Auf der Grenze« gegeben. Der Denker bewegt sich auf der Grenze u. a. der sozialen Klassen, auf der Grenze von Wirklichkeit und Fantasie, Theorie und Praxis, Heteronomie und Autonomie, Theologie und Philosophie, Religion und Kultur, Idealismus und Marxismus, Heimat und Fremde. Eine bessere Beschreibung der Daseinsbefindlichkeit eines existentialistischen Denkers läßt sich nicht vorstellen! Tatsächlich räumt Tillich in dieser Rückschau Sören Kierkegaard eine für den eigenen Denkweg ausschlaggebende Bedeutung ein: Neben Schellings Spätphilosophie beruft Tillich sich an zweiter Stelle auf den Einfluß Kierkegaards, den er als den eigentlichen Begründer der Existentialphilosophie würdigt. Freilich attestiert Tillich sich hier selbst eine nur »begrenzte Kenntnis«[1]. (Daneben zählt er als dritten wichtigen Einflußfaktor die Lebensphilosophie auf.)

Die menschliche Existenz, auch das Denken selbst, steht verhängnisvoll im Widerspruch zum *Wesen* des Menschlichen, welches in der *Einheit mit Gott* gründet. Das hat für Tillich kein anderer so radikal gefaßt wie Kierkegaard (auch Schelling nicht). »Ich selbst«, schreibt er, »konnte mich schon als älterer Student dem Eindruck seiner angreifenden Dialektik nicht entziehen.«[2]

Der Unwahrheit des liberalen Harmonieglaubens, der borniert-fortschrittlichen Wissenschaftsgläubigkeit des Bürgertums[3], der Indifferenz als einer bewußten Strategie der Desensibilisierung angesichts der Sinnfrage[4], der Haltung des bloßen Zuschauens in gesellschaftlichen Prozessen setzte Tillich mit Kierkegaard die *Leidenschaft* entgegen, die die Fesseln bloß theoretisch-distanzierter Betrachtung sprengt.[5] In der Leidenschaft kommt »das Lebensblut der Unmittelbarkeit«[6], »das Erlebnis der Tiefe«[7], zur Geltung. Weil ihm die Lauheit, die Gleichgültigkeit so unerträglich ist wie allen existentialistischen Denkern, greift er in seiner Theorie des *Kairos* jene Aufbrüche im geschichtlichen Prozeß menschlicher Selbstverwirklichung auf, in denen er den geschichtlichen Trott verabschiedet sah. Für Tillich ist es ja das Wesen des Geistes, sich nicht als Kontemplation, sondern als *Forderung und Entscheidung* darzustellen.[8]

Tillich stimmt mit Kierkegaard auch darin überein: Jeder Vorgang des Verstehens von historischen Realitäten basiert auf einer *Entscheidung* des verstehenden Subjekts. Da wird nicht einfach gesammelt und unter Begriffen subsumiert, was man aus der Realität abgezogen hat, ein Allgemeines also als Menge von Einzelerscheinungen; sondern: Verstehen ist zugleich eingreifendes Denken, schließt eine Entscheidung ein, die immer *zugleich Begriff* der Sache und ihre *Kritik* ist! In dieser Grundentscheidung nämlich werden auch die geschichtlichen *Möglichkeiten* eines empirischen Sachverhalts vorweggenommen. Wenn eine solche Entscheidung im Verstehen das Wahre trifft, legt sie die ideale Macht einer *dynamischen* geschichtlichen Konstellation frei und erfaßt so im Begriff des *Prinzips* einer Sache die objektive geschichtliche Macht.[9]

Die übergreifende, allgemein-menschliche Vernunft wird von Tillich bestritten; das Prinzip analytischer Ratio besitzt keine *fundierende* Kraft für individuelles oder gesellschaftliches Leben.[10] Jede geistige Schöpfung ist unlöslich an die jeweils begrenzte Situation gebunden, die immer die Bewährung schöpferischer Kräfte in kämpferischer Auseinandersetzung provoziert.[11] Wahrheit also ist situationsgebunden: das lernte Tillich von Kierkegaard ebenso wie von Marx. Für beide galt, daß ein »System der Harmonie« unwahr sei.[12] Die unsägliche Negativität der Existenz muß ausgehalten werden – nur so wird der *Umschlag* in die Wahrheit denkbar. Die größte Chance für diesen Umschlag findet sich an dem »Ort der höchsten Sinnentleerung, der Verzweiflung, der weitesten Selbstentfremdung des menschlichen Wesens«[13]: ein Erkenntnisprivileg der Negativität also. Das Gute und die Wahrheit liegen jenseits *menschlicher* Möglichkeit. Deshalb ist alles, was wir als »Mitte«, als »Vollendung«, fantasieren, in Wahrheit eben doch nur Bruchstück[14], Camouflage der Verzweiflung, welche uns an das Krankenlager einer »Krankheit zum Tode« gefesselt hält, deren eindrucksvollster Interpret eben auch für Tillich Sören Kierkegaard war.[15] Das Sein des Menschen in seiner Geschichtlichkeit scheint sich für Tillich darin zu erschöpfen, *Frage* zu sein.[16]

Tillich hat durchaus in Übereinstimmung z. B. mit Karl Barth den ideologiekritischen Impuls des Kierkegaardschen Existentialismus aufgenommen: dessen Kampf gegen den »selbstgemachten« Gott, dessen »Angriff auf die naiv-ideologische Gleichsetzung von Reich Gottes und bürgerlicher Gesellschaft«[17].

Freiheit ist immer schicksalsverstrickt. Unsere ganze Lebenssituation ist ja geprägt durch die freien Akte anderer und durch das Schicksal der Menschheit als ganzer. Das ändert natürlich nichts an des Menschen Schuldfähigkeit, räumt aber mit der Annahme auf, des Menschen Freiheit sei so *unbestimmt*, daß er in jedem Moment sich ganz nach *eigener* Disposition zum Guten oder Bösen entscheiden kann[18]. Tillich spielt auf Kierkegaard an, wenn er in seinen Untersuchungen zur endlichen, schuld- und schicksalsverstrickten Freiheit die Dimension der »sich ängstigenden Freiheit« analysiert[19]: Der Mensch steht immer im Konflikt »zwischen dem Wunsch, seine Freiheit zu aktualisieren, und der Forderung, seine träumende Unschuld zu bewahren«. Diese Freiheit wird angstvoll als Gefahr erlebt – als »Angst, sich zu verlieren durch Selbstverwirklichung«, und als »Angst, sich zu verlieren durch Nichtverwirklichung«. Als endliches Ich entscheidet sich der Mensch für die Aktualisierung, für die Selbstverwirklichung. Er begibt sich in das schicksalhafte, undurchschaubare »Räderwerk« von Erkenntnis-Macht-Schuld und bekommt unweigerlich »schmutzige Hände« (ich wähle nicht ohne Grund Metaphern aus den Schriften Sartres). Es wird jedenfalls auf diese Weise der Satz nachvollziehbar, daß auch die Opfer der Tyrannei in einem Volke sich der Frage an sich selbst nicht entziehen könnten, wieweit sie nicht durch ihr freies Handeln und Unterlassen mitschuldig an der Tyrannei geworden sind.[20]

Der Übergang zur Aktualität des Lebens ist das ursprüngliche Faktum, durch das die endliche Freiheit charakterisiert ist. Ein Sprung in unserer Existenz, von dem wir gar nichts zu wissen meinen – aber wenn einer an die Glocke schlägt, die wir sind, vielleicht weil er uns liebt, dann hört man am unreinen Klang, daß in diesem Gebilde ein Sprung *ist* . . .

Selbstverwirklichung, das bedeutet: Sich-Einlassen in den entfremdeten Charakter des Seins – und entdecken, daß man sich schon immer in ihn eingelassen hat. »Verwirklichte

Schöpfung und entfremdete Existenz sind materialiter identisch.« Es ist ein Zeichen der Reife, diese universale Entfremdung zu bejahen in »Akten der Freiheit, die Verantwortung und Schuld einschließen«[21]. »Der Zustand der träumenden Unschuld ist der Zustand der Unentschiedenheit«[22], und das ist ein Mangel, nicht etwa Vollkommenheit. Die *Sünde*, welche ›als individueller Akt das universale Faktum der Entfremdung aktualisiert‹[23], »verwandelt das angstvolle Bewußtsein um das Sterbenmüssen in das schmerzvolle Erkennen der verlorenen Ewigkeit«[24].

Ich führe eine weitere ganz zentrale Aussage Tillichs hier an, die den Systemanspruch eigentlich aufs äußerste erschwert. Tillich verstärkt nämlich den Bann dieser Negativität bis zur hermetischen Geschlossenheit: *Alle* Menschen »haben den versteckten Wunsch, ›zu sein wie Gott‹.« *Keiner* ist willens, »seine Endlichkeit im konkreten Fall anzuerkennen, nämlich seine Schwächen und seine Irrtümer, sein Unwissen und seine Unsicherheit, seine Einsamkeit, seine Angst«. Und selbst sofern er sich *doch* dazu bereit findet, »macht er aus seiner Bereitschaft ein neues Instrument der *Hybris*«[25]. Diese Radikalität zeugt wieder von der großen Nähe zu Kierkegaard, der für diesen Befund die Formel verwendet hatte »die Subjektivität ist die Unwahrheit«. Gerade die wesenhafte Zugehörigkeit des Menschen zum Ewigen treibt ihn in der existentiellen Entfremdung in das ganz fatale Wunschdenken hinein, »die vergänglichen Zeitmomente . . . in dauernde Gegenwart zu verwandeln«. In der Sehnsucht dieses Wunschdenkens, endgültig hienieden ein Zuhause zu finden – Welt als Heimat –, schlägt sich also eine essentielle Bestimmung *in verkehrter Form* nieder. Das Gefühl der Ungeborgenheit und Wurzellosigkeit der Existenz kann dann nicht in den Dank für das Abenteuer des Aufbruchs ›wohin man will‹ einmünden, sondern vertieft nur die abgründige Verzweiflung.[26]

Soweit scheint alles für einen großen Einfluß der Impulse des Existenzdenkens auf Tillich zu sprechen. Indessen: Ich möchte mit wenigen vorläufigen Bemerkungen erste Zweifel wecken, und ich werde schließlich am Ende zu dem Ergebnis kommen, daß in theologisch zentralen Hinsichten Tillich sich mit bedenklichen Konsequenzen von Kierkegaard abwendet. Tillich ist nicht ein Mann des radikalen Entweder/Oder. Er pflegt mit existentialistischen Bestimmungen zu *beginnen*, doch am Ende resultiert seine Überlegung stets in einem Sowohl-Als auch. Seine Selbststilisierung steht unter dem Wort »Auf der Grenze«. Doch *im* Text heißt es: »Das Leben kann nicht nur an seiner eigenen Grenze, es muß auch in seiner Mitte, in seiner Fülle stehen.«[27] Gewiß, Tillich ergreift Partei für den Existentialismus – als einen Bundesgenossen, dessen *Beschreibungen* der gefallenen, verfallenden Existenz einen »Glücksfall« für die Theologie darstellen.[28] Tillich solidarisiert sich mit den existentialistischen Zuspitzungen in einer Situation radikalen Zweifels, in der »der Gott der Kirchensprache« dahinschwindet und Sinn nur noch in der Radikalität des Durchhaltens der Sinnlosigkeit zu bestehen *scheint*. Während existentialistisches Denken sich in der Kargheit und Öde dieser extremen Daseinsstellung aufhält, dekretiert Tillich mit ›gesunder‹ Selbstgewißheit: »solch ein extremer Punkt ist kein Raum, in dem man leben kann«. Als Kriterien der Wahrheit seien diese Perspektiven leidlich geeignet, aber nicht als *Basis*, »auf der die Wahrheit als Ganzes aufgebaut werden könnte«[29]. Dieser letzte Satz hätte gewiß das satirische Talent Kierkegaards provoziert. Die Wahrheit als ganze auf einer Basis im endlichen Dasein theoretisch oder praktisch aufbauen wollen – ein Vorhaben, das alle existentialistischen Einräumungen zur Makulatur werden läßt. Es zeichnet sich vielleicht schon hier ab, daß Tillich der Intention nach ein Theologe ist, der die scharfen Konturen der Existenzphilosophie wieder aufweicht zugunsten einer metaphysisch-spekulativen Theologie der Wirklichkeit im ganzen.

Der Existentialismus wird vom Theologen *zu Hilfe genommen* bei der *Darstellung* der menschlichen Situation – aber keineswegs wird von Tillich die Antwort der Theologie *aus diesen Analysen heraus* entwickelt. Dazu ist ihm der Existentialismus zu manichäisch, zu skeptizistisch, zu einseitig usw. Nein: »Die Theologie muß sich auf die Seite des klassischen Humanismus stellen, der die geschaffene Vollkommenheit des Menschen gegen . . . (die) existentialistische Verneinung der menschlichen Größe und Würde verteidigt.«[30] – Erste Zweifel sind also angemeldet.

Selbstverständlich bedürften die Theorien des Existentialismus, insbesondere diejenige Kierkegaards, ihrerseits einer eigenen kritischen Befragung und Kommentierung. Das ist hier nicht zu leisten.[31] Eine gewisse Überlegenheit des ›Kierkegaard-Paradigmas‹ wird einfach vorausgesetzt; immerhin muß es sich ja in der Durchführung der Kritik bewähren.

Tillich hat sich selbst in das Spannungsfeld Kierkegaards begeben, und etliche seiner Analysen (etwa zu Macht und Sein) berühren sich stark mit Heidegger und Sartre. Die Konsequenz, ja Rigidität des existenz-theoretischen Ansatzes bietet sich deshalb als Folie einer kritischen Überprüfung Tillichs geradezu an.

Die Auseinandersetzung konzentriert sich auf drei Themenbereiche: Tillichs daseinsanalytische Theorie der *Macht* bzw. Machtverhältnisse, seine spekulative *Geschichtsteleologie* und seine *Christologie*.

2. Macht-orientierte Daseinsanalytik. Tillichs begründungsschwache Option für den *Vorrang* kollektiven Einheitsdranges

Die Natur des Seins selbst ist für Tillich *Macht*.[32] Natürlich ist er sich dessen bewußt, daß das »ist« in diesem Satz eine Klärung erheischt. Nicht ohne Grund hatte Hegel am Anfang der »Logik« sich aus dem Dilemma befreit, indem er, weil über den *spekulativen* Satz noch nichts expliziert war, einfach die *Satzform* sistierte und die Abbreviatur hinschrieb: »Seyn, reines Seyn, – ohne alle weitere Bestimmung«[33]. Tillich entzieht sich der begriffslogischen Rückfrage an dieser Stelle, indem er qualifiziert, »Macht« sei eine *metaphorische* bzw. *symbolische* Präzisierung für »Sein«. Freilich: kein Bild sei besser geeignet.[34] Nach dieser Klarstellung kann es dann heißen: »Sein ist Seinsmächtigkeit.« Wie aber gelangt diese ontologische dynamische Dimension zur *Erfahrung*? Das geschieht in den *Konfrontationen* und *Anstößen* des endlichen Daseins. Daß es eine ursprüngliche Seinsmächtigkeit als wirkende Kraft gibt, gelangt mir zu Bewußtsein in der *Bedrohung* meines Soseins. Dem *Dasein* geht also in seinem Sich-selbst-Verstehen auf, daß das sich zeitigende Sein sich *antagonistisch-vielgestaltig* ereignet. Wenn sich mir mithin an den Widerständen meines Daseinsvollzuges die *Relativität* von Sein-in-seiner-Zeitigung erschließt, macht es ontologisch Sinn, den »Widerstand, den die Seinsmächtigkeit überwinden muß«, als *Nichtsein* zu bestimmen. Das Sein, schreibt Tillich, birgt das Nichtsein in sich.[35] Ohne Nichtsein, ohne die Differenz, wäre der Prozeß der Verendlichung nicht *denkbar*, und die Möglichkeit, etwas Bestimmtes auch nur zu definieren, bliebe verschlossen. Der Sinn des Aus-Stehens des Seins in dieser Zeitigung als Existenz kann nur von der Existenz selbst her, vom endlichen Dasein her, zur Sprache gebracht werden. Das müßte eigentlich bedeuten: Ein Sinn des Seienden im ganzen, als metaphysische Konstruktion, ist damit prinzipiell ausgeschlossen. »Das Leben hat Versuchscharakter.«[36] Dies ist ein fundamental existentialistischer Satz.

Das Leben hat Versuchscharakter – und es hat sogar nur Lebensqualität, sofern dieser Versuchscharakter in den individuellen Entscheidungen *riskant* sich manifestiert! Was einer *ist*, wie stark seine Seinsmächtigkeit ist, *weiß* er erst und nur, sofern er dem Wagnis der *Begegnung* nicht ausweicht, in welcher seine ganze Existenz auf dem Spiele steht. Will also der Mensch überhaupt wissen, wessen er mächtig ist, so muß sich diese Macht manifestieren[37], »muß eine Entscheidung mit Risiken gesucht werden«[38], in der »Begegnung zwischen Mächtigkeit und Mächtigkeit des Seins«[39]. Ausschlaggebend ist also die *Erfahrung der Überwindung eines Widerstandes*.[40] Und das heißt: die Selbstverwirklichung ist ohne das *Risiko* der Selbstzerstörung gar nicht möglich. In der Begegnung mit dem Anderen kristallisiert sich die *Latenz der Feindschaft* heraus. Zerstörerische Gewaltanwendung, schreibt Tillich, kann notwendig sein.[41] Ob der Andere, der Fremde, mein Bruder oder mein Feind ist, wird erst *in* der Begegnung klar. Aber wer nicht dieses Risiko eingeht, wird auch im Fremden den Bruder/ die Schwester nicht entdecken! Darin also ist Tillich – der dies 1953 vorträgt – ganz und gar im Denkraum der Existenzphilosophie und -theologie dieses Jahrhunderts verwurzelt, in der man metaphysik-kritisch harmonische sozial-ontologische Weltbilder verabschiedet hatte und in der man, das Sein vom Dasein und Mitsein her neu erschließend, von der *Begegnung im Sinne unvordenklicher Konfrontation* ausgegangen war. Das entsprach ja auch durchaus der konfliktträchtigen lebensweltlichen Situation des Jahrhunderts, entsprach aber eben auch der Verabschiedung metaphysischer und moralischer Überbau-Theoreme.

Der Andere kann der *Freund* wie der *Feind* sein, aber das Bild des eigenen Selbst und seiner Qualität gewinnt sich in der Begegnung mit dem *widerständig* Anderen. Da und nur da entscheidet sich das Schicksal – welches von Tillich wegen dieser *unausweichlichen* Struktur »tragisch« genannt wird.

» Man zieht eine andere Macht des Seins in sich hinein, und wenn man das tut, wird man entweder gestärkt oder geschwächt; man stößt die fremde Macht des Seins von sich, oder man assoziiert sie völlig in sich; man formt sie um oder man unterwirft sich ihren Forderungen. Man ist in sie hineingenommen und verliert seine eigene Seinsmacht, oder man wächst mit ihr zusammen und stärkt die Seinsmächtigkeit beiderseits.«[42]

Je mehr Widerstand, je mehr »Nichtsein« überwunden werden muß, desto mehr Seinsmächtigkeit manifestiert sich. An diesem Sprachspiel ist ersichtlich, daß der Begriff »Seinsmacht« durchaus einen quantitativen Aspekt einschließt. »Die eigentlich *politische* Unterscheidung ist die Unterscheidung von *Freund* und *Feind*.«[43] Paul Tillich trifft sich an diesem Punkt mit Carl Schmitt. Der hätte sich jedenfalls, weil ihm wesenslogische Formulierungen fernlagen, durchaus mit Tillichs Präzisierung einverstanden erklären können, die da lautet: »Der ›Feind‹ ist keine wesensnotwendige, sondern eine wesenswidrige, wenn auch ›existentielle‹ Kategorie.«[44]

Es ist gerade die Eigenart *religiöser* Weltdeutung, »die Universalität und Unvermeidlichkeit des Zerstörerischen im Welt-Haben« aufzuzeigen. Die *Unvermeidlichkeit* ist Ausdruck der tragischen individuellen Freiheitssituation, die sich »in jedem Teil der Welt und jeder Begegnung«[45] abzeichnet.

Auch das Problem der *Gerechtigkeit* wird nur im Kontext von Begegnung und Entscheidung akut. Der Andere in seiner Mächtigkeit begrenzt meine expansive Machtexekution, und erst *in* dieser Grenze wird das Problem der Gerechtigkeit virulent. Erst in ihr übrigens laufe ich Gefahr, meine *eigene* Würde zu verspielen, indem ich den Anderen nur für meine *Zwecke* verwerte.[46] Gerechtigkeit ist also an die Erfahrung konfliktreicher bis feindseliger Auseinandersetzung gebunden. Wer nicht bereit ist, den Preis zu zahlen und sich auf diese unvordenkliche Dynamik der Koexistenz einzulassen (und damit auf das, was aus einer Beziehung noch *werden* kann!), dem hält Tillich vor, er ignoriere damit »die schöpferischen Möglichkeiten des Lebens«[47]. Gerade der Spielraum des Unentschiedenen zieht uns weiter ins Leben hinein, nötigt uns, Entscheidungen zu treffen. Das geht wohl nicht ab ohne Verletzungen. Der christliche Rechtfertigungsgedanke bewahrheitet sich hinsichtlich dieser Struktur als Geist der Vergebung. Aus solchen Gründen erscheint es schlechthin abwegig und gedankenlos, die tatsächliche, *immer* schon gegebene seinsmächtige Überlegenheit des einen über den anderen, auch der einen Gruppe über die andere Gruppe, von vornherein als »ungerecht« zu denunzieren.[48] Daß berechtigte überlegene Macht mißbräuchlich in Gewalt umschlagen kann, wissen wir aus alltäglichen Verhältnissen. Das entscheidende, der Macht-*Kritik* Tillichs zugrunde liegende Kriterium ist das folgende: Macht verwirkt ihre Legitimitätsansprüche, wenn sie sich abstrakt verselbständigt, sich als unumstößlich geriert, als *prinzipiell* unanfechtbar hypostasiert; solche ein prinzipielles Legitimitäts-Apriori beanspruchende Macht *entzieht* sich der immer wieder neu erfolgenden Infragestellung oder Bewährung in der konkreten geschichtlichen Situation der Begegnung von Individuen, Gruppen, Klassen, Nationen. Nur eine *faktische*, also stets ihres Infragegestelltseins gewärtige Macht ist nach Tillich »gerechte Autorität«[49]. Die antagonistische Grundstruktur der Geschichte ist auch im Zeichen der Gerechtigkeitsforderung und der Versöhnungsverheißung niemals überwindbar – *solange Geschichte währt*. Und es verbindet ja Tillich durchaus mit dem Existentialismus, wenn er als Konsequenz hervorhebt, wir blieben mithin stets in die Gefahren von Gewalt und Vergewaltigung verstrickt. Gerade diejenigen, die sich am deutlichsten in prophetischer Erwartung handelnd exponierten, seien extrem gefährdet.[50] Ihre Kampf*kraft* in gesellschaftlichen Konflikten, der Mut zum Engagement, resultiert nicht aus Einsicht und Aufklärung, sondern aus jenem Ursprung, dessen »Kräfte aus der Fülle und Tiefe des Seins« dem streitfähigen und konfliktwilligen Bewußtsein zuströmen.[51]

Wie vereinigt sich »die Universalität der Gerechtigkeit ... mit der Partikularität der Macht, ohne die Gerechtigkeit nicht durchgesetzt werden kann?«[52]

Die Antwort auf diese Frage soll später versucht werden. Hier sei nur daran erinnert, daß Tillich jedenfalls die *sozialdemokratisch* geprägte Antwort zurückwies, derzufolge die Demokratie »zugunsten des Rechts auf Macht verzichtet«[53]; solche ›sozialdemokratisch‹ geführten Staaten seien *keine* Alternative zur Diktatur, »da sie dem ontologischen Charakter der politischen Gemeinschaft nicht gerecht werden«; denn: »Sie vergessen, daß die politische Welt nicht die sittliche Welt ist«.

Die bislang vorgeführte macht-orientierte Daseinsanalytik, deren große Übereinstimmung mit den entsprechenden Analysen Sartres (»Das Sein und das Nichts«) sich nachweisen ließe, erschließt das *individuelle* Dasein – erschließt sich *am* individuellen Dasein. Gegenüber einer Übertragung der so entfalteten Analytik auf *zusammengesetzte* Gebilde, also auf Kollektive, hätte ein konsequent existentialistischer Denker (wie Kierkegaard) an dieser Stelle schneidend scharf seine warnende Stimme erhoben. Der Sprung aus der strengen Analytik des Daseins in die Analogie-Spekulation auf die Wirklichkeit überhaupt und im ganzen ist aber nun das in solchen Kontexten Eigentümliche Tillichs. Was sich an der Selbsterfahrung entdeckt hat, wird *umstandslos* als Prinzip auch der kollektiven Interaktionsprozesse, ja sogar als Prinzip der selbst-losen Naturprozesse in der »Welt der Dinge« behauptet.[54] Die Folgerungen aus dieser *leichtfertigen Universalisierung* sind bei Tillich zwiespältig. Wird die qualitative Differenz Individuum-Gemeinwesen eingezogen, schrumpft auch die Einstellung nüchterner Pragmatik im Bereich des Politischen. Über die folgende Brücke entfernt Tillich sich vom Existentialismus: Bei aller Einsicht, daß es eine abstrakte Gerechtigkeit gar nicht gibt, sondern daß diese im Ringen der Konfliktparteien erst geboren wird als geschichtlich-relative Größe, muß man sich doch noch auf eine *Kraft* berufen, die viel *tiefer* liegt als jedes Gerechtigkeitskriterium: »das ist die Macht des Einigenden in einer Gruppe«[55]. Tillich sieht darin geschichtlich eine Weise der *Liebe* am Werk. Und Liebe weckt Verbindung zum Gefühl. Genau das ist auch beabsichtigt. »Jede Gruppe hat ihre eigene Art, wie sie sich als Einheit fühlt«, und dieses drückt sich in religiösen, kulturellen, politischen Symbolen aus. Über diese *Symbole*, die *das einheitsstiftende Gefühl* transportieren, vermittelt sich die »schweigende Anerkennung der herrschenden Gruppe« durch die Massen. Im Einheitsgefühl bringt sich die »Macht des Einigenden« zur Geltung. ». . . je mehr ein Wesen zentriert ist, umso mehr Seinsmacht ist in ihm verkörpert«[56]. Tillich trägt keine Bedenken, diese Zentrierung von Seinsmacht auch ins Kollektive zu übersetzen. Ja, in einer frühen Variante wird der individuelle Vorbehalt geradezu unter Hybris-Verdacht gestellt und der rauschhaften Unmittelbarkeit des Massenerlebnisses ein *privilegierter* Zugang zur unbedingten Seinsmacht bescheinigt. In »Masse und Geist« (1922) ist von der neuen mystischen Masse »mit schöpferischer Kraft« die Rede (2, 52).

»Die mystische Masse trägt in ihrer Tiefe in unmittelbarer, unge-
brochener Weise ein einheitliches ›Prinzip‹, ein fundamentales
Weltgefühl, eine Grundstellung des Bewußtseins zu dem Unbe-
dingt-Wirklichen, das selbst unbewußt und ungeformt die Quelle
aller Bewußtheit und Formung ist«[57].

Nur im Medium des Vorbewußten, des archaischen Gemeinschaftserlebnisses, reicht das Ich gleichsam an diese
Quelle des Lebens heran. Tillich versteigt sich da zur Apo-
theose des Gemeinschaftserlebnisses »bis hin zur Menschheit überhaupt als letztes und höchstes Gemeinschaftserleb-
nis«[58], welches als »Gehalt«, »Substanz«, als Befreiung von
den Abstraktionen der Moderne gepriesen wird. ›Aus der
Tiefe eines neuen Gehalts‹ sei der Gegensatz von Masse und
Persönlichkeit zu überwinden.[59] Wo dieser Gegensatz sich
aber doch bemerkbar macht, soll der Einzelne den Kürzeren
ziehen. Den Prozeß der Absorption des Einzelnen hält Tillich für »wertindifferent«; Kritik komme ja schon immer zu
spät. Selbstverständlich könne die Unmittelbarkeit des
Masseseins primitive biologische Instinkte zur dämonischen
Herrschaft bringen, aber *ebenso* möglicherweise »ein unmittelbar geistiges Prinzip«, das sich *nur* in der Masse durch-
setzen könne. In diesem Falle – »wenn die Masse sich selbst
als Masse erlebt« – werden wir mitgerissen in eine Bewegung
voll »Wucht und Gewalt«, »die grundsätzlich ins Unendliche geht«[60]. Die Verherrlichung dieser kollektiven Unmittelbarkeit, in der sich womöglich »geistige Offenbarung«
ereignet, geht einher mit der Denunziation der »unreine(n)
d. h. vergangenheitsbelastete(n) subjektive(n) Geistigkeit«.
Tillich webte also mit an der Antithesis von Reflexion gegen
Leben: der Geist als Widersacher der Seele. Das Irrationale
– es *kann* der Wahnsinn von unten sein, aber auch das
Schöpferisch-Neue von oben . . .
  Bei *individueller Geistigkeit* assoziiert der frühe Paul Tillich »Hemmungen«. Was wird gehemmt? »Die Kraft der
Begeisterung, die Steigerung der Leidenschaften, des Mutes
bis zur Selbstaufopferung und Selbstzerstörung«, Prozesse,
die erst geschichtlich werden in dem Moment, da sich das Ich
dem Erlebnisraum der Masse übereignet. »Intuitionen einfacher, großer Art, Hellsichtigkeiten . . . können die Masse
weit über alle subjektive Intelligenz erheben.« »Ist der Einzelne klüger, so ist die Masse genialer. Ist der Einzelne
weiser, so ist die Masse böser und besser.«[61]

Natürlich sind Tillich die existenzphilosophischen Gegenargumente geläufig, denn sonst bräuchte er ja nicht eigens zu insistieren: »Wer vom Einzelnen aus denkt, kann nie zur Liebe kommen, denn die Liebe steht jenseits des Einzelnen . . .«[62] Fasziniert unterschreibt Tillich die an Kierkegaard erinnernde Devise »Suspension des Ethischen« – als höchste Gestalt des Gottinneseins. »Machtvoll steht das theologische Vernichtungsurteil über jedem Einzelnen: ›Verbrennen mußt du dich wollen in deiner eigenen Flamme. Wie wolltest du neu werden, wenn du nicht erst Asche geworden bist.‹«[63] *Ich* betone: in deiner *eigenen* Flamme! Tillich dagegen denkt form-zerbrechende, überwältigende Offenbarung des metaphysischen Gehalts, der alle »ethischen Inhalte gleichgültig macht«, als *punktuellen* Vorgang – Kairos – des *massenhaften* Aufbruchs, in dem der Einzelne verschwindet.

Subjekte des Prozesses, in denen sich das neue Sein manifestiert, sind für Tillich, so faßt er es in seiner Christologie, stets »historische Gruppen«; wo einzelne bedeutsam werden, geschieht auch das nur »in Verbindung mit historischen Gruppen«[64]. »Der Messias rettet nicht Individuen auf einem Heilsweg, der sie aus ihrer geschichtlichen Existenz herausführt, sondern er verwandelt die historische Szene selbst.«[65]

Die mit der Geborgenheitssehnsucht verbundenen Eroskräfte werden geschichtlich durchschlagskräftig, weil und sofern »die Massen . . . verwundet und erschöpft sind in der Freiheit des rationalen Systems«[66]. Man ist »der Autonomie müde geworden«[67], deren ›entmenschlichende Folgen‹ in Form rationaler Systeme, die die Lebenswelt verdinglichen (J. Habermas: kolonialisieren[68]), für Tillich auf der Hand liegen.[69] Lösung von Ursprungsbindungen und Verdinglichung der Lebenswelt sind Kehrseiten *eines* Vorgangs. Aus dem Abstraktheitsvorwurf gegen die funktionalen Systeme der Gesellschaft folgt für Tillich, daß eine Strukturierung des sozialen Prozesses »ohne vorstoßende, radikal opferwillige Gruppen und ohne einzelne von überragender Mächtigkeit«[70] gar nicht vorzustellen ist. Der politischen Gemeinschaft als »Träger der sittlichen Welt« kommt laut Tillich der unbedingte Seinscharakter des Selbst zu![71] *Demokratie*, als Institutionalisierung der kritischen *Korrektiv*funktion, darf folglich die ›Entstehung machttragender Gruppen‹ nicht verhindern wollen.[72]

Keineswegs übrigens geht es an, diese Gedankengänge als bloß frühe, später überwundene Exkurse zu verharmlosen. Noch in Amerika hat Tillich sich affirmativ dazu bekannt, daß er in diesen Essays »die autonom-humanistische Haltung ausdrücklich esoterischen Gruppen zuweise«[73]. Allerdings – ein interessanter Zungenschlag ist zu beachten: Hatte Tillich in »Masse und Geist« diese Zuweisung zum Esoterischen mit unterschwelliger Kritik vorgenommen, so deutet er in dieser Rückschau an, ein solcher Rückzug auf ›esoterisch bewahrte Autonomie‹ könne gegenwärtig »durch historisches Schicksal gefordert« sein. *Gefährlich* aber sei das allemal: tendenziell sei damit »Einbuße an Wahrheit und Gerechtigkeit« verbunden.

3. Die ontologische Priorität von Substanz/Gehalt gegenüber Subjekt/Form

Der Lebensprozeß des geschichtlichen Daseins wird von Tillich *ontologisch* gedeutet mit Hilfe der Kategorien *Substanz/dynamischer Gehalt* und *Form/Ratio*. Dynamische Substanz und Form konstituieren ein nach vorn offenes, spannungsvolles *Verhältnis*. Dynamische Selbsttranszendenz, die jede Form negiert und sich *ziellos* allem Neuen widmet, ist ebenso zerstörerisch wie eine Form, eine Systemstruktur in Theorie und Handeln, die der Dynamik keinen Raum läßt.[74] Gerade auch für Tillichs Verständnis des Politischen ist es nun, wie noch abschließend herauszuarbeiten ist, von größtem Gewicht, daß Tillich die Substanz, das tragende produktive Sein, gegenüber der Rationalität, der Form, favorisiert. Die Ratio darf das tragende Sein nicht domestizieren wollen. Zu achten ist nach Tillich darauf, daß dieses Sein sich im Lebensprozeß in seiner Stärke auch geschichtlich erweisen, in seiner inneren Unendlichkeit sich erschließen kann, auf daß es die Ratio relativiere, indem es sie »zugleich trägt und einordnet«[75]. Diese Theorie baut auf die »Kraft ungespaltenen Seins, das über den Zwiespalt hinaus, in den es mit sich selbst geraten ist, auf neue Erfüllung drängt«[76]. Denn »immer und überall (ist) das Sein maßgebender . . . als das Bewußtsein«[77]. Tillichs Rede von Unbedingtheit hat diese ursprungslogische Fundierung. *Autonomie* drohe sich stets vom Ursprung zu emanzipieren und schaffe dann jene öden Verhältnisse, in denen nur neues

Heidentum aufbricht.[78] Allerdings muß man auch hervorheben: Das Seinsmächtige *als solches* soll nicht heilig gesprochen werden; *dagegen* müßte der Protestantismus schärfstens im prophetischen Geist Widerspruch anmelden. Dieser Geist des judäo-christlichen Lebens bedeutet *Umformung* der Ursprungskräfte des Seins, Brechung, *nicht Auflösung*. Die Ursprungsmächte Blut und Boden, Heimat und Nation, Heroismus und Opferwille, Kampf und Spieltrieb, Sehnsucht nach tragender Gemeinschaft und nach Tradition besitzen selbst allerdings religiöse, nicht zu bestreitende Würde.[79] Dies nicht zu sehen mache die Blindheit des autonomen Bewußtseins aus und treibe es so immer wieder in jene Einseitigkeiten, die dann die reaktionären irrationalen Gegenkräfte machtvoll heraufbeschwören.

Hegel hatte zugespitzt, die Substanz müsse Subjekt werden. Tillich hingegen bringt Substanz und Subjekt in ein angespannntes Verhältnis: Subjektive Geistigkeit zum Beispiel zur höchsten Vollendung zu steigern, kann gleichbedeutend damit sein, die geistige *Substanz* kritisch zu zersetzen.[80] Der Eindruck kann entstehen, Selbstbildung gehe *notwendigerweise* auf Kosten der Menge, die *dadurch* zur geistlosen Masse degradiert werde:

»Die auflösende Kritik des Subjekts drängt in alle sozialen Schichten, die schöpferische Kraft des Subjekts aber ist nur einzelnen gegeben und kann auch da nicht *die unmittelbare Kraft des objektiven Geistes* ersetzen.«[81]

Hegel hat die Dimensionen des kollektiven Lebens, des Rechts, der Institutionen, des Staates, als Verwirklichung des Sittlichen ausgezeichnet. Aber er hat sie zugleich *relativiert* im Horizont des *absoluten* Geistes, hat ihre Geschichtlichkeit und Überholbarkeit gedacht und die unendliche Dignität und Rechtfertigung der atomen Subjektivität in letzter Hinsicht nicht vom »Lärm der Weltgeschichte« abhängig gemacht. Kierkegaard waren das schon viel zu starke Zugeständnisse an Staat und Institutionen. Er schnitt *jede* Möglichkeit ab, den Institutionen über ihre *pragmatische* Nützlichkeit und Notwendigkeit hinaus eine sittliche Qualifikation zukommen zu lassen. Konnte Hegel mit Hobbes vom Staat als sterblichem Gott reden, bedeutete das für Kierkegaard: ärgerniserregende Depotenzierung der sittlichen Kompetenz des Einzelnen und seiner christlichreligiösen Legitimität. Und Tillich? Er zieht auch noch die hegelschen Differenzierungen zwischen *absolutem* und *objektivem* Geist ein, von denen aus sich *auch* eine *Kritik* des objektiven Geistes entwickeln ließe, und spiegelt einfach den absoluten Geist im objektiven. Hegel, der doch etwas von »Schicksalsdialektik« verstand, hat sich nach Tillich viel zu einseitig in der Sphäre der reinen Form aufgehalten – »die formzersprengende Bedeutung des irrationalen Gehalts« habe er nicht erkannt.[82] Damit hat Tillich ein starkes Präjudiz geschaffen, welches den Weg in eine Religionsphilosophie der Kultur, der Macht, des Gemeinschaftserlebnisses usw. freigibt.[83]

Phänomenologisch mag es sehr aufschlußreich sein, in den Masseformen der *Prozession* und der *Demonstration* gemeinsame Formen freizulegen; ich stelle indessen anheim, ob man Tillich darin folgen will, in der Demonstration nur »eine moderne Abwandlung« der Prozession zu sehen. Dies ist völlig stringent, sobald man darauf abstellt, in der existentiellen Unmittelbarkeit des Gemeinschaftserlebnisses werde der Mensch nicht betrunken gemacht, sondern werde im ›Kampf um höchste Werte‹ eigentlich erst heroisch der unbedingten Forderung, seiner unendlichen Aufgabe usw., gewahr.[84] Im Heiligen selbst wähnt Tillich ein Moment, »das allein durch die Masse zur Offenbarung kommen kann«[85]. Wird das Absolute als Substanz/Gehalt und Form/Person gedacht, so legt es sich für Tillich nahe zu folgern, »daß das Grundlegende in der Religion nicht die Bejahung der unbedingten Form, sondern die Sehnsucht nach dem alle Form zersprengenden irrationalen Gehalt ist«[86]. So rückt der Subjektivitätsvorbehalt unter den traditionellen Hybris-Verdacht – als käme die um Integrität bemühte individuelle Bedachtsamkeit einer Selbst-Verabsolutierung gleich. Die Masse wäre dann deshalb überlegen, weil sie das Ich in die Demut zwingt. Es hätte anzuerkennen, daß sich »die Majestät des Heiligen« in der Masse »als Gnade offenbart«. Emphatisch *ratifiziert* wird vom frühen Tillich das qualitative Moment, daß in der Bewegung der Masse »das Einzelne seine Eigenbedeutung verliert«[87]. Die »Eigenform der Dinge«, die »Selbstheit«, ist nämlich stets auch *Verhüllung* des ewigen Gehalts. Die Priorität des Gehalts schließt die Priorität des Kollektiven ein; das Individuum muß gezwungen werden, »in unmittelbarer Weise seine periphere Bedeutung anzuerkennen«[88].

Wohlgemerkt: zahllos sind die Stellen, in denen Tillich unterstreicht, das Leben müsse in den sittlichen, bewußten Persönlichkeiten und in deren sittlicher Gemeinschaft geistige Form gewinnen. Die ethische Form sei also unbedingt zu bejahen. Nur ändert das nichts an Tillichs Verabsolutierungsverdacht gegenüber dieser unerläßlichen Formierung des Unbedingten. »Das Reich Gottes ist aber unabhängig von jeder Form . . .«[89]! Weil der *Zweck* der ganzen Geschichte »die Durchsetzung der Unbedingtheit und Heiligkeit des reinen Gehalts gegenüber jedem Einzelzweck« ist[90], der Einzelzweck aber der Vorgang der *Bestimmung* und *Übersetzung* des Heiligen in geschichtlich verdichtete Konstellationen wäre, muß die Sympathie dieser Theologie den geschichtlichen *Durchbrüchen* und Aufbrüchen *um ihrer selbst willen* gelten, jeglichem revolutionären Kairos, was auch immer an geformtem Leben dabei geopfert wird. Tillich verstieg sich in jenen frühen Jahren sogar zur Hypostasierung der »Idee eines kosmischen Schicksals«, dessen Sinn freilich dem *Denken* »unerfaßlich« bleiben *muß*, dessen »Vermittlerin . . . für die Welt des Geistes« die Masse in ihren machtvollen Entscheidungen ist.[91]

4. Macht und Machtverzicht im Kontext ambivalenter Weltstaat-Spekulation

Politische Macht ist immer partikular. Das gilt erst recht zwischenstaatlich. »Der Ausdruck dafür ist . . . der souveräne Staat« und seine Staatsräson.[92] Bezogen auf die antagonistische Koexistenz der souveränen Nationalstaaten ist »Welt« kein politischer Begriff. Nun möchte aber Tillich an der Vorstellung einer »*Rettung* des politischen Weltbegriffs und damit von Welt überhaupt« festhalten. Damit eine Welt-Macht entstehen kann, welche »Gerechtigkeit zwischen den partikularen Machtgruppen gewährleistet«, ist die nationalstaatliche Souveränität zu überwinden.[93] Der einzige für Tillich denkbare Weg zu diesem Ziel ist »die Aushöhlung der einzelstaatlichen Souveränität von innen durch Bildung übergreifender Gemeinschaften als künftiger Träger einer einheitlichen Welt-Macht«[94].

Der *Gefahren* dieses Weges ist sich Tillich durchaus bewußt; leicht kann die *eine* Weltmacht zur repressiven Gewalt werden: »Der Imperialismus *eines* Weltbegriffs zerstört das Welt-Haben, das sich nur in einer Gruppe wechselseitig abhängiger Welt-Begriffe voll darstellen kann.«[95] Aber im Kontext dieser Fragestellung schlägt eben *die ontologische Priorität des Einheitsdranges gegenüber der Gerechtigkeitsforderung* erneut durch. Ein *hypermoralisches* Bewußtsein, welches sich mit der eigenen Endlichkeitsverfassung und der Verheißung, uns sei auch diese *unvermeidliche* Befangenheit in antagonistischer Endlichkeit *verziehen*, störrisch nicht abfinden will, insistiert ständig auf »Weltverbesserung«; wo es an Kraft mangelt, die *eigenen* Verhältnisse zum Guten und Gerechten hin wenigstens ein Stück weit in Ordnung zu bringen, wird der Ruf nach Verbesserung »der« Welt im ganzen ja besonders laut . . .

Als könne er sich diesem Drängen nicht entziehen, läßt Tillich seiner *evolutionistischen Wunschlogik* freien Lauf und zeichnet die angeblich friedens-freundliche Phantasmagorie eines *Weltstaates*[96]: Weltstaat »vom Evangelium her gesehen«; Souveränität eines »vereinigten Staates aller Nationen«, als »eine letzte Vereinigung zu universaler Macht und durch ein universales Gesetz«. – Über das Abschreckende dieser Vision eines potentiellen Polizeistaates verliert Paul Tillich kein Wort, und es ist wohl kaum als eine sehr einschneidende, zur Nüchternheit mahnende Unterscheidung anzusehen, wenn Tillich dieses politische Ziel der Menschheitsgeschichte nicht als »Verwirklichung« des Reiches Gottes verstanden wissen möchte, sondern nur als dessen »Repräsentation«. Eine solche Vision *kollidiert* mit der *konkreten* Gerechtigkeitsforderung! Diese Forderung nämlich ist nach Tillich nur einlösbar, sofern sie in der Begegnung mit dem anderen Selbst zum *Erlebnis* werden kann. Eine Gesellschaft, die aus klassenspezifischen *oder* systemlogischen Gründen eine solche lebensweltliche Begegnung nicht mehr ermöglicht, wird auch keinen Erfolg damit haben, ihre abstrakten Regeln als solche der Gerechtigkeit auszugeben: »Je universaler und welthafter eine rechtsmächtige Gemeinschaft ist, desto schwieriger ist das Problem der konkreten Gerechtigkeit«[97]. Man könnte auch in dieser Weise zuspitzen: Wie lassen sich nationen- bzw. klassen*übergreifende* Begegnungen erfahrungsmäßig einlösen? Die Vision eines Weltstaates ignoriert die Grenzen des Politischen – und die »Grenzen des Politischen sind die Grenzen des Menschlichen . . . und umgekehrt«. Obwohl »die Grenzen des Politischen nicht mit den Grenzen des Seienden identisch sind«, macht Tillich doch ganz klar, »daß die theoretische Welt selbst abhängig ist von der im Politischen sich vollendenden Struktur des Welt-Habens«[98].

Daß die realen Machtbildungsprozesse und die Kämpfe um Gerechtigkeit an die *Unüberschreitbarkeit der Partikularität von Lebensperspektiven und Lebensformen* gebunden sind, hindert nicht an einer Betrachtung, welche diese Strukturen *relativiert*. Ich kann sie betrachten im Lichte einer »überweltlichen Einheit der Liebe«[99]. Zu betonen ist dann aber das Präfix *über*weltlich. Es handelt sich dann um einen Aspekt, um einen anderen *Blick* auf die Welt, der ›überwindend‹ und ›lösend‹ wohl nur genannt werden kann, insofern er ein Blick ist, der die *Verzeihung* dieser unserer tragisch verfaßten Endlichkeit spiegelt – nicht aber handelt es sich um *praktisch-politische* Überwindung, denn sofern der Mensch sich *aktuell* verwirklicht, verstrickt er sich in Schuld, indem er sich selbst als ein begrenztes Ich behauptet *gegen* andere und anderes.

Erst in der Fülle des Reiches Gottes »kommt die Geschichte zur Erfüllung«[100]. – Man gewinnt beim Lesen Tillichs den Eindruck, er habe sich diesen radikalen Konsequenzen nicht verschließen können, habe sie aber auch nicht nachdrücklich akzeptieren wollen. Immer wieder erneut baut er an Kulissen – man denke nur an die Fortschrittsvariante, die um den Begriff der Reife/der Reifung kreist –, mit denen er sich selbst diese radikalen Konsequenzen verstellt. Deswegen kann es nicht schaden, noch einmal deutlich hervorzuheben, daß zum Beispiel *Machtverzicht* für Tillich kein Politikum ist. Für Tillich steht außer Zweifel, »daß die bürgerlich aufklärerische Anti-Macht-Ideologie Ausdruck des verborgenen Machtwillens des Bürgertums . . . war«[101]. Wahrhaftiger und ehrlicher ist es, sich zur Macht und zum Willen zur Macht zu bekennen, indem man sich dabei und darin »unter die Norm stellt, die als Jenseits der Macht jeder Macht Bestand und Weihe gibt«[102]. Dies ist nicht eschatologisch, sondern ontologisch von Tillich gemeint: »in jeder Macht ist ein Moment Verzicht auf Macht und von diesem Moment lebt die Macht. Denn das Sein ist angelegt auf Hinausgehen über sich selbst.«[103] *So* entsteht die *Aura* der Macht, ihr »Heiligkeitscharakter«. Wenn sich eine Gruppe dieser Norm des »Jenseits der Macht« unterstellt, gewinnt sie erst recht *innere Mächtigkeit*.[104] Den *paradoxen* Status, radikal »Macht zu haben nur in der paradoxen Form des Verzichtes auf Macht«, traut Tillich der *Kirche* zu, die damit prinzipiell ihr *Transzendieren der Geschichte* vollzieht, insofern Geschichte sich im Ineinander und Gegeneinander von Machtansprüchen ereignet.[105] Geschichtlich-profan ist in den Macht-Kampf um der Gerechtigkeit willen einzutreten. Daß eine *geistige* Macht – wie das *Wort* Gottes – *unmittelbar* durch seine eigene Wesenhaftigkeit *wirkt*, ist in der Welt, in der wir leben, »immer nur ein Hereinbrechen, niemals eine neue Form«[106].

5. Geschichtstheologie: ›metaphysischer Positivismus‹

Die substanzphilosophisch-ontologische Spekulation ermöglicht es Tillich, die Eruptionen und Brüche der Geschichte auf die *Kontinuität* eines ›tragenden‹ Sinnes jenseits bewußtseinsphilosophischer ›Bornierung‹ zu beziehen und die *Geschichte selbst* zu einem *Heilsfaktor* aufzuwerten. Die existentialistische Verwerfung metaphysisch-politischer Geschichtsspekulationen ist damit zurückgenommen. Propagieren läßt sich nun z. B. die Vorstellung, daß »eine in die Ursprünge zurückreichende Geschichte . . . über Christentum und Humanismus zum Sozialismus führt«[107]. »So kann die Entscheidung für den Sozialismus in einer bestimmten Periode Entscheidung für das Reich Gottes sein«[108], auch wenn dieses sich niemals *endgültig* geschichtlich einlöst.

Der *metaphyische Objektivismus hinsichtlich der Geschichte* drückt sich in Tillichs Überzeugung aus, Handeln, Erwartungen, Projektionen seien nicht subjektive Artikulationen, sondern hätten »ihren Grund im Impuls des Geschehens selbst«[109]. Geschichte hat für Tillich »in sich eine Richtung, einen Impuls«. »Sie geht immer und überall den Weg von der Ursprungsbindung zur Enderfüllung.«[110] Daraus erwächst das Vertrauen darein, es werde durch das menschliche Handeln *hindurch* sich eine Seinsgestalt zeitigen, die »unabhängig ist von menschlichem Tun«[111]. Prophetische Erwartung stellt sich auf diese »grundsätzlich unerfaßbare« Dimension des Seins ein.[112] Natürlich: die Offenheit der Zukunft muß gegen falsche religiöse und politische Erwartungen gesichert werden. Und selbstverständlich kann man dem Impuls der Geschichte auch entgegenhandeln, aber es öffnet sich eben doch auch diese herrliche (und ach so fürchterliche) Möglichkeit einer »Gewißheit, mit Sinn und Impuls der Geschichte übereinzustimmen«[113]. Die existentialistische Kategorie der Leidenschaft wird hier also ihres riskanten abenteuerlichen Freiheitssinnes beraubt, indem sie »mit der Gewißheit verbunden ist, daß die Wirklichkeit selbst für sie kämpft«[114], also: Gleichschritt mit dem objektiven »Impuls der Geschichte«! Der theonome Prozeß der Geschichte ist »niemals vollendet, immer aber getrieben durch die transzendente Kraft der Vollendung«[115]. Die Notwendigkeit dieses Prozesses wird metaphysisch gedacht – das heißt: durch empirische Aussichtslosigkeit ist sie nicht falsifizierbar.[116]

Die *Kontinuität* der geschichtlichen Selbstoffenbarung Gottes ist der vorherrschende Gedanke. Die Geschichte selbst ist damit der in der Erkenntnistheorie üblichen Kontingenzbehauptung entzogen und selbst mit absolutem Sinn aufgeladen. Ein Lessingscher Sprung über angeblich garstige Gräben stellt sich konsequent als ein bloß »antikatholisches Vorurteil« heraus.[117] Die Umwandlung des Alten in das Neue Sein erfolgt kontinuierlich.[118] Wieder ergibt sich für Tillich daraus eine unumstößliche *Gewißheit*, nämlich »daß sich in der Geschichte nichts ereignen kann, was das Wirken des Neuen Seins unmöglich macht und daß alles, was sich ereignet, der Verwirklichung des Neuen Seins dienen muß«[119]. Eingeräumt werden höchstens Umwege, dämonische Verzerrungen, gleichsam kurzzeitige Black-outs der Wirksamkeit des Neuen Seins. Der Hintersinn dieser leicht gebrochenen Geschichtsteleologie wird deutlich im Horizont der aufgewiesenen ästhetischen Übersetzung des Christologieproblems im Zeichen der *Darstellung*smetapher: Ständig *wirken* die erlösenden Kräfte ja in der Geschichte; nur insofern diese Dimension der Geschichte nicht überzeugungskräftig genug vor Augen liegt, ist es, gleichsam *didaktisch*, sinnvoll, daß sie im Christus in *vollkommener Gestalt* zur *Darstellung* gelangt. So kann Christus als Urteilskriterium der *ewig* sich geschichtlich offenbarenden göttlichen Macht dienen.[120]

Tillich macht für Kulturen, Stile, Methoden eine dynamische Struktur von Kontinuität und Diskontinuität aus. Jede Kultur folgt einem nur *ihr* eigenen Ur-Impuls. Die in ihm enthaltenen Gestaltungsmöglichkeiten können geschichtlich zu »reiner Erfüllung« kommen. Tillichs spekulativer Ausgriff bemächtigt sich hier auch alsogleich der

Menschheit im ganzen und ihres Offenbarungsverhältnisses: Reifen nämlich kann Tillich zufolge auch die Menschheit! Sie reift »zum Vernehmen der Offenbarung«, bis die »volle Offenbarung« vernommen ist.[121] Das ist in Christus zum Ereignis geworden. Seither wird zwar *Aneignung* immer wieder erforderlich – die Gemeinde wie der Einzelne müssen sich immer wieder zur Reife »hinaufentwickeln« –, aber im Grunde handelt es sich um *Wiederholungen* des menschheitlichen Reifeprozesses. – In diesem Zusammenhang ist auch die schwerlich in ihrer Tragweite nachvollziehbare Behauptung zu erwähnen: »Für das Schicksal Einzelner oder einzelner Völker ist negativ und positiv die Menschheit als ganze mitverantwortlich.«[122] Solchen folgenlosen, aber zu *gemeinen* Entlastungszwecken der *niederträchtigen* Individuen immer dienlichen *Menschheitsspekulationen* versagt ein existentialistisches Denken entschieden die Zustimmung. Keinen Zugang auch fände ein streng existentialistisches Denken zu der Folgebehauptung, menschlich sei jede besondere Umwelt des einzelnen Menschen nur, »wenn er sie als Repräsentation des Universums erleben kann«, denn dieses sei schließlich »der Inbegriff aller schöpferischen Möglichkeiten«[123]. Von Erschleichung wird man in diesem Zusammenhang auch reden müssen, wenn bei Tillich – sobald epochale geschichtliche Ereignisse bedacht werden – unterstellt wird, nicht der Einzelne, sondern gleich »die Generation« sei »vor letzte geschichtliche Entscheidungen gestellt«[124]. Die unbillige, alles verdrehende *Kollektivierung der Existenzkategorien* betreibt Tillich also völlig übereinstimmend mit Emanuel Hirsch.

Ich spitze meine Beobachtung zum Thema Offenbarung und Geschichte weiter zu, indem ich die Folgen dieses geschichtstheologischen Konzepts als *metaphysischen Seinspositivismus* charakterisiere. Ich könnte auch von einem »dogmatischen Objektivismus« sprechen. Geschichtliche Subjekte sind bei Tillich in ihrem Handeln erfolgreich und gerechtfertigt, weil sie einem Sein Ausdruck geben, »das unabhängig von ihnen nach Ausdruck und Erfüllung schreit«[125]. Dieses Drängen aus einer Wirklichkeit an sich schlägt nach Tillich übrigens auch nach innen; er kann Sätze wie die folgenden formulieren: »Die natürlichen Triebreaktionen selbst drängen zur Gerechtigkeit.«[126]

»All das sind Folgen politisch notwendiger Dinge; und was notwendig ist, hat auch sein Recht vom Heiligen her.«

Der dann folgende Satz »Aber es hat ebenso viel Unrecht wie Recht in sich«[127] verwischt schwerlich den Eindruck jenes kruden metaphysischen Positivismus. Am Ende werden schließlich *alle* Artikulationsformen des Geistes, weil nichts ohne Sinn da sein darf, der universalen Wirksamkeit der Offenbarung eingeordnet. Wobei dann diese Rede von Offenbarung wirklich jegliches Spezifikum, jegliche qualitative Auszeichnung, einbüßt: »In Wirklichkeit ist selbst die Erkenntnis der eigenen Entfremdung und der Wunsch nach Erlösung das Wirken erlösender Kräfte im Menschen, mit anderen Worten Offenbarungserfahrung.«[128] Erfahrungen des Zerstörerischen in unserer Lebenswelt sind demnach gleichfalls dem Wirken Gottes zuzurechnen.[129] – Ein solches Theoretisieren läuft Gefahr, in einem universalen Beziehungswahn zu enden. Zwar betont Tillich stets die Offenheit der Geschichte, aber man spürt eigentlich nirgends ein Überraschtsein angesichts wunderlicher, fürchterlicher, primitiver Zufälligkeiten der Geschichte; was sich auch immer geschichtsrelevant ereignet *hat*, wird mit einer theoretischen Erklärung bedacht, die dessen *innere Notwendigkeit* zu demonstrieren bemüht ist. Metaphysischer Positivismus: was sich als geschichtlich *wirksam* erwiesen hat, *muß* – und sei es als das Zerstörerischste – *berechtigt* sein im Willen Gottes, zu dessen Sprachrohr sich der Theologe hier immer wieder macht.

Ich halte es jedenfalls für in höchstem Maße bedenklich, wenn ein Autor seine theoretischen Wendungen und Konzeptualisierungen dadurch legitimiert sieht, daß sie angeblich »von der Geschichte selbst in (ihrer) Notwendigkeit bestätigt worden« sind.[130] Solches Reden ist die Konsequenz eines geschichtsphilosophisch-ontologischen Positivismus: Dort, wo geschichtliche Wirkungen zu konstatieren sind, in denen sich mit unbedingter Wucht eine Begeisterung niederschlägt, ist *Religion* am Werke, und das bringt für den Theologen eben die Verpflichtung mit sich, dem Vorgang in seiner Theorie *als berechtigt* auch zu entsprechen. – Im gleichen Kontext ist auch an jene Floskel zu erinnern, die Heinz Zahrnt in seinem Beitrag zu diesem Buch referiert hat: Tillich habe den Ersten Weltkrieg als »Katastrophe des idealistischen Denkens überhaupt« erlebt.[131] Ich kann dieses Erleben nicht bestreiten – aber seine pseudotheoretische Fassung ist aufregend. Zuerst wird vorweg der Sinn der Existenz auf zweifelhafte Weise mit empirisch-gesellschaftlichen Lebensformen und Ereignissen verknüpft, man investiert seine ›heiligsten‹ Energien in einen profanen Kontext, und wenn man dann blutig darauf gestoßen wird, daß dies von Anfang an eine Fehlinvestition gewesen sein könnte, erklärt man, als wäre man nicht selbst der Tor gewesen, Hegel und Schelling für erledigt. Auf *diese* Weise zum sogenannten Existentialismus zu kommen, das *kann* auch nur mißlingen. *Gegen* Tillich also: die Erfahrung des Abgrundes der Existenz ist nicht vorrangig an das weltgeschichtlich-spektakulär Katastrophische gebunden. Die *Normalität* birgt den Abgrund. Im Schein des süßen Gelingens alltäglichen Lebens lauert er. Dem Polykrates gelang ja wirklich alles – »da wendet sich der Gast mit Grausen«.

6. Christologie: ästhetische Unterbietung des Paradoxes

Bezogen auf das Zentrum des theologischen Gedankens – die Christologie – verwendet Tillich, neben »Neues Sein«, keinen Terminus so häufig wie den Kierkegaardschen des Paradoxes. Paradox ist nicht mit »irrational« zu verwechseln. »Irrational ist der Übergang von der Essenz zur Existenz, vom Potentiellen zum Aktuellen, von der träumenden Unschuld zur existentiellen Schuld und Tragik.«[132] Dabei handelt es sich nach Tillich um ein ursprüngliches Faktum, das die Übergänge in aller *geschaffenen* Wirklichkeit kennzeichnet. Gewiß transzendiert das göttliche Geheimnis *alle* Arten des Begriffs. Doch was nun die Rede vom Paradoxen soll, ist nicht klar. Bei der genaueren Angabe wird die entscheidende Differenz zu Kierkegaard deutlich. Tillich definiert, paradox sei, »was der *doxa*, der Meinung, widerspricht, die auf die alltägliche Erfahrung – sowohl ihre empirischen wie ihre rationalen Elemente – gegründet ist« und die sich aus der »existentiellen Situation des Menschen, insbesondere den natürlich-vernünftigen Erwartungen in ihr«, ergibt.[133] Das Paradox steht also gegen alle Formen der Selbsterlösung, Selbstbeurteilung und lebensweltlichen Erwartung: In *dieser* Bestimmung liegt zunächt kein Widerspruch zu Kierkegaard vor, sondern eine tiefe Übereinstimmung in einem ganz zentralen Aspekt. Indessen faßte *Kierkegaard* die sogenannte existentielle Situation selbst *radikaler geschichtlich* auf. Existentielle Situation bedeutet nicht *nur* eine Struktur unserer Geschichtlich*keit*, sondern: Die konkrete geschichtliche Verfassung unseres Daseins beeinflußt die Fassung des christologischen Geheimnisses. Ich spitze zu, ohne sicher zu sein, daß Kierkegaard beipflichten würde: Die Rede vom Paradox ist selber geschichtlich. Sie war keineswegs zu allen Zeiten sinnvoll. In der konkreten Verfassung der Moderne, im sogenannten Reflexionszeitalter, wächst ihr vielmehr erst der theologische Sinn zu. In dieser Epoche ist die Reflexivität selber infiziert vom Herrschaftswillen und Bemächtigungsimpuls, vom Willen zur Macht, der sich auf Selbst und Welt tendenziell allumfassend richtet. Eine »gute« Reflexion läßt sich da nicht mehr einfach von ihrem »schlechten« Gebrauch abheben. Ihr instrumenteller Charakter ist also so radikal wie möglich herauszustellen. Und dann lautet die Pointe: Im Glauben an die *paradoxe* Geistesgegenwart Gottes wird die Reflexion des Glaubenden *mitgekreuzigt*. Der Verstand geht in diesem Glauben an eine Realität, die er selber nicht nachvollziehen kann, scheiternd zugrunde! – Dagegen steht Tillichs Erklärung: »Das ›Ärgernis‹, das der paradoxe Christus der christlichen Botschaft erregt, richtet sich nicht gegen die Gesetze der verständlichen Rede«[134].

Dieser *weicheren Fassung des Paradox* entspricht die Verwendung des Begriffs der *Repräsentation*. Christus repräsentiert Gott gegenüber den Menschen. Das bedeutet, daß die Radikalität der Entzweiung, die doch das göttliche Wesen des Menschen bis zur *Unkenntlichkeit* verstümmelt, für Jesus Christus nicht in gleichem Maße gilt. Er repräsentiert nicht *den* Menschen-im-Widerspruch (von Essenz und Existenz), sondern das *wesenhafte* Menschsein, das »Bild Gottes, das im Menschen verkörpert ist«[135]. Damit ist, wie die Wortwahl schon erkennen läßt, geradezu ein höherer Grad an sinnlicher Deutlichkeit dieser Ausnahmeexistenz behauptet! Das Bild wesenhaften Menschseins wird repräsentiert *»unter den Bedingungen der Existenz . . ., ohne von ihnen überwältigt zu werden«*[136]! »In Christus ist die ewige Beziehung Gottes zum Menschen offenbar.«[137] Kierkegaard hatte noch gemeint: Wenn alle mit dem Glauben es sich leicht zu machen versuchen, komme es darauf an, die Provokation des Ansinnens, an die Gottesgegenwart in Christus zu glauben, so *schwer* wie möglich zu machen. »Gott ist Mensch geworden«: das ist semantisch zunächst einmal ein sinnloser Satz. Und weil er uns *dennoch* zugemutet wird, redet Kierkegaard vom subjektiven und objektiven Paradox. Tillich sagt demgegenüber klar und deutlich: der Satz ist nicht paradox, sondern sinnlos[138] – und beginnt, ihn solange zu übersetzen, bis er unserer natürlichen Vernunft keine Kopfschmerzen mehr bereitet. Für Kierkegaard wäre es eine Tollheit, das Paradox ›verstehen und rechtfertigen‹ zu wollen, für Tillich ist das die theologische Aufgabe.[139]

In Tillichs Sicht genügt es nicht, Christus als den Anstoß zu einem experimentellen Leben des Aufbruchs in die Gottesnähe zu würdigen, nein, er verlangt als *Voraussetzung* eine ontologische Methode, die »*zeigt* . . ., wie die Forderung, sich für das Reich Gottes zu entscheiden, erfüllt werden kann«[140]. Nichts signalisiert besser die Aufweichung existenztheoretischer Einstellungen als die ständige Rede von *Garantien*. Der Glaube garantiert, »daß in dem persönlichen Leben (Jesu) . . . die Wirklichkeit tatsächlich verwandelt wurde«[141]. Diese ständig wiederkehrenden Sprachspiele der Garantien, Bürgschaften und Gewißheiten des Glaubens sind deshalb für Tillich plausibel, weil der Glaube selbst »die unmittelbare . . . Evidenz des Neuen Seins« ist.[142] Freilich wird man fragen dürfen, inwiefern eine evidente Einsicht überhaupt durch den Glauben verbürgt zu werden braucht.

Tillich strebt also ›eine verständliche Lösung des christologischen Problems‹ an.[143] Kein Wunder, daß seine Rede vom Paradox äußerst schwammig wird. »Es ist das Paradox, daß Gott eine Welt annimmt, die ihn verwirft.«[144] Wieso eigentlich ist das paradox? Ebenso meint Tillich, es sei ein Paradox der Erlösung, wenn man bejaht, daß man bejaht ist.[145] Ich kann an dieser Korrespondenz, die allerdings nicht das Selbstverständlichste ist, bei Gott nichts Paradoxes entdecken . . .

Christus ist uns *erkennbare* »unverzerrte Manifestation«[146] und damit eigentlich das Ende der Existenz. In diesem einen historischen Punkt ist die existentielle Entfremdung demnach *überwunden*.[147] Der zutage liegenden *Erkennbarkeit*, die eigentlich die Rede vom Paradox überflüssig macht, entspricht die sich durchhaltende Verwendung des Wortes »Bild« im christologischen Kontext. Wirkliche Kierkegaardsche Radikalität der Glaubenszumutung einer Offenbarungsbehauptung, die mit dem tatsächlichen Inkognito Gottes, mit seiner abgründigen Verborgenheit, einhergeht, wird umgangen, wenn gilt, daß »Jesus sein Bild ... den Seelen seiner Jünger und durch sie allen folgenden Generationen als der Christus eingeprägt« hat.[148] Mit diesem *metaphorologischen Konstrukt*, dessen systematischer Stellenwert nicht unterschätzt werden darf, hat Tillich, durch alle Entfremdungsverfallenheit der Existenz hindurch, die *Kontinuität der Kirche* abgesichert.[149] Ausdrücklich wendet Tillich sich gegen Kierkegaard, wenn er auf der »Konkretheit des neutestamentlichen Bildes« für das neue Sein, gegen existentialistische Reduktionen, besteht[150]: »Die umwandelnde Kraft ist das Bild dessen, in dem das Neue Sein erschienen ist.« Das Bild strahlt verwandelnde Macht aus, weil sich in ihm die verwandelnde Wirklichkeit Gottes manifestiert.

Schlechterdings ist ja nicht zu bestreiten, daß Bildern eine verführerische Ausstrahlungskraft eignen kann. Im Kreuz wird die Brechung aller Heiligkeit des bloßen Seins *angeschaut*.[151] Es war das *Bild* Jesu, welches machtvoll die konkurrierenden Bilder der Mysterienkulte besiegte.[152] »In jeder seiner konkreten Äußerungen *erscheint* seine universale Bedeutung.«[153] Das Kreuz Christi ist »der anschauliche Ort« des Nein und Ja über die Welt: »Nicht der historische Jesus, sondern das biblische Christusbild ist das Fundament des christlichen Glaubens«; »das in realer menschlicher Erfahrung wurzelnde Realbild des kirchlichen Glaubens ...«[154]. – Mittels dieser Transformation ins Medium der Vorstellung wird das Widerständige, Fremde, Anstoßgebende des kierkegaardianisch-christologischen Paradoxes eingeebnet. Im Zentrum der Tillichschen Theologie steht nicht eine paradoxale Selbstvergegenwärtigung Gottes, sondern das *Bild* des gekreuzigten Christus: Im *Ästhetischen* einer religiös vermittelten sinnlichen Verdeutlichung wird die paradoxale Zumutung an die Reflexion gleichsam durch einen Transformationsschritt unterlaufen. Im Horizont dieser metaphorologisch gedeuteten Kontinuität der Evidenzerfahrung verwundert es dann gar nicht mehr, von Tillich zu hören, »daß wir niemanden so gut kennen, wie Jesus«[155], denn keines Menschen Sein sei uns ja so *universal zugänglich*, affiziere unsere Teilnahme so stark wie das seine. Diese *christologisch-ästhetische Transformation* hat Folgen für die Näherbestimmung der Existenz des Glaubenden. Man erinnere sich: die Negativität des Daseins schien für Tillich doch so durchdringend, »daß kein Akt innerhalb des Ganzen der existentiellen Entfremdung die existentielle Entfremdung überwinden kann«[156]. Kein Ausweg also? Nun, hier kommt die *Gnade* ins Spiel. Als Einbruch eines neuen Seins in die Geschichte eint sie das Entfremdete, schafft sie den Durchbruch, den das entfremdete Dasein in seinem Bann nicht vermag. Der Zwiespalt zwischen essentiellem und existentiellem Sein ist also *in der Zeit*, als reale Wandlung des Sünders, überwindbar.

So ernst ist es also mit der Negativität auch wieder nicht gemeint: In sinnlicher Deutlichkeit und Eindeutigkeit *zeigen sich* nämlich *doch* die Spuren der Versöhnung. »Fragmentarisch kann man diese Einheit [von Form und Dynamik] bei Menschen sehen, in denen Gnade wirksam ist, sowohl im profanen wie im religiösen Bereich. Sie sind Symbole der Wiedervereinigung von Dynamik und Form.«[157] Natürlich glaubt Tillich ebenso, wir begegneten in symbolisch zu benennender Sichtbarkeit auch »Menschen ohne Gnade«. Diese ästhetische Transformation findet sich beileibe nicht nur im Innersten des Systems, der Christologie. Auch wenn Tillich zum Beispiel von der ›höchsten Stufe der Kultur‹ spricht, wird für ihn menschliche Existenz in vollendeter autonomer Form *sichtbar*.[158]

So dürfte damit verständlich geworden sein, inwiefern Tillich mit seiner Christologie der analogia imaginis, die um die Repräsentation eines Bildes kreist, es uns mit dem Glauben wieder leichter zu machen versucht. Der *Wagnis*-Charakter des Glaubens scheint in dieser Theologie ausgetrieben zu sein. Tillich nimmt diesen Einwand sogar selber auf. Das Wagnis des Glaubens bestehe darin, daß einer »möglicherweise ein falsches Symbol für das, was uns unbedingt angeht, setzen kann, ein Symbol, das nicht wirklich das Letztgültige ausdrückt (wie z. B. der Gott Dionysos oder die Nation)«[159]. Genau *dieses* Wagnis hatte Kierkegaard für eine Nebensächlichkeit erachtet. Für ihn galt, der Mensch sei dann in der Wahrheit, wenn er sich *subjektiv* wahrhaftig verhalte, selbst wenn sich dieser Glaube (noch) in einer *objektiv* unwahren Symbolik ausdrücke. Kierkegaard meinte, die *angemessene* Symbolik zur wahren Verfassung der Subjektivität werde schon wie von selbst sich entwickeln.

Abschließend sei die Aufmerksamkeit auf die Problematik der theologischen *Redeform* gerichtet. Durch eine Simplifikation hinsichtlich der Theologie als Mitteilungsform setzt Tillich sich von Kierkegaard ab und verschafft sich die Erlaubnis zum objektivierenden Reden. Es dürfte allgemein bekannt sein, welchen unsäglichen Anstrengungen sich Kierkegaard unterzogen hatte, aber auch welch fantasievoller Kühnheit und artifizieller Experimentierfreude er sich hingab, um in der Methode der Mitteilung dem paradoxalen Gehalt zu entsprechen. Tillich kann zwar formulieren, Theologie handele vom Paradox »und von nichts anderem«, doch er unterläuft jene *Komplexität der Mitteilungsproblematik*, indem er dekretiert, die Form theologischer und religionsphilosophischer Rede sei »notwendig objektivierend und dadurch verendlichend und nivellierend«[160]. Wer die Mitteilungs*form* auch paradox gestalten wollte, der liefe nach Tillich Gefahr, die Form zu dogmatisieren und das wirkliche Paradox zu verlieren. In Abhebung vom Begriff des Geheimnisses stellt Tillich klar: »Die begrifflichen Mittel der Theologie sind dialektisch und rational«[161]. Wohl sei jeder Begriff der Transzendenz unangemessen, doch das könne die Theologie nicht am Gebrauch einer »an sich« unzulänglichen Begrifflichkeit hindern.[162] *Alle* Ausdrucksweise hinsichtlich Gottes sei ja symbolisch.[163]

Durchaus eindrucksvoll hat Tillich deutlich gemacht, daß die Rechtfertigungslehre auch auf das Denken anzuwenden sei und nicht nur aufs Handeln. Auch unser Denken stehe unter dem göttlichen »Nein«.[164] Was bedeutet dies? Meint es, niemand, kein Subjekt, kein Gläubiger, keine Kirche, dürfe sich der Wahrheit *rühmen*? Das wäre doch eine allzu harmlose Pointe. Oder ist mit der anderen Wendung ernst zu machen, die Offenbarung sei eben so paradox, daß sie gar nicht in den Besitz des Denkens gerate?[165] Wenn dies gilt, kann aber die *Form* des Denkens von dieser Einsicht doch nicht unberührt bleiben.

Der Existentialismus steht gleichsam unter dem Motto »negativ und nicht anders«. Was positiv *ist*, muß aus den Konstellationen der Begriffe herausspringen, kann nicht direkt-absichtsvoll aufgezeigt werden. Tillich dagegen will die Realität, die ›offenbarungsschwanger‹ ist, *sichtbar* machen; er appelliert an das *Gefühl* des Gebildeten wie der Massen, ja, ihnen will er, der Denker, das Gefühl *geben*, »daß diese Botschaft sie unbedingt angeht«; dieses positive Gefühl läßt sich in der Tat nicht durch Paradoxien ›wecken‹[166]. – Kierkegaard wußte, daß eine solche Strategie der religiösen Erweckung mißlingen muß. Dort wo Tillich vom Erwecken dieses beseligenden Gefühls unbedingter Betroffenheit durch den gläubigen Philosophen spricht, hat Kierkegaard das ganze Arsenal einer Strategie der *Abstoßung* des anderen entwickelt.

Unsicherheit und Ungewißheit, das Wagnis der Entscheidung, sind für Tillich durchzuhalten, weil sie in einer Dimension des Ewigen schon immer aufgehoben sind, in der Sicherheit und Gewißheit walten. Tillich stellt sich das vermutlich so vor, daß untergründig ein durchaus *amorphes Sicherheitsgefühl* der Gottinnigkeit *vorherrscht*, welches die mit *bestimmten* Sachverhalten zwingend verbundene Unsicherheit relativiert und sie damit akzeptabel macht. *Diese* Unsicherheit bleibt natürlich. Gerade so werde der Mensch instand gesetzt, sich vor falschen Verabsolutierungen des Sicherheits- und Gewißheitsbedürfnisses zu schützen.[167] Wieder sei Kierkegaard herbeizitiert: Auch er hatte ja immer wieder die Formel eingeschärft, der Mensch solle sich zu relativen Zwecken nur relativ und absolut nur zu der einzig absoluten Wirklichkeit verhalten, während wir doch dauernd uns absolut auf relative Zwecke einlassen. Indessen – und hier ist wieder der Unterschied ums Ganze im Spiel –: den *Zugang* zu jener Dimension des Ewigen, den der Mensch durch seine Borniertheit verspielt hatte, sah Kierkegaard durch die christologische Pforte so *verschlossen*, daß es das unsäglich Schwerste in der Existenz wäre, sie zu öffnen. Oder anders gesagt: Nach Kierkegaard sind wir durch den *Betrieb* unserer endlichen Existenz, auch durch unsere religiösen Hoffnungen und Wünsche, so erblindet, daß wir jene kleine Pforte ins Paradies nicht mehr *sehen*, durch die wir nur zu gehen bräuchten.

Fazit: Mit Tillich für die Schaffung einer Symbolwelt zu plädieren, welche ›die unbedingte Sicherheit des Sinnes‹[168] darstellt, bedeutet, dem *radikal* existentialistischen Denken den Abschied zu geben.

»Welt setzt ein tragendes Prinzip voraus, das zugleich Selbst-Charakter hat.« »Das letzte Prinzip ist der unaussagbare göttliche Abgrund, das Jenseits von Selbst und Welt.«[169] – Dies zu *sagen*, daß es das *letzte* Prinzip sei, macht eigentlich schon die Unmöglichkeit dieser Behauptung deutlich, denn sie nimmt ja eine Sprachlichkeit in Anspruch, die von der selbsthaften Differenz lebt. Über diese Logoshaftigkeit hinaus *Prinzipienaussagen* über ein Letztes zu treffen, das gar nicht aussagbar sein soll, macht keinen Sinn. *Vielleicht wäre dies genau der Ort der Para-*

doxie, auf den alle Sagbarkeit des Sinnes zuliefe – aber *das* ist gerade *nicht* Tillichs Lösung.

Anmerkungen

1 Auf der Grenze, in: Begegnungen. Paul Tillich über sich selbst und andere, GW XII, 36.
2 Ebd., 50.
3 Die sozialistische Entscheidung, in: Christentum und soziale Gestaltung. Frühe Schriften zum Religiösen Sozialismus, GW II, 295.
4 STh II, 83.
5 Die sozialistische Entscheidung, GW II, 327.
6 Masse und Geist, GW II, 82.
7 Ebd., 84.
8 Die sozialistische Entscheidung, GW II, 230.
9 Vgl. ebd., 233 f.
10 Ebd., 307.
11 Ebd., 297 f.
12 Auf der Grenze, GW XII, 51.
13 Ebd.
14 Ebd., 57.
15 STh II, 84.
16 STh II, 20.
17 Protestantismus und politische Romantik (II. Das Verhältnis des Protestantismus zur politischen Romantik), in: GW II, 216 f.
18 STh II, 65 f.
19 STh II, 41 ff.
20 STh II, 68.
21 STh II, 52.
22 STh II, 41.
23 STh II, 65.
24 STh II, 77.
25 STh II, 60.
26 STh II, 79.
27 Auf der Grenze, GW XII, 28.
28 STh II, 33.
29 STh II, 19.
30 STh II, 46.
31 Zur Stellung des Verfassers zu Kierkegaard vgl.: K.-M. Kodalle, Die Eroberung des Nutzlosen. Kritik des Wunschdenkens und der Zweckrationalität im Anschluß an Kierkegaard, Paderborn/u. a. 1988.
32 Die Philosophie der Macht, in: Die religiöse Substanz der Kultur. Schriften zur Theologie der Kultur, GW IX, 206.

33 G. W. F. Hegel, Wissenschaft der Logik. Erster Teil: Die objektive Logik. 1. Band: Die Lehre vom Sein (1832), hg. v. F. Hogemann und W. Jaeschke, Hamburg 1985, 68.

34 Die Philosophie der Macht, GW XII, 207.

35 Ebd., 209.

36 Ebd., 210.

37 Ebd.

38 Ebd., 213.

39 Ebd., 210.

40 Ebd., 209.

41 Ebd., 213.

42 Ebd., 210.

43 Carl Schmitt, Der Begriff des Politischen, Hamburg 1933, 7.

44 P. Tillich, Um was es geht. Antwort an Emanuel Hirsch, in: Theologische Blätter, 14 (1935) 117–120; Zitat: 120.

45 Religion und Weltpolitik (II. Religion und Weltbegriff), in: GW IX, 180 f.

46 Die Philosophie der Macht, GW IX, 219.

47 Ebd., 220.

48 Ebd., 222.

49 Ebd., 222 f.

50 Die sozialistische Entscheidung, GW II, 337.

51 Ebd., 342.

52 Religion und Weltbegriff (I. Der Begriff der Welt), GW IX, 171.

53 Ebd., 172.

54 Die Philosophie der Macht, GW IX, 210.

55 Ebd., 227.

56 Ebd., 211.

57 Masse und Geist, GW II, 52.

58 Ebd., 54.

59 Ebd., 56 f.

60 Ebd., 58.

61 Ebd., 58 = alle Zitate dieses Abschnittes.

62 Über die Idee einer Theologie der Kultur, GW IX, 25.

63 Ebd., 24.

64 STh II, 97.

65 STh II, 89.

66 Die sozialistische Entscheidung, GW II, 252.

67 Ebd., 256.

68 Vgl. J. Habermas, Theorie des kommunikativen Handelns, 2 Bde., Frankfurt/M. 1981.

69 Die sozialistische Entscheidung, GW II, 264.

70 Ebd., 336.

71 Religion und Weltpolitik (I. Der Begriff der Welt), GW IX, 170.

72 Auf der Grenze, GW XII, 29 f.

73 Ebd., 30.

74 STh II, 73 f.

75 Die sozialistische Entscheidung, GW II, 354.

76 Ebd., 296.

77 Ebd., 273.

89 Ebd., 245.

79 Ebd., 243; vgl. 308.

80 Masse und Geist, GW II, 60.

81 Ebd., Hervorhebung von mir.

82 Ebd., 75.

83 Auf die auch bei Tillich vorgenommene Unterscheidung von mechanischer, dynamischer und organischer Masse kann ich hier nicht weiter eingehen. – Die später von Tillich sogenannten »Ursprungskräfte« sind die Geburtsstätte der »Unmittelbarkeit eines geistigen Instinktes« (GW II, 62), eines *unbewußt* geistigen Prinzips (GW II, 66). Und es ist der kongeniale Führer, der durch sein zündendes Wort dieses dunkle revolutionäre Prinzip *offenbar* machen kann. Als Ziel schwebt Tillich die Vision eines Zustandes vor, »in dem die Masse als solche nicht mehr existiert und der Einzelne eine subjektiv-objektive geistige Formung angenommen hat« (GW II, 63).

84 Ebd., 68.

85 Ebd., 71.

86 Ebd., 71 f.

87 Ebd., 73.

88 Ebd., 74.

89 Ebd., 77.

90 Ebd., 74.

91 Ebd., 76.

92 Religion und Weltpolitik (I. Der Begriff der Welt), GW IX, 173.

93 Ebd., 174.

94 Ebd., 175.

95 Ebd., 167.

96 Das Evangelium und der Staat, GW IX, 198.

97 Religion und Weltpolitik (I. Der Begriff der Welt), GW IX, 176.

98 Religion und Weltpolitik (II. Religion und Weltbegriff), GW IX, 177.

99 Ebd., 182.

100 Ebd.

101 Das Problem der Macht, GW II, 207.

102 Ebd., 208.

103 Ebd., 205.

104 Ebd., 208.

105 Ebd., 206 f.
106 Die Philosophie der Macht, GW IX, 232.
107 Die sozialistische Entscheidung, GW II, 280.
108 Auf der Grenze, GW XII, 47.
109 Die sozialistische Entscheidung, GW II, 312.
110 Ebd., 328.
111 Ebd., 312.
112 Ebd., 318 f.
113 Ebd., 328.
114 Ebd., 329.
115 Auf der Grenze, GW XII, 49.
116 Ebd., 46.
117 STh II, 147.
118 STh II, 131.
119 STh II, 175.
120 STh II, 181. – In seiner »Systematischen Theologie«, Band I,
    151 ff hat Tillich die Unterscheidung von originaler und ab-
    hängiger Offenbarung getroffen. Die sich in der (Kir-
    chen-)Geschichte immer neu ereignende Offenbarung ist *neu*,
    aber zugleich abhängig von der originalen Offenbarung in
    Jesus Christus! »Der göttliche Geist, der die Gläubigen als
    Einzelne und als Gruppe erleuchtet, bringt ihre kognitive
    Vernunft in die Offenbarungskorrelation mit dem Ereignis,
    auf das sich das Christentum gründet.« (153)
121 Religion und Weltpolitik (II. Religion und Weltbegriff), GW
    IX, 186.
122 STh II, 68.
123 STh II, 71.
124 Auf der Grenze, GW XII, 35.
125 Die sozialistische Entscheidung, GW II, 278.
126 Ebd., 329.
127 Masse und Geist, GW II, 89.
128 STh II, 96.
129 STh II, 87.
130 Auf der Grenze, GW XII, 43.
131 Ebd., 34.
132 STh II, 101.
133 STh II, 102.
134 Ebd.
135 STh II, 103.
136 STh II, 104.
137 STh II, 106.
138 STh II, 104 f.
139 STh II, 129. – Zu Tillichs Übersetzungen des Paradoxes in die
    Verständlichkeit vgl. auch STh II, 160.
140 STh II, 117.
141 STh II, 118.

142 STh II, 125.
143 STh II, 158.
144 STh II, 162.
145 STh II, 192.
146 STh II, 130.
147 STh II, 108.
148 STh II, 109.
149 STh II, 109.
150 STh II, 125.
151 Die sozialistische Entscheidung, GW II, 243.
152 STh II, 163.
153 STh II, 163, Hervorhebung von mir.
154 Auf der Grenze, GW XII, 33.
155 STh II, 127.
156 STh II, 87 ff.
157 STh II, 73.
158 Auf der Grenze, GW XII, 43.
159 STh II, 127.
160 Kirche und Kultur, GW IX, 33.
161 STh II, 101.
162 STh II, 152 f.
163 STh II, 16.
164 Auf der Grenze, GW XII, 33.
165 Ebd.
166 Ebd., 40.
167 STh II, 83.
168 Masse und Geist, GW II, 88.
169 Religion und Weltpolitik (II. Religion und Weltbegriff), GW IX, 180.

In Richtung auf das Unbedingte.
Religionsphilosophie der Postmoderne

»Religion ist keine Sinnsphäre neben anderen, sondern eine Haltung in allen Sphären: Die unmittelbare Richtung auf das Unbedingte.« – »Religion ist, was uns unbedingt angeht.«

So lautet die Erkennungsmelodie, die, wo sie ertönt, unverwechselbar zu erkennen gibt: Hier spricht Paul Tillich. In vielen Variationen kehrt dieser Grundton immer wieder: Denken und Reden »in Richtung auf das Unbedingte«. Dieser Grundton hat dem Werk Tillichs sein eigentümliches Gepräge gegeben. Im System der Wissenschaften von 1923 liest man, der »Wille zum Unbedingten« liege allem Geistigen zu Grunde.[1] Tillich öffnet sich hier den Einstieg in die Wissenschaftstheorie, das Zeughaus der Wissenschaft, mit dem entschlossenen Diktum: »Die lebendige Kraft eines Systems ist seine ›Ur-Intention‹« – Das kann man füglich auf ihn selbst anwenden. Die »Richtung auf das Unbedingte« ist die ›Ur-Intention‹, die für Tillich maßgeblich geworden ist, der Anfang vor dem Anfang und zu den vielen, immer neuen Anfängen seines eigenen Wirkens. Dreißig Jahre später, wenn er den Zugang zu den Quellen der Theologie erkundet, in der »Systematischen Theologie«, bringt Tillich die Geschichte des christlichen Denkens auf seine Seite, indem er sagt: ». . . zu allen Zeiten hat christliches Denken sich um das bewegt, was uns unbedingt angeht«[2]. Der Religionsphilosoph und der Theologe blicken in die gleiche Richtung, und sie tun es mit vereinten Kräften, vereint in dem Werk Paul Tillichs, nicht erst kraft der methodischen Leitseile, durch die sie zusammengehalten sind; das Denken in Richtung auf das Unbedingte ist »selbst etwas letztlich Unbedingtes«[3].

Das ist ein überraschender Satz. Die Philosophie hat das Geheimnis, das über der unaufhebbaren Individualität des Denkens liegt, nicht gelüftet. Es gibt die Philosophie nur in den Philosophien und die Theologie nur in den Theologien. Die späte Neuzeit, oder sagen wir das reflektierte neuzeitliche Bewußtsein, hat sich dieser Einsicht weit geöffnet.

Pluralismus ist dafür eine gängige Münze. Im geistigen Klima und in der wissenschaftlichen Kultur, der Paul Tillich selbst entstammt, ist ›Historismus‹ ein Begriff, der dieser Einsicht Ausdruck gab und ihr zugleich methodisch zu Leibe zu rücken suchte. Wenn das Denken in Richtung auf das Unbedingte selbst bereits etwas letztlich Unbedingtes ist, so kann man in einer ersten Annäherung in dieser Aussage Tillichs Stellungnahme zu dieser spezifischen neuzeitlichen Erfahrung verschlüsselt finden. Stellungnahme zur Neuzeit ist das Leitmotiv in allen großen Entwürfen der Epoche. Das Bewußtsein dafür, Philosophie und Theologie unter spezifisch veränderten Bedingungen zu treiben, neuzeitbedingt, muß aber nicht heißen, sang- und klanglos die Bedingungen zu akzeptieren, unter denen die Nötigung zu dieser Stellungnahme auftritt. Das Bewußtsein für die eigene Bedingtheit kann selbst als ein Indiz für ein Denken »in Richtung auf das Unbedingte« ausgelegt werden.

I.

In einer ersten Annäherung soll darum Tillichs Redeweise vom ›Bedingten‹ und vom ›Unbedingten‹ auf seine Perspektive des Verhältnisses von ›Christentum und Neuzeit‹ hin interpretiert werden. Der für das historische Bewußtsein gängigen Frage nach dem ›Christentum unter den Bedingungen der Neuzeit‹ müßte dann die Gegenfrage nach der ›Neuzeit unter dem Anspruch des Unbedingten‹ folgen; nicht als schlichte Umkehrung des Themas »Die Neuzeit unter den historischen Bedingungen des Christentums«. Das Christentum, die Religion, ist vor vielem anderen die historische kulturelle, auch politische Bedingung der Neuzeit, sie ist nicht selbst das Unbedingte. Sie ist – in Tillichs Terminologie – bedingte Form. Und diese bedingte Form von Religion und Christentum zerbrochen zu haben, das ist die durchaus religiöse Funktion, die Tillich der Neuzeit zuweist; die Neuzeit läßt sich als eine Art Agent des Unbedingten begreifen, auch wenn dieser Agent sich dieser seiner Funktion nicht »unbedingt« bewußt ist. Insofern ist für die Religion »unter den Bedingungen der Neuzeit« tatsächlich eine veränderte Perspektive gefordert, welche eine selbstsichere und selbstbewußte Haltung von Religion und Christentum gegenüber der oder einfach »über« die Neuzeit nicht mehr zuläßt. »In Richtung auf das Unbedingte« rükken das historische Christentum und die historische Religion auf die gleiche Ebene und in eine Reihe mit der historischen Neuzeit und der modernen Gesellschaft.

Christentum und Neuzeit, Religion und Moderne sind für Tillich keine Gegensätze, die sich womöglich ausschließen. Sie sind verschiedene Medien, in denen das Hereinbrechen des Unbedingten wahrzunehmen, zu identifizieren und zu bedenken ist.

Dazu einige Hinweise: »Niemand, der in der Moderne lebt, kann sich dem Christentum entziehen. In alle Einrichtungen und Sitten, in Sittlichkeit und Geistesleben der modernen Gesellschaft ist das Christentum eingegangen«[4]. »Der Standort der modernen Gesellschaft« ist »kein Standort außerhalb des Christentums«. Das ist die eine Seite der Verschränkung von Christentum und Neuzeit. Ihr entspricht die andere: »Das Christentum kann nicht umhin, in der modernen Gesellschaft sich selbst wiederzuerkennen, zugleich aber in ihr den Ort aller Widersprüche gegen sich zu sehen« (103). Dieses Verhältnis ist nicht in einem Satz zu fassen. Es hat eine doppelte Lesart: Einerseits ist Religion Hinweis auf »das Jenseits der Gesellschaft«, andererseits und zugleich nimmt die Religion teil »am Ringen der autonomen Kultur«. Beides zusammen qualifiziert die Gegenwart als den Ort, an dem das Fragen »in Richtung auf das Unbedingte« einsetzt.

Im Jahre 1926 widmete Tillich dem Epocheneinschnitt eines Vierteljahrhunderts des 20. Jahrhunderts eine Abhandlung mit dem Titel »Die religiöse Lage der Gegenwart«[5]. In das Vorwort schrieb er: »Ein Buch über die religiöse Lage der Gegenwart muß von *allem* Gegenwärtigem etwas sagen. Denn es gibt nichts, das nicht auch Ausdruck der religiösen Lage wäre.« Von »allem Gegenwärtigen etwas sagen«, weil in allem auch etwas von dem gegenwärtig ist, was uns unbedingt angeht, diese Grundeinstellung hebt Tillich aus dem Kreis seiner Generationsgenossen heraus und prägt seinen Beitrag zu dem allgegenwärtigen Thema der Zeitdeutung. Bei Tillich lautet es: »Die Neuzeit ist Ausdruck der religiösen Lage«.

II.

In einer zweiten Annäherung tritt dieses eigentümliche Profil deutlicher hervor. Die Erfahrung des Weltkrieges hatte allerorten eine Bewegung ausgelöst, welche mit großer Vielstimmigkeit das Ende der Ideale der Neuzeit beschwor und eine neue Gegenhaltung gegen unglaubwürdig gewordene Perfektibilitätsmotive forderte. Wo sich heute der Begriff »Postmoderne« anbietet[6], ließe er sich rückblickend auf das Epochenbewußtsein anwenden, wie es in jener Zeit zur Herrschaft gelangt[7]. Tillichs Auftritt ist von unverkennbarer Zeitgemäßheit. Sein eigenes Profil zeigt sich daran, daß er sich den im Zeitbewußtsein angebotenen radikalen Alternativen entzieht.

Das war auch der Eindruck, den Reinhold Niebuhr, der wohl wichtigste Repräsentant der nordamerikanischen protestantischen Theologie der Nachkriegszeit, hatte. Er stellte Paul Tillich der amerikanischen Theologie im Jahre 1937 mit der folgenden Charakteristik vor: In der amerikanischen Situation habe bis in die jüngste Zeit ein naiver Moralismus und Humanismus geherrscht, dieser sähe sich nun einem kompromißlosen Antihumanismus und neuen Autoritarismus konfrontiert, etwa in der Theologie Karl Barths. Tillichs Bedeutung sah Niebuhr darin, daß er jenseits dieser Alternativen stehe mit der ironischen Konsequenz: Die Barthianer betrachten ihn als Humanisten, der das Wort Gottes auf einen »human dialogue« reduziere. Die amerikanischen Pragmatisten dagegen erblicken in Tillich den Repräsentanten eines neuen (barthianischen!) »supernaturalism«[8]. Reinhold Niebuhr empfiehlt seinen Lesern Tillich damit, daß er keines von beidem sei; Tillich stelle eine dialektische Beziehung von Erfahrung und Offenbarung her, die über diese Alternativen hinausführe. Niebuhrs jüngerer Bruder H. R. Niebuhr hatte schon 1932 Tillichs Abhandlung über »Die religiöse Lage der Gegenwart« ins Englische übersetzt[9] und in seiner Einleitung Tillichs Begriff eines »Gläubigen Realismus« (»Belief-ful Realism«) hervorgehoben. »Realismus« aber war ein Kennwort, mit dem auf breiter Front und in den verschiedensten geistigen Lagern die Signatur der Zeit auf den Punkt gebracht wurde[10], Realismus als Gegenparole gegen den Idealismus der Moderne; während »Modernismus« die Parole für den Aufbruch aus den Schranken der traditionsgebundenen Welt ist, wendet sich »Realismus« als

Parole eines ernüchterten Idealismus der »neuen Sachlichkeit« (»New Realism«) zu mit der Aufmerksamkeit für solche Erfahrungen der Wirklichkeit, die dem Idealismus der Neuzeit widersprechen. Im Jahre 1935 hatte einer der großen Prediger des Modernismus in den USA, der New Yorker Theologe Harry Emerson Fosdick, in der Riverside Church die Formel für die neue Situation geprägt: »Beyond Modernism«[11]. Reinhold Niebuhr sah Tillichs Bedeutung bei diesem Übergang darin, daß dieser den Schritt »Beyond Modernism« nicht als Tritt gegen die Neuzeit und gegen die liberalen Prämissen der Moderne begriff, sondern in deren eigener Konsequenz zu deuten und zu begreifen suchte. Eben dafür fand Tillich in den USA andere Partner als in dem Deutschland, das er nach der nationalsozialistischen Machtergreifung verlassen mußte.[12] In der »Theological Discussion Group«, in die Reinhold Niebuhr Tillich einführte[13], waren Theologen und Religionsphilosophen versammelt, die Kritik am liberalen, neuzeitbewußten Erbe des Protestantismus mit einem autoritätskritischen und erfahrungsoffenen religiösen Bewußtseins zu verbinden suchten. Ihnen galt Tillich als ein neuer »mediator«, Vermittler. Daß Tillich erst über die USA auch zu kontinentaler Wirkung gekommen ist, hat mit seiner eigentümlichen theologischen und religionsphilosophischen Stellungnahme zur Neuzeit bzw. zur Moderne zu tun.

III.

In einer dritten Annäherung ist Tillichs Position in der Religionstheorie aufzuzeigen »unter den Bedingungen der Neuzeit«, oder jetzt genauer: »unter Bedingungen der Neuzeitkritik«. Philosophische und theologische Religionstheorie ist nicht nur ein wissenschaftliches oder kirchliches Spezialthema. In der Religionstheorie werden Grundlagen und Verfassung der neuzeitlichen Welt überhaupt dargestellt und erörtert in dem Sinne Tillichs, daß »von allem Gegenwärtigen« gehandelt wird.

In zweckmäßiger Abbreviatur kann man sagen, der Religionstheorie standen in der Umbruchsituation nach dem Ersten Weltkrieg zwei Wege offen. Der eine Weg war vorgezeichnet durch eine Religionstheorie, die das geschichtliche Verhältnis von Religion und Moderne in eine Gesamtdeutung der Neuzeit einspannte. Auf dem anderen

Weg wurde im Zerbrechen dieser Geschichtsdeutung Religion mit einer antimodernistischen Gegenbewegung verbunden und im prinzipiellen Widerspruch gegen jede historische Kontinuität in neuer Unmittelbarkeit geltend gemacht. Eine kurze Skizze beider Möglichkeiten gibt den Hintergrund für das Verständnis der Religionsphilosophie Tillichs.

In den Arbeiten von Max Weber und Ernst Troeltsch wurde die Entstehung der modernen Welt aus dem Christentum in einer Kontinuität des Widerspruchs und der Säkularisierung rekonstruiert. In gewisser Weise können ihre Konzeptionen schon als »postmodern« bezeichnet werden. Denn anders als noch in der Geschichtsphilosophie eines Hegel waren sie von der Überzeugung geleitet, daß der geschichtlichen Bedeutung von Christentum und Protestantismus für die Entstehung der modernen Welt keine unbestrittene Gegenwartsgeltung der Religion mehr entspricht. Die historische Erinnerung der religionstheoretisch relevanten Genealogie der Neuzeit blickt auf diese schon zurück; die Frage, was die moderne Gesellschaft zusammenhält, worin das »Wesen des modernen Geistes«[14] im Unterschied zum Wesen der Religion bzw. des Christentums seine Einheit findet, ist bei ihnen schon nicht mehr mit der Selbstgewißheit verbunden, daß die Neuzeit ungebrochenes Erbe der Geschichte des Christentums sei. An der Frage, welche Konsequenzen aus diesem eher negativen Resultat einer einst konstruktiv-positiven Funktion des Christentums zu ziehen sei, trennten sich ihre Wege. Im Verfolg dieser historischen Linie stand der Weg offen, die religionstheoretischen Ansätze nunmehr systematisch in einer Theorie der Gesellschaft weiter zu verfolgen mit der Absicht, in der immer größer werdenden Komplexität der modernen Gesellschaft funktionale Äquivalente für das zu entdecken, was einst als historische Wirksamkeit der Religion bestimmt war. Talcott Parsons, der bei Weber und Troeltsch in die Schule gegangen war, ist diesen Weg mit aller Konsequenz gegangen und mit seiner funktionalen soziologischen Systemtheorie zum wichtigsten Vertreter der modernen Soziologie geworden. Sein Erbe ist heute z. B. in den Arbeiten Niklas Luhmanns in der Religionstheorie der Gegenwart eindrucksvoll präsent. Das Problem, das auf dieser Linie unübersehbar hervorgetreten ist, besteht darin, daß Religion wie Gesellschaft in dieser Theorie gleichsam als subjektlose

Systeme auftreten; damit wird ausdrücklich der Verlust ratifiziert, den Weber und Troeltsch als Stachel in ihrer Religionstheorie präsent wußten: wie und von wem denn eigentlich das System der modernen Gesellschaft inhaltlich bestimmt und kritisch beurteilt werde. Gegenüber der system-funktionalen Gesellschaftstheorie erhebt sich deswegen die Frage, wie in ihr das Moment der ausdrücklichen kritischen Stellungnahme zu einer endlichen Welt soll auftreten können, ohne welche weder der Gedanke des Subjektes noch der Begriff einer transzendenten Religion in der Wirklichkeit Fuß fassen könnte. Die Theorie der Gesellschaft führt in letzter Konsequenz dazu, ein solches »Jenseits der Gesellschaft« überhaupt zu negieren.

Am Willen zur Selbständigkeit der Religion gegenüber der Gesellschaft formiert sich der andere Weg, auf dem das Verständnis von Religion aus einer solchen geschichtlichen Horizontale überhaupt prinzipiell herausgelöst und statt dessen in das Bild einer großen Gegenbewegung eingezeichnet wird. Rudolf Otto, Franz Rosenzweig, Martin Buber und die Theologen »Zwischen den Zeiten« gingen jeder auf seine Weise den Weg einer Elementarisierung des Religiösen; unter Abstreifung der historisch-kulturellen und gesellschaftlichen Komplexität drängte die Religionstheorie aus der interdisziplinären Verschränkung heraus und suchte existentiale, personale, ontologische Kategorien zu entwickeln, die als Ausdeutung einer unmittelbaren Frömmigkeit aufzutreten vermöchten. Die spezifischen Konflikte und Gegensätzlichkeiten der nachneuzeitlichen Wirklichkeitserfahrung wurden so in »ewige« Gegensätze und Strukturen transponiert. Gogartens Diktum[15], daß die religiöse Betrachtung »den Menschen ... aus dem Bilde fortsehen« müsse, damit der Raum »frei für das Fragen nach Gott« werde, ist in ihrer Radikalität hier signifikant. Der Preis für dieses theoretische Großreinemachen bestand und besteht darin, daß die Aufnahmefähigkeit der Religionstheorie für die komplexe Erfahrungswirklichkeit der Gesellschaft rapide zusammenschrumpfen mußte. Die Religionstheorie wurde als Dogmatik oder als Mystik oder als reine Personalität auf ein elementares dualistisches Schema von »drinnen« und »draußen« festgelegt und die historische Realität der Neuzeit im Verhältnis zur Religion dabei in ein prinzipielles »draußen« verlegt. Verlorengehen konnte auf diesem Wege das kritische Potential einer Kontrolle des religiösen

Bewußtseins durch empirische, historische Erfahrungswirklichkeit, welches von den Anfängen der Neuzeit her das Reservoir der Religionskritik war. Die »Religion überhaupt« schien sich statt dessen zwanglos wieder mit der Religion in endlicher Gestalt, der positiven Religion, zu vereinen, die der »Welt« gegenübersteht. Auch diese Religionstheorie steht in gewisser Weise schon jenseits der Neuzeit und präludiert so etwas wie eine »Postmoderne«.

Auf dem Hintergrund dieser religionstheoretischen Großwetterlage tritt die spezifische Bedeutung des Werkes von Paul Tillich als Religionsphilosoph und als Theologe plastisch hervor. Er hat an den Intentionen beider Wege teil und verbindet ihre wesentlichen Momente miteinander; damit transzendiert er methodisch und inhaltlich die Alternativen, die sich hier und dort anbieten.

Es ist oft gesagt worden, daß Tillichs Werk der methodischen Klarheit entbehre und daß seine Begrifflichkeit nie den Stempel letzter Konsistenz erreicht habe. Das ist für eine puristische Betrachtungsweise wohl zutreffend, aber doch nur dann, wenn man den außerordentlich widerspruchsreichen Kontext außer acht läßt, in dem er sich bewegt und auf den er sich bezieht. So tritt er in das Erbe des historischen Bewußtseins ein samt dessen soziologischer Ausarbeitung. Und zugleich nimmt er auf eigene Weise teil an der Elementarisierung der theologischen und religionsphilosophischen Grundbegrifflichkeit mit ihrer Suche nach letztverbindlicher Wirklichkeit. Die Schwierigkeit zu sagen, was er denn nun sei, Theologe oder Philosoph, Soziologe oder politischer Propagandist, Wissenschaftler oder Prediger, hängt damit eng zusammen.

Blicken wir zunächst in die Richtung, in der Tillich die historisch-soziologisch ansetzende Religionstheorie aufnimmt. Ernst Troeltsch beschloß sein letztes großes Opus über den Historismus mit der Parole: »Geschichte durch Geschichte überwinden«[16]. Das war 1923, als Troeltsch, gerade 57 Jahre alt, starb, bevor er selbst die in dieser Parole liegende Ankündigung wahrmachen konnte. Tillich nimmt diese Perspektive auf. »Geschichte durch Geschichte überwinden«, das kann sehr wohl als Überschrift über seinen verschiedenen Stellungnahmen zur theologischen und religiösen Auffassung von Geschichte stehen, die unter den Titeln »Kairos« und »Gläubiger Realismus« erschienen sind.

Der erste Kairos-Aufsatz wurde bereits 1922 veröffentlicht[17] als ein »Aufruf zu geschichtsbewußtem Denken, zu einem Geschichtsbewußtsein, dessen Wurzeln hinabreichen in die Tiefen des Unbedingten«. In Kairos II sagt es Tillich dann so:[18] Es könne kein Zweifel sein,

»Troeltsch, und das heißt die Zeit, deren Ausdruck er war, hat den Historismus nicht überwunden, hat den Ort nicht genannt, von dem aus er überwunden *ist*. Überwunden *ist*, nicht überwunden werden kann oder wird. Denn es handelt sich nicht um etwas, das von irgendeiner Zeit getan werden kann, sondern um etwas, das zu jeder Zeit schon getan ist, und zu dem jede Zeit hinfinden kann und muß.«

Was er so als Kritik an Troeltsch ansetzt, wird von Tillich dann aber anders als zu erwarten und anders als bei anderen theologischen Zeitgenossen so fortgeführt:

»Wir haben darum kein Recht, uns über die vergangene Zeit des Historismus zu erheben. Denn in ihrem Geständnis, nicht überwinden zu können, und in der Verzweiflung dieses Geständnisses liegt vielleicht das Finden, dem wir aufgrund dieser Verzweiflung Ausdruck geben können.«

Kairos, als der erfüllte Augenblick, als epochaler Geschichtsmoment[19], das ist für Tillich methodisch (als Weg) wie inhaltlich (als Deutung) die Verdichtung des historischen Bewußtseins.

Die Not des Historismus war es, daß er sich selbst mit der Strenge des Relativismusgebots dort ins Wort fällt, wo er sich auf der Suche nach letztgültiger Wirklichkeit die methodischen Fesseln der Urteilsenthaltung anlegt. Aus dieser Not wird bei Tillich die Tugend des »historischen Realismus«[20], von dem er sagt, er sei »die eigentlich protestantische Form der Erfassung des Seinsmächtigen«. Die methodische Barriere, welche der Historismus gegen jede Absolutsetzung einer bestimmten historischen Erscheinung der Wirklichkeit in der Religion, in der Politik, in der Kunst aufgerichtet hat, führte Ernst Troeltsch dazu, den Gedanken einer »Absolutheit des Christentums« theoretisch grundlegend zu verändern; eben diese methodische Barriere wird von Tillich jetzt umgewertet in eine Sachaussage: »Zu verwerfen ist . . . jeder Versuch, eine historische Erscheinung allen anderen gegenüber absolut zu setzen«[21]. Aber daraus folgt nicht ein gleichmacherischer Relativismus; die Barriere vor der Absolutsetzung bekommt für Tillich selbst eine unbedingte Bedeutung. Die Suche nach der absoluten Form zerbricht in dem Augenblick, in dem das Zerbrechen endlicher Formen der Wirklichkeit – und das ist eine andere Wahrnehmung des historischen Realismus! – als das Gegenwärtigsein des Unbedingten im Bedingten erfaßt wird. Dann gibt es keine andere Forderung als die, »daß das Bedingte sich selbst aufhebt und sich dadurch zum Organ macht für das Unbedingte«[22]. Als protestantisch bezeichnet Tillich eine solche Haltung, die »im Jetzt, im historisch gefüllten und gespannten Hier die Macht des Seins sucht«.

Dieser historische Realismus Tillichs verbindet die historische Richtung der Religionstheorie mit der anderen, die auf Elementarisierung drängt. Das geschieht über eine deutliche Wissenschaftskritik. Denn die akademische Wissenschaft »schwebt über den Wassern einer historischen Realität, von deren Existenz sie auch dann kaum etwas ahnt, wenn sie sie geschichtlich bearbeitet«. Sie erfaßt dann nur »den Schaum des Wirklichen, nicht seine Macht«[23]. Das Hier und Jetzt, der Kairos, fordert, aus dieser Unbetroffenheit herauszutreten in die Öffnung für das, »was *uns* unbedingt angeht«. Die Denkfigur, die Tillich hier einführt, leitet seine Theorie des Protestantismus ebenso wie seine Bestimmung des Verhältnisses von Autonomie und Theonomie. Der Protestantismus als kritisches und als prophetisches Prinzip ist durchaus die Deutung des historischen Protestantismus, dem auch die Arbeiten von Weber und Troeltsch galten, aber nicht in der endlichen Erstreckung seiner Geschichte, sondern in der Perspektive, in der er darin Träger eines unbedingten Anspruchs, der protestantischen Forderung ist. Und die Autonomie ist durchaus die Autonomie der Neuzeit, welche die Macht der Verwirklichung des Selbstseins zu ergreifen sucht; deren Sendung erfüllt sich aber erst dort, wo die Begriffe der Transzendentalität ihre inhaltliche Füllung im Überschritt zur Theonomie empfangen. Tillich war kein Verächter des historischen Bewußtseins und der historischen Forschung auf dem Gebiete der Religion und der Theologie, schon gar nicht, sofern diese in kritischer Absicht betrieben wurde. Historischer Realismus, wie er ihn verstand, wurde darin zum »Gläubigen Realismus«, daß er die langen Wege der historischen Entwicklungslinien auf den kurzen oder direkten Weg hin zusammenzog, in der unaufhaltsamen Erfahrung der Relativierung den präsentischen Sinn der Unausweichlichkeit historischer Existenz zu erspüren: das Unbedingte im Bedingten.

Die Folgen für die Religionstheorie werden damit deutlich: Während das neuzeitliche historische Bewußtsein die Religion, und das ist ja immer das Christentum, in seine eigene Vorgeschichte verrechnet und dessen Wirkungsspuren mit dem Eindruck nachlassender und schwindender Geltung nachforscht, stellt Tillich dieser Aporetik nun die Präsenz der Religion entgegen, die überall ihren Geltungsanspruch erhebt, wo immer im Endlichen mehr im Spiel ist. Die diachrone historische Religionstheorie wird damit in ihrer Zeitachse verschoben zur synchronen Theorie der Religion in der Kultur.

»Religion ist die Substanz der Kultur und Kultur die Form der Religion.« Diese oft zitierte Formel Tillichs, von der er selbst gesagt hat, sie sei »die präziseste Formulierung der Theonomie«[24], ist von ihm schon früh ausprobiert worden. Im Kontext der religionstheoretischen Diskussion öffnet sie den Weg, um für »Religion« über die Kirche hinaus und über die historisch identifizierbaren Formen des religiösen Ausdrucks hinaus Raum zu schaffen für das, was, in anderer Weise, in der systemfunktionalen Religionstheorie Parsons' und seiner Schüler als Äquivalente für Religion herausgearbeitet worden ist. Die methodische und inhaltliche Pointe besteht darin, daß »die spezifisch religiösen Kultursphären« »grundsätzlich aufgehoben sind«[25], auch wo sie faktisch, empirisch noch gegeben sind. Der Gehalt der Religion, als Erfahrung des Unbedingten, ist nicht an eine bestimmte endliche Form gebunden. Bereits 1919 beginnt Tillich den Versuch, den historisch identifizierten Formen der Religion äquivalente Formen in der Kultur an die Seite zu stellen, in der Ethik, in der Politik, in der Kunst. In einem historischen Abriß werden von ihm später die Austauschbeziehungen von Kirche und humanistischer Gesellschaft in einer variantenreichen Typologie skizziert und mit der Unterscheidung von »manifester« und »latenter« Kirche gedeutet.[26] Der »Wille zum Unbedingten« löst sich also nicht von der Konkretheit der Geschichte, zumal der Sozialgeschichte, ab. Das war Tillichs permanenter Vorwurf gegenüber seinen Generationsgenossen in der Theologie. Und noch im Dritten Band der »Systematischen Theologie« ist das Interesse ungebrochen lebendig, über solche Äquivalente den Bedeutungsverlust der kirchlich-manifesten Religion und Theologie geistvoll zu kompensieren. Kulturtheologie wäre dann das Stichwort für den substantiellen Gehalt der Religionsphilosophie und Religionsphilosophie der universale geschichtliche Bezugsrahmen für die Kulturtheologie.[27] Die Entdeckung der religiösen Substanz in der Kultur hebt die Eigenständigkeit humaner Kultur, die Autonomie in ihren differenten Ausdrucksformen nicht auf, jedenfalls nicht, um sie zugunsten der besonderen religiösen Form einzuziehen. Der Anspruch des Unbedingten bringt sich, so will Tillich es sehen, jeweils am Ort der Kultur zur Geltung.

IV.

Wenn heute von einer »Wiederkehr der Religion«[28] gesprochen und eine solche auf vielen Etagen des Zeitbewußtseins erkundet wird, so wird man bei Paul Tillich der Kontinuität in dieser »Wiederkehr« ansichtig. Sie sollte besser »Wiederentdeckung« heißen, und die Vermutung, daß es sich dabei um eine postmoderne Novität des ausgehenden 20. Jahrhunderts handele, ist eher unzutreffend. Zutreffender wäre es, davon zu sprechen, daß die Ungewißheiten über die präsentische Geltung der Religion in der modernen Gesellschaft sich nun auf den Gesamtbestand der Neuzeitdeutung ausgeweitet haben. Auf diesem Wege holt die Frage nach der Entstehung der Moderne aus der Religion mit ihren kritischen Folgen für das Religionsverständnis nun die Moderne selbst ein.

Im Rückblick auf das Bisherige und im Vorblick auf das Weitere ist eine Zwischenbemerkung zum Stichwort »Postmoderne« fällig. Unter der Flagge »Postmodernismus« versammelt sich heute ein altbekannter »Antimodernismus« im neuen Gewande einer futuristierten Modernekritik, zu deren Ausstattung Theologen dann ihr Quentchen eschatologisch-apokalyptischen Radikalismus beisteuern. Unter dem Stichwort »Postmoderne« läßt sich aber auch etwas anderes bemerken, ein vertieftes und gereiftes Verständnis der Moderne selbst, ein Denken über die Moderne, wie es erst durch sie und an ihr spruchreif geworden ist. Es tritt auf in der Rückfrage, ob das Gegenstandsbewußtsein die notwendige und zureichende Bedingung des Selbstbewußtseins sei. Tillich hat diese Rückfrage gestellt in seiner Kritik eines Religionsbegriffs, der Religion vergegenständlicht; sie ist auch in seiner Forderung enthalten, die Autonomie für die Theonomie zu öffnen.

Postmodern meldet sich ein Verständnis der Moderne in der Frage, ob die Idee eines in sich gerichteten Prozesses kulturellen Fortschritts der Moderne noch adäquat sei, wo Pluralismus und Gegenläufigkeiten zu einer »réécriture«, einem Neuschreiben der Geschichte im Maß von Vielfalt nötigen. Tillichs Thesen zum Religiösen Sozialismus liegen in diesem Sinne quer zu der dem Geschichtsprozeß immanenten Logik eines geschichtlichen Sozialismus. Zu bemerken wäre ferner die postmoderne skeptische Freiheit gegenüber einer deduzierenden Rationalität, als Freiheit zum Eklektizismus, der auch die Konsequenzmacherei im Zwang zur Einheit von Theorie und Praxis auflockert. Postmoderne wäre, so gesehen, nicht billige oder emphatische Verabschiedung der Moderne, vielmehr liefert sie Stichworte für eine zeitgemäße Sicht der Moderne. Tillichs Religionsphilosophie hat zumeist dort Gehör gefunden, wo das Interesse an Moderne und Aufmerksamkeit für Religion sich zu verbinden suchen.

V.

Nach den drei Annäherungen an Paul Tillich als Theologen und Religionsphilosophen und der Zwischenbemerkung zur Postmoderne soll jetzt die Frage erörtert werden, mit welcher elementaren Grundbegrifflichkeit Tillich die Auseinandersetzung mit der Komplexität des historischen Realismus unternommen hat. Am 25. Januar 1922 stellte sich Tillich in einem Vortrag vor der Berliner Abteilung der Kantgesellschaft einem philosophischen Publikum, um über den Begriff der Religion zu sprechen. Er gab seinem Vortrag den Titel »Die Überwindung des Religionsbegriffs in der Religionsphilosophie«[29]. Wir wissen nicht, ob seine Zuhörer die Angriffe von Barth und Gogarten auf den Religionsbegriff bereits im Ohr hatten. Aber für Tillich selbst ist dieses Thema wichtig im Zusammenhang mit der theologischen Religionskritik. Tillich möchte nachweisen, »daß der Begriff der Religion in sich selbst eine Paradoxie enthält. ›Religion‹ ist der Begriff einer Sache, die eben durch diesen Begriff zerstört wird. Und doch ist er unvermeidlich, es käme also darauf an, ihn so zu verwenden, daß er einem höheren Begriff untergeordnet wird, der ihm seine zerstörende Kraft nimmt. Das aber ist der Begriff des Unbedingten«. Die Kritik zielt darauf ab, daß der Religionsbegriff etwas vergegenständlicht oder, in Anspielung an Schleiermacher, provinzialisiert, was der Sache nach jede Vergegenständlichung durchbricht, wie Tillich sagt: er gründet das Unbedingte auf das Bedingte (377). »Eine Religionsphilosophie, die dem Wesen des Unbedingten gerecht werden will, muß das Unbedingte in allem Bedingten erfassen, als das, was sich selbst und das Bedingte begründet« (ebda.). Vor den versammelten Kantianern formuliert Tillich: »Ein der Substanz nach unreligiöses Bewußtsein gibt es nicht, wohl aber der Intention nach. In jeder Ich-Erfassung ist die Beziehung auf das Unbedingte als Realitätsgrund enthalten; aber nicht in jeder ist sie gemeint« (378). Der Omnipräsenz des substantiellen religiösen Bewußtseins steht die Unvermeidlichkeit der Vergegenständlichung von Religion gegenüber, sie ist schon mit dem Aussagecharakter von Religion, ihrer Sprachlichkeit gesetzt (382). Die Erlösung der Religion vom Verhängnis der Objektivierung erfolgt aber nicht durch die *Negation* des Bedingten, in dem die Religion auftritt. Wenn Tillich hier Offenbarung als »das Durchbrechen des Unbedingten in seiner Unbedingtheit« auslegt, so ist »der Protest gegen die Vergegenständlichung der Pulsschlag der Religion« (383). Im Blick auf die Theorie des Selbstbewußtseins formuliert Tillich, er wolle einer Bewußtseinslage den Weg bereiten, »in der die Selbstgewißheit des Bedingten zerbrochen ist vor der Gewißheit und Wirklichkeit des Unbedingten« (385). In Vorwegnahme der Reaktion eines methodenbewußten Auditoriums stellt Tillich sofort fest: Niemand könne methodisch zu dieser Einsicht gezwungen werden, jedenfalls nicht so, wie man jemanden »zur bloß kritischen Methode (der Wissenschaft) zwingen kann« (386).

Ein Jahr später widmet Tillich seinen Entwurf eines Systems der Wissenschaften dem Andenken an den gerade verstorbenen Ernst Troeltsch.[30] Es geht ihm darum, »das Verhältnis der Methoden zu den Gegenständen herauszuarbeiten«. Es wäre unangemessen, Tillichs Wissenschaftstheorie in wenigen Sätzen adäquat darstellen zu wollen; immerhin mag es erlaubt sein, ihre Intentionen zu paraphrasieren. Mit dem Mut zum Elementaren stellt Tillich den Satz auf: »Das Denken ist der Akt, der auf das Sein gerichtet ist«, mit der Konsequenz: »In jedem Denken ist mehr gemeint als bloßes Denken: Gemeint ist etwas, was jenseits jedes Denkprozesses liegt«. Dem Heer der Einwände, die hier bereitstehen mit dem Zwischenruf, woher wir denn überhaupt etwas von einem Sein jenseits des Denken wissen könnten, wenn nicht allein im denkenden Bewußtsein, hält Tillich entgegen, daß das Denken sich ja auch auf sich selbst richtet und sich also »gewissermaßen zuschaut, während es denkt« (119); das Denken stellt sich also selbst unter Bestimmungen, die dem Sein zukommen. In der Durchführung dieses Ansatzes macht Tillich produktiven Gebrauch von der Differenz zwischen dem Denken und dem Sein, auf das sich das Denken richtet. Alle Geistestätigkeiten sind von dem Willen bestimmt, »das Unbedingte unmittelbar zu erfassen« (227). Da sie das aber nur in Formen endlichen Bewußtseins tun können, bleiben sie ihrer eigenen Intention nur treu, wenn sie sich der Kritik durch das unterwerfen, worauf sie sich richten. Das ist die »Richtung auf das Unbedingte«. Sie kommt in keiner Geistesfunktion zu einem alleinigen und abschließenden Ziel, aber sie wird in allen verfolgt und muß auch verfolgt werden.

Ein plastisches Beispiel ist für Tillich das Recht (257 ff). Im Recht ist die »Richtung auf das Unbedingte« präsent in der Intention auf die Unbedingtheit des Personseins des Menschen; das Personsein geht aber in keinem Rechtsgedanken und in keiner Rechtssetzung auf; das Personsein ist das Unbedingte, auf das sich das Rechtsdenken richtet, als die kontrafaktische, im Bedingten nicht eigentlich gegebene Wirklichkeit. Ein anderes ebenso wichtiges Exempel ist die Religion[31]: »Das Denken muß die unendliche Transcendenz alles Seins gegenüber dem Denken anerkennen. Gerade auf dieser Transcendenz alles Seins gegenüber dem Denken beruht die Realität aller erkennenden Setzung«, ohne sie wäre das Sein auflösbar in bloßes Bewußtsein (324). Sprache und Aussagen der Religion richten sich auf das Unbedingte, sie wären aber fürchterlich mißverstanden, wenn sie ungebrochen für die Sache selbst genommen würden. Tillich visiert damit den Sinn des Symbols als eines endlichen Stellvertreters für das in ihm intendierte Unbedingte an. Von diesem Ansatz her wendet sich Tillich gegen eine puristische Wissenschaftstheorie, die mit der Wirklichkeit reinen Tisch machen möchte, damit in ihrem eigenem Hause, im wissenschaftlichen Seminar Klarheit und Ordnung herrsche. Sie kann das nur auf Kosten des Seins tun, auf das sich das Wissen und die Wissenschaft doch bezieht und gründet. Die Front, gegen die Tillich sich wendet, ist ein Verständnis von Wissenschaft und Theorie als Substitut für die Wirklichkeit des Seins wie auch des konkret Seienden. Aber er redet keinem Rückgang auf ein unvordenkliches Sein jenseits der Formen des Wissens und der endlichen Gestalten der Theorie das Wort. Die »Richtung auf das Unbedingte« hebt die Unterschiede der Wissenschaften, der Kulturfunktionen, der individuellen Lebensformen nicht auf, zwingt sie nicht unter ein abstraktes Universalisierungsgebot, das dann durch eine ebenso abstrakte Kommunikationsforderung eingelöst werden sollte. Die befriedende Intention Konsens erzwingender Kommunikationstheorien kann ja die Unterschiede der Auffassungsformen und die mit ihnen einhergehenden inhaltlichen Konflikte nicht wegdefinieren. Sie transzendieren im Seienden das Bewußtsein.

Tillichs ontologischer Realismus, der als Begriffsrealismus kritisiert worden ist, weist in die Richtung des Unbedingten, wenn er etwa vom Paradox der Gnade spricht. Gnade als Durchbrechung der endlichen Form unter Anerkennung der Form – so lautet abstrakt, was in concreto auch heißen könnte: Gnade als die Erfahrung, daß ein konkreter Mensch als Person lebt, obwohl er oder sie im Blick auf die Menschheit nichts ist, in einem sehr dezidierten Sinne für die Menschheit nicht notwendig, und nun eben doch anerkannt wird in den endlichen Schranken seiner oder ihrer Individualität; Gnade als die Erfahrung, daß ein Gedanke, so gut er ist, doch nichts ist im Meer des Bewußtseins, aber eben doch in seiner höchst endlichen Fassung die Form gibt, in der etwas sehr Wichtiges erfaßt und für den, der es faßt, auch bewahrt wird.

Mit diesen begrifflichen Mitteln legt Tillich sich den Weg frei zu einer Philosophie der Religion, welche die Präsenz der Religion in den Formen der Kultur denken läßt. Diese Öffnung zur Präsenz der Religion in der Kultur wird von ihm konkretisiert: An Bewegungen der Geschichte, der Kultur, des Politischen weist er auf das Einbrechen des Unbedingten in das Bedingte hin; das Bedingte ist als Ort für die Richtung auf das Unbedingte zu deuten. Die Religionstheorie erweist sich als eine Metatheorie der Gesellschaft bzw. der Kultur mit einem sehr entschiedenen inhaltlichen Anspruch. Die Religionstheorie materialisiert sich in allen Gestalten der Wirklichkeit, auch in denen, die nicht explizit, sondern nur implizit als Träger von Religion identifiziert werden können. Tillich lehrt, die Forderung des Unbedingten nicht als reines Sollen zu sehen, die von den Gläubigen erst noch zu realisieren sei, sondern diese Forderung an der Wirklichkeit selbst wahrzunehmen, in der sie auftritt. Ist sie auch von anderen so wahrgenommen worden? Die Rezeption oder doch weithin eher Nichtrezeption seiner Theorie des Religiösen Sozialismus macht im Rückblick die Frage dringlich, ob die metatheoretische Deutung der Religion wirksam an die Stelle der positiven historischen Religion zu treten vermag. Damit ist auch die Frage verbunden, ob Tillich auf diesem Wege tatsächlich den Historismus eines Ernst Troeltsch überwunden hat oder dessen Fragen nicht nur eine andere theoretische Fassung gegeben hat.

Die Geschichte des 20. Jahrhunderts hat die unabweisliche Erfahrung erbracht, daß die Hermeneutik einer Religion jenseits der bestimmten Form der Religion immer dann in eine Vereinnahmung der Religion für ideologische politische Zwecke umschlägt, wenn Religion mit bestimmten Zeitbewegungen in eins gesetzt wird. Das war die bittere Erfahrung am Anfang des »Dritten Reiches«; diese Erfahrung steht auch gegen eine Erneuerung des Programms des Religiösen Sozialismus wie gegen andere Spielarten politischer Religion unserer Tage.

VI.

Anders steht es, wenn Tillich seine religionsphilosophische Begrifflichkeit in eigener Kompetenz zu materialer religionsphilosophischer Konkretion durchbildet, wie in seinen wohl eindrucksvollsten Essays »Liebe, Macht, Gerechtigkeit«[32] und »Der Mut zum Sein«[33]. Sie sind exemplarisch für Tillichs philosophische Theologie. Hier spricht Tillich über zentrale Themen der Theologie in bewußt außerdogmatischer Form, die seiner Überzeugung von der Präsenz des Themas der Theologie außerhalb der Theologie und der Präsenz der Religion außerhalb der Kirche entspricht.

Tillich hat es einmal als den »tiefsten Punkt unseres abendländischen Kulturkonflikts überhaupt« bezeichnet[34], daß die autonome Kultur sich auf dem Boden der christlichen Kultur gegen die kirchliche Kultur erhoben habe. Hier entspringe die Einsicht, daß auch die kirchliche Form der Religion der Zweideutigkeit jeder endlichen Form unterliegt. Das ist nur die dunkle Kehrseite der lichtvollen Einsicht, daß die Religion »überall zu Hause ist«, »in der Tiefe aller Funktionen des menschlichen Geisteslebens«[35].

An dieser Überzeugung hat Tillich unbeirrt festgehalten. Sie ist selbst eine originär religiöse Überzeugung von der Gegenwart Gottes auch dort, wo diese Gegenwart nicht kirchlich manifest ist.

»Viele Menschen sind von etwas ergriffen, was sie unbedingt angeht; aber sie fühlen sich jeder konkreten Religion fern, gerade weil sie die Frage nach dem Sinn ihres Lebens ernst nehmen. Sie glauben, daß ihr tiefstes Anliegen (ultimate concern) in den vorhandenen Religionen nicht zum Ausdruck gebracht wird, und so lehnen sie die Religion ab aus Religion«[36].

Das sind Töne, die an den Schleiermacher der »Reden« erinnern und den ›ultimate concern‹ Tillichs selbst offenbaren. Indem er sich der Komplexität der scheinbar religionsfernen Moderne zuwandte und der Religion außerhalb der Religion mit theoretischer Anstrengung nachging, appellierte er doch letztlich immer wieder an die bestimmte Religion, an das Christentum, an die Kirche und an ihre Theologie. Trotz aller Entfremdung und Undeutlichkeiten, die sich auf die Beziehungen der expliziten Religion zu ihrer historischen Umwelt niedergelassen haben, ist der universale Anspruch des Unbedingten nicht geschwunden. Denn »der Mensch hat trotzdem nicht aufgehört, Mensch zu sein«. Und noch im Empfinden für den Verlust realer Repräsentation der Religion ist, wie Tillich sagt, »die Kraft der Tiefe wirksam«, und deswegen sind diejenigen, die hier in erster Linie zur Wahrnehmung und zur Artikulation des Unbedingten in Pflicht genommen sind, gefordert, die willkürlichen Grenzen zwischen der apart gesetzten kirchlichen Religion und dem Rest der Welt nicht feierlich als Grenze zwischen Gott und der Welt darzustellen.

VII.

Als Tillich 1948 wieder Deutschland besuchte, machte er eine für ihn enttäuschende Erfahrung. Die Kirche hatte kein Interesse an ihm. Eugen Gerstenmaier, mit dem er darüber sprach, bestätigte ihm diesen Eindruck. Eine Theologie wie die Tillichs sei in der deutschen Kirche nur an deren äußerster Grenze von Interesse. Und von anderer Seite wurde ihm erklärt, daß für die herrschenden Gruppen in der deutschen Kirche, die Lutheraner und die Barthianer, eins unbestritten gilt: Die Periode des »Neuprotestantismus« ist tot und als

Irrweg verworfen. Liberale »Ideen hätten nirgends mehr Boden«, es handele sich »um eine fundamentale Abwendung von der vorhergehenden Periode«[37]. Es ist nicht bekannt, wie Martin Niemöller, dem Tillich diese Erfahrungen auf dessen Bitte hin aufschrieb, darauf reagiert hat. Es sind ja auch nicht die einzigen Erfahrungen geblieben, die Tillich mit dem Deutschland der Zeit nach 1945 gemacht hat. Seine Theologie und seine Art des religiösen Denkens sind ein wesentlicher Träger liberaler Erneuerung in der Theologie geworden. Die biographischen Reflexionen verweisen darauf, daß der persönliche Lebensweg Tillichs seiner Theologie und Religionsphilosophie nicht äußerlich ist. Carl-Heinz Ratschow hat ganz zutreffend ausgesprochen[38], daß die Einheit seines Werkes über alle systematischen, methodischen und begrifflichen Bemühungen hinaus letztlich in der Individualität der Person von Paul Tillich gefunden werden müsse. Ich meine das nicht als Kritik. Schon die gewisse Unschärfe, die in dem Tillichschen Leitwort liegt, Religion sei das, was uns unbedingt angeht, die einen ganz unmittelbaren, assoziationsträchtigen ›Appeal‹ mit sich führt und zugleich weit in die Abstraktheit begrifflichen Redens hineinreicht, ist symbolisch für ein Denken, das Getrenntes wieder zusammenführt. Daß das nicht allgemein, universal, mit der zwingenden Logik des Systems möglich ist, sondern immer wieder nur auf individuelle Weise, erlaubt es, Tillichs Leben und Werk als das zu charakterisieren, was es wohl »in Richtung auf das Unbedingte« sein wollte und war: »Religiöse Existenz heute!« Sie legt auf individuelle Weise Zeugnis ab von der Präsenz der Religion in der Postmoderne, das heißt »nach der Aufklärung«, wenn die Bewußtheit der Moderne sich von dem Vorurteil zu befreien beginnt, ihr Eigenrecht sei nur um den Preis des Verschwindens oder Verdrängens der Religion zu etablieren.

Anmerkungen

1 Das System der Wissenschaften nach Gegenständen und Methoden. Ein Entwurf (1923), GW I, 227. Zitiert wird nach den Gesammelten Werken = GW, Evangelisches Verlagswerk Stuttgart. Das Thema dieses Aufsatzes sowie die einleitenden Zitate entstammen diesem Text, 227; vgl. aber die entsprechenden Formulierungen in der Religionsphilosophie von 1925, GW I,

331 u. ö. Die Religionsphilosophie ist jetzt aufgenommen in die neue Ausgabe der Hauptwerke/Main Works, hg. von C. H. Ratschow, in den von J. Clayton besorgten Bd. 4, Religionsphilosophische Schriften, Berlin 1987. Dort findet sich auch eine werksgeschichtliche Notiz (175); besonders hingewiesen sei aber auf die vorzügliche, lehrreich und umsichtig verfaßte Einführung von J. Clayton, 9 ff (engl.) bzw. 29 ff (dt.); daß den englischen und deutschen Lesern jeweils verschiedene Literatur empfohlen wird, muß allerdings als Ausdruck der fortschreitenden Trennung zweier Sprachkulturen in der Theologie vermerkt werden, die nun gerade nicht dem entspricht, wofür Tillich eingetreten ist.

2 STh I, Stuttgart 1955, 49.

3 Ebda.

4 Das Christentum und die moderne Gesellschaft (1928), GW X, 100, 103.

5 Die religiöse Lage der Gegenwart (1926), GW X, 9.

6 Die erste umfassende philosophische Auseinandersetzung mit Begriff und Vorstellung der Postmoderne in deutscher Sprache (die französische und nordamerikanische Diskussion dauert bereits länger und ist sehr viel umfangreicher) hat jetzt vorgelegt W. Welsch, Unsere Postmoderne Moderne, Weinheim 1987, vgl. dazu T. Rendtorff, Ethik in der Postmoderne?, in: Zeitschrift für Evangelische Ethik 1988, H. 2.

7 Vgl. dazu jetzt die Beiträge in: Umstrittene Moderne. Die Zukunft der Neuzeit im Urteil der Epoche Ernst Troeltschs. Troeltsch-Studien Bd. 4, hg. von H. Renz und F. W. Graf, Gütersloh 1987, sowie T. Rendtorff, Religion in der Moderne – Moderne in der Religion, in: Theologische Literaturzeitung 1985, H. 12.

8 R. Niebuhr: The Contribution of Paul Tillich, in: Religion in Life, Jg. 6, 1937, 574 ff. Niebuhr bezieht sich dabei auf Barths Auseinandersetzung mit Tillich in der Dogmatik von 1927. Außerdem spielt er darauf an, daß Tillich, ähnlich wie Niebuhr, in der nordamerikanischen Theologie als Vertreter einer »Neoorthodoxie« bezeichnet wurde.

9 H. R. Niebuhr, Translator's Perface, in: Paul Tillich, The Religious Situation, New York 1932; Niebuhr sagt dort, daß Tillich sowohl den liberalen Fortschrittsglauben wie die erneuerte Orthodoxie ablehnt (p. XVI) und sich vor allem von ›members of the dialectical school‹ und den ›theologians of crisis‹ durch eine gegenwartsrelevante ›philosophy of history‹ unterscheide; damit markiere er auch eine Position jenseits des nordamerikanischen Streites um Liberalismus und Fundamentalismus (p. XX f); vgl. auch G. Hammar, Christian Realism in American Theology, Uppsala 1940.

10 Das ist auch die These von B. Meland, Fallible Forms and

Symbols. Discourses on Method in a Theology of Culture, 1976;, vgl. dazu jetzt T. Rendtorff, The modern Age as a Chapter in the History of Christianity, in: Journal of Religion, Jg. 65, 1985, 478 ff, besonders 490 ff.

11 H. E. Fosdick, Beyond Modernism, in: Christian Century, Vol. 52, Nr. 49, 1935.

12 Vgl. Autobiographische Betrachtungen (1952), GW XII: Amerikanische Jahre, 72 ff.

13 Über diese Gruppe informiert S. McCrea Cavert, The Younger Theologians, in: Religion in Life, Jg. 5, 1936, 520 ff, sowie H. P. Van Dusen (Hg.), The Christian Answer, New York (1945); Tillich hat dazu einen Beitrag beigesteuert: The World Situation, 1–44.

14 E. Troeltsch, Das Wesen des modernen Geistes (1907), GS IV, hg. von H. Baron 1925, 297 ff; vgl. dazu F. W. Graf/H. Ruddies, Ernst Troeltsch Bibliographie, 1984.

15 F. Gogarten, Die Krisis der Kultur, in: Die religiöse Entscheidung, Jena 1921, 36, sowie ders., Zwischen den Zeiten, in: Chr. Welt 34, 1920, 377; beides abgedruckt in: Anfänge der dialektischen Theologie, Bd. II, hg. von J. Moltmann, München 1963.

16 E. Troeltsch, Der Historismus und seine Probleme, GS III (1922) Neudruck 1961, 772.

17 Kairos I (1923), GW VI, 9. Dieser Text ist jetzt aufgenommen in Hauptwerke Bd. 4 (s. Anm. 1), 53 ff.

18 Kairos II. Ideen zur Geisteslage der Gegenwart (1926), GW VI S. 30; vgl. Hauptwerke Bd. 4, 171 f.

19 Gläubiger Realismus I (1927), GW IV, 77 ff, 83; vgl. zum Text jetzt Hauptwerke Bd. 4, 183, 188.

20 Kairos I, a. a. O., 19.

21 Ebd.

22 Gläubiger Realismus I, a. a. O., 82.

23 Ebd., 83.

24 Religion und Kultur (1948), GW IX, 84.

25 Über die Idee einer Theologie der Kultur (1919), GW IX, 19.

26 Kirche und humanistische Gesellschaft (1930), GW IX, 47 ff.

27 Vgl. J. L. Adams, Paul Tillich's Philosophy of Culture, Science and Religion, New York 1965, sowie die Studie von J. Clayton, The Concept of Correlation, Berlin 1980, vor allem II Religion and Culture, 87 ff.

28 W. Oelmüller (Hg.), Wiederkehr von Religion? Perspektiven, Argumente, Fragen. Kolloquium: Religion und Philosophie, Paderborn 1984.

29 Die Überwindung des Religionsbegriffes in der Religionsphilosophie (1922), GW I, 367 ff. Vgl. zum Text Hauptwerke Bd. 4, 73. Die folgenden Zitate aus GW I.

30 Vgl. Anm. 1, a. a. O., 115. Die folgenden Zitate aus GW I.

31 Das ist dann das Thema der Religionsphilosophie von 1925, die an die Wissenschaftstheorie anknüpft, GW I, 297 ff, jetzt auch in Hauptwerke Band 4.

32 Love, Power and Justice (1954), dt. 1955 GW XI, 143 ff.

33 The Courage to Be (1952), dt. 1953, GW XI, 19 ff.

34 Nichtkirchliche Religionen (1928), GW V, 25.

35 Present Knowledge and New Direction (1955), dt.: Religion als eine Funktion des menschlichen Geistes, 1956, GW V, 40.

36 The Lost Dimension (1958), dt.: Die verlorene Dimension, 1959, GW V, 44.

37 Brief Tillichs an Martin Niemoeller in: Paul Tillich. Ein Lebensbild in Dokumenten. Ergänzungsband V zu GW, 1980, 316 f.

38 C. H. Ratschow, Paul Tillich. Ein biographisches Bild, in: Tillich-Auswahl, Bd. 1, Gütersloh 1980, 22: Man solle die Schriften »auf die Person Paul Tillichs hin auslegen«. Sie sei »die Mitte« seiner zahlreichen Schriften und Themen. Vgl. dazu jetzt auch: The Thought of Paul Tillich, hg. von J. L. Adams et al., New York 1986.

Anhang

Tillich-Literatur (Auswahl)

Die folgende Tillich-Bibliographie nennt die Hauptschriften Tillichs, beschränkt sich im übrigen aber auf eine Auswahl *einführender* und *grundlegender* Literatur über sein Werk

I. Schriften von Paul Tillich

Gesammelte Werke (=GW), 14 Bde., hg. v. Renate Albrecht, Stuttgart 1959 ff

Ergänzungs- und Nachlaßbände zu den gesammelten Werken (=EW), 6 Bde., Stuttgart 1971 ff

Systematische Theologie (=STh), 3 Bde., engl. 1951–64, deutsch Stuttgart 1956–66 (mehrere Auflagen)

In der Tiefe ist Wahrheit, Religiöse Reden 1, Stuttgart (1952) [9]1985

Das Neue Sein, Religiöse Reden 2, Stuttgart (1959) [6]1983

Das Ewige im Jetzt, Religiöse Reden 3, Stuttgart (1964) [4]1986

Dogmatik, Marburger Vorlesung von 1925, hg. v. Werner Schüßler, Düsseldorf 1986

Gegenwärtig wird unter der Herausgeberschaft von Carl Heinz Ratschow eine Ausgabe der Main Works/Hauptwerke Tillichs in 6 Bänden herausgebracht. Soeben ist erschienen

Bd. 4: Writings in the Philosophy of Religion/Religionsphilosophische Schriften, hg. v. John Clayton, Berlin/New York 1987

Eine Auswahl als Taschenbuchausgabe erschien unter dem Titel Tillich-Auswahl, 3 Bde., hg. v. Manfred Baumotte, Gütersloh 1980 (=GTB 426–428):

Bd. 1: Das Neue Sein

Bd. 2: Die Zweideutigkeit des Lebens

Bd. 3: Der Sinn der Geschichte

II. Zur Biographie:

Pauck, Wilhelm und Marion: Paul Tillich. His Life and Thought, Vol. I, New York 1976, (deutsch Stuttgart 1978) (in Einzelheiten nicht immer genau)

Wehr, Gerhard: Paul Tillich in Selbstzeugnissen und Bilddokumenten (= rowohlts monographien Nr. 274), Reinbek bei Hamburg 1979

III. Sekundärliteratur zu einzelnen Themen und Komplexen

O. Gesamtdarstellungen

Rhein, Christoph: Paul Tillich. Philosoph und Theologe. Eine Einführung in sein Denken, Stuttgart 1957

Wenz, Gunther: Subjekt und Sein. Die Entwicklung der Theologie Paul Tillichs, München 1979

1. Zur Einführung

Albrecht, Renate/Schüßler, Werner (Hg.): Paul Tillich. Sein Werk, Düsseldorf 1986

Jaspert, Bernd/Ratschow, Carl Heinz: Paul Tillich. Ein Leben für die Religion (= Didaskalia Heft 32), Kassel 1987

Ratschow, Carl Heinz: Einführung. Paul Tillich. Ein biographisches Bild seiner Gedanken, in: Tillich-Auswahl Bd. 1, Gütersloh 1980, 11–104

Ratschow, Carl Heinz: Paul Tillich (1886–1965), in: Greschat, Martin (Hg.): Theologen des Protestantismus im 19. und 20. Jahrhundert, Bd. 2, Stuttgart/Berlin/Köln/Mainz 1978, 303–330

Rendtorff, Trutz: Paul Tillich, in: Schmidt, Wilhelm (Hg.): Unbefangenes Christentum, München 1968, 141–154

Rolinck, Eberhard: Paul Tillich (1886–1965), in: Fries, Heinrich/Kretschmar, Georg (Hg.): Klassiker der Theologie, Bd. 2, München 1983, 347–361

Steinacker, Peter: Paul Tillich: Der Mut zum Sein, in: Grundprobleme der großen Philosophen. Philosophie der Gegenwart VI, hg. v. Josef Speck (= UTB 1308), Göttingen 1984, 157–188

Zahrnt, Heinz: Die Sache mit Gott. Die protestantische Theologie im 20. Jahrhundert, München 1966, 382–467

2. Zur philosophischen und theologischen Herkunft

Henel, Ingeborg: Schleiermacher und Tillich, in: Religion des konkreten Geistes, Stuttgart 1968, 37–60

Mokrosch, Reinhold: Theologische Freiheitsphilosophie. Metaphysik, Freiheit und Ethik in der philosophischen Entwicklung Schellings und in den Anfängen Tillichs, Frankfurt/M. 1976

Schüßler, Werner: Der philosophische Gottesgedanke im Frühwerk Paul Tillichs (1910–1933), Würzburg 1986

3. Die Zeitgenossenschaft Tillichs

Breipohl, Renate: Religiöser Sozialismus und bürgerliches Geschichtsbewußtsein zur Zeit der Weimarer Republik, Zürich 1971

Schedler, Kenneth: Natur und Gnade. Das sakramentale Denken in der frühen Theologie Paul Tillichs (1919–1935), Stuttgart 1970

Ulrich, Thomas: Ontologie, Theologie, gesellschaftliche Praxis. Studien zum religiösen Sozialismus Paul Tillichs und Carl Mennickes, Zürich 1971

Wendland, Heinz-Dietrich: Der religiöse Sozialismus bei Paul Tillich, in: Fetscher, Iring (Hg.): Marxismus-Studien 4, Tübingen 1962, 163–195; jetzt in ders.: Die Kirche in der revolutionären Gesellschaft, Gütersloh 1967, 208–235

4. Der Theologe

Clayton, John: Was ist falsch in der Korrelationsmethode?, in: NZSyTh 16 (1974) 93–111

Clayton, John: The concept of correlation. Paul Tillich and the possibility of a mediating theology, Berlin/New York 1980

v. Kriegstein, Matthias: Paul Tillichs Methode der Korrelation und Symbolbegriff, Hildesheim 1975

Nörenberg, Klaus-Dieter: Analogia Imaginis. Der Symbolbegriff in der Theologie Paul Tillichs, Gütersloh 1966

Ratschow, Carl Heinz: Jesus Christus (= Handbuch Systematischer Theologie, Bd. 5), Gütersloh 1982, 109–134

Ringleben, Joachim: Paul Tillichs Theologie der Methode, in: NZSyTh 17 (1975) 246–268

Scharlemann, Robert P.: Der Begriff der Systematik bei Paul Tillich, in: NZSyTh 8 (1966) 242–254

Schmitz, Joseph: Die apologetische Theologie Paul Tillichs, Mainz 1966

Seigfried, Adam: Das Neue Sein. Der Zentralbegriff der »ontologischen« Theologie Paul Tillichs in katholischer Sicht, München 1974

Thatcher, Adrian: The Ontology of Paul Tillich, Oxford 1978

Track, Joachim: Der theologische Ansatz Paul Tillichs. Eine wissenschaftstheoretische Untersuchung seiner »Systematischen Theologie«, Göttingen 1975

Wagner, Falk: Absolute Positivität. Das Grundthema der Theologie Paul Tillichs, in: NZSyTh 15 (1973) 172–191

Wernsdörfer, Thietmar: Die entfremdete Welt. Eine Untersuchung zur Theologie Paul Tillichs, Zürich/Stuttgart 1968

Rolinck, Eberhard: Geschichte und Reich Gottes. Philosophie und Theologie der Geschichte bei Paul Tillich, München u. a. 1976

5. Anfragen und Ausblicke

Adams, James Luther: Paul Tillich's Philosophy of Culture, Science, and Religion (1946), New York 1965

Schwanz, Peter: Analogia Imaginis. Ein Beitrag zur kritischen Auseinandersetzung mit der philosophischen Theologie Paul Tillichs, Halle/Göttingen 1980

Weischedel, Wilhelm: Der Gott der Philosophen. Grundlegung einer Philosophischen Theologie im Zeitalter des Nihilismus, 2. Bd., Darmstadt 1972, 87–111. Der Band ist jetzt auch als dtv-Taschenbuch Nr. 4436, Bd. 2 mit identischer Seitenzahl greifbar.

Weischedel, Wilhelm: Paul Tillichs philosophische Theologie. Ein ehrerbietiger Widerspruch, in: Hennig, Karl (Hg.), Der Spannungsbogen. Festgabe für Paul Tillich zum 75. Geburtstag, Stuttgart 1961, 25–47

Angaben zu den Autoren

Heinz Zahrnt, geb. 1915, studierte in Kiel, Marburg und Tübingen Theologie, Philosophie und Geschichte. Promotion zum Dr. theol. in Heidelberg. 1940/41 Assistent an der Universität Wien. 1946–51 Studentenpfarrer in Kiel. 1950–75 Theologischer Chefredakteur des »Deutschen Allgemeinen Sonntagsblatts«. Seit 1960 im Präsidium des DEUTSCHEN EVANGELISCHEN KIRCHENTAGS, 1971–73 amtierender Präsident. Heute freier Schriftsteller; als erster Theologe in den PEN-Club gewählt. Veröffentlichungen u. a.: Luther deutet Geschichte, 1951; Es begann mit Jesus von Nazareth – Die Frage nach dem hist. Jesus, 1960; Die Sache mit Gott. Die Protestantische Theologie im 20. Jahrhundert, 1966; Gott kann nicht sterben. Wider die falschen Alternativen in Kirche und Gesellschaft, 1970; Wozu ist das Christentum gut?, 1972; Warum ich glaube. Meine Sache mit Gott, 1977; Stammt Gott vom Menschen ab?, 1979; Aufklärung durch Religion. Der dritte Weg, 1980; Westlich von Eden. Zwölf Reden an die Verehrer und die Verächter der christlichen Religion, 1981; Martin Luther. In seiner Zeit – für unsere Zeit, 1983; Wie kann Gott das zulassen? Hiob – der Mensch im Leid, 1985; Martin Luther – Reformator wider Willen, 1986; Jesus aus Nazareth – Ein Leben, 1987.

Peter Steinacker, geb. 1943. Studium der Theologie und Philosophie in Frankfurt, Marburg, Tübingen. 1973 Promotion zum Dr. theol., 1980 Habilitation für Systematische Theologie, beides in Marburg. Prof. für Systematische Theologie in Marburg, Pfarrer in Wuppertal. Veröffentlichungen: Das Verhältnis der Philosophie

Ernst Blochs zur Mystik, Diss. 1973; Die Kennzeichen der Kirche, 1982; mit Hermann Deuser Herausgeber von: Ernst Blochs Vermittlungen zur Theologie, 1983; Aufsätze zu Luther, Jakob Böhme, Tillich, Barth, Adorno und zur Ekklesiologie; Artikel in Lexika.

Gunther Wenz, geb. 1949 in Weißenburg/Bayern, Dr. theol., Inhaber des Lehrstuhls für Evangelische Theologie mit Schwerpunkt Systematische Theologie und theologische Gegenwartsfragen an der Universität Augsburg; Herausgeber des 1. Bandes (Philosophische Schriften) der von Carl Heinz Ratschow neu edierten Hauptwerke Paul Tillichs. Monographische Veröffentlichungen: Subjekt und Sein. Die Entwicklung der Theologie Paul Tillichs, München 1979; Geschichte der Versöhnungslehre in der evangelischen Theologie der Neuzeit Band 1, München 1984, Band 2, München 1986; Einführung in die evangelische Sakramentenlehre, Darmstadt 1988; Arbeitsschwerpunkte: Dogmatik, Theologiegeschichte der Neuzeit, Ökumenische Theologie.

Matthias Kroeger, geb. 1935, Prof. Dr. theol., Studium der Theologie und klassischen Philologie 1954–1960. Danach Assistent an der Göttinger Akademie der Wissenschaften. Promotion 1964, Habilitation 1967 im Fach Kirchen- und Dogmengeschichte in Göttingen. Seit 1967 Privatdozent in Hamburg, 1971 Wiss. Rat und Professor daselbst. Schwerpunkt in Forschung und Lehre: Kirchen- und Theologiegeschichte der Neuzeit. Monographien: Die 50 Geistlichen Homilien des Makarios-Symeon (mit B. Dörries und E. Klostermann), 1964; Rechtfertigung und Gesetz, 1968; Themenzentrierte Seelsorge, 1976; Theologische Klärung unseres Friedensverhaltens, 1984; Die religiöse Innenseite der distanzierten Kirchlichkeit, 1986.

Joachim Track, geb. 1940; Studium der Evangelischen Theologie in München, Erlangen und Heidelberg; wissenschaftlicher Assistent und Privatdozent an der theologischen Fakultät der Friedrich-Alexander Universität Erlangen-Nürnberg (1967–76); Promotion: Der theologische Ansatz Paul Tillichs. Eine wissenschaftstheoretische Untersuchung seiner »Systematischen Theologie«, Göttingen 1975; Habilitation: Sprachkritische Untersuchungen zum christlichen Reden von Gott, Göttingen 1977. Seit 1976 Inhaber des Lehrstuhls für Systematische Theologie und Philosophie an der Augustana-Hochschule Neuendettelsau. Herausgeber mehrerer Sammelbände und Festschriften; Veröffentlichung zahlreicher Aufsätze und Lexikonartikel u. a. zu den Themen Analogie, Erfahrung, Theologie und Naturwissenschaften, Grundlegung der Ethik.

Traugott Koch, geb. 1937. Studium der Evangelischen Theologie in Tübingen, Heidelberg, Zürich und Wuppertal. Assistent bei W. Pannenberg. Theologische Promotion in Mainz 1964 (Thema: Hegels Theologie nach seiner »Logik«); Habilitation für systematische Theologie in München 1970 (Thema: W. Herrmann, die Religionsgeschichtliche Schule und die Genese der Theologie R. Bultmanns). 1971 Ernennung zum o. Prof. für Grundfragen evangelischer Theologie an der Universität Regensburg, 1976 zum Prof. für Systematische Theologie (Schwerpunkt Sozialethik) in Hamburg. Zeitschriftenpublikationen zu Themen der Dogmatik und Ethik.

Hermann Fischer, geb. 1933; Studium der Evangelischen Theologie an der Humboldt-Universität in Berlin-Ost und in Göttingen; dort 1960 Promotion zum Dr. theol., 1964 Habilitation für Systematische Theologie in Mainz, seit 1974 o. Prof. für Systematische Theologie in Hamburg. Veröffentlichungen: Subjektivität und Sünde. Kierkegaards Begriff der Sünde mit ständiger Rücksicht auf Schleiermachers Lehre von der Sünde, 1963; Christlicher Glaube und Geschichte. Voraussetzungen und Folgen der Theologie Friedrich Gogartens, 1967; Die Christologie des Paradoxes. Zur Herkunft und Bedeutung des Christusverständnisses Sören Kierkegaards, 1970; Systematische Theologie, in: Theologie im 20. Jahrhundert (= UTB 1238), 1983. Herausgeber: Anthropologie als Thema der Theologie, 1978. Mitherausgeber: F. D. E. Schleiermacher: Kritische Gesamtausgabe (= KGA), Berlin/New York 1980 ff; Schleiermacher-Archiv, Berlin/New York 1985 ff.

Joachim Ringleben, geb. 1945, Studium der Theologie und Philosophie von 1965–1970 in Göttingen und Tübingen. 1974 Promotion zum Dr. theol. in Kiel, 1981 Habilitation für Systematische Theologie ebendort. Seit 1984 Professor für Systematische Theologie in Göttingen. Veröffentlichungen: Paul Tillichs Theologie der Methode, Neue Zeitschrift f. syst. Theol. 17 (1975), 246–268; Hegels Theorie der Sünde, 1977; Aneignung. Die spekulative Theologie S. Kierkegaards, 1983; Interior intimo meo. Die Nähe Gottes nach Augustins Konfessionen, 1988.

Peter Cornehl, geb. 1936 in Magdeburg, 1956–62 Theologiestudium in Tübingen, Heidelberg, Wuppertal, Hamburg. 1966 Promotion im Fach Systematische Theologie in Mainz. 1971 Habilitation im Fach Praktische Theologie in Hamburg. Seit 1976 o. Prof. für Praktische Theologie am Fachbereich Ev. Theologie in Hamburg. Universitätsprediger. Mitarbeit beim Kirchentag. Veröffentlichungen: Die Zukunft der Versöhnung. Eschatologie und Emanzipation in der Aufklärung, bei Hegel und in der Hegelschen

Schule (1971); (Mit)Herausgeber von: Gottesdienst und Öffentlichkeit (1970); Gebete unserer Zeit (1973); Liturgische Nacht (1974); Alle an einen Tisch. Forum Abendmahl 2 (1981); Hamburger Universitätsgottesdienste (I 1982, II 1985). Aufsätze und Abhandlungen in Fachzeitschriften, Lehrbüchern u. a. zu Gottesdienst, Predigt und zur Theorie des kirchlichen Handelns.

Dorothee Sölle, geb. 1929. Studium der klassischen Philologie, Philosophie, Theologie und Germanistik in Köln, Freiburg und Göttingen. 1954 Promotion zum Dr. phil. in Göttingen, 1971 Habilitation in Köln über Zusammenhänge von Literatur und Theologie nach der Aufklärung. 6 Jahre Lehrerin, freie Mitarbeiterin bei Rundfunk und Fernsehen; Privatdozentin an der Universität Köln, Lehrauftrag Universität Mainz; seit 1975 und bis 1987 Professur am Union Theological Seminary, New York, 1987 Gastprofessur GHS Kassel. Veröffentlichungen: Stellvertretung, Ein Kapitel Theologie nach dem ›Tode Gottes‹, 1965, ³1982; Die Wahrheit ist konkret, 1967, ⁵1969. Phantasie und Gehorsam, Überlegungen zu einer künftigen christlichen Ethik, 1968, ⁹1980; Atheistisch an Gott glauben, Beiträge zur Theologie, 1968, ⁸1986; Politische Theologie, Auseinandersetzung mit Rudolf Bultmann, 1971; Das Recht ein anderer zu werden, Theologische Texte, 1971; Leiden, 1973, ⁵1980; Realisation, Studien zum Verhältnis von Theologie und Dichtung nach der Aufklärung, 1973; Die Hinreise – zur religiösen Erfahrung, 1975, ⁵1980; Sympathie, Theologiepolitische Traktate, 1978, ²1980; Nicht nur Ja und Amen, 1983 (mit F. Steffensky); Die Erde gehört Gott, Texte zur Bibelarbeit von Frauen, 1985, ²1985 (mit L. Schottroff); Lieben und Arbeiten – Eine Theologie der Schöpfung, 1985, ³1986; Ein Volk ohne Vision geht zugrunde, 1986; Das Fenster der Verwundbarkeit, 1987.

Klaus-M. Kodalle, geb. 1943, studierte Philosophie sowie Germanistik und Pädagogik in Köln. Nach Promotion zum Dr. phil. (Köln) und Habilitation (Hamburg) seit 1983 Professor f. Religionsphilosophie und Sozialethik im Fachbereich Theologie der Universität Hamburg. Gastprofessuren an der FU Berlin, in den USA und Israel. Mitglied des Honorary Board der Intern. Hobbes Association und des Herausgeberkreises der »Hobbes Studies«. Veröffentlichungen: Thomas Hobbes – Logik der Herrschaft und Vernunft des Friedens, 1972; Politik als Macht und Mythos. Carl Schmitts ›Politische Theologie‹, 1973; (zus. mit T. Koch und H. Schweppenhäuser) Negative Dialektik und die Idee der Versöhnung. Eine Kontroverse über Theodor W. Adorno, 1973; Unbehagen an Jesus. Die Herausforderung der Psychoanalyse an die Theologie, 1978; Die Eroberung des Nutzlosen. Kritik des Wunschdenkens und der Zweckrationalität im Anschluß an Kierkegaard, 1988. – Herausgeber: Tradition als Last? 1981; (zus. mit

U. Bermbach) Furcht und Freiheit. Leviathan-Diskussion 300 Jahre nach Thomas Hobbes, 1982; Gegenwart des Absoluten, 1984; Karl Christian Friedrich Krause (1781–1832) und der ›Krausismo‹, 1985; Gott und Politik in USA. Über den Einfluß des Religiösen , 1988.

Trutz Rendtorff, geb. 1931, Studium der Theologie und Soziologie an verschiedenen Universitäten der Bundesrepublik, der Schweiz und in den USA, 1956 Promotion zum Dr. theol., 1961 Habilitation für Systematische Theologie und Sozialethik. Nach Lehr- und Forschungstätigkeit in Münster am Institut für Christliche Gesellschaftswissenschaften und der ev.-theol. Fakultät seit 1968 o. Prof. an der ev.-theol. Fakultät in München. Ständige Mitarbeit an sozialethischen Aufgaben der Evangelischen Kirche in Deutschland (EKD). Untersuchungen zur Theologiegeschichte der Neuzeit, u. a. mit Arbeiten zu Schleiermacher, Troeltsch, Tillich, Barth, Gogarten, Beiträge zur Religionssoziologie und zur Theorie der Gesellschaft, zur Religionsphilosophie und zur Ethik. Mitgründer der Ernst-Troeltsch-Gesellschaft.